THÉATRE III

EUGÈNE LABICHE

THÉATRE III

Édition établie
par
Gilbert Sigaux

GF-Flammarion

© 1979, GARNIER-FLAMMARION, Paris.
ISBN 2-08-070636-5
Imprimé en France

CHRONOLOGIE

1815 (6 mai) : Naissance à Paris d'Eugène-Marin Labiche. Fils de Jacques-Philippe-Marin Labiche (1786-1864), industriel qui exploite à Rueil une fabrique de « sirop et glucose de fécule ». Maison à Rueil, appartement à Paris : 56, rue du Faubourg-Montmartre.

1825-1833 : Études au Collège Bourbon qui deviendra le Lycée Condorcet.

1834 (26 janvier-15 août) : Eugène Labiche, ayant terminé ses études secondaires et obtenu le baccalauréat ès lettres, fait, en compagnie de trois amis, un voyage en Suisse, en Italie et en Sicile. Il écrit son Journal dont le manuscrit tient en deux gros cahiers. On lit à la première page du premier cahier : « *Voyage en Italie. Journal de mon voyage 1834* et encore ceci : *Je suis parti le 26 janvier 1834 et reviendrai... Dieu sait quand.* » Il revint le 15 août. En septembre, il s'inscrivit à l'École de droit pour préparer sa licence.

Il collabore à un petit journal *Chérubin* avec quelques comptes rendus de premières, des souvenirs de voyage : *Voyage à Arona et aux Iles Borromées* (23 octobre) et *De Paris à Melun, études de diligence* (13 et 17 novembre, 18 décembre).

1835 : En février et mars, Labiche donne de nouveaux comptes rendus à *Chérubin*. Mais le journal disparaît en mars. En mai, dans la *Revue de France* paraît une nouvelle de Labiche : *Dans la vallée de Lauterbrunnen (1715)*. Et dans *L'Essor : Les plus belles sont les plus fausses.*

1836-1837 : Labiche collabore à *La Revue du théâtre*, fondée en 1834. Il y publie des articles de critique dramatique et des esquisses ou variétés littéraires comme *La Tirelire de Jean Rotrou* et *Histoire politique et dramatique de la ville de Rueil*. Avec Auguste Lefranc, Marc-Michel, Albéric Second (qui seront ses collaborateurs pour de nombreuses pièces), Edouard Thierry, futur administrateur de la Comédie-Française, A. Seville, J. Belin et G. d'Avrigny, Labiche écrit un roman : *Le Bec dans l'eau* qui paraît dans cette même revue (juillet-septembre 1837).

1837 : Labiche fait ses débuts d'auteur dramatique avec *La Cuvette d'eau*, comédie écrite en collaboration avec Auguste Lefranc et Marc-Michel. La pièce n'a pas été imprimée on n'en connaît pas de manuscrit et on ignore la date exacte de sa création ainsi que le théâtre où elle fut jouée (peut-être le théâtre du Luxembourg).

1838 (2 juillet) : *Monsieur de Coyllin ou l'Homme infiniment poli*. Comédie en un acte mêlée de chant. Théâtre du Palais-Royal. Collaborateurs Marc-Michel et Auguste Lefranc. Editeur : Marchant, in-8 sur deux colonnes. *Le Capitaine d'Arcourt ou la Fée du Château*. Pièce, qui, comme *La Cuvette d'eau*, n'a pas laissé de traces ; elle n'a pas été imprimée et on ne possède aucun renseignement en ce qui concerne la date exacte, et le lieu de la première représentation. Marc-Michel et Auguste Lefranc auraient collaboré avec Labiche.
28 août : *L'Avocat Loubet*. Drame en trois actes. Théâtre du Panthéon. Collaborateurs : Auguste Lefranc et Marc-Michel. Ed. : Musée dramatique L. Michaud.

1839 : Publication de *La Clef des Champs*, roman chez Gabriel Roux; sous-titre : *Etudes de mœurs*. Tirage 300 ex.
4 avril : *La Forge des Châtaigniers*. Drame en 3 actes. Théâtre Saint-Marcel. Collaborateurs : Marc-Michel et Auguste Lefranc. La pièce n'a pas été imprimée du vivant de Labiche. Elle figure au tome VIII des *Œuvres complètes* du Club de l'Honnête Homme (1968). Le théâtre Saint-Marcel, dirigé en 1839 par Antony Béraud (1782-1860), était une salle à fréquentation populaire située rue Pascal (à la limite des 5e et 13e arrondissements) à un emplacement proche de l'angle de la rue Pascal et du boulevard de Port-Royal. C'est au moment où l'on construisit cette dernière voie, le boulevard Arago et l'avenue des Gobelins que le théâtre Saint-Marcel fut détruit.
Juin : *La Peine du talion*. Drame-vaudeville en trois

actes. Théâtre du Luxembourg. Collaborateurs :
Auguste Lefranc et Marc-Michel. La pièce n'a pas
été imprimée. Reprise au Théâtre Beaumarchais le
5 novembre 1848.
Le théâtre du Luxembourg fondé en 1816 et situé rue
de Fleurus donnait avant 1830 des spectacles forains ;
il était dirigé par Saix, dit Bobino. Après 1830 on y
joua le drame et le vaudeville. Il fut démoli en 1868.
20 août : *L'Article 960 ou la Donation*. Comédie-vaudeville en un acte. Théâtre du Vaudeville. La pièce est
signée de Jacques Ancelot (1794-1854) et de Paul Dandré (pseudonyme collectif de Labiche, Lefranc et
Marc-Michel). Ed. : Marchant.

1840 (21 juillet) : *Le Fin Mot*. Comédie-vaudeville en un
acte. Théâtre des Variétés. La pièce est signée Paul
Dandré. Ed. : Marchant.
17 août : *Bocquet père et fils ou le chemin le plus long*.
Comédie-vaudeville en deux actes. Théâtre du Gymnase. Collaborateurs : Paul Laurencin et Marc-Michel.
Ed. : Marchant.
25 décembre : *Le Lierre et l'Ormeau*. Comédie-vaudeville en un acte. Théâtre du Palais-Royal. Collaborateurs : Auguste Lefranc et Albert Monnier. Ed. :
Beck.
Second voyage de Labiche en Italie.

1841 : Pas de pièce cette année-là.
Labiche fait un voyage en Hollande.
Il publie avec son ami Lefranc un éphémère petit
journal de cancans et de coulisses : *Les Papillotes*.

1842 (26 février) : *Les Circonstances atténuantes*. Comédie-
vaudeville en un acte. Théâtre du Palais-Royal. Collaborateurs : Mélesville et Auguste Lefranc. Ed. : Beck.
25 avril : Mariage d'Eugène Labiche. Il épouse
Mlle Adèle Hubert, née en 1823, fille de Jean-Baptiste
Hubert et d'Adélaïde Flandin. Le ménage s'installe
au 67, rue Caumartin. Mme Eugène Labiche mourra
en 1914.

1843 (12 mai) : *L'Homme de paille*. Comédie-vaudeville
en un acte. Théâtre du Palais-Royal. Collaborateur :
Auguste Lefranc. Ed. : Beck.

1844 (15 février) : *Le Major Cravachon*. Comédie-vaudeville en un acte. Théâtre du Palais-Royal. Collabo-

rateurs : Auguste Lefranc et Paul Jessé. Ed. : Beck et *Théâtre complet*.

16 novembre : *Deux papas très bien ou la grammaire de Chicard*. Comédie-vaudeville en un acte. Théâtre du Palais-Royal. Collaborateur : Auguste Lefranc. Ed. : Beck et *Théâtre complet*.

1845 (28 mars) : *Le Roi des Frontins*. Comédie-vaudeville en deux actes. Théâtre du Palais-Royal. Collaborateur Auguste Lefranc. Ed. : Beck.

23 juillet : *L'Ecole buissonnière*. Comédie en deux actes mêlés de chant. Théâtre du Palais-Royal. Collaborateur : Auguste Lefranc. Ed. : Beck.

21 novembre : *L'Enfant de la maison*. Vaudeville en un acte. Théâtre du Gymnase. Collaborateurs : Charles Varin et Eugène Nyon. Ed. : Beck.

1846 (9 avril) : *Mademoiselle ma femme*. Comédie en un acte, mêlée de couplets. Théâtre du Palais-Royal. Collaborateur Auguste Lefranc. Ed. : Beck.

22 avril : *Rocambolle le bateleur* : Comédie populaire en deux actes. Théâtre des Folies Dramatiques. Collaborateur : Auguste Lefranc. Ed. : Michel Lévy frères.

28 avril : *Frisette*. Vaudeville en un acte. Théâtre du Palais-Royal. Collaborateur : Auguste Lefranc. Ed. : Michel Lévy frères et *Théâtre complet*.

17 juin : *L'Inventeur de la poudre*. Comédie-vaudeville en un acte. Théâtre du Palais-Royal. Collaborateurs : Auguste Lefranc et Eugène Nyon.

1847 (24 avril) : *L'Avocat pédicure*. Comédie-vaudeville en un acte. Théâtre du Palais-Royal. Collaborateur : Auguste Lefranc. Ed. : Beck.

18 mai : *La Chasse aux jobards*. Vaudeville en un acte. Théâtre des Folies Dramatiques. Collaborateur : Auguste Lefranc. Ed. : Beck.

15 août : *Un homme sanguin*. Comédie-vaudeville en un acte. Théâtre du Gymnase. Collaborateur : Auguste Lefranc. Ed. : Beck.

29 décembre : *L'Art de ne pas donner d'étrennes*. A-propos-vaudeville en un acte. Théâtre du Gymnase. Collaborateur : Auguste Lefranc. Ed. : Beck.

1848 (4 mars) : *Un jeune homme pressé*. Vaudeville. Vaudeville en un acte. Théâtre du Palais-Royal. Ed. : Michel Lévy et *Théâtre complet*.

23 et 24 avril : Elections à l'Assemblée constituante.

Labiche s'est porté candidat à Rueil, canton de Marly-le-Roi. Il obtient 12 060 voix, assez loin du dernier des douze élus de Seine-et-Oise (qui en obtient 34 587).

8 juin : *Le Club Champenois*. A-propos en un acte mêlé de couplets. Théâtre du Palais-Royal. Collaborateur : Auguste Lefranc. Ed. : Beck et *Théâtre complet*.

29 juillet : *Oscar XXVIII*. Comédie-vaudeville en deux actes. Théâtre des Variétés. Collaborateurs : Adrien Decourcelle et Jules Barbier. Ed. : Beck.

1er août : *Le Baromètre ou la Pluie et le Beau Temps*. Vaudeville en deux actes. Théâtre du Vaudeville. Collaborateurs : Auguste Lefranc et Marc-Michel. Pièce non imprimée.

4 août : *Une chaîne anglaise*. Comédie-vaudeville en trois actes. Théâtre du Palais-Royal. Collaborateur : Saint-Yves. Ed. : Beck.

12 août : *A moitié chemin*. Vaudeville en un acte. Théâtre Beaumarchais. Collaborateurs : Auguste Lefranc et Marc-Michel. Pièce non imprimée.

Le 5 décembre 1835, au 25, boulevard Beaumarchais, on inaugurait, sous le nom de théâtre de la Porte-Saint-Antoine, la salle qui, le 8 octobre 1842, deviendra le théâtre Beaumarchais. De nombreuses directions, des changements de répertoire (on y chanta l'opéra-bouffe, l'opérette) marquent l'histoire du théâtre Beaumarchais qui sera démoli à la fin de 1892.

13 août : *Histoire de rire*. Vaudeville en un acte. Théâtre du Gymnase. Collaborateur : Saint-Yves. Ed. : Beck.

16 septembre : *Agénor le dangereux*. Vaudeville en un acte. Théâtre du Palais-Royal. Collaborateurs : Adrien Decourcelle et Karl. Ed. : Beck.

12 décembre : *Une tragédie chez M. Grassot*. Folie en un acte. Théâtre du Palais-Royal. Collaborateur : Auguste Lefranc. Pièce non imprimée en 1848. Figure dans les *Œuvres complètes* du Club de l'Honnête Homme.

16 décembre : *A bas la famille, ou les Banquets*. A-propos montagnard en un acte. Théâtre du Gymnase. Collaborateur : Auguste Lefranc. Ed. : Beck.

1849 (25 janvier) : *Madame veuve Larifla*. Vaudeville en un acte. Théâtre des Variétés. Collaborateur Adolphe Choler. Ed. : Beck.

3 février : *Les Manchettes d'un vilain*. Comédie-vaude-

ville en deux actes. Théâtre du Palais-Royal. Collaborateurs : Auguste Lefranc et Saint-Yves. Ed. : Beck.

6 février : *Un monsieur qui pose*. Vaudeville en un acte. Théâtre des Folies-Dramatiques. Collaborateurs : Auguste Lefranc et Philippe de Marville. Pièce non imprimée.

15 février : *Une dent sous Louis XV*. Monologue. Théâtre du Palais-Royal. Collaborateur : Auguste Lefranc. Ed. : Michel Lévy frères.

17 février : *Mon ours*. Folie de carnaval en un acte. Théâtre des Variétés. Collaborateur : Adolphe Choler. Pièce non imprimée.

8 avril : *Trompe-la-Balle*. Comédie-vaudeville en un acte. Théâtre du Palais-Royal. Collaborateur : Auguste Lefranc. Ed. : Beck.

20 juin : *Exposition des produits de la République*. Vaudeville en trois actes et cinq tableaux. Théâtre du Palais-Royal. Collaborateurs : P.-F. Dumanoir et Louis Clairville. Ed. : Michel Lévy.

24 septembre : *Rue de l'Homme armé n° 8 bis*. Comédie-vaudeville en quatre actes. Théâtre des Variétés. Collaborateur : Eugène Nyon. Ed. : Beck.

1er décembre : *Pour qui voterai-je ?* Scène comique. Théâtre des Variétés. Collaborateur : Adolphe Choler. Pièce non imprimée.

1850 (6 mars) : *Embrassons-nous Folleville!* Comédie-vaudeville en un acte. Théâtre du Palais-Royal. Collaborateur : Auguste Lefranc. Ed. : Michel Lévy frères et *Théâtre complet*.

26 avril : *Traversin et Couverture*. (Parodie de *Toussaint Louverture*, drame de Lamartine créé le 6 avril 1850 par Frédérick Lemaître à la Porte-Saint-Martin) « En 4 actes, mêlée de peu de vers et de beaucoup de prose ». Théâtre du Palais-Royal. Collaborateur : Charles Varin. Ed. : Michel Lévy.

10 mai : *Un garçon de chez Véry*. Comédie en un acte mêlée de couplets. Théâtre du Palais-Royal. Ed. : Michel Lévy frères et *Théâtre complet*.

18 juillet : *Le Sopha*. Conte fantastique en trois actes mêlés de chant, précédé de *Schahabaham XCIV*, prologue-vaudeville en un acte. Théâtre du Palais-Royal. Collaborateurs : Mélesville et Charles Desnoyer. Ed. : Michel Lévy frères.

6 septembre : *La Fille bien gardée*. Comédie-vaudeville

en un acte. Théâtre du Palais-Royal. Collaborateur : Marc-Michel. Ed. : Beck et *Théâtre complet*.

12 octobre : *Un bal en robe de chambre*. « Épisode de la vie du grand monde, mêlé de couplets. » Théâtre du Palais-Royal. Collaborateur : Marc-Michel. Ed. : Beck.

6 novembre : *Les Petits Moyens*. Comédie-vaudeville en un acte. Théâtre du Gymnase. Collaborateurs : Gustave Lemoine et Adrien Decourcelle. Ed. : Beck.

24 novembre : *Les Prétendus de Gimblette*. Vaudeville en un acte. Théâtre de la Gaîté. Signé Paul Dandré — c'est-à-dire Labiche, Lefranc et Marc-Michel et Senneif; ce dernier est Matharel de Fiennes. Ed. : Michel Lévy frères.

1851 (4 janvier) : *Une clarinette qui passe*. Comédie-vaudeville en un acte. Théâtre des Variétés. Collaborateur : Marc-Michel. Ed. : Michel Lévy frères.

8 février : *La Femme qui perd ses jarretières*. Comédie en un acte mêlée de couplets. Théâtre du Palais-Royal. Collaborateur : Marc-Michel. Ed. : Michel Lévy frères.

2 mars : *On demande des culottières*. Folie-vaudeville en un acte. Théâtre du Palais-Royal. Collaborateur : Marc-Michel. Ed. : Michel Lévy frères.

9 avril : *Mam'zelle fait ses dents*. Comédie en un acte mêlée de couplets. Théâtre du Palais-Royal. Collaborateur : Marc-Michel. Ed. : Beck.

8 août : *En manches de chemise*. Vaudeville en un acte. Théâtre du Palais-Royal. Collaborateurs : Auguste Lefranc et Eugène Nyon. Ed. : Michel Lévy frères et *Théâtre complet*.

14 août : *Un chapeau de paille d'Italie*. Comédie en cinq actes mêlée de couplets. Théâtre du Palais-Royal. Collaborateur : Marc-Michel. Ed. : Michel Lévy frères et *Théâtre complet*.

1852 (13 mars) : *Maman Sabouleux*. Comédie en un acte mêlée de chant. Théâtre du Palais-Royal. Collaborateur : Marc-Michel. Ed. : Michel Lévy frères et *Théâtre complet*.

25 mars : *Un monsieur qui prend la mouche*. Comédie en un acte mêlée de couplets. Théâtre des Variétés. Collaborateur : Marc-Michel. Ed. : Michel Lévy frères et *Théâtre complet*.

1er mai : *Soufflez-moi dans l'œil*. Comédie-vaudeville

en un acte. Théâtre du Palais-Royal. Collaborateur :
Marc-Michel. Ed. : Michel Lévy frères.

8 mai : *Les Suites d'un premier lit.* Comédie en un acte
mêlée de chant. Théâtre du Vaudeville. Collaborateur :
Marc-Michel. Ed. : Michel Lévy frères et *Théâtre
complet.*

10 août : *Le Misanthrope et l'Auvergnat.* Comédie en
un acte mêlée de couplets. Théâtre du Palais-Royal.
Collaborateurs : P.-M. Lubize et Paul Siraudin. Ed. :
Michel Lévy frères et *Théâtre complet.*

22 septembre : *Deux Gouttes d'eau.* Comédie en un
acte mêlée de couplets. Théâtre des Variétés. Collaborateur : Anicet-Bourgeois. Ed. : Michel Lévy.

30 septembre : *Piccolet.* Comédie-vaudeville en un acte.
Théâtre du Palais-Royal. Collaborateurs : Auguste
Lefranc et Montjoie. Ed. : Michel Lévy frères et
Théâtre complet.

16 octobre : *Edgard et sa bonne.* Comédie en un acte
mêlée de couplets. Théâtre du Palais-Royal. Collaborateur : Marc-Michel. Ed. : Michel Lévy frères et
Théâtre complet.

16 décembre : *Le Chevalier des dames.* Comédie en un
acte mêlée de couplets. Théâtre du Palais-Royal. Collaborateur : Marc-Michel. Ed. : Michel Lévy frères.

17 décembre : *Mon Isménie.* Comédie en un acte mêlée
de couplets. Théâtre du Palais-Royal. Collaborateur :
Marc-Michel. Ed. : Michel Lévy frères et *Théâtre
complet.*

31 décembre : *Une charge de cavalerie.* Comédie-vaudeville en un acte. Théâtre du Palais-Royal. Collaborateurs : Eugène Moreau et Alfred Delacour. Ed. :
Michel Lévy frères.

1853 : Labiche achète à Souvigny, près de Lamotte-
Beuvron, en Loir-et-Cher, le château de Launoy, avec
neuf cents hectares de terre, qu'il exploitera lui-même
et où il résidera une partie de l'année.

19 janvier : *Un ami acharné.* Comédie-vaudeville en
un acte. Théâtre des Variétés. Collaborateur : Alphonse
Jolly. Ed. : Michel Lévy frères.

11 février : *On dira des bêtises.* Vaudeville en un acte.
Théâtre des Variétés. Collaborateurs : Alfred Delacour
et Raymond Deslandes. Ed. : Beck.

19 mars : *Un notaire à marier.* Comédie-vaudeville en
trois actes. Théâtre des Variétés. Collaborateurs :

Marc-Michel et Arthur de Beauplan. Ed. : Michel Lévy frères.

2 mai : *Un ut de poitrine*. Vaudeville en un acte. Théâtre du Palais-Royal. Collaborateur : Auguste Lefranc. Ed. : Michel Lévy frères.

25 juin : *La Chasse aux corbeaux*. Comédie-vaudeville en cinq actes. Théâtre du Palais-Royal. Collaborateur : Marc-Michel. Ed. : Michel Lévy frères et *Théâtre complet*.

31 juillet : *Un feu de cheminée*. Vaudeville en un acte. Théâtre du Palais-Royal. Collaborateur : Arthur de Beauplan. Ed. : Michel Lévy frères.

1854 (24 février) : *Deux Profonds Scélérats*. Pochade en un acte. Théâtre du Palais-Royal. Collaborateur : Charles Varin. Ed. : Michel Lévy frères.

8 avril : *Un mari qui prend du ventre*. Comédie-vaudeville en un acte. Théâtre des Variétés. Collaborateur : Marc-Michel. Ed. : Michel Lévy frères.

7 juin : *Espagnolas et Boyardinos*. Folie-vaudeville en deux actes mêlée de chant. Théâtre du Palais-Royal. Collaborateur Marc-Michel. Ed. : Michel Lévy frères.

31 août : *Les Marquises de la Fourchette*. Vaudeville en un acte. Théâtre du Vaudeville. Collaborateur : Adolphe Choler. Ed. : Michel Lévy frères et *Théâtre complet*.

24 novembre : *Otez votre fille, s'il vous plaît*. Comédie en deux actes mêlée de chant. Théâtre du Palais-Royal. Collaborateur : Marc-Michel. Ed. : Michel Lévy frères.

1855 (10 février) : *La Perle de la Canebière*. Comédie en un acte, mêlée de chant. Théâtre du Palais-Royal. Collaborateur : Marc-Michel. Ed. : Michel Lévy frères et *Théâtre complet*.

2 mars : *Monsieur votre fille*. Comédie-vaudeville en un acte. Théâtre du Vaudeville. Collaborateur : Marc-Michel. Ed. : Michel Lévy frères.

7 août : *Les Précieux*. Comédie en un acte, mêlée de chant. Théâtre du Palais-Royal. Collaborateurs : Marc-Michel et Auguste Lefranc. Ed. : Michel Lévy frères.

1856 : Naissance d'André-Marin Labiche, fils unique d'Eugène Labiche. Il sera maître des requêtes au Conseil d'Etat et mourra en 1897. Marié en 1882 à Mlle Madeleine Flandin, il eut deux fils : Eugène (1883-1962) et Pierre (1884-1950). Veuf en 1885, André Labiche se remaria en 1889 avec Lucie Guiard

(1870-1930), nièce d'Emile Augier. De ce second mariage naquirent Jacques (1890-1910) et, en 1894, Suzanne, qui deviendra Mme Gracy.

19 janvier : *Les Cheveux de ma femme*. Comédie-vaudeville en un acte. Théâtre des Variétés. Collaborateur : Léon Battu. Ed. : Michel Lévy frères.

2 février : *En pension chez son groom*. Comédie-vaudeville en un acte. Théâtre du Palais-Royal. Collaborateur : Marc-Michel. Ed. : Michel Lévy frères.

20 février : *Monsieur de Saint-Cadenas*. Comédie-vaudeville en un acte. Théâtre du Palais-Royal. Collaborateur : Marc-Michel. Ed. : Michel Lévy frères.

16 avril : *La Fiancée du bon coin*. Tableau populaire en un acte mêlé de chant. Théâtre du Palais-Royal. Collaborateur : Marc-Michel. Ed. : Michel Lévy frères.

9 mai : *Si jamais je te pince !* Comédie en trois actes mêlée de chant. Théâtre du Palais-Royal. Collaborateur : Marc-Michel. Ed. : Michel Lévy et *Théâtre complet*.

14 novembre : *Mesdames de Montenfriche*. Comédie en trois actes mêlée de couplets. Théâtre du Palais-Royal. Collaborateur : Marc-Michel. Ed. : Michel Lévy frères.

29 novembre : *Un monsieur qui a brûlé une dame*. Comédie-vaudeville en un acte. Théâtre du Palais-Royal. Collaborateur : Anicet-Bourgeois. Ed. : Michel Lévy et *Théâtre complet*.

1857 (26 janvier) : *Le Bras d'Ernest*. Comédie-vaudeville en un acte. Théâtre du Palais-Royal. Collaborateur : Hippolyte Leroux. Ed. : Michel Lévy frères.

26 mars : *L'Affaire de la rue de Lourcine*. Comédie en un acte mêlée de couplets. Théâtre du Palais-Royal. Collaborateurs : Albert Monnier et Edouard Martin. Ed. : Michel Lévy frères et *Théâtre complet*.

11 avril : *La Dame aux jambes d'azur*. Pochade en un acte. Théâtre du Palais-Royal. Collaborateur : Marc-Michel. Ed. : Michel Lévy frères.

10 juin : *Les Noces de Bouchencœur*. Comédie en trois actes mêlée de chant. Théâtre du Palais-Royal. Collaborateurs : Albert Monnier et Edouard Martin. Ed. : Michel Lévy frères et *Théâtre complet*.

5 octobre : *Le Secrétaire de Madame*. Comédie-vaudeville en un acte. Théâtre du Gymnase. Collaborateur : Marc-Michel. Ed. : Michel Lévy frères.

11 décembre : *Un gendre en surveillance*. Comédie-vaudeville en un acte. Théâtre du Gymnase. Collaborateur : Marc-Michel. Ed. : Michel Lévy frères.

1858 (14 février) : *Je croque ma tante*. Comédie-vaudeville en un acte. Théâtre du Palais-Royal. Collaborateur : Marc-Michel. Ed. : Michel Lévy frères.

1er avril : *Le Clou aux maris*. Comédie-vaudeville en un acte. Théâtre du Palais-Royal. Collaborateur : Eugène Moreau. Ed. : Michel Lévy frères et *Théâtre complet*.

1er mai : *L'Avare en gants jaunes*. Comédie-vaudeville en trois actes. Théâtre du Palais-Royal. Collaborateur : Anicet-Bourgeois. Ed. : Michel Lévy frères et *Théâtre complet*.

12 mai : *Deux Merles blancs*. Comédie-vaudeville en trois actes. Théâtre des Variétés. Collaborateur : Alfred Delacour. Ed. : Michel Lévy frères et *Théâtre complet*.

20 juin : *Madame est aux eaux*. Comédie-vaudeville en un acte. Théâtre du Palais-Royal. Collaborateur : Vilmar (Philippe de Marville). Ed. : Michel Lévy frères.

3 novembre : *Le Grain de Café*. Comédie-vaudeville en trois actes. Théâtre du Palais-Royal. Collaborateur : Marc-Michel. Pièce non imprimée. Copie à la bibliothèque de l'Arsenal.

7 décembre : *Le Calife de la rue Saint-Bon*. Scènes de la vie turque, mêlée de couplets. Théâtre du Palais-Royal. Musique de Mangeant. Collaborateur : Marc-Michel. Ed. : Charlieu.

24 décembre : *En avant les Chinois! Revue de 1858*. Théâtre du Palais-Royal. Collaborateur : Alfred Delacour. Ed. : Librairie nouvelle (A. Bourdilliat et Cie).

1859 (9 janvier) : *L'Avocat d'un Grec*. Comédie en un acte mêlée de couplets. Théâtre du Palais-Royal. Collaborateur : Auguste Lefranc. Ed. : Librairie nouvelle.

16 mars : *L'Amour, un fort volume, prix 3 F 50 c*. Parodie mêlée de couplets en un acte. Théâtre du Palais-Royal. Collaborateur : Edouard Martin. Ed. : Librairie nouvelle.

30 avril : *L'Ecole des Arthur*. Comédie-vaudeville en deux actes. Théâtre des Variétés. Collaborateur : Anicet-Bourgeois. Ed. : Michel Lévy frères.

8 juin : *L'Omelette à la Follembuche*. Opérette bouffe en un acte. Théâtre des Bouffes-Parisiens. Collaborateur : Marc-Michel. Musique de Léo Delibes. Ed. : Librairie théâtrale. Nouvelle édition en 1877 chez Tresse.

15 juin : *Le Baron de Fourchevif*. Comédie en un acte. Théâtre du Gymnase. Collaborateur : Alphonse Jolly. Ed. : Tresse et *Théâtre complet*.

28 novembre : *Les Petites Mains*. Comédie en trois actes. Théâtre du Vaudeville. Collaborateur : Edouard Martin. Ed. : Librairie nouvelle et *Théâtre complet*.

29 novembre : *Voyage autour de ma marmite*. Vaudeville en un acte. Théâtre du Palais-Royal. Collaborateur : Alfred Delacour. Ed. : Michel Lévy frères.

9 décembre : *Le Rouge-Gorge*. Vaudeville en un acte. Théâtre du Vaudeville. Collaborateur : Adolphe Choler. Ed. : Librairie théâtrale. Nouvelle édition en 1877 chez Tresse.

1860 (16 janvier) : *J'invite le colonel!* Comédie en un acte mêlée de couplets. Théâtre du Palais-Royal. Collaborateur : Marc-Michel. Ed. : Michel Lévy frères et *Théâtre complet*.

10 mars : *La Sensitive*. Comédie-vaudeville en trois actes. Théâtre du Palais-Royal. Collaborateur : Alfred Delacour. Ed. : Michel Lévy frères et *Théâtre complet*.

16 mars : *Les Deux Timides*. Comédie-vaudeville en un acte. Théâtre du Gymnase. Collaborateur : Marc-Michel. Ed. : Michel Lévy frères et *Théâtre complet*.

10 septembre : *Le Voyage de M. Perrichon*. Comédie en quatre actes. Théâtre du Gymnase. Collaborateur : Edouard Martin. Ed. : Librairie nouvelle et *Théâtre complet*.

29 septembre : *La Famille de l'horloger*. Comédie-vaudeville en un acte. Théâtre du Palais-Royal. Collaborateur : Raimond Deslande (Raymond Deslandes). Ed. : Librairie nouvelle.

29 septembre : *Un gros mot*. Comédie-vaudeville en un acte. Théâtre du Palais-Royal. Collaborateur : Dumoustier. Ed. : Michel Lévy frères et *Théâtre complet*.

1861 : Labiche est nommé chevalier de la Légion d'honneur.

13 février : *J'ai compromis ma femme*. Comédie en un acte mêlée de chant. Théâtre du Gymnase. Collabo-

rateur : Alfred Delacour. Ed. : Michel Lévy frères et *Théâtre complet*.

16 mars : *Les Vivacités du capitaine Tic*. Comédie en trois actes. Théâtre du Vaudeville. Collaborateur : Edouard Martin. Ed. : Michel Lévy frères et *Théâtre complet*.

3 avril : *L'Amour en sabots*. Comédie-vaudeville en un acte. Théâtre des Variétés. Collaborateur : Alfred Delacour. Airs nouveaux de J. Nargent. Ed. : Michel Lévy frères.

6 mai : *Le Mystère de la rue Rousselet*. Comédie en un acte mêlée de couplets. Théâtre du Vaudeville. Collaborateur : Marc-Michel. Ed. : Librairie nouvelle.

19 octobre : *La Poudre aux yeux*. Comédie en deux actes. Théâtre du Gymnase. Collaborateur : Edouard Martin. Ed. : Michel Lévy frères et *Théâtre complet*.

1862 (7 mars) : *La Station Champbaudet*. Comédie-vaudeville en trois actes. Théâtre du Palais-Royal. Collaborateur : Marc-Michel. Ed. : Michel Lévy frères et *Théâtre complet*.

1er avril : *Les Petits Oiseaux*. Comédie en trois actes. Théâtre du Vaudeville. Collaborateur : Alfred Delacour. Ed. : Dentu et *Théâtre complet*.

15 mai : *Le Premier Pas*. Comédie en un acte. Théâtre du Gymnase. Collaborateur : Alfred Delacour. Ed. : Dentu et *Théâtre complet*.

30 décembre : *Les 37 sous de M. Montaudoin*. Comédie-vaudeville en un acte. Théâtre du Palais-Royal. Collaborateur : Edouard Martin. Ed. : Dentu et *Théâtre complet*.

1863 (6 février) : *La Dame au petit chien*. Comédie-vaudeville en un acte. Théâtre du Palais-Royal. Collaborateur : Dumoustier. Ed. : Dentu.

21 février : *Permettez, madame!* Comédie en un acte. Théâtre du Gymnase. Collaborateur : Alfred Delacour. Ed. : Dentu.

27 février : *Célimare le bien-aimé*. Comédie-vaudeville en trois actes. Théâtre du Palais-Royal. Collaborateur : Alfred Delacour. Ed. : Dentu et *Théâtre complet*.

23 décembre : *La Commode de Victorine*. Comédie-vaudeville en un acte. Théâtre du Palais-Royal. Collaborateur : Edouard Martin. Ed. : Dentu et *Théâtre complet*.

1864 (22 février) : *La Cagnotte*. Comédie-vaudeville en cinq actes. Théâtre du Palais-Royal. Collaborateur : Alfred Delacour. Ed. : Dentu et *Théâtre complet*.

21 mars : *Moi*. Comédie en trois actes. Comédie-Française. Collaborateur : Edouard Martin. Ed. : Dentu et *Théâtre complet*.

23 avril : *Un mari qui lance sa femme*. Comédie en trois actes. Théâtre du Gymnase. Collaborateur : Raymond Deslandes. Ed. : Dentu et *Théâtre complet*.

4 et 12 décembre : *Le Point de mire*. Comédie en quatre actes créée à Compiègne devant la Cour impériale (4) puis au Théâtre du Gymnase (12). Collaborateur : Alfred Delacour. Ed. : Dentu et *Théâtre complet*.

1865 (8 mai) : *Premier Prix de piano*. Comédie-vaudeville en un acte. Théâtre du Palais-Royal. Collaborateur : Alfred Delacour. Ed. : Dentu.

31 octobre : *L'Homme qui manque le coche*. Comédie-vaudeville en trois actes. Théâtre des Variétés. Collaborateur : Alfred Delacour. Ed. : Dentu.

1er décembre : *La Bergère de la rue Monthabor*. Comédie-vaudeville en quatre actes. Théâtre du Palais-Royal. Collaborateur : Alfred Delacour. Ed. : Dentu.

9 décembre : *Le Voyage en Chine*. Opéra-comique en trois actes. Théâtre de l'Opéra-Comique. Collaborateur : Alfred Delacour. Musique de François Bazin. Mise en scène de Mocker. Ed. : Dentu.

1866 (21 août) : *Un pied dans le crime*. Comédie-vaudeville en trois actes. Théâtre du Palais-Royal. Collaborateur Adolphe Choler. Ed. : Dentu et *Théâtre complet*.

1867 (25 février) : *Le Fils du brigadier*. Opéra-comique en trois actes. Théâtre de l'Opéra-Comique. Collaborateur : Alfred Delacour. Musique de Victor Massé. Mise en scène de Mocker. Ed. : Librairie dramatique, 10, rue de la Bourse.

28 juillet : *La Grammaire*. Comédie-vaudeville en un acte. Théâtre du Palais-Royal. Collaborateur : Alphonse Jolly. Ed. : Dentu et *Théâtre complet*.

6 septembre : *La Main leste*. Comédie-vaudeville en un acte. Théâtre des Bouffes-Parisiens. Collaborateur : Edouard Martin. Ed. : Dentu et *Théâtre complet*.

25 novembre : *Les Chemins de fer*. Comédie-vaudeville en cinq actes. Théâtre du Palais-Royal. Collaborateurs : Alfred Delacour, Adolphe Choler. Ed. : Dentu.

1868 (6 février) : *Le Papa du prix d'honneur*. Comédie-vaudeville en quatre actes. Théâtre du Palais-Royal. Collaborateur : Théodore Barrière. Ed. : Michel Lévy frères.

27 novembre : *Le Corricolo*. Opéra-comique en trois actes. Théâtre de l'Opéra-Comique. Collaborateur : Alfred Delacour. Musique de Fernand Poise. Mise en scène de Mocker. Ed. : Librairie dramatique.

27 novembre : *Le Roi d'Amatibou*. Comédie en quatre actes. Théâtre du Palais-Royal. Collaborateur : Edmond Cottinet. Musique d'Hervé. Pièce non imprimée.

1er décembre : *Le Petit Voyage*. Pochade en un acte. Théâtre du Vaudeville. Ed. : Dentu et *Théâtre complet*.

1869 (20 mars) : *Le Dossier de Rosafol*. Comédie-vaudeville en un acte. Théâtre du Palais-Royal. Collaborateur : Alfred Delacour. Ed. : Librairie dramatique.

22 avril : *Le Choix d'un gendre*. Pochade en un acte. Théâtre du Vaudeville. Collaborateur : Alfred Delacour. Ed. : Dentu et *Théâtre complet*.

1870 (11 janvier) : *Le plus heureux des trois*. Comédie en trois actes. Théâtre du Palais-Royal. Collaborateur : Edmond Gondinet. Ed. : Dentu et *Théâtre complet*.

24 février : *La Cachemire X.B.T.* Comédie en un acte. Théâtre du Vaudeville. Collaborateur : Eugène Nus. Ed. : Dentu et *Théâtre complet*.

Eugène Labiche, maire de Souvigny, reste en Sologne pour remplir son devoir et protéger ses administrés. Il a quitté Paris en septembre 1870 et n'y reviendra qu'en juillet 1871.

1871 (15 juillet) : *Le Livre bleu*. Comédie en un acte. Théâtre du Palais-Royal. Collaborateur : Ernest Blum. Ed. : Dentu.

L'Ennemie. Comédie en trois actes. Théâtre du Vaudeville. Collaborateur : Alfred Delacour. Ed. : Dentu.

1872 (7 mai) : *Il est de la police*. Comédie en un acte. Théâtre du Palais-Royal. Collaborateur : Louis Leroy. Ed. : Dentu.

15 novembre : *La Mémoire d'Hortense*. Comédie en un acte. Théâtre des Variétés. Collaborateur : Alfred Delacour. Ed. : Dentu.

20 décembre : *Doit-on le dire ?* Comédie en trois actes. Théâtre du Palais-Royal. Collaborateur : Alfred Duru. Ed. : Dentu et *Théâtre complet*.

1873 (9 avril) : *29 degrés à l'ombre*. Comédie en un acte. Théâtre du Palais-Royal. Ed. : Dentu et *Théâtre complet*.

1874 (12 février) : *Garanti dix ans*. Comédie en un acte. Théâtre des Variétés. Collaborateur : Philippe Gille. Ed. : Dentu.

7 mars : *Brûlons Voltaire!* Comédie en un acte. Théâtre du Gymnase. Collaborateur : Louis Leroy. Ed. : Dentu.

30 mars : *Madame est trop belle*. Comédie en trois actes. Théâtre du Gymnase. Collaborateur : Alfred Duru. Ed. : Dentu.

1er avril : *La Pièce de Chambertin*. Comédie en un acte. Théâtre du Palais-Royal. Collaborateur : Jules Dufresnois. Ed. : Dentu.

15 septembre : *Les Samedis de Madame*. Comédie en trois actes. Théâtre du Palais-Royal. Collaborateur : Alfred Duru. Ed. : Dentu.

1875 (22 janvier) : *Les Trente Millions de Gladiator*. Comédie-vaudeville en quatre actes. Théâtre des Variétés. Collaborateur : Philippe Gille. Ed. : Dentu et *Théâtre complet*.

30 avril : *Un mouton à l'entresol*. Comédie en un acte. Théâtre du Palais-Royal. Collaborateur : Albéric Second. Ed. : Dentu.

27 août : *La Guigne*. Comédie-vaudeville en trois actes. Théâtre des Variétés. Collaborateurs : Leterrier et Vanloo. Pièce non imprimée.

1876 (5 février) : *Le Prix Martin*. Comédie en trois actes. Théâtre du Palais-Royal. Collaborateur : Emile Augier. Ed. : Dentu et *Théâtre complet*.

31 mars : *Le Roi dort*. Féerie-vaudeville en trois actes et huit tableaux. Théâtre des Variétés. Collaborateur : Alfred Delacour. Pièce non imprimée.

22 mai : *La Cigale chez les fourmis*. Comédie en un acte. Comédie-Française. Collaborateur : Ernest Legouvé. Ed. : Dentu et *Théâtre complet*.

1877 (5 janvier) : *La Clé*. Comédie en quatre actes. Théâtre du Palais-Royal. Collaborateur : Alfred Duru. Ed. : Dentu.

14 août : Même pièce, réduite à trois actes. Même théâtre.

En 1877 paraît chez Ollendorff dans *Le Théâtre de campagne*, 2e série : *La Lettre chargée*, fantaisie en un acte.

1878 : Début de la publication chez Calmann-Lévy, en dix volumes, du *Théâtre complet* d'Eugène Labiche, qui réunit cinquante-sept pièces. Préface d'Emile Augier. La publication s'achèvera en 1879. Nombreuses réimpressions.

Après l'échec de *La Clé*, Labiche a décidé de ne plus écrire pour le théâtre et il tiendra parole. Mais ses pièces sont l'objet de très fréquentes reprises, notamment au théâtre du Palais-Royal où il ne se passe pas d'année que l'on n'affiche une, et parfois plusieurs de ses pièces, entre 1878 et 1914.

En 1878 paraît chez Ollendorff dans le *Théâtre de Campagne* 4e série : *L'Amour de l'Art*, comédie en un acte.

1879 (2 mai) : Triomphale reprise, à l'Odéon, du *Voyage de M. Perrichon*, qui aura 155 représentations dans l'année et 38 au début de 1880.

1880 : Labiche est élu à l'Académie française au fauteuil de Samuel Silvestre de Sacy (1801-1879), conservateur de la bibliothèque Mazarine, sénateur de l'Empire, un des grands journalistes des *Débats*, érudit de goût classique.

1881 : *Un coup de rasoir*, comédie en un acte, paraît dans *Saynètes et monologues*, 3e série, chez Tresse. Cette pochade figure dans certaines listes sous le titre *Un rasoir anglais*.

Labiche en Sologne la plus grande partie de l'année.

1882 (15 février) : Mariage d'André-Marin Labiche (voir année 1856). Labiche en Sologne.

1883 : Naissance d'Eugène-Louis-Marin, fils d'André, premier petit-fils de Labiche.

1884 : Naissance de Pierre, deuxième petit-fils de Labiche.

Reprises du *Petit Voyage* et de *La Cagnotte* au Palais-Royal, des *Petites Mains* à l'Odéon, du *Plus heureux des trois* au Vaudeville.

1885 : Labiche souffre d'une maladie de cœur.

Septembre : Mort de Madeleine Labiche, née Flandin, femme d'André Labiche.

1886 : Reprises du *Livre bleu*, de *Doit-on le dire ?*, du *Misanthrope et l'Auvergnat* et des *Chemins de fer* au Théâtre de Cluny; du *Voyage de M. Perrichon* et des

Deux Timides au Vaudeville; de *La Cagnotte* au Palais-Royal; d'*Un chapeau de paille d'Italie* aux Variétés; du *Choix d'un gendre* à la Renaissance.

1887 : Reprises de *La Grammaire* et de *Célimare le bien-aimé* au Vaudeville; de *La Cagnotte* au Palais-Royal; des *Trente millions de Gladiator* aux Variétés; de *Deux Merles blancs*, d'*Edgar et sa bonne* et des *Noces de Bouchencœur* à la Renaissance; du *Misanthrope et l'Auvergnat*, des *37 sous de M. Montaudoin* et d'*Une chaîne anglaise* au Théâtre de Cluny.

1888 : Reprises de *La Grammaire* et du *Voyage de M. Perrichon* au Vaudeville; de *La Cagnotte* au Palais-Royal; de *La Station Champbaudet* et de *Mon Isménie* à la Renaissance; de *La Clé* au théâtre de Cluny.

22 janvier : Eugène Labiche meurt, dans sa soixante-treizième année, 67, rue Caumartin.

25 janvier : obsèques à Saint-Louis d'Antin et au cimetière de Montmartre. Discours de Ludovic Halévy au nom de la Société des Auteurs et Compositeurs dramatiques et de Me Rousse au nom de l'Académie française.

1889 (4 avril) : Succédant à Labiche, Henri Meilhac prononce l'éloge de son prédécesseur à l'Académie française.

BIBLIOGRAPHIE

A

LES TEXTES

1. Sur les cent soixante-treize pièces de Labiche, cent cinquante-neuf ont été imprimées de son vivant. Sur les quatorze inédites, cinq ont été retrouvées aux Archives de France et publiées dans Gilardeau (*op. cit.*).

2. En 1878-1879, L. a publié, préfacé par Emile Augier, les dix volumes de son *Théâtre complet* (Calmann-Lévy) qui ont été fréquemment réimprimés pendant plus d'un demi-siècle. L. avait retenu cinquante-sept pièces. La plupart des choix suivants ont été faits à partir de cette édition.

3. *Théâtre choisi*, Calmann-Lévy, 1895. Préface d'Édouard Pailleron. Six pièces : *La Grammaire, L'Affaire de la rue de Lourcine, La Poudre aux yeux, La Cigale chez les fourmis, Les Deux Timides, Embrassons-nous Folleville !*

4. *Six Comédies de Labiche : Le Voyage de Monsieur Perrichon, Un chapeau de paille d'Italie, La Poudre aux yeux, L'Affaire de la rue de Lourcine, Mon Isménie, 29 degrés à l'ombre*, (Club du Meilleur Livre, 1957) Préface de Gilbert Sigaux.

5. *Théâtre*, Robert Laffont, 1959. Collection *Les Cent chefs-d'œuvre* dirigée par Philippe Soupault. Neuf pièces. *Un chapeau de paille d'Italie, L'Affaire de la rue de Lourcine, Le Voyage de Monsieur Perrichon, La Poudre aux yeux, Les 37 sous de M. Montaudoin, Célimare le bien-aimé, La Cagnotte, La Grammaire, Les Trente millions de Gladiator.*

6. *Nouveau Théâtre choisi*, Denoël, 1960. Préface et notes par Gilbert Sigaux. Douze pièces : *Deux Papas très bien, Un garçon de chez Véry, La Chasse aux corbeaux, Si jamais je te pince ! Un monsieur qui a brûlé une dame, J'invite le colonel !, J'ai compromis ma femme, Les Vivacités du Capitaine Tic, La Station Champbaudet, Un pied dans le crime, Le Prix Martin* — et *Les Chemins de fer*, vaudeville qui ne figurait pas dans le *Théâtre complet* de 1878-1879.

7. *Théâtre*. Trois volumes, « Le Livre de poche », 1964-1967. Les deux premiers préfacés par Gilbert Sigaux, le troisième par Hubert Juin.

8. *Théâtre*, Marabout, 1964. Préface de Maurice Rat. Illustrations empruntées à Daumier.

9. *Œuvres complètes*. Huit volumes. Club de l'Honnête Homme, 1967-1968. Edition préparée et annotée par Gilbert Sigaux. Comprend 159 pièces de L., son roman *La Clef des Champs*, des articles de critique, son *Journal de Voyage* en Italie, des discours, et 101 lettres. Préfaces de Marcel Achard, Jean Dutourd, René Clair, André Roussin, Jean Anouilh, Pauline Carton, Félicien Marceau, Jean Grenier.

B

SUR LABICHE

Soixante titres sont cités dans la Bibliographie figurant au tome VIII de l'édition du Club de l'Honnête Homme. On ne retiendra ici que les plus importants et les plus récents :

1. ZOLA (Emile), *Nos auteurs dramatiques*, Charpentier, 1881, (voir le tome II des œuvres critiques dans l'édition du Cercle du Livre précieux).

2. LACOUR (Léopold), *Gaulois et Parisiens. Labiche, Meilhac et Halévy, Gondinet*, Calmann-Lévy, 1883.

3. PARIGOT (Hippolyte), *Le Théâtre d'hier*, Lecène et Oudin, 1893, chapitre IV.

4. SARCEY (Francisque), *Quarante Ans de théâtre*. Huit volumes, Librairie des Annales, 1900-1902 (voir les tomes I et IV).

5. WOGUE (Jules), « Labiche romancier », *La Revue*, 1er novembre 1913. — « La Philosophie de Labiche », *La Grande Revue*, mars 1934. — « Une leçon politique de Labiche », *ibid.*, septembre 1934.

6. SOUPAULT (Philippe), *Labiche, sa vie, son œuvre* (Sagittaire, 1945; Nouvelle édition augmentée, Mercure de France, 1964).
7. NANTET (Jacques), *L. et la Société bourgeoise*, Critique, février 1959.
8. CHEVALLEY (Sylvie), Articles de plusieurs auteurs réunis par S. C. à l'occasion d'une reprise de *Perrichon* à la Comédie-Française (1966). Programme non mis dans le commerce.
9. GILARDEAU (Jacques), *Eugène Labiche, histoire d'une synthèse comique inespérée*, thèse (non imprimée), 1967.
10. AUTRUSSEAU (Jacqueline), *Labiche et son théâtre, essai*, L'Arche, 1971.

LES COLLABORATEURS DE LABICHE

Ils sont quarante-huit, dont quatre ont été vraiment associés à l'œuvre de Labiche de façon continue : Alfred Delacour, Auguste Lefranc, Marc-Michel et Edouard Martin. Les autres, qui ne sont pas tous oubliés des historiens du théâtre (Anicet-Bourgeois, Emile Augier, Théodore Barrière, Philippe Gille, Edmond Gondinet, Paul Siraudin) ont un « statut » bien différent des quatre premiers : certains ont fourni à Labiche un scénario ou une idée. D'autres comme Augier, Gondinet et Philippe Gille ont été associés, mais de façon occasionnelle, à un nombre restreint de pièces (d'une à six).

Nous groupons ci-dessous les notices concernant les collaborateurs de Labiche pour les pièces publiées dans le présent volume.

Notons que Labiche écrivit seulement six pièces sans collaborateur : *Un jeune homme pressé, Un garçon de chez Véry, Le Petit Voyage, 29 degrés à l'ombre, La Lettre chargée, L'Amour de l'art, Un coup de rasoir.*

MÉLESVILLE

Mélesville, qui collabora aux *Circonstances atténuantes* et au *Sopha*, est un des plus étonnants producteurs de pièces qu'ait connus la première moitié du siècle. Il était l'aîné de Labiche, et de beaucoup, étant né à Paris le 13 novembre 1787. Mélesville est un pseudonyme; le vrai nom de l'auteur était Anne-Honoré-Joseph Duveyrier. Il fut d'abord avocat, puis substitut (1809-1815). Sa première pièce, *L'Oncle rival*, est de 1811. Mais c'est après 1815, date à laquelle il renonça à la magistrature et au barreau, que se développa son œuvre dramatique. Il commença par écrire des mélodrames : *Aben-Hamet ou les Héros de Grenade* (1815), *Boleslas et le Bûcheron écossais* (1816), *Onze heures du soir* (1817), *Le Proscrit et la Fiancée* (1818), *Les Frères invisibles* (1819). Mais il avait rencontré Scribe, qui débuta la même année que lui (1811) et était à peu de chose près son contemporain, étant né en 1791; avec Scribe, Mélesville passa à la comédie; les deux hommes furent inséparables et signèrent (parfois avec un troisième auteur) jusqu'en 1845, soit pendant près de trente ans, soixante pièces. La première, qui porte leur double signature est *Les Deux Précepteurs* (1817) que suivirent, entre autres : *Frontin mari garçon*, *La Petite Sœur* (1821), *Mémoires d'un colonel de hussards* (1822), *Valérie* (1826), *L'Ambassadeur*, *La Demoiselle à marier* (1826), *La Chatte métamorphosée en femme* (1827), *Zoé*, *La Seconde Année* (1830), *Le Chalet* (1834), *Le Lac des fées* (1839).

Mais Mélesville ne collabora pas seulement avec Scribe; il s'associa à Brazier, Merle, Carmouche, Xavier (c'est-à-dire Saintine) Bayard, etc. Le catalogue complet de son œuvre comprend environ trois cents titres. *Les Vieux Péchés* (1833) et *Michel Perrin* (1834) furent deux des pièces où triompha le célèbre Bouffé. *La Petite Maison* (1826), *Sullivan* (1852), *Un vers de Virgile* (1857) furent créés à la Comédie-Française — de même que *La Marquise de Sennetterre* (1837) qu'il écrivit avec son frère Charles Duveyrier et *Le Portrait vivant* (1842) pour lequel il collabora avec Léon Laya.

Il a écrit des livrets d'opéra, notamment celui de *Zampa* (1831). Et parmi tant de pièces qui firent les beaux soirs de dix théâtres, on peut citer encore *La Famille normande* (1822), *Suzanne* (1837), *La Fille de Figaro* (1843), *Les Bijoux indiscrets* (1850 — d'après le roman de Diderot), *La Bataille de la vie* (1853), *Un cerveau fêlé* (1854), *Monsieur Beauminet* (1854).

Mélesville mourut en 1865. Son frère Charles (1803-1866) fut un saint-simonien actif et l'auteur de plusieurs ouvrages d'économie politique. Sans quitter la vie publique pour le théâtre, il collabora avec son frère, avec Scribe aussi, pour de nombreuses pièces. Inspecteur des prisons jusqu'en 1845, il fut également homme d'affaires. Il formait avec son frère un des « tandems » les plus actifs du monde des théâtres.

MARC-MICHEL

Marc-Antoine-Amédée Michel, dit Marc-Michel, naquit à Marseille le 22 juillet 1812 et commença ses études à Aix-en-Provence, chez les jésuites, où se trouvait alors le célèbre Loriquet, et les acheva au collège de sa ville natale. Ses premières œuvres sont des poésies publiées dans *Le Sémaphore* de Marseille sous le pseudonyme de Scribomane Job. En 1834, Marc-Michel vint à Paris et publia quelques vers « lugubres », dit un de ses biographes, dans *La Revue de France* — et ne tarda pas à faire, au quartier Latin, la connaissance de Labiche. Comme lui il collabore à la *Revue du théâtre*, au *Journal des tribunaux* et au *Droit*. Dans ces deux dernières publications, il donne des comptes rendus de correctionnelle qui révèlent ses dons humoristiques. Un de ses contemporains, Philibert Audebrand, écrit dans *Un café de journalistes sous Napoléon III* (Dentu, 1888, p. 65) : « Parmi les auteurs dramatiques les plus applaudis, il y avait alors un très bon et très spirituel garçon, du nom de Marc-Michel. En même temps qu'il composait de jolies pièces en collaboration avec Labiche, il faisait pour le *Droit*, journal des tribunaux, le compte rendu de la police correctionnelle et, vu la diversité ou la cocasserie des types dont il avait à esquisser la mouvante physionomie, ces deux genres de labeur, le vaudeville au gros sel du Palais-Royal et les racontars de la Chambre, n'étaient pas trop inconciliables. » Les essais de Marc-Michel sont d'un observateur et d'un caricaturiste. Il les mit à profit pour nourrir les pièces auxquelles il collabora d'une verve bouffonne dans les situations comme dans le style. Il fut de ces hommes de théâtre qui savent et aiment écrire en pensant aux comédiens, aux effets que ceux-ci peuvent tirer de ce qu'ils ont à dire. Outre les quarante-huit pièces qu'il signa avec Labiche (Lefranc étant souvent le troisième collaborateur), Marc-Michel fit jouer une cinquantaine de comédies et de drames, en collaboration avec Lefranc seul, avec Charles Varin, P.-E. Dumanoir, Adolphe Jaime, Auguste Choler, Etienne Brisebarre. Parmi les œuvres auxquelles Labiche n'eut pas de part citons : *La Chanteuse des rues* (1840), *Un tigre du Bengale* (1849), *J'ai perdu mon Eurydice* (1860), *Les Amours de Cléopâtre* (1860), *Les Voisins de Molinart* (1861), *Les Finesses de Bouchavanne* (1863).

Comme Labiche, il avait publié en 1839 un roman — et chez le même éditeur Gabriel Roux — intitulé : *Le Mari de Madame Gaillardot*. Il mourut à Paris le 12 mars 1868.

AUGUSTE LEFRANC

Pierre-Charles-Joseph Auguste Lefranc naquit à Surrière, près de Mâcon, le 2 février 1814. Il fit ses études dans cette dernière ville puis à Paris, à l'Ecole de Droit. Il s'inscrivit au barreau et fut avocat. Mais très tôt, comme Labiche et Marc-Michel, il collabora à de nombreux petits journaux. On le trouve à *La Gazette des Théâtres* aussi bien qu'à *L'Audience*. Avec Labiche il fondera *Les Papillotes ;* il écrit dans *Les Coulisses, La Vogue, Chérubin*, à la *Revue de France*, au *Journal de Paris*, à *L'Epoque*, à *La Galerie des Artistes*. Il fut aussi le fondateur de *La Chaire catholique,* « journal de prédication ». Outre les trente-six pièces qu'il écrivit avec Labiche (et souvent avec Marc-Michel) il donna : *Une femme du ciel* (1836), *Un grand criminel* (1841), *Une femme compromise* (1843), *Une existence décolorée* (1847), *L'Enfant de quelqu'un* (1847), *Une idée fixe* (1850), *Les Roués innocents* (1850), *Un mauvais coucheur* (1854). Il mourut à Suresnes le 15 décembre 1878.

PAUL JESSÉ

Auteur complètement tombé dans l'oubli. Il ne figure dans aucun dictionnaire. Nous n'avons trouvé trace que de deux traductious de l'anglais signées de lui : *Histoire de la marine des Etats-Unis* (*Story of the Navy*, 1839) de James Fenimore Cooper (Corréard, 1845-1846), et *Retraite et Destruction de l'armée anglaise en Afghanistan en 1842* du général Sir Vincent Eyre (Corréard, 1844).

GUSTAVE ALBITTE

Gustave Albitte fut de les nombreux auteurs qui, entre 1830 et 1900, fournirent les scènes parisiennes de vaudevilles, comédies, drames écrits la plupart du temps en association et témoignent de plus d'adresse que de personnalité. On ignore sa date de naissance. Il mourut

le 17 novembre 1898. Parmi ses nombreuses pièces
— énumérées dans le *Dictionnaire universel du théâtre
français* de J. Goizet et A. Burtal (dont n'a paru que la
lettre A) — citons : *Les Misères d'un timbalier* en collaboration avec Lubize (collaborateur de Labiche pour
Le Misanthrope et l'Auvergnat) vaudeville créé au Palais-
Royal en 1836; *Spectacle à la cour* avec le même Lubize
et avec Théaulon (Gymnase, 1837); et *L'Ouverture de
la chasse* avec Desvergers (Variétés, 1838).

SAINT-YVES

Saint-Yves est le pseudonyme d'Edouard Déaddé
(1810-1872). Il commence sa carrière d'auteur dramatique avec *Odette* (1832) et écrira, outre de nombreux
romans-feuilletons, une centaine de pièces, la plupart en
collaboration. Il signa notamment avec Victor Ratier,
directeur du célèbre journal satirique *La Silhouette*. Une
lettre de Balzac à Déaddé, publiée par Roger Pierrot
(*Correspondance de Balzac*, Garnier, t. I, p. 450) nous
apprend que le père de *La Comédie humaine* eut en 1830,
un projet de collaboration avec le futur Saint-Yves.

ADRIEN DECOURCELLE

Adrien Decourcelle (1821-1892) débuta dans le vaudeville, épousa une nièce d'Adolphe d'Ennery, et écrivit
plus de cinquante pièces. Il avait été joué à la Comédie-
Française dès 1845 avec *Une soirée à la Bastille;* et il se
retrouvera sur la même scène en 1846 avec *Don Guzman;*
en 1848 avec *La Marinette* et *Les Portraits* (en collaboration avec Théodore Barrière); en 1856 avec *Fais ce que
dois* (3 actes en collaboration avec H. de Lacretelle).
Mais sa carrière, pour le plus grand nombre de ses pièces,
se déroula sur d'autres scènes : Gymnase, Vaudeville,
Palais-Royal. On se souviendra qu'il fut l'auteur (avec
Jules Barbier) de *Jenny l'ouvrière* (Porte-Saint-Martin,
1850) et d'un drame tiré de *Geneviève* de Lamartine :
Les Orphelins de Valneige. Adrien Decourcelle collabora
avec Labiche pour : *Agénor le dangereux, Les Petits
Moyens* et *Oscar XXVIII*.

GUSTAVE LEMOINE

Gustave Lemoine (1802-1885) composa des romances que mit en musique sa femme, la célèbre Loïsa Puget (auteur dramatique, elle aussi, avec une opérette en un acte : *La Veilleuse*, Gymnase, 1869). Mais il fut surtout dramaturge et même « mélodramaturge » avec, entre autres succès, *La Grâce de Dieu* (1841), pièce qui fut jouée six cents fois à la Gaîté. Il ne collabora avec Labiche que pour *Les Petits Moyens* mais on retrouve sa signature dans d'autres vaudevilles écrits en collaboration. Il était le frère aîné d'Adolphe Lemoine, dit Lemoine-Montigny (1805-1880), auteur dramatique, mais surtout directeur du Gymnase à partir de 1844.

SENNEIF

Senneif cachait par anagramme Fiennes — c'est-à-dire Charles Matharel de Fiennes (né en 1814) qui fut avocat, administrateur au Mont de Piété, puis administrateur du journal *Le Siècle* (1838) dont son beau-frère Louis Perrée était le gérant avant d'en devenir le directeur (1840). Au *Siècle*, Matharel de Fiennes fit sous le nom de Matharel, les comptes rendus des petits théâtres, puis à partir de 1849 le critique dramatique. Il collabora à de nombreux autres journaux : *Le Charivari*, *L'Entr'acte*, *La Semaine*, *Le Voleur*, *Le Dimanche*, *L'Illustration*, etc. Il a collaboré anonymement à quelques vaudevilles.

N. B. Karl, collaborateur de Labiche pour *Agénor le Dangereux* n'a pas pu être identifié. Plusieurs journalistes ont signé de ce nom-prénom dans la presse du XIXᵉ siècle. Aucun d'entre eux n'a laissé de trace dans les archives de la Société des Auteurs et Compositeurs dramatiques.

PAUL DANDRÉ

est le pseudonyme collectif de Labiche, Lefranc et Marc-Michel.

EUGÈNE NYON

Né en 1812, il fut comme Labiche élève du Collège Bourbon. Il commença tôt une carrière de journaliste et d'auteur dramatique, la plupart du temps en collaboration avec un écrivain prolifique, Edouard Brisebarre. En 1868 il fit jouer à la Comédie-Française une comédie en deux actes et en vers : *Le Coq de Mycille* écrite en collaboration avec Henri Trianon. Eugène Nyon publia aussi des romans et des nouvelles, et signa Comtesse de Sabran des chroniques parisiennes dans *Le Messager des dames et des demoiselles*. Il mourut en 1870.

PAUL SIRAUDIN

Paul Siraudin naquit à Paris le 18 décembre 1813. Il commença d'écrire (le plus souvent à l'origine avec Alfred Delacour) dès 1835. Sa production fut considérable. Il collabora avec Méry, Ernest Blum, Clairville, Busnach, et fut l'un des trois auteurs (avec Alfred Delacour et Eugène Moreau) du *Courrier de Lyon* (1850). Labiche mis à part, il eut un collaborateur célèbre : Théophile Gautier, avec lequel il écrivit *Un voyage en Espagne* et *Le Tricorne enchanté*. En 1860, il ouvrit rue de la Paix une boutique de confiseur qu'il céda plus tard à un nommé Raynard tout en laissant son nom au magasin et en y conservant des intérêts. Il mourut en 1885.

LUBIZE

Pierre-Michel Martin, dit Martin-Lubize ou Lubize tout court, naquit à Bayonne le 21 février 1800. Il travailla chez le banquier Laffitte avant de faire du théâtre. Ses débuts sont de 1832 avec *Tout pour ma fille*, comédie en trois actes. Ils préludent à une œuvre abondante, dont la plus grande partie est faite de collaborations avec Théaulon, les frères Cogniard, Varin, Brisebarre, Grangé,

Paul de Kock, Clairville — et Siraudin. Il mourut le
23 janvier 1863.

La sœur de Lubize, Jeanne Martin, fut la mère du
grand Henry Becque. L'auteur des *Corbeaux* et de *La
Parisienne* publia le 22 octobre 1898 dans *La Volonté*
un article intitulé *Labiche et ses collaborateurs* (repris
dans le tome VI des œuvres complètes de Becque, 1926)
dont le moins qu'on puisse dire est qu'il manque de
tendresse pour Labiche « de tous nos auteurs, le plus
surfait, le plus ridiculement surfait ». Becque affirme que
les collaborateurs de Labiche étaient parfaitement
capables de se passer de lui et de faire aussi bien que lui.
A l'en croire, Labiche n'avait pas de personnalité;
esclave de la collaboration, il ne valait que par elle. Tout
cela pour dire que Lubize ayant écrit une comédie en
cinq actes en vers intitulée *Un mauvais caractère* (manuscrit perdu) en avait tiré, avec Siraudin, *Le Misanthrope
et l'Auvergnat*. Cette pièce, remise au Palais-Royal, aurait
alors été confiée à Labiche pour être revue. Et Labiche,
qui, selon Becque (il avait vu le manuscrit), laissa intactes
les quinze premières pages, se serait contenté de substituer une intrigue à une autre, « rien de plus ». Le *rien
de plus* est savoureux; surtout lorsqu'on lit plus loin :
« Labiche doit tout au *Misanthrope et l'Auvergnat* qui
ne lui doit que bien peu de chose »; et plus loin encore, à
propos des œuvres complètes de Labiche poussées « stu-
pidement jusqu'aux mains de nos collégiens » : « Etonnez-
vous donc que les études baissent et que, le latin une
fois supprimé, nous arrivions bien vite à la langue de
Labiche ».

ALFRED DELACOUR

De 1852 à 1876 il signa vingt-cinq pièces avec Labiche,
parmi lesquelles *La Sensitive* (1860), *Célimare le Bien-
aimé* (1863), *La Cagnotte* (1864), *Le Point de mire* (1864),
Le Choix d'un gendre (1869).

Alfred Delacour était le pseudonyme d'Alfred-Charle-
magne Dartigue, né à Bordeaux en 1817, reçu docteur en
médecine à Paris en 1841. Il n'exerça que quelques
années et se consacra au théâtre où il produisit beaucoup,
principalement en collaboration. On peut citer parmi ses

principaux associés : Siraudin, Marc-Michel, Lambert-Thiboust et, parmi ses pièces : *L'Hospitalité d'une grisette* (1847), *Paris qui dort* (1855), *Les Voisins de Molinchart* (1861). Il fut avec Siraudin et Eugène Moreau un des signataires du *Courrier de Lyon* (1850). Il mourut en 1883.

ALPHONSE JOLLY

Alphonse Jolly était le pseudonyme choisi par Alphonse Leveaux pour sa collaboration avec Labiche. Les deux hommes s'étaient liés d'amitié au lycée et Leveaux fut du voyage d'Italie (1834). Historien, il occupa les fonctions de conservateur de la bibliothèque du château de Compiègne sous le second Empire. C'est pourquoi il put écrire *Le Théâtre de la Cour à Compiègne pendant le règne de Napoléon III* (Tresse, 1882), vivante évocation de quelques représentations hors série, notamment de la dernière du règne, celle du 13 novembre 1869 où l'on donna *La Grammaire*. Alphonse Leveaux publia en 1888 chez un imprimeur de Compiègne un petit livre sur cette dernière pièce.

RAYMOND DESLANDES

Il était né à Yvetot le 12 juillet 1825, fit à Paris ses études de droit et quitta le droit pour le journalisme et le théâtre. Il collabora avec Decourcelle, Clairville, Durantin, Eugène Moreau, Gondinet, William Busnach. Mais il écrivit également seul des comédies en quatre actes : *Le Marquis Harpagon* (Odéon, 1862), *Un gendre* (Vaudeville, 1866), *Antoinette Rigaud* (Comédie-Française, 1885).

On retrouve son nom aux côtés de celui de Labiche dans trois pièces : *On dira des bêtises* (1852 — dans le présent volume), *La Famille de l'horloger* (1860) et *Un mari qui lance sa femme* (1864). Il mourut en 1890.

ARTHUR DE BEAUPLAN

Victor-Arthur Rousseau de Beauplan, fils d'un compositeur, naquit à Paris en juin 1823. Il commença par la poésie (il y reviendra à la fin de sa vie) avant de travailler, à partir de 1848, pour le théâtre, donnant des drames, des comédies, des vaudevilles et des revues. Il fera notamment jouer en 1853 à la Comédie-Française *Le Lys dans la vallée* — cinq actes tirés (avec la collaboration de Théodore Barrière), du roman de Balzac. Commissaire impérial auprès du théâtre de l'Odéon en 1868, il sera nommé aux mêmes fonctions près des théâtres lyriques et du Conservatoire, puis (juin 1871) chef du Bureau des théâtres et enfin sous-directeur des Beaux-Arts au ministère de l'Instruction publique. Il publia en 1885 un recueil de vers, *Les Sept Paroles*. Il collabora avec Labiche pour *Un notaire à marier* (1853) et pour *Un feu de cheminée* (1853). Il mourut le 11 mai 1890.

UN CHAPEAU DE PAILLE D'ITALIE

COMÉDIE EN CINQ ACTES, MÊLÉE DE COUPLETS
PAR Eugène Labiche ET Marc-Michel

*représentée pour la première fois, à Paris, sur le Théâtre
du Palais-Royal, le 14 août 1851*

Un des chefs-d'œuvre de Labiche, et son premier
triomphe.

Jean-Jacques Weiss, critique et historien du théâtre
de grande valeur, a très bien défini, dans un article écrit
en 1884 pour une reprise de la pièce aux Variétés, les
qualités singulières de ce qu'il nomme une « bouffonnerie
si profondément originale qu'elle a opéré une quasi-révo-
lution dans la méthode théâtrale et l'architecture scé-
nique ». Il rapproche l'œuvre de Labiche de deux autres
pièces, *L'Etourneau*, de Bayard et Léon Laya, créée au
Palais-Royal en 1844, et *Les Pattes de mouche*, de Sardou
(Gymnase, 15 mai 1860). Les trois comédies ont une
donnée commune, que J.-J. Weiss expose ainsi : « Un
certain objet a été perdu ou caché. Il y va de l'honneur
d'une femme et de la vie d'un homme à ce qu'on le
retrouve. Un ou plusieurs personnages se mettent à la
recherche de l'objet. Avant de le découvrir, ils passent
nécessairement par des vicissitudes de toute sorte qui
peuvent être ou comiques ou tragiques, ou romanesques. »
Chacun des auteurs a traité un thème unique. Mais « le
thème n'est rien sans le metteur en œuvre [...]. Chacune
des trois [pièces] jaillit plus du fond de tempérament dramatique particulier à l'auteur qui l'a écrite que du fond
de thèmes communs à toutes trois. » Voilà qui est bien
vu ; et si *L'Etourneau* a un mérite, c'est d'avoir en quelque
sorte engendré *Un chapeau de paille d'Italie*, « cette

incomparable épopée du burlesque ». J.-J. Weiss note encore que la noce imaginée par Labiche et Marc-Michel est « aussi imposante que le chœur antique », ce qui rejoint une formule d'Alphonse Daudet, qui voit dans la pièce une « odyssée burlesque ».

Innombrables sont les commentaires inspirés par *Un chapeau de paille d'Italie*. Citons quelques témoignages qui jalonnent le destin de la pièce :

Zola : « Dans notre vaudeville contemporain, on n'a encore rien imaginé de mieux, d'une fantaisie plus folle ni plus large, d'un rire plus sain ni plus franc [...]. Cette farce reste immortelle. »

Hippolyte Parigot, qui pour être moins connu n'en est pas pour autant négligeable : « Le jour où Labiche fit représenter *Un chapeau de paille d'Italie*, il créait un genre : c'était son *Cid*, à lui. Ce genre consiste essentiellement à choisir un sujet sans exigences, et qui ne soit point gênant à l'essor de l'imaginative, au besoin à l'escamoter manifestement, jusqu'à la fin, avec assez d'adresse pour avoir l'air de courir après. Alors, la pièce prend tout de suite son allure, l'allure dévergondée, et galope d'emblée, comme s'il y avait un but à atteindre. Où courez-vous, bonnes gens ? Là-bas, assez loin d'ici, par le monde, à travers les arrondissements de Paris et peut-être dans la banlieue. C'est la *Comœdia motoria* (comédie mouvementée par opposition à la *Comœdia stataria*, calme) des anciens... » C'est, dit encore Parigot, l'intrigue *circulatoire*. Mot bien choisi : Labiche est en effet un auteur de mouvement, qui tire du mouvement une force de comique, allègre et irrésistible. Et René Clair, mieux que d'autres, a su comprendre cela dans sa magistrale transposition cinématographique.

De Philippe Soupault, premier en date des commentateurs modernes de Labiche : « *Un chapeau de paille d'Italie* est une pièce bien faite, mais c'est aussi un document qui nous permet de retrouver une époque, une classe, un milieu, un monde... Ce parfum qui est la manifestation de ce qui est authentique (qui sent ou qui pue, au choix, la vérité), on le respire à plein nez dans ce vaudeville qui, s'il est joué comme Labiche l'a écrit, provoque le rire invincible. »

Un chapeau de paille d'Italie a souvent été repris ; du vivant de Labiche d'abord au Palais-Royal, puis dès 1876 aux Variétés. Et encore aux Variétés en septembre 1884. A cette dernière occasion la pièce avait subi quelques

« rajeunissements » qui nous semblent aujourd'hui bien inutiles — mais nous en avons vu d'autres — et qui, à l'époque, furent plutôt mal accueillis. J.-J. Weiss, déjà cité, doit l'être encore car il dénonce en des termes précis les « dangers du système de rajeunissement », qui ne tient aucun compte du comique originel des mots, de l'ajustement des répliques qui, comme leur nom l'indique, se *répondent*, nuance pour nuance, allusion contre allusion.

Georges Courteline, qui donnait alors des chroniques aux *Petites Nouvelles quotidiennes*, reprochait au comédien Christian de « retaper à sa manière *Un chapeau de paille d'Italie* », « de rajeunir cet exquis chef-d'œuvre et [de] substituer aux mots de Labiche des facéties dont l'écœurante platitude fait lever le cœur des gens de goût et les épaules des gens d'esprit ». (19 septembre 1884.)

La reprise de 1884, dont la première eut lieu le 3 septembre, fit quarante-trois représentations. Mais elle sera suivie d'autres reprises, aux Variétés en juin 1898, au théâtre Cluny en 1902, 1903, 1911, 1912, à l'Odéon en avril 1915, 1928 et 1931.

Gaston Baty monta *Un chapeau de paille d'Italie* à la Comédie-Française en 1938. La première eut lieu le 14 mars. La distribution réunissait Pierre Bertin (Fadinard), André Brunot (Nonancourt), Jean Debucourt (Achille de Rosalba), André Bacqué (Beauperthuis), Chambreuil (Vézinet), Béatrice Bretty (baronne de Champigny), Gisèle Casadesus (Hélène), Irène Brillant (Anaïs) Lise Delamare (Clara), Jean Martinelli (Emile), Jean Meyer (Bobin), Robert Manuel (Félix), Le Goff (Tardiveau), Marcel Le Marchand (un caporal), Denise Clair (Virginie). Musique d'André Cadou, décors et costumes de Louis Touchagues. Deux proverbes de Carmontelle étaient joués en lever de rideau.

Le lendemain de la première, Gaston Baty écrivait dans *Le Journal* : « La présentation nouvelle s'efforce de conserver la gaieté de l'œuvre, mais de rêver en même temps sur le charme à la fois touchant et saugrenu de l'atmosphère théâtrale au temps du Roi-Citoyen et du Prince-Président. Ma mise en scène, la musique d'André Cadou, qui utilise en grande partie celle, d'ailleurs beaucoup moins importante, de la création, les décors et les costumes de Louis Touchagues, les danses de Mademoiselle de Rauwera y tendent ensemble. De même les interprètes s'efforcent tous de conserver, dans leur jeu, ce même mélange de gaieté, de style et de poésie sans aucun réalisme...· *Un chapeau* n'est pas seulement un vaudeville, c'est une pièce poétique, un rêve. Le thème classique du cauchemar n'est-il pas la poursuite haletante d'un but qui se dérobe toujours ? *Un chapeau* est un cauchemar gai, le dialogue n'est pas sans prendre par instants un ton déjà surréaliste. »

Le public accueillit chaleureusement la pièce dans sa nouvelle présentation, mais la conception de Baty surprit pourtant quelques critiques. On peut citer Colette qui écrivait le 20 mars 1938 : « En écoutant *Un chapeau de paille d'Italie* accommodé en pantomime, en farce à l'italienne, en ballet à la russe, bourré de dialogues dansés, de neige en été, de confettis volants, de cheval à quatre pieds humains, je me suis demandé : Mais pourquoi Baty n'a-t-il pas songé à monter la comédie de Labiche comme une comédie ? »

Un chapeau de paille d'Italie fut repris par la Comédie-Française (salle Luxembourg) le 9 décembre 1947, dans la mise en scène de Baty, avec les décors et costumes de Touchagues et la musique, mêlée d'airs de l'époque, d'André Cadou. La distribution comprenait Jacques Charon (Fadinard), Chambreuil (Vézinet), Jean Debucourt (Achille de Rosalba), Louis Seigner (Nonancourt), Georges Chamarat (Beauperthuis), Marcel Le Marchand (un caporal), Le Goff (Tardiveau), Paul-Emile Deiber (Tavernier), Teddy Bilis (Félix), Tony Jacquot (Bobin) et pour les personnages féminins : Béatrice Bretty (baronne de Champigny), Micheline Boudet (Virginie), Maria Fromet (une femme de chambre), Lise Delamare (Clara), Marie Sabouret (Anaïs) et Denise Pezzani (Hélène).

Cette reprise sera suivie d'autres, avec la même distribution le 7 juin 1950, et le 20 mai 1958 (salle Richelieu). Au 30 juin 1966, la pièce comptait 144 représentations à la Comédie-Française.

En 1949, la Comédie de l'Ouest reprit la pièce de Labiche, dans une mise en scène de Maurice Jacquemont, costumes de Jean Le Moal, musique de Pierre Philippe. En 1952, André Clavé signa la mise en scène pour la Comédie de l'Est. Le 4 octobre 1961, c'était au tour de Jean Dasté de mettre la pièce en scène à la Comédie de Saint-Etienne, avec la collaboration d'André Roos.

En août 1966, Edmond Tamiz présenta au Festival d'Arles, avec la compagnie Jean Deschamp une mise en scène (en plein air) très neuve et fort réussie. Musique de Jean Wiener.

Le 26 octobre 1966 on créait à l'Opéra de Strasbourg une comédie musicale tirée par Guy Lafarge et André Grassi de la pièce de Labiche. Décors de Jacques Rapp. Mise en scène de Raymond Vogel.

Aux Etats-Unis, c'est Orson Welles qui prit l'initiative (après avoir vu le film de René Clair) de mettre en scène la pièce dans la traduction d'Edwin Derby. La première eut lieu le 26 septembre 1936 au Maxime Eliott Theater. La pièce baptisée *Horse Eats Hat* par Orson Welles, jouée par Joseph Cotten, Sarah Burton, A. Francis, etc., tint l'affiche deux mois.

On trouve la liste des adaptations en langue anglaise dans *Un chapeau de paille d'Italie*, edited by Alexander Y. Kroff and Karl G. Bottke (New York, Appleton-Century-Crofts, 1951), excellente édition scolaire, illustrée par des photographies de la mise en scène de Baty.

Un chapeau de paille d'Italie a tenté plusieurs metteurs en scène de cinéma. Un film français, réalisé chez Pathé en 1913 avec Prince Rigadin, ouvre la série. Mais c'est à René Clair que revenait de réussir en 1927 le premier (et jusqu'à présent le seul) film digne de Labiche. Il adapta lui-même la pièce (comme il devait le faire l'année suivante pour *Les Deux Timides*) et établit la distribution suivante : Albert Préjean (Fadinard), Olga Tchékova (Anaïs de Beauperthuis), Marise Maïa (Hélène), Yvonneck (Nonancourt), Paul Olivier (Vézinet), Vital Geymond (Tavernier), Jim Gérald (Beauperthuis), Chouquette (Clara) et Lucienne Bogaërt, Alice Tissot, Alexis Bondireff, Pré fils, Alex Alin, Jeanne Pierson, Volbert, Stacquet, Bruno, Hubert Daix, Nino Costantini, Mme Debrièze, Litvinoff.

Un film allemand a été réalisé en 1938 par Wolfgang Liebenheiner sous le titre *Der Florentiner Hut*. En France Maurice Cammage a tourné en 1941 *Un chapeau de paille d'Italie* avec Fernandel, Jim Gérald et Jacqueline Laurent.

ACTEURS qui ont créé les rôles.

FADINARD, rentier	M. RAVEL
NONANCOURT, pépiniériste.	M. GRASSOT
BEAUPERTHUIS.	M. LHÉRITIER
VÉZINET, sourd	M. AMANT
TARDIVEAU, teneur de livres. . . .	M. KALEKAIRE
BOBIN, neveu de Nonancourt . . .	M. SCHEY
EMILE TAVERNIER, lieutenant . . .	M. VALAIRE
FÉLIX, domestique de Fadinard . .	M. AUGUSTIN
ACHILLE DE ROSALBA, jeune lion. .	M. LACOURIÈRE
HÉLÈNE, fille de Nonancourt. . . .	Mlle CHAUVIÈRE
ANAÏS, femme de Beauperthuis. . .	Mme BERGER
LA BARONNE DE CHAMPIGNY . . .	Mlle PAULINE
CLARA, modiste	Mlle AZIMONT
VIRGINIE, bonne chez Beauperthuis.	Mlle GALLOIS
UNE FEMME DE CHAMBRE DE LA BARONNE	Mlle CHOLLET
UN CAPORAL	M. FLORIDOR
UN DOMESTIQUE.	M. ANDRIEUX
INVITÉS DES DEUX SEXES. GENS DE LA NOCE	

La scène est à Paris.

ACTE I

(Chez Fadinard)

Un salon octogone. — Au fond, porte à deux battants s'ouvrant sur la scène. — Une porte dans chaque pan coupé. — Deux portes aux premiers plans latéraux. — A gauche, contre la cloison, une table avec tapis, sur laquelle est un plateau portant carafe, verre, sucrier. — Chaises.

SCÈNE PREMIÈRE

VIRGINIE, FÉLIX

VIRGINIE, *à Félix, qui cherche à l'embrasser.* — Non, laissez-moi, monsieur Félix!... Je n'ai pas le temps de jouer.

FÉLIX. — Rien qu'un baiser ?

VIRGINIE. — Je ne veux pas!...

FÉLIX. — Puisque je suis de votre pays!... je suis de Rambouillet...

VIRGINIE. — Ah! ben! s'il fallait embrasser tous ceux qui sont de Rambouillet!...

FÉLIX. — Il n'y a que quatre mille habitants.

VIRGINIE. — Il ne s'agit pas de ça... M. Fadinard, votre bourgeois, se marie aujourd'hui... vous m'avez invitée à venir voir la corbeille... voyons la corbeille!...

FÉLIX. — Nous avons bien le temps... Mon maître est parti, hier soir, pour aller signer son contrat chez le beau-père... il ne revient qu'à onze heures, avec toute sa noce, pour aller à la mairie.

VIRGINIE. — La mariée est-elle jolie ?

FÉLIX. — Peuh!... je lui trouve l'air godiche; mais elle est d'une bonne famille... c'est la fille d'un pépiniériste de Charentonneau... le père Nonancourt.

VIRGINIE. — Dites donc, monsieur Félix... si vous entendez dire ` qu'elle ait besoin d'une femme de chambre... pensez à moi.

FÉLIX. — Vous voulez donc quitter votre maître... M. Beauperthuis ?

VIRGINIE. — Ne m'en parlez pas... c'est un acariâtre, premier numéro... Il est grognon, maussade, sournois, jaloux... et sa femme donc!... Certainement, je n'aime pas à dire du mal des maîtres...

FÉLIX. — Oh! non!...

VIRGINIE. — Une chipie! une bégueule, qui ne vaut pas mieux qu'une autre.

FÉLIX. — Parbleu!

VIRGINIE. — Dès que Monsieur part... crac! elle part... et où va-t-elle ?... elle ne me l'a jamais dit... jamais!...

FÉLIX. — Oh! vous ne pouvez pas rester dans cette maison-là.

VIRGINIE, *baissant les yeux.* — Et puis, ça me ferait tant plaisir de servir avec quelqu'un de Rambouillet...

FÉLIX, *l'embrassant.* — Seine-et-Oise!

SCÈNE II

VIRGINIE, FÉLIX, VÉZINET

VÉZINET, *entrant par le fond; il tient un carton à chapeau de femme.* — Ne vous dérangez pas... c'est moi, l'oncle Vézinet... La noce est-elle arrivée ?

FÉLIX, *d'un air aimable.* — Pas encore, aimable perruque!...

VIRGINIE, *bas.* — Qu'est-ce que vous faites donc ?

FÉLIX. — Il est sourd comme un pot... vous allez voir... *(A Vézinet.)* Nous allons donc à la noce, joli jeune homme ?... Nous allons donc pincer un rigodon ?... Si ça ne fait pas pitié!... *(Il lui offre une chaise.)* Allez donc vous coucher!

VÉZINET. — Merci, mon ami, merci!... J'ai d'abord cru que le rendez-vous était à la mairie, mais j'ai appris que c'était ici; alors, je suis venu ici.

FÉLIX. — Oui! M. de la Palisse est mort... est mort de maladie...

VÉZINET. — Non pas à pied, en fiacre! *(Remettant son*

carton à Virginie.) Tenez, portez ça dans la chambre de la mariée... c'est mon cadeau de noces... Prenez garde... c'est fragile.

VIRGINIE, *à part.* — Je vais profiter de ça pour voir la corbeille... *(Saluant Vézinet.)* Adieu, amour de sourd! *(Elle entre à gauche, deuxième porte, avec le carton.)*

VÉZINET. — Elle est gentille, cette petite... Eh! eh! ça fait plaisir de rencontrer un joli minois.

FÉLIX, *lui offrant une chaise.* — Par exemple!... à votre âge!... ça va finir!... gros farceur, ça va finir!...

VÉZINET, *assis à gauche.* — Merci!... *(A part.)* Il est très convenable, ce garçon...

SCÈNE III

VÉZINET, FADINARD, FÉLIX

FADINARD, *entrant par le fond et parlant à la cantonade.* — Dételez le cabriolet!... *(En scène.)* Ah! voilà une aventure!... ça me coûte vingt francs, mais je ne les regrette pas... Félix!...

FÉLIX. — Monsieur!...

FADINARD. — Figure-toi...

FÉLIX. — Monsieur arrive seul ?... et la noce de Monsieur ?...

FADINARD. — Elle est en train de s'embarquer à Charentonneau... dans huit fiacres... J'ai pris les devants pour voir si rien ne cloche dans mon nid conjugal... Les tapissiers ont-ils fini ?... A-t-on apporté la corbeille, les cadeaux de noce ?...

FÉLIX, *indiquant la chambre du deuxième plan à gauche.* — Oui, monsieur... tout est là dans la chambre...

FADINARD. — Très bien!... Figure-toi que, parti ce matin à huit heures de Charentonneau...

VÉZINET, *à lui-même.* — Mon neveu se fait bien attendre...

FADINARD, *apercevant Vézinet.* — L'oncle Vézinet!... *(A Félix.)* Va-t'en!... j'ai mieux que toi!... *(Félix se retire au fond; commençant son récit.)* Figurez-vous que, parti...

VÉZINET. — Mon neveu, permettez-moi de vous féliciter... *(Il cherche à embrasser Fadinard.)*

FADINARD. — Hein ?... quoi ?... Ah! oui... *(Ils s'embrassent. A part.)* On s'embrasse énormément dans la famille de ma femme!... *(Haut, reprenant le ton du récit.)* Parti ce matin à huit heures de Charentonneau...

VÉZINET. — Et la mariée ?...

FADINARD. — Oui... elle me suit de loin... dans huit fiacres... *(Reprenant.)* Parti ce matin à huit heures de Charentonneau...

VÉZINET. — Je viens d'apporter mon cadeau de noces...

FADINARD, *lui serrant la main.* — C'est gentil de votre part... *(Reprenant son récit.)* J'étais dans mon cabriolet... je traversais le bois de Vincennes... tout à coup je m'aperçois que j'ai laissé tomber mon fouet...

VÉZINET. — Mon neveu, ces sentiments vous honorent.

FADINARD. — Quels sentiments!... Ah! sapristi! j'oublie toujours qu'il est sourd!... ça ne fait rien... *(Continuant.)* Comme le manche est en argent, j'arrête mon cheval et je descends... A cent pas de là, je l'aperçois dans une touffe d'orties... je me pique les doigts.

VÉZINET. — J'en suis bien aise.

FADINARD. — Merci!... je retourne... plus de cabriolet!... mon cabriolet avait disparu!...

FÉLIX, *redescendant.* — Monsieur a perdu son cabriolet ?...

FADINARD, *à Félix.* — Monsieur Félix, je cause avec mon oncle qui ne m'entend pas... Je vous prie de ne pas vous mêler à ces épanchements de famille.

VÉZINET. — Je dirai plus : les bons maris font les bonnes femmes.

FADINARD. — Oui... turlututu!... ran plan plan!... Mon cabriolet avait disparu... Je questionne, j'interroge... On me dit qu'il y en a un d'arrêté au coin du bois... J'y cours, et qu'est-ce que je trouve ?... Mon cheval en train de mâchonner une espèce de bouchon de paille, orné de coquelicots... Je m'approche... aussitôt une voix de femme part de l'allée voisine, et s'écrie : « Ciel!... mon chapeau!... » Le bouchon de paille était un chapeau!... Elle l'avait suspendu à un arbre, tout en causant avec un militaire...

FÉLIX, *à part.* — Ah! ah! c'est cocasse!...

FADINARD, *à Vézinet.* — Entre nous, je crois que c'est une gaillarde...

VÉZINET. — Non, je suis de Chaillot... j'habite Chaillot.

FADINARD. — Turlututu!... ran plan plan!...

VÉZINET. — Près de la pompe à feu.

FADINARD. — Oui, c'est convenu!... J'allais présenter mes excuses à cette dame et lui offrir de payer le dommage, lorsque ce militaire s'interpose... une espèce d'Africain rageur... Il commence par me traiter de petit criquet!... Sapristi!... la moutarde me monte au nez... et, ma foi, je l'appelle Beni-zoug-zoug!... Il s'élance sur moi... je fais un bond... et je me trouve dans mon cabriolet... la secousse fait partir mon cheval... et me voilà!... Je n'ai eu que le temps de lui jeter une pièce de vingt francs pour le chapeau... ou de vingt sous!... car je ne suis pas fixé... Je verrai ça, ce soir, en faisant ma caisse... (*Tirant de sa poche un fragment de chapeau de paille, orné de coquelicots.*) Voilà la monnaie de ma pièce!...

VÉZINET, *prenant le morceau de chapeau et l'examinant.* — La paille est belle!...

FADINARD. — Oui, mais trop chère la botte!...

VÉZINET. — Il faudrait chercher longtemps avant de trouver un chapeau pareil... j'en sais quelque chose.

FÉLIX, *qui s'est avancé et qui a pris le chapeau des mains de Vézinet.* — Voyons...

FADINARD. — Monsieur Félix, je vous prie de ne pas vous mêler à mes épanchements de famille...

FÉLIX. — Mais, monsieur!...

FADINARD. — Silence, maroufle!... comme dit l'ancien répertoire. (*Félix remonte.*)

VÉZINET. — Dites donc... à quelle heure va-t-on à la mairie ?

FADINARD. — A onze heures!... onze heures!... (*Il montre avec ses doigts.*)

VÉZINET. — On dînera tard... j'ai le temps d'aller prendre un riz au lait... vous permettez ?... (*Il remonte.*)

FADINARD. — Comment donc!... ça me fera extrêmement plaisir...

VÉZINET, *revenant à lui pour l'embrasser.* — Adieu, mon neveu!...

FADINARD. — Adieu, mon oncle... (*A Vézinet, qui cherche à l'embrasser.*) Hein ?... quoi ?... Ah! oui... c'est un tic de famille. (*Se laissant embrasser.*) Là!... (*A part.*) Une fois marié, tu ne me pinceras pas souvent à jouer à ça... non... non...

VÉZINET. — Et l'autre côté ?

FADINARD. — C'est ce que je disais... « Et l'autre « côté ? » (*Vézinet l'embrasse sur l'autre joue.*) Là...

ENSEMBLE

AIR : *Quand nous sommes si fatigués.*
(*Représentants en vacances.* Acte 1er.)

FADINARD

Adieu, caressant pot-au-feu !
A ta déplorable manie
Je compte me soustraire un peu,
En revenant de la mairie.

VÉZINET

Adieu, je reviens, cher neveu,
Avec la noce réunie,
Vous embrasser encore un peu,
Avant d'aller à la mairie.

Vézinet sort par le fond. Félix entre à gauche, deuxième plan, en emportant le fragment de chapeau.

SCÈNE IV

FADINARD, *seul.*

Enfin... dans une heure, je serai marié... je n'entendrai plus mon beau-père me crier à chaque instant : « Mon gendre, tout est rompu !... » Vous êtes-vous trouvé quelquefois en relations avec un porc-épic ? Tel est mon beau-père !... J'ai fait sa connaissance dans un omnibus... Son premier mot fut un coup de pied... J'allais lui répondre un coup de poing, quand un regard de sa fille me fit ouvrir la main... et je passai ses six gros sous au conducteur... Après ce service il ne tarda pas à m'avouer qu'il était pépiniériste à Charentonneau... Voyez comme l'amour rend ingénieux... Je lui dis : « Monsieur, vendez-« vous de la graine de carottes ? » — Il me répondit : « Non, « mais j'ai de bien beaux géraniums. » Cette réponse fut un éclair. « Combien le pot ? — Quatre francs. — Mar-« chons ! » — Arrivés chez lui, je choisis quatre pots (c'était justement la fête de mon portier), et je lui demande la main de sa fille. — « Qui êtes-vous ? — J'ai vingt-deux

« francs de rente... — Sortez! — Par jour! — Asseyez-
« vous donc! » Admirez-vous la laideur de son caractère!
A partir de ce moment, je fus admis à partager sa soupe
aux choux en compagnie du cousin Bobin, un grand
dadais qui a la manie d'embrasser tout le monde... surtout ma femme... On me répond à ça : « Bah! ils ont été
« élevés ensemble! » Ce n'est pas une raison... Et une fois
marié... Marié!!! *(Au public.)* Etes-vous comme moi ?...
Ce mot me met une fourmi à chaque pointe de cheveu...
Il n'y a pas à dire... dans une heure, je le serai... *(vivement)* marié!... J'aurai une petite femme à moi tout seul!...
et je pourrai l'embrasser sans que le porc-épic que vous
savez me crie : « Monsieur, on ne marche pas dans les
« plates-bandes! » Pauvre petite femme!... *(Au public.)*
Eh bien, je crois que je lui serai fidèle... parole d'honneur!... Non ?... Oh! que si!... Elle est si gentille, mon
Hélène!... sous sa couronne de mariée!...

AIR du *Serment*.

Connaissez-vous dans Barcelone,
            Dans Barcelone!
Une Andalouse au teint bruni,
            Au noir sourcil ?
Eh bien, ce portrait de lionne,
Ce portrait de fière amazone,
            A l'œil hardi
            Trop dégourdi...
N'est pas du tout celui de ma houri,
            Non, Dieu merci!
Et c'est heureux pour un futur mari.

Une rose... avec une couronne d'oranger... telle est la
lithographie de mon Hélène!... Je lui ai fait arranger un
appartement délicieux... Ici, ça n'est déjà pas mal...
(Indiquant la gauche.) Mais par là, c'est délicieux... un
paradis en palissandre... avec des rideaux chamois... C'est
cher, mais c'est joli; un mobilier de lune de miel!... Ah!
je voudrais qu'il fût minuit un quart!... On monte!...
c'est elle et son cortège!... Voilà les fourmis!... En veux-
tu, des fourmis ?...

SCÈNE V

ANAÏS, FADINARD, EMILE, *en costume d'officier.*

La porte s'ouvre ; on voit en dehors une dame sans chapeau et un officier.

ANAÏS, *à Emile.* — Non, monsieur Emile... je vous en prie...

EMILE. — Entrez, madame, ne craignez rien. *(Ils entrent.)*

FADINARD, *à part.* — La dame au chapeau et son Africain!... Sapristi!

ANAÏS, *troublée.* — Emile, pas de scandale!

EMILE. — Soyez tranquille!... je suis votre cavalier... *(A Fadinard.)* Vous ne comptiez pas nous revoir si tôt, monsieur ?...

FADINARD, *avec un sourire forcé.* — Certainement... votre visite me flatte beaucoup... mais j'avoue qu'en ce moment... *(A part.)* Qu'est-ce qu'ils me veulent ?...

EMILE, *brusquement.* — Offrez donc un siège à Madame.

FADINARD, *avançant un fauteuil.* — Ah! pardon... Madame désire s'asseoir ?... je ne savais pas... *(A part.)* Et ma noce que j'attends... *(Anaïs s'assoit.)*

EMILE, *s'asseyant à droite.* — Vous avez un cheval qui marche bien, monsieur.

FADINARD. — Pas mal... Vous êtes bien bon... Est-ce que vous l'avez suivi à pied ?

EMILE. — Du tout, monsieur : j'ai fait monter mon brosseur derrière votre voiture...

FADINARD. — Ah! bah!... Si j'avais su!... *(A part.)* J'avais mon fouet...

EMILE, *durement.* — Si vous aviez vu ?

FADINARD. — Je l'aurais prié de monter dedans... *(A part.)* Ah! mais... il m'agace, l'Africain!

ANAÏS. — Emile, le temps se passe, abrégeons cette visite.

FADINARD. — Je suis tout à fait de l'avis de Madame... abrégeons... *(A part.)* J'attends ma noce.

EMILE. — Monsieur, vous auriez grand besoin de quelques leçons de savoir-vivre.

FADINARD, *offensé.* — Lieutenant! *(Emile se lève. Plus calme.)* J'ai fait mes classes.

EMILE. — Vous nous avez quittés fort impoliment dans le bois de Vincennes.

FADINARD. — J'étais pressé.

EMILE. — Et vous avez laissé tomber par mégarde, sans doute... cette petite pièce de monnaie...

FADINARD, *la prenant*. — Vingt sous !... tiens ! c'était vingt sous !... Eh bien, je m'en doutais... *(Fouillant à sa poche.)* C'est une erreur... je suis fâché que vous ayez pris la peine... *(Lui offrant une pièce d'or.)* Voilà !

EMILE, *sans la prendre*. — Qu'est-ce que c'est que ça ?

FADINARD. — Vingt francs, pour le chapeau...

EMILE, *avec colère*. — Monsieur !...

ANAÏS, *se levant*. — Emile !

EMILE. — C'est juste ! j'ai promis à Madame de rester calme...

FADINARD, *fouillant de nouveau à sa poche*. — J'ai cru que c'était le prix... Est-ce trois francs de plus ?... Je ne suis pas à ça près.

EMILE. — Il ne s'agit pas de ça, monsieur... Nous ne sommes pas venus ici pour réclamer de l'argent.

FADINARD, *très étonné*. — Non ?... Eh bien... mais alors... quoi ?

EMILE. — Des excuses, d'abord, monsieur... des excuses à Madame.

FADINARD. — Des excuses, moi ?...

ANAÏS. — C'est inutile, je vous dispense...

EMILE. — Du tout, madame ; je suis votre cavalier...

FADINARD. — Qu'à cela ne tienne, madame... quoique, à vrai dire, ce ne soit pas moi personnellement qui ai mangé votre chapeau... Et encore, madame... êtes-vous bien sûre que mon cheval n'était pas dans son droit, en grignotant cet article de modes ?

EMILE. — Vous dites ?...

FADINARD. — Ecoutez donc !... Pourquoi Madame accroche-t-elle ses chapeaux dans les arbres ?... Un arbre n'est pas un champignon, peut-être !... Pourquoi se promène-t-elle dans les forêts avec des militaires ?... C'est très louche, ça, madame...

ANAÏS. — Monsieur !...

EMILE, *avec colère*. — Que voulez-vous dire ?

ANAÏS. — Apprenez que M. Tavernier...

FADINARD. — Qui ça, Tavernier ?

EMILE, *brusquement*. — C'est moi, monsieur !

ANAÏS. — Que M. Tavernier... est... mon cousin... Nous avons été élevés ensemble...

FADINARD, *à part.* — Je connais ça... c'est son Bobin.

ANAÏS. — Et si j'ai consenti à accepter son bras... c'est pour causer de son avenir... de son avancement... pour lui faire de la morale...

FADINARD. — Sans chapeau ?...

EMILE, *soulevant une chaise et en frappant le parquet avec colère.* — Morbleu!...

ANAÏS. — Emile!... pas de bruit!...

EMILE. — Permettez, madame...

FADINARD. — Ne cassez donc pas mes chaises!... *(A part.)* Je vais le flanquer du haut de l'escalier... Non... il pourrait tomber sur la tête de ma noce.

EMILE. — Abrégeons, monsieur...

FADINARD. — J'allais le dire... vous m'avez pris mon mot, j'allais le dire!

EMILE. — Voulez-vous, oui ou non, faire des excuses à Madame ?

FADINARD. — Comment donc!... très volontiers... je suis pressé... Madame... veuillez, je vous prie, agréer l'assurance de la considération la plus distinguée... avec laquelle... Enfin... j'infligerai une volée à Cocotte.

EMILE. — Ça ne suffit pas.

FADINARD. — Non ?... Je la mettrai aux galères à perpétuité.

EMILE, *frappant du poing sur une chaise.* — Monsieur!...

FADINARD. — Ne cassez donc pas mes chaises, vous!

EMILE. — Ce n'est pas tout!...

VOIX DE NONANCOURT, *dans la coulisse.* — Attendez-nous... nous redescendons...

ANAÏS, *effrayée.* — Ah! mon Dieu!... quelqu'un!...

FADINARD, *à part.* — Fichtre! le beau-père!... S'il trouve une femme ici... tout est rompu!...

ANAÏS, *à part.* — Surprise chez un étranger!... que devenir ?... *(Apercevant le cabinet de droite.)* Ah!... *(Elle y entre.)*

FADINARD, *courant à elle.* — Madame, permettez... *(Courant à Emile.)* Monsieur...

EMILE, *entrant à gauche, premier plan.* — Renvoyez ces gens-là... nous reprendrons cet entretien.

FADINARD, *fermant la porte sur Emile et apercevant Nonancourt qui entre au fond.* — Il était temps!!!

SCÈNE VI

FADINARD, NONANCOURT, HÉLÈNE, BOBIN

Ils sont tous en costume de noce. Hélène porte la couronne et le bouquet de mariée.

NONANCOURT. — Mon gendre, tout est rompu!... vous vous conduisez comme un paltoquet...

HÉLÈNE. — Mais, papa...

NONANCOURT. — Silence, ma fille!

FADINARD. — Mais qu'est-ce que j'ai fait ?

NONANCOURT. — Toute la noce est en bas... Huit fiacres...

BOBIN. — Un coup d'œil magnifique!

FADINARD. — Eh bien ?

NONANCOURT. — Vous deviez nous recevoir au bas de l'escalier...

BOBIN. — Pour nous embrasser.

NONANCOURT. — Faites des excuses à ma fille...

HÉLÈNE. — Mais, papa...

NONANCOURT. — Silence, ma fille!... *(A Fadinard.)* Allons, monsieur, des excuses!

FADINARD, *à part.* — Il paraît que je n'en sortirai pas. *(Haut à Hélène.)* Mademoiselle, veuillez, je vous prie, agréer l'assurance de ma considération la plus distinguée...

NONANCOURT, *l'interrompant.* — Autre chose! Pourquoi êtes-vous parti ce matin de Charentonneau sans nous dire adieu ?...

BOBIN. — Il n'a embrassé personne!

NONANCOURT. — Silence, Bobin! *(A Fadinard.)* Répondez!

FADINARD. — Dame, vous dormiez!

BOBIN. — Pas vrai! je cirais mes bottes.

NONANCOURT. — C'est parce que nous sommes des gens de la campagne... des paysans!...

BOBIN, *pleurant.* — Des *pipiniéristes!*

NONANCOURT. — Ça n'en vaut pas la peine!

FADINARD, *à part.* — Hein ? comme le porc-épic se développe!

NONANCOURT. — Vous méprisez déjà votre famille!

FADINARD. — Tenez, beau-père, purgez-vous... je vous assure que ça vous fera du bien!

NONANCOURT. — Mais le mariage n'est pas encore fait, monsieur... on peut le rompre...

BOBIN. — Rompez, mon oncle, rompez!

NONANCOURT. — Je ne me laisserai pas marcher sur le pied! *(Secouant son pied.)* Cristi!

FADINARD. — Qu'est-ce que vous avez?

NONANCOURT. — J'ai... des souliers vernis, ça me blesse, ça m'agace... ça me turlupine... *(Secouant son pied.)* Cristi!

HÉLÈNE. — Ça se fera en marchant, papa. *(Elle tourne les épaules.)*

FADINARD, *la regardant faire, et à part.* — Tiens!... qu'est-ce qu'elle a donc?

NONANCOURT. — A-t-on apporté un myrte pour moi?

FADINARD. — Un myrte!... pour quoi faire?

NONANCOURT. — C'est un emblème, monsieur...

FADINARD. — Ah!

NONANCOURT. — Vous riez de ça!... vous vous moquez de nous... parce que nous sommes des gens de la campagne... des paysans!...

BOBIN, *pleurant.* — Des pipiniéristes!

FADINARD. — Allez, allez!

NONANCOURT. — Mais ça m'est égal... Je veux le placer moi-même dans la chambre à coucher de ma fille, afin qu'elle puisse se dire... *(Secouant son pied.)* Cristi!

HÉLÈNE, *à son père.* — Ah! papa, que vous êtes bon! *(Elle tourne les épaules.)*

FADINARD, *à part.* — Encore!... ah çà! mais c'est un tic... je ne l'avais pas remarqué...

HÉLÈNE. — Papa?

NONANCOURT. — Hein?

HÉLÈNE. — J'ai une épingle dans le dos... ça me pique.

FADINARD. — Je disais aussi...

BOBIN, *vivement, retroussant ses manches.* — Attendez, ma cousine...

FADINARD, *l'arrêtant.* — Monsieur, restez chez vous!

NONANCOURT. — Bah! puisqu'ils ont été élevés ensemble...

BOBIN. — C'est ma cousine.

FADINARD. — Ça ne fait rien... on ne marche pas dans les plates-bandes!

NONANCOURT, *à sa fille, lui indiquant le cabinet où est Emile.* — Tiens, entre là!

FADINARD, *à part.* — Avec l'Africain... merci!... *(Lui barrant le passage.)* Non!... pas par là!...

NONANCOURT. — Pourquoi ?

FADINARD. — C'est plein de serruriers.

NONANCOURT, *à sa fille.* — Alors marche... secoue-toi... ça la fera descendre. *(Secouant son pied.)* Cristi! je n'y tiens plus... je vais mettre des chaussons de lisière. *(Il se dirige vers le cabinet où est Anaïs.)*

FADINARD, *lui barrant le passage.* — Non!... pas par là!

NONANCOURT. — A cause ?

FADINARD. — Je vais vous dire... c'est plein de fumistes.

NONANCOURT. — Ah çà! vous logez donc tous les corps d'état ?... Alors, filons!... ne nous faisons pas attendre... Bobin, donne le bras à ta cousine... Allons, mon gendre, à la mairie!... *(Secouant son pied.)* Cristi!

FADINARD, *à part.* — Et les deux autres qui sont là! *(Haut.)* Je vous suis... le temps de prendre mon chapeau, mes gants...

ENSEMBLE

NONANCOURT, HÉLÈNE, BOBIN

AIR : *Cloches, sonnez! (Mariée de Poissy.)*

Vite, mon gendre, en carrosse!
Nos huit fiacres nous attendent en bas.
Et l'on dira : « C'est une noce
« Comme à Paris l'on n'en voit pas! »

FADINARD

Allez, montez en carrosse!
Cher beau-père, je suis vos pas.
Je cours rejoindre la noce,
Je descends, vous n'attendrez pas.

HÉLÈNE et BOBIN

Vite, monsieur, en carrosse, etc.

Nonancourt, Hélène et Bobin sortent par le fond.

SCÈNE VII

FADINARD, ANAÏS, EMILE; *puis* VIRGINIE

FADINARD, *courant vivement vers le cabinet où est la dame.* — Venez, madame... vous ne pouvez pas rester

chez moi... *(Courant au cabinet de gauche.)* Allons, monsieur, décampons!... *(Virginie entre en riant par la deuxième
porte de gauche. Elle tient à la main le morceau de chapeau
de paille emporté par Félix, et ne voit pas les personnages
en scène. — Pendant ce temps, Fadinard remonte au fond,
pour écouter s'éloigner Nonancourt. Il ne voit pas Virginie.)*

VIRGINIE, *à elle-même.* — Ah! ah! ah! c'est comique!

EMILE, *à part.* — Ciel! Virginie!...

ANAÏS, *entrouvrant la porte.* — Ma femme de
chambre!... Nous sommes perdus!... *(Elle écoute, ainsi
qu'Emile, avec anxiété.)*

VIRGINIE, *à elle-même.* — Une dame qui va faire manger son chapeau dans le bois de Vincennes avec un militaire!...

FADINARD, *se retournant et l'apercevant, à part.* — D'où
sort celle-là ? *(Il redescend un peu vers la gauche.)*

VIRGINIE, *à elle-même.* — Il ressemble à celui de
Madame... Ça serait drôle tout de même!...

EMILE, *bas.* — Renvoyez cette fille, ou je vous tue!...

VIRGINIE. — Il faut que je sache...

FADINARD, *faisant un bond.* — Sacrebleu! *(Il arrache
le morceau de chapeau des mains de Virginie.)* Va-t'en!

VIRGINIE, *surprise et effrayée en apercevant Fadinard.*
— Monsieur! Monsieur!

FADINARD, *la poussant vers la porte du fond.* — Va-t'en,
ou je te tue!

VIRGINIE, *poussant un cri.* — Ah! *(Elle disparaît.)*

SCÈNE VIII

EMILE, ANAÏS, FADINARD

FADINARD, *revenant.* — Quelle est cette créature ?...
que signifie ?... *(Soutenant Anaïs qui entre en chancelant.)*
Allons! bon!... elle se trouve mal!... *(Il l'assied à droite.)*

EMILE, *allant à elle.* — Anaïs!...

FADINARD. — Madame, dépêchez-vous!... je suis pressé!

VOIX DE NONANCOURT, *au bas de l'escalier.* — Mon
gendre! mon gendre!

FADINARD. — Voilà! voilà!

EMILE. — Un verre d'eau sucrée, monsieur... un verre
d'eau sucrée!

FADINARD, *perdant la tête*. — Voilà! voilà!... Sacrebleu! quelle chance! (*Il prend ce qu'il faut sur le guéridon
et tourne le verre d'eau sucrée.*)

EMILE. — Chère Anaïs!... (*A Fadinard, brusquement.*)
Allons, donc... morbleu!

FADINARD, *tournant l'eau sucrée*. — Ça fond, vertubleu!
(*A Anaïs.*) Madame... je ne voudrais pas vous renvoyer...
mais je crois que, si vous retourniez chez vous...

EMILE. — Eh! monsieur, cela n'est plus possible, maintenant!

FADINARD, *étonné*. — Ah bah!.. comment, plus possible ?

ANAÏS, *d'une voix altérée*. — Cette fille...

FADINARD. — Eh bien, madame ?...

ANAÏS. — Cette fille est ma femme de chambre... elle a
reconnu le chapeau... elle va raconter à mon mari...

FADINARD.—Un mari?... ah! saprelotte! il y a un mari!...

EMILE. — Un jaloux, un brutal.

ANAÏS. — Si je rentre sans ce maudit chapeau... lui qui
voit tout en noir... il pourra croire des choses...

FADINARD, *à part*. — Jaunes!

ANAÏS, *avec désespoir*. — Je suis perdue... compromise!... ah! j'en ferai une maladie...

FADINARD, *vivement*. — Pas ici, madame, pas ici!...
l'appartement est très malsain.

VOIX DE NONANCOURT, *au bas de l'escalier*. — Mon
gendre! mon gendre!

FADINARD. — Voilà! voilà!... (*Il boit. Revenant à
Emile.*) Qu'est-ce que nous décidons ?

EMILE, *à Anaïs*. — Il faut absolument se procurer un
chapeau tout semblable... et vous êtes sauvée!

FADINARD, *enchanté*. — Eh! mais, parbleu!... l'Africain a raison!... (*Lui offrant le morceau de chapeau.*)
Tenez, madame... voici l'échantillon... et en visitant les
magasins...

ANAÏS. — Moi, monsieur ?... mais je suis mourante!

EMILE. — Vous ne voyez donc pas que Madame est
mourante!... Eh bien... ce verre d'eau!...

FADINARD, *lui offrant le verre*. — Voilà... (*Le voyant
vide.*) Ah! tiens! il est bu... (*Offrant l'échantillon à
Emile.*) Mais vous, monsieur... qui n'êtes pas *mourante* ?

EMILE. — Moi, monsieur, quitter Madame dans un
pareil état ?...

VOIX DE NONANCOURT. — Mon gendre! mon gendre!

FADINARD. — Voilà!... (*Allant poser le verre sur la*

table.) Mais, sapristi! monsieur... ce chapeau ne viendra pas tout seul sur la tête de Madame!...

EMILE. — Sans doute. Courez, monsieur, courez!

FADINARD. — Moi ?...

ANAÏS, *se levant, très agitée.* — Au nom du ciel, monsieur, partez vite!

FADINARD, *se récriant.* — Partez vite est joli!... mais je me marie, madame... j'ai l'honneur de vous faire part de cet affreux événement... Ma noce m'attend au pied de l'escalier...

EMILE, *brusquement.* — Je me moque bien de votre noce!...

FADINARD. — Lieutenant!

ANAÏS. — Surtout, monsieur, choisissez une paille exactement pareille... mon mari connaît le chapeau.

FADINARD. — Mais, madame...

EMILE. — Avec des coquelicots...

FADINARD. — Permettez...

EMILE. — Nous l'attendrons ici quinze jours, un mois... s'il le faut...

FADINARD. — De façon qu'il me faut galoper après un chapeau... sous peine de placer ma noce en état de vagabondage! ah! vous êtes gentil!...

EMILE, *saisissant une chaise.* — Eh bien, monsieur, partez-vous ?

FADINARD, *exaspéré, lui prenant la chaise.* — Oui, monsieur, je pars... laissez mes chaises... ne touchez à rien! sapristi! *(A lui-même.)* Je cours chez la première modiste... Mais qu'est-ce que je vais faire de mes huit fiacres ?... Et le maire qui nous attend! *(Il s'assied machinalement sur la chaise qu'il tenait.)*

VOIX DE NONANCOURT. — Mon gendre! mon gendre!

FADINARD, *se levant et remontant.* — Je vais tout conter au beau-père!

ANAÏS. — Par exemple!

EMILE. — Pas un mot... ou vous êtes mort!

FADINARD. — Très bien!... ah! vous êtes gentils!...

VOIX DE NONANCOURT, *qui frappe à la porte.* — Mon gendre! mon gendre!!!

ANAÏS et EMILE, *courant à Fadinard.* — N'ouvrez pas! *(Ils se jettent chacun à droite et à gauche de la porte qui s'ouvre de façon à ce qu'ils soient cachés par les battants.)*

SCÈNE IX

FADINARD, EMILE et ANAÏS, *cachés*,
NONANCOURT *au fond ; puis* FÉLIX

NONANCOURT, *paraissant à la porte du fond et tenant
un pot de myrte.* — Mon gendre, tout est rompu ! *(Il veut
entrer.)*
FADINARD, *lui barrant le passage.* — Oui... partons !
NONANCOURT, *voulant entrer.* — Attendez que je
dépose mon myrte.
FADINARD, *le faisant reculer.* — N'entrez pas !... n'en-
trez pas !
NONANCOURT. — Pourquoi ?
FADINARD. — C'est plein de tapissiers !... venez !...
venez !... *(Ils disparaissent tous deux. La porte se referme.)*
ANAÏS, *éplorée, se jetant dans les bras d'Emile.* — Ah !
Emile !
EMILE, *de même, en même temps.* — Ah ! Anaïs !
FÉLIX, *entrant et les voyant.* — Qu'est-ce que c'est que
ça ?

ACTE II

Le théâtre représente un salon de modiste. — A gauche,
un comptoir parallèle à la cloison latérale. — Au-dessus,
sur une étagère, une de ces têtes en carton dont se
servent les modistes. Une capote de femme est placée
sur cette tête. — Sur le comptoir, un grand registre,
encrier, plumes, etc. — A gauche, porte au troisième
plan. — A droite, portes aux premier et deuxième plans.
— Porte principale au fond. — Banquettes des deux
côtés de cette porte. — Chaises. — On ne voit pas un
seul article de modes dans cette pièce, excepté la tête
en carton. — C'est un salon de modiste, les magasins
sont censés être à côté, dans la pièce du deuxième plan
de droite. — La porte du fond ouvre sur une antichambre.

SCÈNE PREMIÈRE

CLARA; *puis* TARDIVEAU

CLARA, *parlant à la cantonade, à la porte de gauche, deuxième plan.* — Dépêchez-vous, mesdemoiselles!... cette commande est très pressée... *(En scène.)* M. Tardiveau n'est pas encore arrivé!... Je n'ai jamais vu de teneur de livres aussi lambin... Il est trop vieux... j'en prendrai un jeune.

TARDIVEAU, *entrant par le fond.* — Ouf!... me voilà!... je suis en nage... *(Il prend un foulard dans son chapeau et s'essuie le front.)*

CLARA. — Mon compliment, monsieur Tardiveau... vous arrivez de bonne heure.

TARDIVEAU. — Mademoiselle... ce n'est pas ma faute... je me suis levé à six heures... *(A part.)* Dieu! que j'ai chaud!... *(Haut.)* J'ai fait mon feu, j'ai fait ma barbe, j'ai fait ma soupe, je l'ai mangée...

CLARA. — Votre soupe!... Qu'est-ce que cela me fait ?

TARDIVEAU. — Je ne peux pas prendre de café au lait... ça ne passe pas... et, comme je suis de garde...

CLARA. — Vous ?

TARDIVEAU. — Alors, j'ai été ôter ma tunique... parce que, chez une modiste... l'uniforme...

CLARA. — Ah çà, mais, père Tardiveau, vous avez plus de cinquante-cinq ans...

TARDIVEAU. — J'en ai soixante-deux, mademoiselle... pour vous servir.

CLARA, *à part.* — Merci bien.

TARDIVEAU. — Mais j'ai obtenu du gouvernement la faveur de continuer mon service...

CLARA. — En voilà du dévouement!

TARDIVEAU. — Non! oh! non!... c'est pour me retrouver avec Trouillebert.

CLARA. — Qu'est-ce que c'est que ça ?

TARDIVEAU. — Trouillebert ?... un professeur de clarinette... alors, nous nous faisons mettre de garde ensemble, et nous passons la nuit à jouer des verres d'eau sucrée... C'est ma seule faiblesse... la bière ne passe pas. *(Il va prendre place dans le comptoir.)*

CLARA, *à part.* — Quel vieux maniaque!

TARDIVEAU, *à part.* — Dieu! que j'ai chaud!... ma chemise est trempée.

CLARA. — Monsieur Tardiveau, j'ai une course à vous donner, vous allez courir...

TARDIVEAU. — Pardon... j'ai là mon petit vestiaire, et, auparavant, je vous demanderai la permission de passer un gilet de flanelle.

CLARA. — Oui, en revenant... Vous allez courir rue Rambuteau, chez le passementier...

TARDIVEAU. — C'est que...

CLARA. — Vous rapporterez des écharpes tricolores...

TARDIVEAU. — Des écharpes tricolores ?...

CLARA. — C'est pour ce maire de province, vous savez...

TARDIVEAU, *sortant du comptoir.* — C'est que ma chemise est trempée.

CLARA. — Mais allez donc!... Vous n'êtes pas parti ?

TARDIVEAU. — Voilà! *(A part.)* Dieu! que j'ai chaud!... je changerai en revenant... *(Il sort par le fond.)*

SCÈNE II

CLARA; *puis* FADINARD

CLARA, *seule.* — Mes ouvrières sont à l'ouvrage... tout va bien... C'est une bonne idée que j'ai eue de m'établir... Il n'y a que quatre mois, et déjà les pratiques arrivent... Ah! c'est que je ne suis pas une modiste comme les autres, moi!... Je suis sage, je n'ai pas d'amoureux... pour le moment. *(On entend un bruit de voiture.)* Qu'est-ce que c'est que cela ?

FADINARD, *entrant vivement.* — Madame, il me faut un chapeau de paille, vite, tout de suite, dépêchez-vous!

CLARA. — Un chapeau de... ? *(Apercevant Fadinard.)* Ah! mon Dieu.

FADINARD, *à part.* — Bigre! Clara... une ancienne!... et ma noce qui est à la porte! *(Haut, tout en se dirigeant vers la porte.)* Vous n'en tenez pas ?... très bien... je reviendrai...

CLARA, *l'arrêtant.* — Ah! vous voilà... et d'où venez-vous ?

FADINARD. — Chut!... pas de bruit... je vous expliquerai ça... j'arrive de Saumur.

CLARA. — Depuis six mois ?

FADINARD. — Oui... j'ai manqué la diligence... *(A part.)* Fichue rencontre !

CLARA. — Ah ! vous êtes gentil !... C'est comme ça que vous vous conduisez avec les femmes !

FADINARD. — Chut ! pas de bruit !... J'ai quelques légers torts, j'en conviens...

CLARA. — Comment, quelques légers torts ?... Monsieur me dit : « Je vais te conduire au Château des « Fleurs... » Nous partons... en route, la pluie nous surprend... et, au lieu de m'offrir un fiacre, vous m'offrez... quoi ?... le passage des Panoramas [1].

FADINARD, *à part.* — C'est vrai... j'ai été assez canaille pour ça.

CLARA. — Une fois là, vous me dites : « Attends-moi, « je vais chercher un parapluie... » J'attends, et vous revenez... au bout de six mois... sans parapluie !

FADINARD. — Oh ! Clara... tu exagères !... d'abord, il n'y a que cinq mois et demi... quant au parapluie, c'est un oubli... je vais le chercher... *(Fausse sortie.)*

CLARA. — Du tout, du tout... il me faut une explication !

FADINARD, *à part.* — Sapristi ! et ma noce qui drogue à l'heure... dans huit fiacres... *(Haut.)* Clara, ma petite Clara... tu sais si je t'aime. *(Il l'embrasse.)*

CLARA. — Quand je pense que cet être-là avait promis de m'épouser !...

FADINARD, *à part.* — Comme ça se trouve ! *(Haut.)* Mais je te le promets toujours...

CLARA. — Oh ! d'abord, si vous en épousiez une autre... je ferais un éclat.

FADINARD. — Oh ! oh ! qu'elle est bête !... moi, épouser une autre femme !... mais la preuve, c'est que je te donne ma pratique... *(Changeant de ton.)* Ah !... j'ai besoin d'un chapeau de paille d'Italie... tout de suite... avec des coquelicots.

CLARA. — Oui, c'est ça... pour une autre femme !

FADINARD. — Oh ! oh ! qu'elle est bête !... un chapeau

---

1. Le passage des Panoramas, qui existe toujours (du 11, boulevard Montmartre au 10, rue Saint-Marc, dans le 2e arrondissement) a été ouvert en 1800 par un Américain, Robert Fulton, qui exploitait deux panoramas (système de tableaux circulaires peints sur les murs d'une rotonde) installés sur le boulevard Montmartre, non loin du théâtre des Variétés.

de paille pour... non, c'est pour un capitaine de dragons... qui veut faire des traits à son colonel.

CLARA. — Hum! ce n'est pas bien sûr!... mais je vous pardonne... à une condition.

FADINARD. — Je l'accepte... dépêchons-nous!

CLARA. — C'est que vous dînerez avec moi.

FADINARD. — Parbleu!

CLARA. — Et vous me conduirez ce soir à l'Ambigu [2].

FADINARD. — Ah! c'est une bonne idée!... voilà une bonne idée!... J'ai justement ma soirée libre... Je me disais comme ça : « Mon Dieu! qu'est-ce que je vais donc faire « de ma soirée ?... » Voyons les chapeaux!

CLARA. — C'est ici mon salon... venez dans mon magasin et ne faites pas l'œil à mes ouvrières. *(Elle entre à droite au deuxième plan. Fadinard va pour la suivre. Nonancourt entre.)*

SCÈNE III

FADINARD, NONANCOURT; *puis* HÉLÈNE, BOBIN
VÉZINET *et* GENS DE LA NOCE DES DEUX SEXES

NONANCOURT, *entrant et tenant un pot de myrte.* — Mon gendre!... tout est rompu!

FADINARD, *à part.* — Pristi! le beau-père!

NONANCOURT. — Où est M. le maire ?

FADINARD. — Tout à l'heure... je le cherche... attendez-moi... *(Il entre vivement à droite, deuxième plan. Hélène, Bobin, Vézinet et les gens de la noce entrent en procession.)*

CHŒUR

AIR : *Ne tardons pas (Mariée de Poissy).*

Parents, amis,
En ce beau jour réunis,
A la mairie
Entrons en cérémonie.

_____

2. Théâtre détruit en 1966. Il était situé sur le boulevard Saint-Martin, entre la porte Saint-Martin et la place de la République. Construit en 1828, il prenait la suite d'une salle du même nom qui s'élevait sur le boulevard du Temple. On y joua nombre de mélodrames.

> C'est en ces lieux
> Que deux cœurs bien amoureux
> Vont, des époux,
> Prononcer les serments si doux!

NONANCOURT. — Enfin, nous voilà à la mairie!... Mes enfants, je vous recommande de ne pas faire de bêtises... gardez vos gants, ceux qui en ont... quant à moi... *(Secouant son pied. A part.)* Cristi! il est embêtant, ce myrte!... si j'avais su, je l'aurais laissé dans le fiacre! *(Haut.)* Je suis très ému... et toi, ma fille ?

HÉLÈNE. — Papa, ça me pique toujours dans le dos.

NONANCOURT. — Marche, ça la fera descendre. *(Hélène remonte.)*

BOBIN. — Père Nonancourt, déposez votre myrte.

NONANCOURT. — Non! je ne m'en séparerai qu'avec ma fille. *(A Hélène avec attendrissement.)* Hélène!...

AIR de la romance de *L'Amandier.*

> Le jour même qui te vit naître
> J'empotai ce frêle arbrisseau;
> Je le plaçai sur la fenêtre,
> Il grandit près de ton berceau,
> Il poussa près de ton berceau.
> Et, lorsque ta mère nourrice
> Te donnait à téter le soir *(bis)*...
> Je lui rendais le même office
> Au moyen... de mon arrosoir.
> Oui, je fus sa mère nourrice
> Au moyen de mon arrosoir.

(S'interrompant et secouant son pied.) Cristi! *(Remettant le myrte à Bobin.)* Tiens! prends ça... j'ai une crampe!

VÉZINET. — C'est très gentil ici... *(Montrant le comptoir.)* Voilà le prétoire... *(Montrant le livre.)* Le registre de l'état civil... nous allons tous signer là-dessus.

BOBIN. — Ceux qui ne savent pas ?

NONANCOURT. — Y feront une croix. *(Apercevant la tête en carton.)* Tiens! tiens! un buste de femme!... ah! il n'est pas ressemblant!

BOBIN. — Non... celui de Charentonneau est mieux que ça.

HÉLÈNE. — Papa, qu'est-ce qu'on va me faire ?

NONANCOURT. — Rien, ma fille... tu n'auras qu'à dire : Oui, en baissant les yeux... et tout sera fini.

BOBIN. — Tout sera fini!... ah!... *(Passant le myrte à Vézinet.)* Prends ça, j'ai envie de pleurer...

VÉZINET, *qui s'apprêtait à se moucher.* — Avec plaisir... *(A part.)* Diable! c'est que, moi, j'ai envie de me moucher. *(Remettant le myrte à Nonancourt.)* Tenez, père Nonancourt.

NONANCOURT. — Merci! *(A part.)* Si j'avais su, je l'aurais laissé dans le fiacre.

SCÈNE IV

LES MÊMES, TARDIVEAU

TARDIVEAU, *rentrant tout essoufflé, entre dans le comptoir.* — Dieu! que j'ai chaud! *(Il pose sur le comptoir des écharpes tricolores.)* Ma chemise est trempée!

NONANCOURT, *apercevant Tardiveau et les écharpes.* — Hum! voici M. le maire avec son écharpe... gardez vos gants.

BOBIN, *bas.* — Mon oncle, j'en ai perdu un...

NONANCOURT. — Mets ta main dans ta poche. *(Bobin met la main gantée dans sa poche.)* Pas celle-là, imbécile. *(Il les met toutes les deux. Tardiveau a pris un gilet de flanelle sous le comptoir.)*

TARDIVEAU, *à part.* — Enfin, je vais pouvoir changer!

NONANCOURT, *prend Hélène par la main et la présente à Tardiveau.* — Monsieur, voici la mariée... *(Bas.)* Salue! *(Hélène fait plusieurs révérences.)*

TARDIVEAU, *cachant vivement son gilet de flanelle et à part.* — Qu'est-ce que c'est que ça?

NONANCOURT. — C'est ma fille.

BOBIN. — Ma cousine...

NONANCOURT. — Je suis son père...

BOBIN. — Je suis son cousin.

NONANCOURT. — Et voilà nos parents. *(Aux autres.)* Saluez! *(Toute la noce salue.)*

TARDIVEAU, *rend des saluts à droite et à gauche, à part.* — Ils sont très polis... mais ils vont m'empêcher de changer.

NONANCOURT. — Voulez-vous commencer par prendre les noms? *(Il pose son myrte sur le comptoir.)*

TARDIVEAU. — Volontiers. *(Il ouvre le grand livre et dit*

à part.) C'est une noce de campagne qui vient faire des emplettes.

NONANCOURT. — Y êtes-vous ? *(Dictant.)* Antoine, Petit-Pierre...

TARDIVEAU. — Les prénoms sont inutiles.

NONANCOURT. — Ah! *(Aux gens de la noce.)* A Charentonneau, on les demande.

TARDIVEAU. — Dépêchons-nous, monsieur... j'ai extrêmement chaud.

NONANCOURT. — Oui. *(Dictant.)* Antoine Voiture, Petit-Pierre, dit Nonancourt. *(S'interrompant.)* Cristi!... Pardonnez à mon émotion... j'ai un soulier qui me blesse... *(Ouvrant ses bras à Hélène.)* Ah! ma fille...

HÉLÈNE. — Ah! papa, ça me pique toujours.

TARDIVEAU. — Monsieur, ne perdons pas de temps. *(A part.)* Bien sûr je vais attraper une pleurésie. Votre adresse ?

NONANCOURT. — Citoyen majeur.

TARDIVEAU. — Où demeurez-vous donc ?

NONANCOURT. — Pépiniériste.

BOBIN. — Membre de la société d'horticulture de Syracuse.

TARDIVEAU. — Mais c'est inutile!

NONANCOURT. — Né à Grosbois, le 7 décembre, nonante-huit.

TARDIVEAU. — En voilà assez! Je ne vous demande pas votre biographie!

NONANCOURT. — J'ai fini... *(A part.)* Il est caustique, ce maire. *(A Vézinet.)* A vous! *(Vézinet ne bouge pas.)*

BOBIN, *le poussant.* — A vous!

VÉZINET, *s'avance majestueusement près du comptoir.* — Monsieur, avant d'accepter la mission de témoin...

TARDIVEAU. — Pardon...

VÉZINET, *continuant.* — Je me suis pénétré de mes devoirs...

NONANCOURT, *à part.* — Où diable est passé mon gendre ?

VÉZINET. — Il m'a paru qu'un témoin devait réunir trois qualités...

TARDIVEAU. — Mais, monsieur...

VÉZINET. — La première...

BOBIN, *entrouvrant la porte de droite, deuxième plan.* — Ah! mon oncle! venez voir.

NONANCOURT. — Quoi donc ?... *(Regardant et poussant*

un cri.) Nom d'un pépin!!!... Mon gendre qui embrasse
une femme...

Tous. — Oh! (*Rumeur dans la noce.*)

BOBIN. — Le polisson!

HÉLÈNE. — C'est affreux!

NONANCOURT. — Le jour de ses noces!

VÉZINET, *qui n'a rien entendu, à Tardiveau.* — La
seconde est d'être Français... ou tout au moins naturalisé.

NONANCOURT, *à Tardiveau.* — Arrêtez!... Ça n'ira pas
plus loin!... Je romps tout... Biffez, monsieur, biffez!
(*Tardiveau biffe.*) Je reprends ma fille. Bobin, je te la
donne!

BOBIN, *joyeux.* — Ah! mon oncle!...

SCÈNE V

LES MÊMES, FADINARD

TOUS, *en voyant paraître Fadinard.* — Ah! le voilà!

CHŒUR, ENSEMBLE

AIR : *C'est vraiment une horreur.*

(*Tentations d'Antoinette*, fin du 2ᵉ acte.)

Ah! vraiment c'est affreux!
C'est un trait scandaleux!
C'est honteux!
Odieux!
Oui, c'est monstrueux!

FADINARD

Quel courroux orageux!
Qu'ai-je donc fait d'affreux,
De honteux,
D'odieux,
De si monstrueux ?

Mais qu'est-ce qu'il y a ? Pourquoi avez-vous quitté les
fiacres ?

NONANCOURT. — Mon gendre, tout est rompu!

FADINARD. — C'est convenu.

NONANCOURT. — Vous me rappelez les orgies de la Régence! fi! monsieur, fi!

BOBIN et LES INVITÉS. — Fi! fi!

FADINARD. — Mais qu'est-ce que j'ai encore fait ?

TOUS. — Oh!

NONANCOURT. — Vous me le demandez ?... Non!... Tu me le demandes ? Quand je viens de te surprendre avec ta Colombine... Arlequin!

FADINARD, *à part.* — Fichtre! il m'a vu! *(Haut.)* Alors, je ne le nierai pas.

TOUS. — Ah!

HÉLÈNE, *pleurant.* — Il l'avoue!

BOBIN. — Pauvre cousine! *(Embrassant Hélène.)* Fi! monsieur, fi!...

FADINARD. — Tenez-vous donc tranquille, vous!... *(A Bobin, le repoussant.)* On ne marche pas dans les plates-bandes.

BOBIN. — C'est ma cousine.

NONANCOURT. — C'est permis.

FADINARD. — Ah! c'est permis... Eh bien! cette dame que j'ai embrassée est ma cousine aussi.

TOUS. — Ah!!!

NONANCOURT. — Présentez-la-moi... je vais l'inviter à la noce.

FADINARD, *à part.* — Il ne manquerait plus que ça! *(Haut.)* C'est inutile... elle n'accepterait pas... elle est en deuil.

NONANCOURT. — En robe rose ?

FADINARD. — Oui, c'est de son mari.

NONANCOURT. — Ah! *(A Tardiveau.)* Monsieur, je renoue! Bobin, je te la retire.

BOBIN, *vexé, à part.* — Vieux tourniquet!

NONANCOURT. — Nous pouvons commencer... *(Aux autres.)* Prenons place. *(Toute la noce s'assied à droite, en face de Tardiveau.)*

FADINARD, *à l'extrême gauche, sur le devant, à part.* — Que diable font-ils là ?

TARDIVEAU, *quittant son grand livre et allant prendre son gilet de flanelle à l'extrémité du comptoir, à part.* — Non, je ne veux pas rester comme ça...

NONANCOURT, *à la noce.* — Eh bien, il s'en va ?... Il paraît que ce n'est pas ici qu'on marie.

TARDIVEAU, *son gilet de flanelle à la main, à part.* — Il faut absolument que je change. *(Il sort du comptoir, par l'avant-scène.)*

NONANCOURT, *à la noce.* — Suivons M. le maire! (*Il prend son myrte sur le comptoir, et passe dans le comptoir en suivant Tardiveau. Toute la noce suit Nonancourt à la file; Bobin prend le registre, Vézinet l'écharpe; d'autres l'encrier, la plume, la règle. Nonancourt donne le bras à sa fille. Tardiveau, se voyant suivi, ne sait ce que cela signifie, et sort précipitamment par la droite, premier plan.*)

CHŒUR

AIR : *Vite! que l'on se rende* (*Tentations d'Antoinette*).

> Puisque ce dignitaire
> Daigne guider nos pas,
> Suivons monsieur le maire
> Et ne le quittons pas!

SCÈNE VI

FADINARD; *puis* CLARA

FADINARD, *seul.* — Qu'est-ce qu'ils font?... où vont-ils?

CLARA, *entrant par la droite, deuxième plan.* — Monsieur Fadinard!

FADINARD. — Ah! Clara!...

CLARA. — Dites donc... voici votre échantillon... Je n'ai rien de pareil à ça.

FADINARD. — Comment!

CLARA. — C'est une paille très fine... qui n'est pas dans le commerce... Oh! vous n'en trouverez nulle part, allez! (*Elle lui rend le fragment de chapeau.*)

FADINARD, *à part.* — Sapristi! me voilà bien!

CLARA. — Si vous voulez attendre quinze jours, je vous en ferai venir un de Florence.

FADINARD. — Quinze jours!... Petite bûche!

CLARA. — Je n'en connais qu'un semblable à Paris.

FADINARD, *vivement.* — Je l'achète!

CLARA. — Oui, mais il n'est pas à vendre... Je l'ai monté, il y a huit jours, pour madame la baronne de Champigny. (*Clara s'approche du comptoir et range dans le magasin.*)

FADINARD, *à part, se promenant.* — Une baronne!...

Je ne peux pas me présenter chez elle et lui dire :
« Madame, combien le chapeau ?... » Ma foi, tant pis pour
ce monsieur et cette dame !... je vais d'abord me marier,
et après...

SCÈNE VII

LES MÊMES, TARDIVEAU, TOUTE LA NOCE

TARDIVEAU, *il entre très effaré par la porte du fond, il
tient son gilet de flanelle à la main.* — Dieu! que j'ai chaud!
(*Au même instant, toute la noce débouche à sa suite. Nonancourt avec son myrte, Bobin portant le registre et Vézinet
l'écharpe. Tardiveau, en les voyant, reprend sa course et
entre à gauche.*)

CHŒUR

Même chœur que ci-dessus.

Puisque ce dignitaire,
Etc.

CLARA, *stupéfaite.* — Qu'est-ce que c'est que ça ?
(*Elle entre à gauche.*)

FADINARD. — Quel commerce font-ils là ?... Père
Nonancourt! (*Il va suivre la noce, lorsqu'il est arrêté par
Félix qui entre vivement par le fond.*)

SCÈNE VIII

FADINARD, FÉLIX; *puis* CLARA

FÉLIX. — Monsieur, je viens de la maison.

FADINARD, *vivement.* — Eh bien, ce militaire ?...

FÉLIX. — Il jure... il grince... il casse les chaises...

FADINARD. — Sapristi!

FÉLIX. — Il dit que vous le faites poser... que vous
deviez être de retour dans dix minutes... mais qu'il vous
repincera tôt ou tard quand vous rentrerez...

FADINARD. — Félix, tu es mon domestique, je t'ordonne de le flanquer par la fenêtre.

FÉLIX. — Il ne s'y prêterait pas.

FADINARD, *vivement*. — Et la dame ?... la dame ?...

FÉLIX. — Elle a des attaques de nerfs... elle se roule... elle pleure !

FADINARD. — Elle séchera.

FÉLIX. — Alors, on a envoyé chercher le médecin. Il l'a fait mettre au lit et il ne la quitte pas.

FADINARD, *criant*. — Au lit ?... où ça, au lit ?... dans quel lit ?

FÉLIX. — Dans le vôtre, monsieur !

FADINARD, *avec force*. — Profanation !... je ne veux pas !... la couche de mon Hélène... que je n'osais pas même étrenner du regard !... et voilà une dame qui vient y rouler ses nerfs !... Va, cours... fais-la lever... tire les couvertures...

FÉLIX. — Mais, monsieur...

FADINARD. — Dis-leur que j'ai trouvé l'objet... que je suis sur la piste !...

FÉLIX. — Quel objet ?

FADINARD, *le poussant*. — Va donc, animal !... *(A lui-même.)* Il n'y a plus à hésiter... Une malade chez moi, un médecin !... il me faut ce chapeau à tout prix !... dussé-je le conquérir sur une tête couronnée... ou au sommet de l'obélisque !... Oui, mais... qu'est-ce que je vais faire de ma noce ?... Une idée !... si je les introduisais dans la colonne !... C'est ça... je dirai au gardien : « Je retiens le « monument pour douze heures; ne laissez sortir per-« sonne !... » *(A Clara qui rentre étonnée, par la gauche, en regardant à la cantonade. La ramenant vivement sur le devant.)* Clara !... vite !... où demeure-t-elle ?...

CLARA. — Qui ça ?

FADINARD. — Ta baronne !

CLARA. — Quelle baronne ?

FADINARD. — La baronne au chapeau, crétine !...

CLARA, *se révoltant*. — Ah ! mais dites donc !...

FADINARD. — Non !... Cher ange !... je voulais dire : Cher ange !... Donne-moi son adresse.

CLARA. — M. Tardiveau va vous y conduire... le voici... Mais, vous m'épouserez ?...

FADINARD. — Parbleu !...

SCÈNE IX

FADINARD, CLARA, TARDIVEAU;
puis TOUTE LA NOCE

TARDIVEAU, *entrant par la gauche, et de plus en plus effaré.* — Mais qu'est-ce que c'est que ces gens-là ? Pourquoi diable me suivent-ils ?... Impossible de changer!...

CLARA. — Vite, conduisez Monsieur chez la baronne de Champigny.

TARDIVEAU. — Mais, madame...

FADINARD. — Dépêchons-nous... c'est pressé!... *(A Tardiveau.)* J'ai huit fiacres... prenez le premier... (*Il l'entraîne par le fond. Toute la noce débouche par la gauche et s'élance à la suite de Tardiveau et de Fadinard.*)

CHŒUR

Même chœur que le précédent.

Puisque ce dignitaire,
Etc.

Clara, voyant emporter son grand livre, veut le retenir.
Le rideau tombe.

ACTE III

Le théâtre représente un riche salon. — Trois portes au fond s'ouvrant sur la salle à manger. — A gauche, une porte conduisant dans les autres pièces de l'appartement. — Sur le devant une causeuse. — A droite, porte principale d'entrée; plus loin, une porte de cabinet. — Sur le devant, adossé à la cloison, un piano; ameublement somptueux.

SCÈNE PREMIÈRE

LA BARONNE DE CHAMPIGNY,
ACHILLE DE ROSALBA

Au lever du rideau, les trois portes du fond sont ouvertes, on aperçoit une table splendidement servie.

ACHILLE, *entrant par la droite et regardant dans la coulisse.* — Charmant! ravissant!... c'est décoré avec un goût!... *(Regardant au fond.)* Et par ici... une table servie!...

LA BARONNE, *entrant par la gauche.* — Curieux!...

ACHILLE. — Ah çà! ma chère cousine... vous nous invitez à une matinée musicale, et je vois les préparatifs d'un souper... Qu'est-ce que cela signifie ?

LA BARONNE. — Cela signifie, mon cher vicomte, que j'ai l'intention de garder mes invités le plus longtemps possible... Après le concert, on dînera, et, après le dîner, on dansera... Voilà le programme.

ACHILLE. — Je m'y conformerai... Est-ce que vous avez beaucoup de chanteurs ?

LA BARONNE. — Oui; pourquoi ?

ACHILLE. — C'est que je vous aurais prié de me conserver une petite place... j'ai composé une romance...

LA BARONNE, *à part.* — Aïe!...

ACHILLE. — Le titre est délicieux : *Brise du soir!*

LA BARONNE. — C'est neuf surtout.

ACHILLE. — Quant à l'idée... c'est plein de fraîcheur... on fait les foins... un jeune pâtre est assis dans la prairie...

LA BARONNE. — Certainement... c'est très gentil... en famille... pendant qu'on fait le whist... Mais, aujourd'hui, mon cousin... place aux artistes!... Nous aurons les premiers talents, et, parmi eux, le chanteur à la mode, le fameux Nisnardi de Bologne.

ACHILLE. — Nisnardi!... Qu'est-ce que c'est que ça ?

LA BARONNE. — Un ténor, arrivé depuis huit jours à Paris, et qui est déjà célèbre... on se l'arrache.

ACHILLE. — Je ne le connais pas.

LA BARONNE. — Ni moi... mais j'y tenais... je lui ai

fait offrir trois mille francs pour chanter deux morceaux...

ACHILLE. — Prenez *Brise du soir*... pour rien!

LA BARONNE, *souriant*. — C'est trop cher... Ce matin, j'ai reçu la réponse du signor Nisnardi... la voici!...

ACHILLE. — Ah! un autographe... voyons!...

LA BARONNE, *lisant*. — « Madame, vous me demandez « deux morceaux, j'en chanterai trois... Vous m'offrez « mille écus, ce n'est pas assez... »

ACHILLE. — Mazette!...

LA BARONNE, *continuant*. — « Je n'accepterai qu'une « fleur de votre bouquet. »

ACHILLE. — Ah!... c'est délicat!... c'est... Tiens! j'en ferai une romance!...

LA BARONNE. — C'est un homme charmant!... Jeudi dernier, il a chanté chez la comtesse de Bray... qui a de si jolis pieds... vous savez?...

ACHILLE. — Oui... Eh bien!...

LA BARONNE. — Devinez ce qu'il lui a demandé?

ACHILLE. — Dame! je ne sais pas... un pot de giroflées?

LA BARONNE. — Non... un soulier de bal!

ACHILLE. — Un soulier!... Ah! voilà un original!

LA BARONNE. — Il est plein de fantaisies.

ACHILLE. — Après ça... tant qu'elles ne passeront pas la cheville...

LA BARONNE. — Vicomte!...

ACHILLE. — Dame! écoutez donc!... un ténor!... *(On entend le bruit de plusieurs voitures.)*

LA BARONNE. — Ah! mon Dieu!... seraient-ce déjà mes invités?... Mon cousin, veuillez me remplacer, je ne serai pas longtemps. *(Elle sort par la gauche.)*

SCÈNE II

ACHILLE; *puis* UN DOMESTIQUE

ACHILLE, *à la baronne qui sort*. — Soyez tranquille, belle cousine... Comptez sur moi.

UN DOMESTIQUE, *entrant par la droite*. — Il y a là un monsieur qui demande à parler à madame la baronne de Champigny.

ACHILLE. — Son nom?

LE DOMESTIQUE. — Il n'a pas voulu le donner... Il dit

que c'est lui qui a eu l'honneur d'écrire ce matin à madame la baronne.

ACHILLE, *à part*. — Ah! j'y suis... le chanteur, l'homme au soulier, je suis curieux de le voir... Diable!... il est exact... On voit bien que c'est un étranger... N'importe!... un homme qui refuse trois mille francs, on doit le combler d'égards... *(Au domestique.)* Faites entrer... *(A part.)* D'ailleurs, c'est un musicien, un confrère...

SCÈNE III

FADINARD, ACHILLE

FADINARD, *paraissant à droite, très timidement*. — Pardon, monsieur!... *(Le domestique sort.)*

ACHILLE. — Entrez donc, mon cher, entrez donc!...

FADINARD, *embarrassé et s'avançant avec force saluts*. — Je vous remercie... j'étais bien là... *(Il met son chapeau sur sa tête et l'ôte vivement.)* Ah!... *(A part.)* Je ne sais plus ce que je fais... ces domestiques... ce salon doré... *(Indiquant la droite.)* Ces grands portraits de famille qui avaient l'air de me dire : « Veux-tu t'en aller! nous ne « vendons pas de chapeaux!... » Tout ça m'a donné un trac!...

ACHILLE, *le lorgnant à part*. — Il a bien l'air d'un Italien!... Quel drôle de gilet!... *(Il rit en le lorgnant.)* Eh! eh! eh!

FADINARD, *lui faisant plusieurs saluts*. — Monsieur... j'ai bien l'honneur... de vous saluer... *(A part.)* C'est quelque majordome!...

ACHILLE. — Asseyez-vous donc!...

FADINARD. — Non, merci... je suis trop fatigué... c'est-à-dire... je suis venu en fiacre...

ACHILLE, *riant*. — En fiacre ?... c'est charmant!

FADINARD. — C'est plus dur... que charmant.

ACHILLE. — Nous parlions de vous à l'instant!... Ah! mon gaillard! Il paraît que vous aimez les petits pieds ?...

FADINARD, *étonné*. — Aux truffes ?...

ACHILLE. — Ah! très joli!... C'est égal, votre histoire de soulier est adorable... adorable!...

FADINARD, *à part*. — Ah ça! qu'est-ce qu'il me chante ?... *(Haut.)* Pardon... s'il n'y a pas d'indiscrétion, je désirerais parler à madame la baronne.

ACHILLE. — C'est prodigieux, mon cher... vous n'avez pas le moindre accent...

FADINARD. — Oh! vous me flattez...

ACHILLE. — Ma parole! vous seriez de Nanterre...

FADINARD, *à part.* — Ah çà! qu'est-ce qu'il me chante ?... *(Haut.)* Pardon... s'il n'y a pas d'indiscrétion, je désirerais parler...

ACHILLE. — A madame de Champigny ?... Elle va venir, elle est à sa toilette... et je suis chargé de la remplacer, moi, son cousin, le vicomte Achille de Rosalba.

FADINARD, *à part.* — Un vicomte!... *(Il lui fait plusieurs saluts, à part.)* Je n'oserai jamais marchander un chapeau de paille à ces gens-là!...

ACHILLE, *l'appelant.* — Dites donc ?...

FADINARD, *allant à lui.* — Monsieur le vicomte ?...

ACHILLE, *s'appuyant sur son épaule.* — Qu'est-ce que vous penseriez d'une romance intitulée *Brise du soir ?*

FADINARD. — Moi ?... mais... Et vous ?

ACHILLE. — C'est plein de fraîcheur... On fait les foins... un jeune pâtre...

FADINARD, *retirant son épaule de dessous le bras d'Achille.* — Pardon... s'il n'y a pas d'indiscrétion, je désirerais parler...

ACHILLE. — C'est juste... Je cours la prévenir... Enchanté, mon cher, d'avoir fait votre connaissance...

FADINARD. — Oh! monsieur le vicomte!... c'est moi... qui...

ACHILLE, *sortant.* — C'est qu'il n'a pas le moindre accent... pas le moindre!... *(Il sort à gauche.)*

SCÈNE IV

FADINARD, *seul.*

Enfin, me voici chez la baronne!... Elle est prévenue de ma visite; en sortant de chez Clara, la modiste, je lui ai vite écrit un billet pour lui demander une audience... Je lui ai tout raconté, et j'ai fini par cette phrase que je crois pathétique : « Madame, deux têtes sont attachées à votre « chapeau... rappelez-vous que le dévouement est la plus « belle coiffure d'une femme!... » Je crois que ça fera bien, et j'ai signé : *le comte de Fadinard.* Ça ne fera pas

mal non plus... parce qu'une baronne... Sapristi! elle met
le temps à sa toilette!... et ma diable de noce qui est toujours là, en bas... C'est qu'il n'y a pas à dire, ils ne veulent
pas me lâcher... depuis ce matin, je suis dans la situation
d'un homme qui se serait posé une place de fiacres... pas
sur l'estomac!... c'est très incommode... pour aller dans le
monde... sans compter le beau-père... mon porc-épic...
qui a toujours le nez à la portière pour me crier : « Mon
« gendre, êtes-vous bien ?... Mon gendre, quel est ce monu-
« ment ?... Mon gendre, où allons-nous ?... » Alors, pour
m'en débarrasser, je lui ai répondu : « Au *Veau-qui-
tète !*... » et ils se croient dans la cour de cet établissement;
mais j'ai recommandé aux cochers de ne laisser monter
personne... Je n'éprouve pas le besoin de présenter ma
famille à la baronne... Sapristi! elle met le temps à sa toilette!... si elle savait que j'ai chez moi deux enragés qui
disloquent mes meubles... et que, ce soir, peut-être... je
n'aurai pas même une chaise à offrir à ma femme... pour
reposer sa tête... Oui, à ma femme!... Ah! tiens! je ne
vous ai pas dit... un détail!... je suis marié!... c'est fini...
Que voulez-vous!... le beau-père écumait... sa fille pleurait et Bobin m'embrassait... Alors, j'ai profité d'un
embarras de voitures pour entrer à la mairie et, de là, à
l'église... Pauvre Hélène!... si vous l'aviez vue avec son
air de colombe!... *(Changeant de ton.)* Ah! sapristi! elle
met le temps à sa toilette!... Ah! la voici!...

SCÈNE V

FADINARD, LA BARONNE

LA BARONNE, *entrant par la gauche, en toilette de bal
et avec un bouquet.* — Mille pardons, cher monsieur, de
vous avoir fait attendre...

FADINARD. — C'est moi, madame, qui suis confus...
*(Dans son trouble, il remet son chapeau sur sa tête et l'ôte
vivement. A part.)* Bien! voilà mon trac qui me reprend.

LA BARONNE. — Je vous remercie d'être venu de
bonne heure... nous pourrons causer... Vous n'avez pas
froid ?

FADINARD, *s'essuyant le front.* — Merci... je suis venu
en fiacre...

La baronne. — Ah! dame! il y a une chose que je ne puis pas vous donner... c'est le ciel de l'Italie.

Fadinard. — Ah! madame!... d'abord, je ne l'accepterais pas... ça me gênerait... et puis ce n'est pas là ce que je suis venu chercher...

La baronne. — Je le pense bien... Quel magnifique pays que l'Italie!

Fadinard. — Ah! oui... *(A part.)* Qu'est-ce qu'elle a donc à parler de l'Italie?

La baronne

AIR de *La Fée aux roses.*

Le souvenir retrace à mon âme charmée
Ses palais somptueux, ses monts et ses coteaux...

Fadinard, *comme pour lui rappeler le but de sa visite.*

Et ses chapeaux!

La baronne

Et ses bois d'orangers où la brise embaumée
Mêle des chants d'amour aux chansons des oiseaux;
Son golfe aux tièdes eaux
Berçant mille vaisseaux;
Et ses blés d'or si beaux...

Fadinard, *de même.*

Dont on fait de très jolis chapeaux...
Que mangent les chevaux.

La baronne, *étonnée.* — Comment?

Fadinard, *un peu ému.* — Madame la baronne a sans doute reçu le billet que je lui ai fait l'honneur... non! que je me suis fait l'honneur... c'est-à-dire que j'ai eu l'honneur de lui écrire?...

La baronne. — Certainement... c'est une délicatesse... *(Elle s'assied sur la causeuse et fait signe à Fadinard de prendre une chaise.)*

Fadinard. — Vous avez dû me trouver bien indiscret...

La baronne. — Du tout.

Fadinard, *s'asseyant sur une chaise, près de la baronne.* — Je demanderai à madame la baronne la permission de lui rappeler... que le dévouement est la plus belle coiffure d'une femme.

LA BARONNE, *étonnée.* — Plaît-il ?

FADINARD. — Je dis : ... Le dévouement est la plus belle coiffure d'une femme.

LA BARONNE. — Sans doute. *(A part.)* Qu'est-ce que cela veut dire ?

FADINARD, *à part.* — Elle a compris... elle va me remettre le chapeau...

LA BARONNE. — Convenez que c'est une belle chose que la musique!...

FADINARD. — Hein ?

LA BARONNE. — Quelle langue! quel feu! quelle passion!

FADINARD, *se montant à froid.* — Oh! ne m'en parlez pas! la musique!... la musique!... la musique!!! *(A part.)* Elle va me remettre le chapeau.

LA BARONNE. — Pourquoi ne faites-vous pas travailler Rossini, vous ?

FADINARD. — Moi ? *(A part.)* Elle a une conversation très décousue, cette femme-là! *(Haut.)* Je rappellerai à madame la baronne que j'ai eu l'honneur de lui écrire un billet.

LA BARONNE. — Un billet délicieux, et que je garderai toujours!... croyez-le bien... toujours... toujours!

FADINARD, *à part.* — Comment! voilà tout ?

LA BARONNE. — Qu'est-ce que vous pensez d'Alboni [3] ?

FADINARD. — Rien du tout!... mais je ferai remarquer à madame la baronne... que, dans ce billet, je lui demandais...

LA BARONNE. — Ah! folle que je suis! *(Regardant son bouquet.)* Vous y tenez donc beaucoup ?

FADINARD, *se levant, et avec force.* — Si j'y tiens!... Comme l'Arabe à son coursier!

LA BARONNE, *se levant.* — Oh! oh! quelle chaleur méridionale! *(Elle se dirige vers le piano pour détacher une fleur de son bouquet.)* Il y aurait de la cruauté à vous faire attendre plus longtemps...

FADINARD, *sur le devant de la scène, à part.* — Enfin, je vais le tenir, ce malheureux chapeau! Je pourrai rentrer chez moi... *(Tirant sa bourse.)* Il s'agit maintenant... Dois-je marchander ?... Non! une baronne!... ne soyons pas crasseux!

3. Marietta Alboni (1823-1894). Un des plus grands contraltos de l'histoire de l'opéra.

LA BARONNE, *lui remettant gracieusement une fleur.* —
Voici, monsieur, je paye comptant.

FADINARD, *prenant la fleur avec stupéfaction.* —
Qu'est-ce que c'est que ça ?... Un œillet d'Inde!!! Ah
çà! elle n'a donc pas reçu ma lettre ?... je porterai plainte
contre le facteur!...

SCÈNE VI

FADINARD, LA BARONNE, INVITÉS DES DEUX SEXES

Les invités entrent par la droite.

CHŒUR

AIR de *Nargeot.*

LES INVITÉS

Quel plaisir
De venir
Chez l'amie
Qui nous convie
Heureux jours
Qui toujours
Auprès d'elle semblent trop courts.

LA BARONNE

De remplir
Son désir,
Votre amie
Vous remercie
Heureux jours
Qui toujours
Près de vous me semblent trop courts.
Je vous ai promis
Un chanteur exquis :
Saluez, voici
Le fameux Nisnardi.

FADINARD, *à part.*

Qui, moi, Nisnardi!
Que diable est ceci ?

LA BARONNE
Rival du grand Rubini [4]!

FADINARD
Mais non!... quelle erreur!

LA BARONNE, *souriant.*
Taisez-vous, monsieur!
De Bologne les braves
Ont des échos.

FADINARD, *à part.*
Pour rester ici,
Soyons Nisnardi
Au lieu de Fadinardi.

(Parlé.) Je ne le nierai pas, mesdames... je suis Nis-nardi! le grand Nisnardi!... *(A part.)* Sans ça, on me flanquerait à la porte.
TOUS, *saluant.* — Signor!...
LA BARONNE. — En attendant que nous soyons tous réunis pour applaudir le rossignol de Bologne... si ces dames voulaient faire un tour dans les jardins...

REPRISE

LES INVITÉS
Quel plaisir,
Etc.

LA BARONNE
De remplir,
Etc.

FADINARD
Quel plaisir
De courir
Après des pailles d'Italie!
Le jour
Qu'on se marie
Et qu'on se doit tout à l'amour!

4. Giovanni Rubini (1794-1854), célèbre ténor italien. Il vint en 1825 à Paris où il connut de grands succès avant de chanter à Londres et à Saint-Pétersbourg. Il créa de nombreux rôles dans des œuvres de Rossini, de Bellini et de Donizetti notamment.

FADINARD, *à part.* — Au fait, c'est peut-être un moyen. *(Allant à la baronne qui allait sortir avec ses invités par la gauche.)* Pardon, madame la baronne... j'aurais une petite prière à vous adresser... mais je n'ose...

SCÈNE VII

FADINARD, LA BARONNE;
puis UNE FEMME DE CHAMBRE

LA BARONNE. — Parlez! vous savez que je n'ai rien à refuser au signor Nisnardi.

FADINARD. — C'est que... ma demande va vous paraître bien fantasque... bien folle...

LA BARONNE, *à part.* — Ah! mon Dieu, je crois qu'il a regardé mes souliers!

FADINARD. — Entre nous, voyez-vous, je suis un drôle de corps... Vous savez... les artistes!... et il me passe par la tête mille fantaisies.

LA BARONNE. — Je le sais.

FADINARD. — Ah! tant mieux!... et quand on refuse de les satisfaire... ça me prend ici... à la gorge... je parle comme ça... *(Simulant l'extinction de voix.)* Impossible de chanter!...

LA BARONNE, *à part.* — Ah! mon Dieu! et mon concert! *(Haut.)* Parlez, monsieur, que vous faut-il? que désirez-vous?

FADINARD. — Ah! voilà!... c'est très difficile à demander...

LA BARONNE, *à part.* — Il me fait peur... il ne regarde plus mes souliers.

FADINARD. — Je sens que, si vous ne m'encouragez pas un peu... c'est tellement en dehors des usages...

LA BARONNE, *vivement.* — Mon bouquet peut-être?

FADINARD. — Non, ce n'est pas cela... c'est infiniment plus excentrique...

LA BARONNE, *à part.* — Comme il me regarde... Je suis presque fâchée de l'avoir annoncé à mes invités.

FADINARD. — Mon Dieu! que vous avez donc de jolis cheveux!

LA BARONNE, *se reculant vivement et à part.* — Des cheveux!... par exemple!

FADINARD. — Ils me rappellent un délicieux chapeau
que vous portiez hier...

LA BARONNE. — A Chantilly ?...

FADINARD, *vivement*. — Précisément... Ah! le délicieux
chapeau! le ravissant chapeau!

LA BARONNE. — Comment, monsieur... c'est cela ?

FADINARD, *avec feu.*

AIR : *Quand les oiseaux.*

> Oui, je n'osais pas vous le dire!...
> Mais, enfin, le mot est lâché!
> Après ce chapeau je soupire,
> Mon bonheur s'y trouve... accroché.
> Sous cette coiffure jolie
> Mon œil ébloui rencontra
> Les traits divins que voilà;
> Et je me dis : Si, pour la vie,
> L'image doit m'être ravie...
> Le cadre au moins me restera!

A part.

> Quel plat madrigal je fais là!

Haut.

> Oui, le cadre me restera!

LA BARONNE, *éclatant de rire*. — Ah! ah! ah!

FADINARD, *riant aussi*. — Ah! ah! ah! *(A part, sérieux.)*
Je l'aurai!

LA BARONNE. — Je comprends... c'est pour faire pendant au soulier.

FADINARD. — Quel soulier ?

LA BARONNE, *riant aux éclats*. — Ah! ah! ah!

FADINARD, *riant*. — Ah! ah! ah! *(A part, sérieux.)*
Quel soulier ?

LA BARONNE, *tout en riant*. — Soyez tranquille, monsieur... ce chapeau...

FADINARD. — Ah!

LA BARONNE. — Demain... je vous l'enverrai...

FADINARD. — Non, tout de suite... tout de suite!

LA BARONNE. — Mais cependant...

FADINARD, *reprenant son extinction de voix*. — Tenez...
entendez-vous ?... Ma voix... je l'ai dans les talons... Hoû!
hoû!

LA BARONNE, *agitant vivement une sonnette*. — Ah!
mon Dieu! Clotilde! Clotilde!... *(Une femme de chambre*

*paraît à droite, la baronne lui dit vivement un mot à
l'oreille; elle sort.)* Dans cinq minutes, vous serez satisfait... *(Riant.)* Je vous demande pardon... Ah! ah!...
Mais un chapeau!... c'est si original!... Ah! ah! ah!...
(Elle sort à gauche en riant.)

SCÈNE VIII

FADINARD; *puis* NONANCOURT;
puis UN DOMESTIQUE

FADINARD, *seul.* — Dans cinq minutes, j'aurai décampé
avec le chapeau... Je laisserai ma bourse en payement.
(Riant.) Ah! ah!... je pense au père Nonancourt... doit-il
rager dans son fiacre!

NONANCOURT, *paraît à la porte de la salle à manger;
il a une serviette à la boutonnière et des rubans de diverses
couleurs au revers de son habit.* — Où diable est donc passé
mon gendre ?...

FADINARD. — Le beau-père!

NONANCOURT, *un peu gris.* — Mon gendre, tout est
rompu!

FADINARD, *se retournant.* — Hein ?... vous! Qu'est-ce
que vous faites là ?

NONANCOURT. — Nous dînons.

FADINARD. — Où ça ?

NONANCOURT. — Là!

FADINARD, *à part.* — Sapristi! le dîner de la baronne!

NONANCOURT. — Satané *Veau-qui-tète!*... quelle crâne
maison!... J'y reviendrai quelquefois!

FADINARD. — Permettez!...

NONANCOURT. — Mais, c'est égal, votre conduite est
celle d'un pas-grand-chose!

FADINARD. — Beau-père!...

NONANCOURT. — Abandonner votre femme le jour de
la noce, la laisser dîner sans vous!...

FADINARD. — Et les autres ?

NONANCOURT. — Ils dévorent!

FADINARD. — Me voilà bien!... je sens une sueur
froide... *(Il arrache la serviette à Nonancourt et s'en
essuie le front.)*

NONANCOURT. — Je ne sais pas ce que j'ai... je crois
que je suis un peu pochard...

FADINARD. — Allons, bien!... Et les autres ?

NONANCOURT. — Ils sont comme moi... Bobin s'est jeté par terre en allant chercher la jarretière... Nous avons ri!... (Secouant son pied.) Cristi!

FADINARD, à part, mettant la serviette dans sa poche. — Que va dire la baronne ?... Et ce chapeau qui n'arrive pas!... Si je l'avais, je décamperais...

CRIS, dans la salle à manger. — Vive la mariée! Vive la mariée!

FADINARD, remontant au fond. — Voulez-vous vous taire! Voulez-vous vous taire!

NONANCOURT, assis sur la causeuse. — Je ne sais pas ce que j'ai fait de mon myrte... Fadinard ?

FADINARD, revenant à Nonancourt. — Vous... rentrez... vite! (Il veut le faire lever.)

NONANCOURT, résistant. — Non... je l'ai empoté le jour de sa naissance...

FADINARD. — Oui... vous le retrouverez... il est dans le fiacre. (Un domestique, venant de la droite, a traversé la scène avec un candélabre non allumé, il ouvre la porte du fond et pousse un cri en apercevant la noce à table.)

LE DOMESTIQUE. — Ah!

FADINARD. — Tout est perdu! (Il lâche Nonancourt, qui retombe assis sur la causeuse; il saute à la gorge du domestique et lui arrache son candélabre.) Silence!... tais-toi! (Il le pousse dans un cabinet à droite et l'enferme.) Si tu bouges, je te jette par la fenêtre. (La baronne paraît par la gauche.)

SCÈNE IX

FADINARD, NONANCOURT, LA BARONNE

FADINARD, tenant le candélabre. — La baronne!

LA BARONNE, à Fadinard. — Que faites-vous donc, avec ce candélabre ?

FADINARD. — Moi ?... je... cherche mon mouchoir... que j'ai perdu... (Il se retourne comme pour chercher, on voit son mouchoir à moitié sorti de sa poche.)

LA BARONNE, riant. — Mais... vous l'avez dans votre poche...

FADINARD. — Tiens! c'est vrai... il était dans ma poche.

LA BARONNE. — Eh bien, monsieur... vous a-t-on remis ce que vous désirez ?...

FADINARD, *se plaçant devant Nonancourt pour le cacher.* — Pas encore, madame... pas encore! et... je suis pressé!...

NONANCOURT, *à lui-même, se levant.* — Je ne sais pas ce que j'ai... Je crois que je suis un peu pochard.

LA BARONNE, *indiquent Nonancourt.* — Quel est ce monsieur ?

FADINARD. — C'est mon... Monsieur m'accompagne... *(Il lui donne machinalement le flambeau. Nonancourt le met dans son bras comme s'il tenait son myrte.)*

LA BARONNE, *à Nonancourt.* — Mon compliment... c'est un talent, monsieur, que de bien accompagner...

FADINARD, *à part.* — Elle le prend pour un musicien.

NONANCOURT. — Salut, madame et la compagnie... *(A part.)* C'est une belle femme! *(Bas à Fadinard.)* Elle est de la noce ?

FADINARD, *à part.* — S'il parle, je suis perdu... Et le chapeau qui ne vient pas!

LA BARONNE, *à Nonancourt.* — Monsieur est italien ?

NONANCOURT. — Je suis de Charentonneau...

FADINARD. — Oui... un petit village... près d'Albano.

NONANCOURT. — Figurez-vous, madame, que j'ai perdu mon myrte.

LA BARONNE. — Quel myrte ?

FADINARD. — Une romance... *Le Myrte...* c'est très gracieux!

LA BARONNE, *à Nonancourt.* — Si Monsieur désire essayer le piano ?... C'est un Pleyel.

NONANCOURT. — Comment que vous dites ?

FADINARD. — Non... c'est inutile...

LA BARONNE, *apercevant les rubans à la boutonnière de Nonancourt.* — Tiens... ces rubans ?...

FADINARD. — Oui... une décoration.

NONANCOURT. — La jarretière!

FADINARD. — C'est ça... l'ordre de la jarretière de... Santo-Campo, Piétro-Néro... *(A part.)* Dieu! que j'ai chaud!

LA BARONNE. — Ah! ce n'est pas joli... J'espère, messieurs, que vous nous ferez l'honneur de dîner avec nous ?

NONANCOURT. — Comment donc, madame!... demain!... Pour aujourd'hui j'ai ma suffisance...

LA BARONNE, *riant.* — Tant pis!... *(A Fadinard.)* Je vais chercher nos invités, qui meurent d'impatience de vous entendre...

FADINARD. — Trop bons!...

NONANCOURT, *à part.* — Encore des invités!... Quelle
crâne noce!...

LA BARONNE, *à Nonancourt.* — Votre bras, monsieur ?

FADINARD, *à part.* — Oh! me voilà gentil!

NONANCOURT, *passant son candélabre au bras gauche et
offrant le droit à la baronne, tout en l'emmenant.* — Figurez-vous, madame, que j'ai perdu mon myrte...

*La baronne et Nonancourt entrent à gauche, Nonancourt
tenant toujours le candélabre.*

SCÈNE X

FADINARD; *puis* UNE FEMME DE CHAMBRE,
avec un chapeau de femme dans un foulard; puis BOBIN

FADINARD, *tombant sur un fauteuil.* — Patatras! on va
nous flanquer tous par la fenêtre!...

LA FEMME DE CHAMBRE, *entrant.* — Monsieur, voilà
le chapeau.

FADINARD, *se levant.* — Le chapeau! le chapeau! (*Il
prend le chapeau en embrassant la bonne.*) Tiens! voilà
pour toi... et ma bourse!

LA BONNE, *à part.* — Qu'est-ce qu'il a donc ?

FADINARD, *tout en ouvrant le foulard.* — Enfin, je le
tiens! (*Il tire un chapeau noir.*) Un chapeau noir... en
crêpe de Chine! (*Il le foule aux pieds. Ramenant la bonne
qui sortait.*) Arrive ici, petite malheureuse!... L'autre ?
l'autre ?... réponds!

LA BONNE, *effrayée.* — Ne me faites pas de mal, monsieur!

FADINARD. — Le chapeau de paille d'Italie, où est-il ?
Je le veux!

LA BONNE. — Madame en a fait cadeau à sa filleule,
madame de Beauperthuis.

FADINARD. — Mille tonnerres! C'est à recommencer!...
Où demeure-t-elle ?

LA BONNE. — 12... rue de Ménars.

FADINARD. — C'est bien... va-t'en... tu m'agaces...
(*La bonne ramasse le chapeau et se sauve.*) Ce que j'ai
de mieux à faire... c'est de filer... La noce et le beau-père
s'arrangeront avec la baronne... (*Il va pour sortir à
droite.*)

BOBIN, *passant sa tête à la porte de la salle à manger.* — Cousin! cousin!

FADINARD. — Hein!

BOBIN. — Est-ce qu'on ne va pas danser?

FADINARD. — Si! je vais chercher les violons. *(Bobin disparaît.)* Et maintenant, 12, rue de Ménars... *(Il sort vivement.)*

SCÈNE XI

LA BARONNE, NONANCOURT, INVITÉS;
puis FADINARD et ACHILLE; *puis* TOUTE LA NOCE

Nonancourt donne toujours le bras à la baronne et tient toujours le candélabre; tous les invités les suivent.

CHŒUR

AIR de la *Valse de Satan.*

Quel plaisir! nous allons entendre
Ce fameux, ce divin chanteur!
On dit que sa voix douce et tendre
Sait ravir l'oreille et le cœur.

LA BARONNE, *aux invités.* — Veuillez prendre place... le concert va commencer. *(Les invités s'asseyent. A Nonancourt.)* Où est donc M. Nisnardi?

NONANCOURT. — Je ne sais. *(Criant.)* On demande M. Nisnardi!

TOUS. — Le voici! le voici!

ACHILLE, *ramenant Fadinard.* — Comment! signor, une désertion?

NONANCOURT, *à part.* — Lui, Nisnardi?...

FADINARD, *à Achille qui le ramène.* — Je ne m'en allais pas... je vous assure que je ne m'en allais pas!...

TOUS. — Bravo! bravo! *(On l'applaudit avec frénésie.)*

FADINARD, *salue à droite et à gauche.* — Messieurs... mesdames... *(A part.)* Pincé sur le marche-pied du fiacre!

LA BARONNE, *à Nonancourt.* — Mettez-vous au piano... *(Elle s'assied sur la causeuse auprès d'une dame.)*

NONANCOURT. — Vous voulez que je me mette au piano? je vas me mettre au piano. *(Il pose le candélabre*

*et s'assied devant le piano. Toute la société est assise à gauche
de manière à ne pas masquer la porte du fond.)*

LA BARONNE. — Signor Nisnardi, nous sommes prêts
à vous applaudir.

FADINARD. — Certainement... madame... trop bonne...

QUELQUES VOIX. — Silence! silence!

FADINARD, *près du piano à l'extrême droite.* — Quelle
position!... Je chante comme une corde à puits... *(Haut,
toussant.)* Hum! hum!

TOUS. — Chut! chut!

FADINARD, *à part.* — Qu'est-ce que je vais leur chanter ? *(Haut et toussant.)* Hum! hum!

NONANCOURT. — Faut-y taper ? Je tape! *(Il frappe
très fort sur le piano, sans jouer aucun air.)*

FADINARD, *entonnant à pleine voix.*

Toi qui connais les hussards de la garde...

CRIS AU FOND. — Vive la mariée!!! *(Etonnement de la
société. La noce entonne au fond l'air du galop autrichien.
Les trois portes du fond s'ouvrent. La noce fait irruption
dans le salon, en criant.)* En place pour la contredanse!

NONANCOURT. — Au diable la musique! Voilà toute la
noce! *(A Fadinard.)* Vous allez faire danser votre
femme!

FADINARD. — Allez vous promener! *(A part.)* Sauve
qui peut! *(Les invités de la noce s'emparent malgré elles
des dames de la société de la baronne et les font danser. Cris,
tumulte. Le rideau tombe.)*

ACTE IV

Une chambre à coucher chez Beauperthuis. — Au fond,
alcôve à rideaux. — Un paravent ouvert au premier
plan à gauche. — Porte d'entrée à droite de l'alcôve. —
Autre porte à gauche. — Portes latérales. — Un guéridon,
à droite, contre la cloison.

SCÈNE PREMIÈRE

BEAUPERTHUIS, *seul.*

Au lever du rideau, Beauperthuis est assis devant le para-
vent. Il prend un bain de pieds. Une serviette cache ses
jambes. Ses souliers sont à côté de sa chaise. Une lampe
sur un guéridon. Les rideaux de l'alcôve sont ouverts.

C'est bien drôle!... c'est bien drôle! Ma femme me dit,
ce matin, à neuf heures moins sept minutes : « Beauper-
« thuis, je sors, je vais acheter des gants de Suède... » Et
elle n'est pas encore rentrée à neuf heures trois quarts
du soir. On ne me fera jamais croire qu'il faille douze
heures cinquante-deux minutes pour acheter des gants
de Suède... à moins d'aller les chercher dans leur pays
natal!... A force de me demander où ma femme pouvait
être, j'ai gagné un mal de tête fou... Alors, j'ai mis les
pieds à l'eau, et j'ai envoyé la bonne chez tous nos parents,
amis et connaissances... Personne ne l'a vue. Ah! j'ai
oublié de l'envoyer chez ma tante Grosminet... Anaïs y
est peut-être... *(Il sonne et appelle.)* Virginie! Virginie!

SCÈNE II

BEAUPERTHUIS, VIRGINIE

VIRGINIE, *apportant une bouilloire.* — Voilà de l'eau
chaude, monsieur!

BEAUPERTHUIS. — Très bien!... mets-la là!... Ecoute...

VIRGINIE, *posant la bouilloire à terre.* — Prenez garde,
elle est bouillante...

BEAUPERTHUIS. — Te rappelles-tu bien quelle toilette
avait ma femme ce matin, quand elle est sortie ?...

VIRGINIE. — Sa robe neuve à volants... et son beau chapeau de paille d'Italie.

BEAUPERTHUIS, *à lui-même.* — Oui... un cadeau de la
baronne... sa marraine... Un chapeau de cinq cents francs
au moins!... pour aller acheter des gants de Suède!... *(Il*
met de l'eau chaude dans son bain de pieds.) C'est bien
drôle!

VIRGINIE. — Le fait est que ce n'est pas ordinaire...

BEAUPERTHUIS. — Bien certainement ma femme est en visite quelque part...

VIRGINIE, *à part.* — Dans le bois de Vincennes.

BEAUPERTHUIS. — Tu vas aller chez madame Grosminet...

VIRGINIE. — Au Gros-Caillou ?

BEAUPERTHUIS. — Je suis sûr qu'elle est là.

VIRGINIE, *s'oubliant.* — Oh! monsieur, je suis sûre que non...

BEAUPERTHUIS. — Hein ?... tu sais donc ?...

VIRGINIE, *vivement.* — Moi, monsieur ?... Je ne sais rien... Je dis : « Je ne crois pas... » C'est que voilà deux heures que vous me faites courir... Je n'en puis plus, moi, monsieur... Le Gros-Caillou... c'est pas à deux pas...

BEAUPERTHUIS. — Eh bien, prends une voiture... *(Lui donnant de l'argent.)* Voilà trois francs... va... cours!

VIRGINIE. — Oui, monsieur... *(A part.)* J'vas prendre le thé chez la fleuriste du cinquième.

BEAUPERTHUIS, *la voyant.* — Eh bien ?

VIRGINIE. — Voilà, monsieur... Je pars!... *(A part.)* C'est égal! tant que je n'aurai pas revu le chapeau de paille... Ah! ça serait amusant tout de même. *(Elle sort.)*

SCÈNE III

BEAUPERTHUIS; *puis* FADINARD

BEAUPERTHUIS, *seul.* — La tête me part!... J'aurais dû y mettre de la moutarde... *(Avec une fureur concentrée.)* O Anaïs! si je croyais!... Il n'est pas de vengeance... pas de supplice que... *(On sonne.) (Radieux.)* Enfin!... la voici!... Entrez. *(On sonne très bruyamment.)* J'ai les pieds à l'eau... Tu n'as qu'à tourner le bec... Entre, chère amie!...

FADINARD *entre; il est égaré, éreinté, essoufflé.* — M. Beauperthuis, s'il vous plaît ?...

BEAUPERTHUIS. — Un étranger! Quel est ce monsieur ?... Je n'y suis pas...

FADINARD. — Très bien! c'est vous! *(A lui-même.)* Je n'en puis plus... On nous a tous rossés chez la baronne!... moi, ça m'est égal... mais Nonancourt est furieux. Il veut mettre un article dans *Les Débats* contre *Le Veau-qui-tête.* Etrange hallucination! *(Essoufflé.)* Ouf!

BEAUPERTHUIS. — Sortez, monsieur... sortez!

FADINARD, *prenant une chaise.* — Merci, monsieur... Vous demeurez haut... votre escalier est raide... *(Il vient s'asseoir près de Beauperthuis.)*

BEAUPERTHUIS, *ramenant la serviette sur ses jambes.* — Monsieur, on n'entre pas ainsi chez les gens!... Je vous réitère...

FADINARD, *soulevant un peu la serviette.* — Vous prenez un bain de pieds ? Ne vous dérangez pas... je n'ai que peu de chose à vous dire... *(Il prend la bouilloire.)*

BEAUPERTHUIS. — Je ne reçois pas... je ne suis pas en état de vous écouter!... j'ai mal à la tête.

FADINARD, *versant de l'eau chaude dans le bain.* — Chauffez votre bain...

BEAUPERTHUIS, *criant.* — Aïe! *(Lui arrachant la bouilloire qu'il repose à terre.)* Voulez-vous laisser ça! Que demandez-vous, monsieur ? Qui êtes-vous ?

FADINARD. — Léonidas Fadinard, vingt-cinq ans, rentier... marié d'aujourd'hui... Mes huit fiacres sont à votre porte.

BEAUPERTHUIS. — Qu'est-ce que ça me fait, monsieur ? Je ne vous connais pas.

FADINARD. — Ni moi non plus... et je ne désire pas faire votre connaissance... Je veux parler à madame votre épouse.

BEAUPERTHUIS. — Ma femme!... vous la connaissez ?

FADINARD. — Pas du tout! mais je sais à n'en pas douter qu'elle possède un objet de toilette dont j'ai le plus pressant besoin... Il me le faut!

BEAUPERTHUIS. — Hein ?

FADINARD, *se levant.*

AIR : *Ces bosquets de lauriers.*

Il me le faut, monsieur... Remarquez bien
Ce que ces mots renferment d'énergie.
Je t'obtiendrai, quel que soit le moyen,
Affreux produit de la belle Italie!
Veut-on le vendre ? Eh bien, je le paierai
Le prix coûtant, plus une forte prime.
Refusez-le ?... soit! je le volerai!
Il me le faut, monsieur... et je l'aurai...

Pour l'avoir, j'irai jusqu'au crime,
Je me vautrerai dans le crime.

BEAUPERTHUIS, *à part.* — C'est un voleur au bonsoir.
(Fadinard se rassied et verse de l'eau chaude. — Criant.)
Aïe!... Encore un coup, monsieur, sortez!

FADINARD. — Pas avant d'avoir vu Madame...

BEAUPERTHUIS. — Elle n'y est pas.

FADINARD. — A dix heures du soir ?... C'est invrai-
semblable...

BEAUPERTHUIS. — Je vous dis qu'elle n'y est pas.

FADINARD, *avec colère.* — Vous laissez courir votre
femme à des heures pareilles ?... ça serait par trop jobard,
monsieur! *(Il verse énormément d'eau bouillante.)*

BEAUPERTHUIS. — Aïe! sacrebleu!... je suis ébouil-
lanté! *(Il met avec fureur la bouilloire de l'autre côté.)*

FADINARD, *se levant et remportant sa chaise à droite.* —
Je vois ce que c'est... Madame est couchée... mais ça
m'est égal... mes intentions sont pures... je fermerai les
yeux... et nous traiterons à l'aveuglette cette négociation.

BEAUPERTHUIS, *se levant debout dans son bain, et brandissant la bouilloire; suffoquant de colère.* — Monsieur!!!

FADINARD. — Où est sa chambre, s'il vous plaît ?

BEAUPERTHUIS. — Je vous brûle la cervelle! *(Il lance
la bouilloire; Fadinard pare le coup en fermant le paravent
sur Beauperthuis. Les souliers de Beauperthuis se trouvent
en dehors du paravent.)*

FADINARD. — Je vous l'ai dit, monsieur... j'irai jusqu'au crime!... *(Il entre dans la chambre à droite.)*

SCÈNE IV

BEAUPERTHUIS, *dans le paravent ;*
puis NONANCOURT

BEAUPERTHUIS, *qu'on ne voit pas.* — Attends un peu,
Cartouche!... attends, Papavoine [5]! *(On l'entend se rhabil-
ler.)*

---

5. Louis-Dominique Cartouche (1693-1721), célèbre bandit roué
vif en place de Grève. Louis-Auguste Papavoine (1783-1825) assassina
à coup de couteau, au bois de Vincennes, deux enfants qu'accompagnait
leur mère. Ce double meurtre demeura inexpliqué. Papavoine fut
guillotiné.

NONANCOURT, *entrant avec son myrte, et boitant.* — Qui est-ce qui m'a bâti un malotru de cette espèce ? Il monte chez lui, et il nous plante à la porte !... Enfin me voilà chez mon gendre ! Je vais pouvoir changer de chaussettes !...

BEAUPERTHUIS, *se dépêchant.* — Attends... attends-moi !

NONANCOURT. — Tiens ! il est là-dedans... Il se déshabille... *(Apercevant les souliers.)* Des souliers ! sapristi ! quelle chance !... *(Il les prend, quitte les siens et met ceux de Beauperthuis. Avec soulagement.)* Ah !... *(Il pose ses souliers à la place où il a pris ceux de Beauperthuis.)* Ça va mieux !... Et ce myrte que je sens pousser dans mes bras... je vais le poser dans le sanctuaire conjugal !...

BEAUPERTHUIS, *allongeant le bras et prenant les souliers que Nonancourt a posés.* — Mes souliers !...

NONANCOURT, *frappant au paravent.* — Dis donc, toi... où est la chambre ?

BEAUPERTHUIS, *dans le paravent.* — La chambre !... Oui... un peu de patience ! j'ai fini !...

NONANCOURT. — Parbleu ; je trouverai bien... *(Il entre dans la chambre du fond, à gauche de l'alcôve. Au même instant, Vézinet entre par l'entrée principale.)*

SCÈNE V

BEAUPERTHUIS, VÉZINET

BEAUPERTHUIS. — Cristi ! j'ai les pieds enflés... mais ça ne fait rien !... *(Il sort du paravent en boitant et saute sur Vézinet, qu'il prend d'abord pour Fadinard, et le saisit à la gorge.)* A nous deux, gredin !...

VÉZINET, *riant.* — Non ! non ! j'ai assez dansé... je suis fatigué.

BEAUPERTHUIS, *stupéfait.* — Ce n'est pas celui-là !... c'en est un autre !... Toute une bande !... Où est passé le premier ?... Brigand, où est ton capitaine ?

VÉZINET, *très aimable.* — Merci !... je ne prendrai plus rien... j'ai sommeil. *(Bruit d'un meuble qui tombe dans la chambre où est entré Fadinard.)*

BEAUPERTHUIS. — Il est là ! *(Il s'élance dans la chambre, à droite.)*

SCÈNE VI

Vézinet, Nonancourt, Hélène, Bobin,
DAMES DE LA NOCE

VÉZINET. — Encore un invité que je ne connais pas!
Il a sa robe de chambre... Il paraît qu'on va se coucher...
Je n'en suis pas fâché... (*Il cherche et regarde dans l'al-
côve.*)

NONANCOURT, *revenant, il a son myrte.* — La chambre
nuptiale est par là... Mais j'ai réfléchi... j'ai besoin de mon
myrte pour mon discours solennel!... (*Il le pose sur le
guéridon.*) (*S'adressant au paravent.*) Rhabillez-vous,
mon gendre!... Je vais faire monter la mariée...

VÉZINET, *qui a regardé sous le lit.* — Pas de tire-bottes!
(*Bobin, Hélène et les autres dames paraissent à la porte
d'entrée.*)

BOBIN et LES DAMES

CHŒUR

AIR de *Werther*.

C'est l'amour
Dans ce séjour
Qui vous réclame,
Entrez, madame,
Le jour fuit,
Voici la nuit,
Moment bien doux
Pour deux époux!

HÉLÈNE, *hésitant à entrer.* — Non... je ne veux pas...
je n'ose pas...

BOBIN. — Eh bien, ma cousine, redescendons.

NONANCOURT. — Silence, Bobin!... Ton rôle de garçon
d'honneur expire sur le seuil de cette porte...

BOBIN, *soupirant.* — Hein!

NONANCOURT. — Entre, ma fille... pénètre sans crainte
puérile dans le domicile conjugal...

HÉLÈNE, *très émue.* — Est-ce que mon mari... est déjà
là ?

NONANCOURT. — Il est dans ce paravent... il se coiffe
de nuit.

HÉLÈNE, *effrayée*. — Oh! je m'en vais...

BOBIN. — Redescendons, ma cousine...

NONANCOURT. — Silence, Bobin!...

HÉLÈNE, *très émue*. — Papa... je suis toute tremblante.

NONANCOURT. — Je le conçois... c'est dans le programme de ta situation... Mes enfants... voici le moment, je crois, de vous adresser quelques paroles bien senties... Allons, mon gendre, passez votre robe de chambre... et venez vous placer à ma dextre.

HÉLÈNE, *vivement*. — Oh! non, papa!

NONANCOURT. — Eh bien! restez dans votre paravent... et veuillez me prêter une religieuse attention. Bobin, mon myrte. *(Il fait asseoir Hélène.)*

BOBIN, *le prenant sur le guéridon et le lui donnant en pleurnichant.* — Voilà!

NONANCOURT, *tenant son myrte, et avec émotion.* — Mes enfants!... *(Il hésite un moment, puis se mouche bruyamment. Reprenant.)* Mes enfants...

VÉZINET, *à Nonancourt, et à sa droite.* — Savez-vous où l'on met le tire-bottes?

NONANCOURT, *furieux.* — Dans la cave... Allez vous faire pendre!

VÉZINET. — Merci! *(Il se remet à chercher.)*

NONANCOURT. — Je ne sais plus où j'en étais...

BOBIN, *pleurnichant.* — Vous étiez à : « Dans la cave... « allez vous faire pendre! »

NONANCOURT. — Très bien! *(Reprenant, et changeant son myrte de bras.)* Mes enfants... c'est un moment bien doux pour un père, que celui où il se sépare de sa fille chérie, l'espoir de ses vieux jours, le bâton de ses cheveux blancs... *(Se tournant vers le paravent.)* Cette tendre fleur vous appartient, ô mon gendre!... Aimez-la, chérissez-la, dorlotez-la... *(A part, indigné.)* Il ne répond rien, le Savoyard!... *(A Hélène.)* Toi, ma fille... tu vois bien cet arbuste... je l'ai empoté le jour de ta naissance... qu'il soit ton emblème!... *(Avec une émotion croissante.)* Que ses rameaux toujours verts te rappellent toujours que tu as un père... un époux... des enfants!... que ses rameaux... toujours verts... que ses rameaux... toujours verts... *(Changeant de ton, à part.)* Va te promener!... j'ai oublié le reste!... *(Pendant ce discours, Bobin et les dames ont tiré leurs mouchoirs et sanglotent.)*

HÉLÈNE, *se jetant dans ses bras.* — Ah! papa!...

BOBIN, *pleurant.* — Que vous êtes bête, mon oncle!...

NONANCOURT, *à Hélène après s'être mouché.* — J'éprou-

vais le besoin de t'adresser ces quelques paroles ressen-
ties... Maintenant allons nous coucher.

HÉLÈNE, *tremblante*. — Papa, ne me quittez pas !

BOBIN. — Ne la quittons pas !

NONANCOURT. — Sois paisible, mon ange... J'ai prévu
ton émoi... j'ai stipulé quatorze lits de sangle pour les
grands parents. Quant aux petits, ils coucheront dans les
fiacres...

BOBIN. — A l'heure !

VÉZINET, *tenant un tire-bottes, à Nonancourt*. — Dites
donc... j'ai trouvé un tire-bottes...

NONANCOURT. — Zut !... Va, ma fille ! *(Avec un soupir.)*
Heue !...

BOBIN, *soupirant*. — Heue !...

CHŒUR

AIR : *Zampa.*

Elle a sonné l'heure mystérieuse

Qui du bonheur $\left\{ \begin{array}{c} \text{me} \\ \text{te} \\ \text{vous} \end{array} \right\}$ garde les secrets.

Puisse à jamais l'hymen $\left\{ \begin{array}{c} \text{me} \\ \text{te} \\ \text{vous} \end{array} \right\}$ rendre heureuse

Et t'épargner $\left. \begin{array}{c} \\ \end{array} \right\}$ les pleurs et les regrets.
Et vous sauver

*Les dames emmènent la mariée dans la chambre à la gauche
du fond. — Bobin veut s'élancer ; Nonancourt le retient
et le fait entrer dans la chambre de droite en lui donnant
son myrte. — Vézinet disparaît derrière les rideaux de
l'alcôve du fond qui se ferment.*

SCÈNE VII

NONANCOURT ; *puis* FADINARD

NONANCOURT, *regardant le paravent, et avec indignation*.
— Ah çà ! mais... il ne bouge pas, là-dedans !... Est-ce que
ce monstre-là se serait endormi pendant mon discours ?
(Il ouvre brusquement le paravent.) Personne ! *(Le voyant*

*entrer vivement par la porte de gauche, premier plan, que
cachait le paravent.)* Ah!!!

FADINARD, *entre vivement, et parcourt la scène. A lui-
même.* — Elle n'y est pas... j'ai parcouru tout l'appartement, elle n'y est pas!

NONANCOURT. — Mon gendre... que signifie ?...

FADINARD. — Encore vous!... mais vous n'êtes pas un
beau-père... vous êtes un morceau de colle forte.

NONANCOURT. — Dans ce moment solennel, mon
gendre...

FADINARD. — Laissez-moi tranquille!

NONANCOURT, *le suivant.* — Je crois devoir blâmer
l'anachronisme de votre température... vous êtes tiède,
mon gendre...

FADINARD, *impatienté.* — Allez vous coucher.

NONANCOURT. — Oui, monsieur, j'y vais... mais demain
dès l'aube... nous reprendrons cette conversation. *(Il
entre dans la chambre de droite où est entré Bobin.)*

SCÈNE VIII

FADINARD, BEAUPERTHUIS

FADINARD, *se promenant, agité.* — Elle n'y est pas!...
j'ai fouillé partout! j'ai tout bouleversé... je n'ai rencontré
sur ma route qu'une collection de chapeaux de toutes les
couleurs... bleu, jaune, vert, gris... l'arc-en-ciel... et pas
un fétu de paille!

BEAUPERTHUIS, *entrant par la même porte que Fadinard.*
— Le voilà!... il a fait le tour de l'appartement... ah! je te
tiens!... *(Il le saisit au collet.)*

FADINARD. — Lâchez-moi!

BEAUPERTHUIS, *cherchant à l'entraîner vers l'escalier.* —
Ne te défends pas... j'ai un pistolet dans chaque poche...

FADINARD. — Pas possible!... *(Tandis que les deux mains
de Beauperthuis le tiennent au collet, Fadinard plonge les
siennes dans les poches de Beauperthuis, prend les pistolets,
et le couche en joue.)*

BEAUPERTHUIS, *le lâchant et reculant effrayé.* — A l'as-
sass...

FADINARD, *criant.* — Ne criez pas... ou je commets un
déplorable fait-Paris.

BEAUPERTHUIS. — Rendez-moi mes pistolets...

FADINARD, *hors de lui.* — Donnez-moi le chapeau... le chapeau ou la vie!...

BEAUPERTHUIS, *anéanti et suffoquant.* — Ce qui m'arrive là est peut-être unique dans les fastes de l'humanité!... J'ai les pieds à l'eau... j'attends ma femme... et voilà un monsieur qui vient me parler de chapeau et me viser avec mes propres pistolets...

FADINARD, *avec force et le ramenant au milieu de la scène.* — C'est une tragédie!... vous ne savez pas... un chapeau de paille mangé par mon cheval... dans le bois de Vincennes... tandis que sa propriétaire errait dans la forêt avec un jeune milicien!

BEAUPERTHUIS. — Eh bien?... qu'est-ce que ça me fait?

FADINARD. — Mais vous ne comprenez pas qu'ils se sont incrustés chez moi... à bail de trois, six, neuf...

BEAUPERTHUIS. — Pourquoi cette jeune veuve ne rentre-t-elle pas chez elle?...

FADINARD. — Jeune veuve, plût au ciel! mais il y a un mari.

BEAUPERTHUIS. — Ah bah! ah! ah!

FADINARD. — Une canaille! un gredin! un idiot! qui la pilerait sous ses pieds... comme un frêle grain de poivre.

BEAUPERTHUIS. — Je comprends ça.

FADINARD. — Oui, mais nous le fourrerons dedans... le mari! grâce à vous... gros farceur! gros gueux-gueux! n'est-ce pas que nous le fourrerons dedans?

BEAUPERTHUIS. — Monsieur, je ne dois pas me prêter...

FADINARD. — Dépêchons-nous... voici l'échantillon... *(Il le lui montre.)*

BEAUPERTHUIS, *à part, voyant l'échantillon.* — Grand Dieu!

FADINARD. — Paille de Florence... coquelicots...

BEAUPERTHUIS, *à part.* — C'est bien ça! c'est le sien!... et elle est chez lui... Les gants de Suède étaient une craque!

FADINARD. — Voyons... combien?...

BEAUPERTHUIS, *à part.* — Oh! il va se passer des choses atroces... *(Haut.)* Marchons, monsieur. *(Il lui prend le bras.)*

FADINARD. — Où ça?

BEAUPERTHUIS. — Chez vous!

FADINARD. — Sans chapeau?

BEAUPERTHUIS. — Silence!

Il écoute vers la chambre où est Hélène.

VIRGINIE, *entrant par le fond.* — Monsieur, je viens du Gros-Caillou... personne!

BEAUPERTHUIS, *écoutant.* — Silence!

FADINARD, *à part.* — Grand Dieu! la bonne de la dame!

VIRGINIE, *à part.* — Tiens! le maître de Félix!

BEAUPERTHUIS, *à lui-même.* — On parle dans la chambre de ma femme... elle est rentrée... oh! nous allons voir!... cristi! (*Il entre vivement en boitant dans la chambre où est Hélène.*)

SCÈNE IX

FADINARD, VIRGINIE

FADINARD, *effaré.* — Que viens-tu faire ici, petite malheureuse?

VIRGINIE. — Comment! ce que je viens faire?... je rentre chez mon maître, donc!

FADINARD. — Ton maître?... Beauperthuis... ton maître?...

VIRGINIE. — Qu'est-ce qu'il y a?

FADINARD, *à part, hors de lui.* — Malédiction!... c'était le mari... et je lui ai tout dit!...

VIRGINIE. — Est-ce que Madame?...

FADINARD. — Va-t'en, pécore!... va-t'en, ou je te coupe en tout petits morceaux!... (*Il la pousse dehors.*) Et ce chapeau que je pourchasse depuis ce matin avec ma noce en croupe... le nez sur la piste, comme un chien de chasse... j'arrive, je tombe en arrêt... c'est le chapeau mangé!...

SCÈNE X

FADINARD, BEAUPERTHUIS, HÉLÈNE, NONANCOURT, BOBIN, VÉZINET, DAMES DE LA NOCE

Cris dans la chambre d'Hélène.

FADINARD. — Il va la massacrer... défendons cette infortunée!...

Il va s'élancer, mais la porte s'ouvre. Hélène, en coiffe de nuit, entre tout éplorée, suivie des dames de la noce et de Beauperthuis stupéfait.

LES DAMES, *en dehors.* — Au secours! au secours!...

FADINARD, *pétrifié.* — Hélène?

HÉLÈNE. — Papa! papa!

BEAUPERTHUIS. — Qu'est-ce que c'est que tout ce monde-là?... dans la chambre de ma femme!... *(Nonancourt sort de la chambre de droite, en bonnet de coton, en bras de chemise, son habit sur le bras et tenant son myrte. Bobin le suit, même costume.)*

NONANCOURT et BOBIN. — Qu'est-ce que c'est? qu'y a-t-il?

BEAUPERTHUIS, *stupéfait.* — Encore!...

FADINARD. — Toute la noce!!! voilà le bouquet!

CHŒUR

AIR : *Neveu de mercier.*

BEAUPERTHUIS

Je n'y puis rien comprendre!
D'où sortent ces gens-là? Pourquoi
Viens-je ici de surprendre
Tout ce monde chez moi?

NONANCOURT

Je n'y puis rien comprendre!
Pourquoi ce bruit, ces cris d'effroi!
Tout est rompu, mon gendre;
Ne comptez plus sur moi.

FADINARD

Je n'y puis rien comprendre!
Ils ont le diable au corps, ma foi!
Se faire ici surprendre
Lorsqu'en bas je les crois.

BOBIN

Je n'y puis rien comprendre!
Cousine, d'où vient votre effroi?
Je saurai vous défendre;
Comptez, comptez sur moi.

HÉLÈNE

Je n'y puis rien comprendre!
Ah! je succombe à mon effroi!
Qui donc pour me surprendre
Osa venir chez moi ?

LES DAMES

Je n'y puis rien comprendre!
Quel est cet étranger ? pourquoi
Ose-t-il la surprendre
Et causer son effroi ?

BEAUPERTHUIS. — Que faisiez-vous là-dedans, chez moi ?...

NONANCOURT et BOBIN, *avec un cri d'étonnement.* — Chez vous ?...

HÉLÈNE et LES DAMES, *en même temps.* — O ciel!...

NONANCOURT, *indigné, donnant une poussée à Fadinard.* — Chez lui ?... pas chez toi ?... chez lui ?...

FADINARD, *criant.* — Beau-père! vous m'ennuyez!

NONANCOURT, *indigné.* — Comment! être immoral et sans vergogne... tu nous mènes coucher chez un inconnu! et tu souffres que ta jeune épouse... chez un inconnu!... Mon gendre, tout est rompu!

FADINARD. — Vous m'agacez!... *(A Beauperthuis.)* Monsieur, vous daignerez excuser une légère erreur...

NONANCOURT. — Repassons nos habits, Bobin...

BOBIN. — Oui, mon oncle.

FADINARD. — C'est ça! et filons chez moi... Je passe devant avec ma femme!... *(Il va vers elle. Beauperthuis le retient.)*

BEAUPERTHUIS, *à voix basse.* — Monsieur, la mienne n'est pas rentrée!

FADINARD. — Elle aura manqué l'omnibus.

BEAUPERTHUIS, *qui ôte sa robe de chambre et met son habit.* — Elle est chez vous.

FADINARD. — Je ne crois pas... la dame qui campe chez moi est une négresse... la vôtre est-elle négresse ?

BEAUPERTHUIS. — Est-ce que j'ai l'air d'un gobe-mouches, monsieur ?

FADINARD. — J'ignore cet oiseau.

NONANCOURT. — Bobin, ma manche...

BOBIN. — Voilà, mon oncle.

BEAUPERTHUIS. — Où demeurez-vous, monsieur ?

FADINARD. — Je ne demeure pas!...

NONANCOURT. — 8, place...

FADINARD, *vivement*. — Ne lui dites pas!...

NONANCOURT, *criant*. — 8, place Baudoyer!... vagabond!...

FADINARD. — V'lan!...

BEAUPERTHUIS. — Très bien!

NONANCOURT. — En route, ma fille!

BOBIN. — En route, tout le monde!

BEAUPERTHUIS, *à Fadinard, lui prenant le bras*. — En route, monsieur!

FADINARD. — C'est une négresse!...

CHŒUR. ENSEMBLE

AIR final du *Plastron*.

Le soir du mariage,
Se tromper de maison!
C'est un trait, je le gage,
Digne de Charenton.

BEAUPERTHUIS

Ah! du sanglant outrage
Qui fait rougir mon front,
Dans un affreux carnage
Je vais laver l'affront!

FADINARD

Son œil morne et sauvage
Me donne le frisson!
Dans quel affreux carnage
Va nager ma maison!

Sortie générale; Beauperthuis, boitant, entraîne Fadinard; la noce les suit.

SCÈNE XI

VIRGINIE, VÉZINET

VIRGINIE, *entrant par la porte de gauche, premier plan. Elle tient une tasse sur une soucoupe; entrouvrant les rideaux de l'alcôve*. — Monsieur! voilà votre bourrache...

VÉZINET, *se levant sur son séant*. — Merci! je ne prendrai plus rien!

VIRGINIE, *jetant un grand cri et laissant tomber la tasse.*
— Ah!
VÉZINET. — Vous pareillement! (*Il se recouche.*)

ACTE V

Une place. — Rues à droite et à gauche. — Premier plan,
à droite, la maison de Fadinard une autre maison au
deuxième plan. — Premier plan, à gauche, un poste de
la garde nationale, avec guérite. — Il est nuit. — La
scène est éclairée par un réverbère suspendu à une
corde qui traverse le théâtre du premier plan de gauche
au troisième plan de droite.

SCÈNE PREMIÈRE

TARDIVEAU, *en garde national;* UN CAPORAL,
GARDES NATIONAUX

*Un garde national est en faction. Onze heures sonnent,
Plusieurs gardes nationaux sortent du poste.*

LE CAPORAL. — Onze heures!... à qui de prendre la
faction ?
LES GARDES. — A Tardiveau! à Tardiveau!
TARDIVEAU.. — Mais, Trouillebert, j'en ai monté trois
dans le jour pour être exempté de cette nuit... le serein
m'enrhume.
LE CAPORAL, *riant.* — Tais-toi donc, farceur! jamais
le serein n'enrhuma son semblable... (*Tous rient.*) Allons,
allons! Arme au bras!... Et vous, messieurs, en patrouille.

CHŒUR

AIR : *J'aime l'uniforme.*

La ville sommeille
Et compte sur nous;
La patrouille veille;
Malheur aux filous!

La patrouille sort à droite.

SCÈNE II

TARDIVEAU; *puis* NONANCOURT, HÉLÈNE,
VÉZINET, BOBIN, LA NOCE

TARDIVEAU, *seul, posant son fusil et son schako dans la guérite et mettant un bonnet de soie noire, un cache-nez.* — Dieu! que j'ai chaud! Voilà pourtant comme on attrape de mauvais rhumes... Ils font un feu d'enfer là-dedans. J'avais beau répéter à Trouillebert : « Trouillebert, vous « mettez trop de bûches!... » Ah ben oui! Et je suis en moiteur... J'aurais presque envie de changer de gilet de flanelle... *(Il défait deux ou trois boutons de son habit et s'arrête.)* Non!... il peut passer des dames! *(Étendant la main.)* Ah!... bien!... ah!... très bien!... voilà la pluie qui recommence! *(Il s'enveloppe dans la capote des factionnaires.)* Ah! parfait! parfait! voilà la pluie, à présent! *(Il s'abrite dans la guérite. Toute la noce entre par la gauche, avec des parapluies. Nonancourt tient son myrte. Bobin donne le bras à Hélène. Vézinet n'a pas de parapluie et s'abrite tantôt sous l'un, tantôt sous l'autre; mais les mouvements des personnages le laissent toujours à découvert.)*

NONANCOURT, *entrant le premier avec son myrte.* — Par ici, mes enfants, par ici!... Sautez le ruisseau!... *(Il saute, toute la noce suit et saute le ruisseau.)*

CHŒUR

AIR des *Deux Cornuchet.*

Ah! vraiment, c'est atroce!
Quelle affreuse noce!
Où donc nous fait-on courir
Quand nous devrions dormir!

NONANCOURT. — Quelle noce! quelle noce!

HÉLÈNE, *regardant autour d'elle.* — Ah! papa!... Et mon mari ?

NONANCOURT. — Allons, bon! nous l'avons encore égaré!

HÉLÈNE. — Je n'en puis plus!

BOBIN. — C'est éreintant!

UN MONSIEUR. — Je n'ai plus de jambes.

NONANCOURT. — Heureusement, j'ai changé de souliers.

HÉLÈNE. — Aussi, papa, pourquoi avez-vous renvoyé les fiacres ?

NONANCOURT. — Comment, pourquoi ? trois cent soixante-quinze francs, tu trouves que ce n'est pas assez !... Je ne veux pas manger ta dot en cochers de fiacre !

TOUS. — Ah çà... mais... où sommes-nous ici ?

NONANCOURT. — Le diable m'emporte si je le sais... J'ai suivi Bobin.

BOBIN. — Du tout, mon oncle, c'est nous qui vous avons suivi.

VÉZINET, à Nonancourt. — Pourquoi nous a-t-on fait lever si tôt ?... Est-ce qu'on va encore s'amuser ?

NONANCOURT. — La faridondaine, oh ! gai ! *(Furieux.)* Ah ! gredin de Fadinard !

HÉLÈNE. — Il nous a dit d'aller chez lui... place Baudoyer.

BOBIN. — Nous sommes sur une place.

NONANCOURT. — Est-elle Baudoyer ? voilà la question ! *(A Vézinet qui s'abrite sous son parapluie.)* Dites donc, vous qui êtes de Chaillot, vous devez savoir ça. *(Criant.)* Est-elle Baudoyer ?

VÉZINET. — Oui, oui, joli temps pour les petits pois.

NONANCOURT, *le quittant brusquement.* — Au sucre !... Tarare pompon... petit patapon ! *(Il est près de la guérite.)*

TARDIVEAU, *éternuant.* — Atchi !

NONANCOURT. — Dieu vous bénisse !... Tiens !... une sentinelle... Pardon, sentinelle... la place Baudoyer, s'il vous plaît ?

TARDIVEAU. — Passez au large.

NONANCOURT. — Merci !... Et pas un passant... pas même un Savoyard d'Auvergnat !

BOBIN. — A onze heures trois quarts !

NONANCOURT. — Attendez ! nous allons savoir... *(Il frappe à une maison, deuxième plan à droite.)*

HÉLÈNE. — Qu'est-ce que vous faites, papa ?

NONANCOURT. — Il faut nous informer... On m'a dit que les Parisiens se faisaient un plaisir d'indiquer leur chemin aux étrangers.

UN MONSIEUR, *en bonnet de nuit, en robe de chambre, paraissant à la fenêtre.* — Qu'est-ce que vous demandez, sacrebleu !

NONANCOURT. — Pardon, monsieur... la place Baudoyer, s'il vous plaît ?

Le monsieur. — Attends! brigand! scélérat! canaille! (*Il verse un pot à l'eau par la fenêtre et ferme. Nonancourt évite l'eau; Vézinet, qui est sans parapluie, la reçoit sur la tête.*)

Vézinet. — Sac à papier! j'étais sous la gouttière!

Nonancourt. — Ce n'est pas un Parisien... c'est un Marseillais.

Bobin, *qui est monté sur une borne, au fond, pour lire le nom de la place.* — Baudoyer!... mon oncle!... Place Baudoyer... nous y sommes.

Nonancourt. — Quelle chance!... Cherchons le numéro 8.

Tous. — Le voilà... Entrons! entrons!

Nonancourt. — Ah! sapristi!... pas de portier! et mon gueux de gendre ne m'a pas donné le clef!

Hélène. — Papa, je n'en puis plus... je vais m'asseoir.

Nonancourt, *vivement.* — Pas par terre, ma fille... nous sommes en plein macadam.

Bobin. — Il y a de la lumière dans la maison.

Nonancourt. — C'est l'appartement de Fadinard... il sera rentré avant nous... (*Il frappe et appelle bruyamment.*) Fadinard, mon gendre!... (*Tous appellent avec lui.*) Fadinard!

Tardiveau, *à Vézinet.* — Un peu de silence, monsieur!

Vézinet, *gracieusement.* — Trop honnête, monsieur... je me brosserai à la maison.

Nonancourt, *criant.* — Fadinard!!!

Bobin. — Votre gendre se fiche de nous.

Hélène. — Il ne veut pas ouvrir, papa.

Nonancourt. — Allons chez le commissaire.

Tous. — Oui, oui... chez le commissaire.

Chœur

AIR

Ce gendre nous berne!
O ciel! quelle indignité!
Cherchons la lanterne,
Celle de l'autorité!

Ils remontent.

SCÈNE III

Les mêmes, Félix

Félix, *arrivant par la rue de droite.* — Ah! mon Dieu... que de monde!...

Nonancourt. — Son groom!... Arrive ici, Mascarille.

Félix. — Tiens! c'est la noce de mon maître!... Monsieur, avez-vous vu mon maître ?

Nonancourt. — As-tu vu mon gueux de gendre ?

Félix. — Voilà plus de deux heures que je cours après lui.

Nonancourt. — Nous nous passerons de lui... Ouvre-nous la porte, Pierrot.

Félix. — Oh! monsieur... impossible... ça m'est bien défendu... la dame est encore là-haut.

Tous. — Une dame!

Nonancourt, *avec un cri sauvage.* — Une dame!!!

Félix. — Oui, monsieur... qui est chez nous... sans chapeau... depuis ce matin... avec...

Nonancourt, *hors de lui.* — Assez!... *(Il rejette Félix à droite.)* Une maîtresse!... un jour de noces...

Bobin. — Sans chapeau!...

Nonancourt. — Qui se chauffe les pieds au foyer conjugal... Et nous, sa femme... nous, ses belles-gens... nous flânottons depuis quinze heures avec des myrtes dans nos bras... *(Donnant le myrte à Vézinet.)* Turpitude! turpitude!

Hélène. — Papa... papa... je vais me trouver mal...

Nonancourt, *vivement.* — Pas par terre, ma fille... tu flétrirais ta robe de cinquante-trois francs! *(A tous.)* Mes enfants, jetons une malédiction sur cet immonde polisson, et retournons tous à Charentonneau.

Tous. — Oui, oui!

Hélène. — Mais, papa, je ne veux pas lui laisser mes bijoux, mes cadeaux de noces.

Nonancourt. — Ma fille, ceci est d'une femme d'ordre... *(A Félix.)* Grimpe là-haut, jocrisse... et descends-nous la corbeille, les écrins, tous les bibelots de ma fille.

Félix, *hésitant.* — Mais, monsieur...

NONANCOURT. — Grimpe!... Si tu ne meurs d'envie que je greffe une de tes oreilles. *(Il le pousse dans la maison, à droite, premier plan.)*

SCÈNE IV

LES MÊMES, *moins* FÉLIX; *puis* FADINARD

HÉLÈNE. — Papa, vous m'avez sacrifiée.

BOBIN. — Comme *Ephigénie!*

NONANCOURT. — Que veux-tu! il était rentier!... voilà ma circonstance atténuante aux yeux de tous les pères... Il était rentier, le capon!

FADINARD, *accourant de la gauche, effaré, exténué.* — Ah! la rate! la rate! la rate!

TOUS. — Le voilà!

FADINARD. — Tiens! voilà ma noce! *(Faiblissant.)* Beau-père, je voudrais m'asseoir sur vos genoux...

NONANCOURT, *le repoussant.* — Nous n'en tenons pas, monsieur!... tout est rompu.

FADINARD, *prêtant l'oreille.* — Taisez-vous!

NONANCOURT, *outré.* — Plaît-il?

FADINARD. — Taisez-vous donc, maugrebleu!

NONANCOURT. — Taisez-vous vous-même, sauvageon!

FADINARD, *rassuré.* — Non! je me trompais... il a perdu mes traces... et puis, ses souliers le gênent... il boite... comme feu Vulcain... Nous avons quelques minutes à nous... pour éviter cet affreux massacre...

HÉLÈNE. — Un massacre!

NONANCOURT. — Quel est ce feuilleton?

FADINARD. — Le chacal a mon adresse... Il va venir, bourré jusqu'à la gueule de poignards et de pistolets... Il faut faire échapper cette dame.

NONANCOURT, *avec indignation.* — Ah! tu en conviens, Sardanapale!

TOUS. — Il en convient!!!

FADINARD, *ahuri.* — Plaît-il?

SCÈNE V

LES MÊMES, FÉLIX *portant la corbeille,*
des paquets, un carton à chapeau de femme.

FÉLIX. — Voilà les bibelots! (*Il les pose à terre.*)

FADINARD. — Hein ?... Qu'est-ce que c'est que ça ?

NONANCOURT. — Gens de la noce... que chacun de nous prenne un colis... et opérons le déménagement...

FADINARD. — Comment!... le trousseau de mon Hélène ?...

NONANCOURT. — Elle ne l'est plus... Je la remporte avec armes et bagages dans mes pépinières de Charentonneau!...

FADINARD. — M'enlever ma femme... à minuit!... Je m'y oppose!...

NONANCOURT. — Je brave ton opposition!...

FADINARD, *cherchant à arracher un carton à chapeau dont s'est emparé Nonancourt.* — Ne touchez pas au trousseau!

NONANCOURT, *résistant.* — Veux-tu lâcher, bigame!... (*Il tombe assis.*) Ah! tout est rompu, mon gendre... (*Le bas du carton, qui contient le chapeau, est resté dans ses mains, et le couvercle dans celles de Fadinard.*)

VÉZINET, *ramassant le carton.* — Prenez donc garde!... un chapeau de paille d'Italie!...

FADINARD, *criant.* — Hein ?... d'Italie ?...

VÉZINET, *l'examinant.* — Mon cadeau de noces... Je l'ai fait venir de Florence... pour cinq cents francs.

FADINARD, *tirant son échantillon.* — De Florence!... (*Lui prenant le chapeau et le comparant à l'échantillon sous le réverbère.*) Donnez ça!... Est-il possible!... moi qui, depuis ce matin... et il était... (*Etouffant de joie.*) Mais, oui... conforme!... conforme!... conforme!... et des coquelicots!... (*Criant.*) Vive l'Italie!... (*Il le remet dans le carton.*)

TOUS. — Il est fou!...

FADINARD, *sautant, chantant et embrassant tout le monde.* — Vive Vézinet!... vive Nonancourt!... vive ma femme!... vive Bobin... vive la ligne!... (*Il embrasse Tardiveau.*)

TARDIVEAU, *ahuri.* — Passez au large... sac à papier!...

NONANCOURT, *pendant que Fadinard embrasse follement tout le monde.* — Un chapeau de cinq cents francs!... tu ne l'auras pas, gredin!... *(Il tire le chapeau du carton et referme le couvercle.)*

FADINARD, *qui n'a rien vu, passant le cordon du carton à son bras, et follement.* — Attendez-moi là... je la coiffe... et je la flanque à la porte!... Nous allons rentrer!... nous allons rentrer!... *(Il entre éperdument dans la maison.)*

SCÈNE VI

LES MÊMES, *moins* FADINARD, LE CAPORAL, GARDES NATIONAUX

NONANCOURT. — Aliénation complète!... nullité de mariage!... Bravissimo!... En route, mes amis... cherchons nos fiacres... *(Ils remontent et rencontrent la patrouille qui arrive au fond.)*

LE CAPORAL. — Halte-là, messieurs!... Que faites-vous là avec ces paquets ?...

NONANCOURT. — Caporal, nous déménageons...

LE CAPORAL. — Clandestinement!...

NONANCOURT. — Permettez, je...

LE CAPORAL. — Silence!... *(A Vézinet.)* Vos papiers ?...

VÉZINET. — Oui, monsieur, oui, cinq cents francs... sans les rubans!...

LE CAPORAL. — Oh! oh!... nous voulons faire le farceur!...

NONANCOURT. — Du tout, caporal... ce malheureux vieillard...

LE CAPORAL. — Vos papiers ?... *(Sur un signe qu'il fait, deux gardes nationaux prennent au collet, l'un Nonancourt, et l'autre Bobin.)*

NONANCOURT. — Par exemple!...

HÉLÈNE. — Monsieur... c'est papa...

LE CAPORAL, *à Hélène.* — Vos papiers ?

BOBIN. — Puisqu'on vous dit que nous n'en avons pas... Nous sommes venus...

LE CAPORAL. — Pas de papiers ?... au poste!... vous vous expliquerez avec l'officier. *(On les pousse vers le poste.)*

NONANCOURT. — Je proteste à la face de l'Europe!...

Chœur

AIR : *C'est assez de débats (Petits Moyens).*

La patrouille

Au violon! au violon!
Marchez! pas de rébellion!
Et plus tard nous verrons
S'il faut écouter vos raisons.

La noce

Quoi! la noce au violon!
Ah! pour nous quel cruel affront!
Soldats, nous protestons!
Ecoutez au moins nos raisons.

*On les pousse dans le corps de garde. Nonancourt tient tou-
jours le chapeau. Félix, qui se débat, est mis au poste
comme les autres. La patrouille entre avec eux.*

SCÈNE VII

Tardiveau; *puis* Fadinard, Anaïs, Emile

Tardiveau. — La patrouille est rentrée... j'ai bien envie
d'aller prendre mon riz au lait... *(Pendant ce qui suit, il
ôte sa capote grise, qu'il accroche au fusil, et met son schako
sur la baïonnette, de manière à figurer un factionnaire au
repos.)*
Fadinard, *sortant de la maison avec le carton, suivi
d'Anaïs et d'Emile.* — Venez, venez, madame... j'ai trouvé
le chapeau... c'est votre salut... votre mari sait tout... il
est sur mes talons... coiffez-vous et partez!... *(Il tient le
carton. Anaïs et Emile l'ouvrent, regardent dedans et jettent
un grand cri.)*
Tous trois. — Ah!...
Anaïs. — Ciel!...
Emile, *regardant dans le carton.* — Vide!...
Fadinard, *égaré et tenant le carton.* — Il y était!... il y
était!... c'est mon vieux bosco de beau-père qui l'a esca-
moté!... *(Se tournant.)* Où est-il ?... où est ma femme ?...
où est ma noce ?...

TARDIVEAU, *en train de s'en aller.* — Au poste, monsieur... tout ça au violon... *(Il sort à droite.)*

FADINARD. — Au violon!... ma noce!... et le chapeau aussi!... Comment faire ?

ANAÏS, *désolée.* — Perdue!...

EMILE, *frappé.* — Ah!... j'y vais... j'y vais... je connais l'officier! *(Il entre au poste.)*

FADINARD, *joyeux.* — Il connaît l'officier!... nous l'aurons!... *(Bruit de voiture à gauche.)*

BEAUPERTHUIS, *dans la coulisse.* — Cocher, arrêtez-moi là!...

ANAÏS. — Ciel! mon mari!...

FADINARD. — Il a pris un cab... le lâche!

ANAÏS. — Je remonte chez vous!...

FADINARD. — Arrêtez!... il vient fouiller mon domicile!

ANAÏS, *très effrayée.* — Le voici!...

FADINARD, *la poussant dans la guérite.* — Entrez là!... *(A lui-même.)* Et l'on appelle ça un jour de noces!...

SCÈNE VIII

ANAÏS, *cachée*, FADINARD, BEAUPERTHUIS

BEAUPERTHUIS, *entrant en boitant un peu.* — Ah! vous voilà... monsieur!... Vous m'avez échappé... *(Il secoue le pied.)*

FADINARD. — Pour acheter un cigare... Je cherche du feu... Vous n'avez pas de feu ?...

BEAUPERTHUIS. — Monsieur, je vous somme d'ouvrir votre domicile... et si je la trouve!... je suis armé, monsieur!...

FADINARD. — Au premier, la porte à gauche, tournez le bouton, s'il vous plaît.

BEAUPERTHUIS, *à lui-même.* — Cristi!... c'est drôle, j'ai les pieds enflés! *(Il entre.)*

FADINARD, *suivant un moment des yeux.* — Il y en a un de biche à la porte.

SCÈNE IX

FADINARD, ANAÏS; *puis* EMILE, *à la fenêtre du poste.*

ANAÏS, *sortant de la guérite.* — Je suis morte de peur...
où me cacher ?... où fuir ?

FADINARD, *perdant la tête.* — Rassurez-vous, madame,
j'espère qu'il ne vous trouvera pas là-haut! *(Une fenêtre
du poste s'ouvre à un étage supérieur.)*

EMILE, *à la fenêtre.* — Vite! vite! voici le chapeau!

FADINARD. — Nous sommes sauvés... le mari est là...
jetez! jetez! *(Emile lance le chapeau qui reste accroché au
réverbère.)*

ANAÏS, *jetant un cri.* — Ah!

FADINARD. — Sapristi! *(Il saute avec son parapluie
pour le décrocher mais ne peut y atteindre. On entend dégrin-
goler dans l'escalier de Fadinard et Beauperthuis crier.)*

BEAUPERTHUIS, *dans l'escalier.* — Sacrrredié!!!

ANAÏS, *effrayée.* — C'est lui!

FADINARD, *vivement.* — Saprelotte! *(Il jette la capote
grise de garde national sur les épaules d'Anaïs, rabat le
capuchon sur sa tête, et lui met le fusil entre les mains.)* De
l'aplomb; s'il approche, croisez... ette! passez au large!

ANAÏS. — Mais ce chapeau... il va le voir!

SCÈNE X

ANAÏS, *en faction,* FADINARD, BEAUPERTHUIS;
puis EMILE; *puis* TARDIVEAU

FADINARD, *courant au-devant de Beauperthuis et l'abri-
tant sous son parapluie pour l'empêcher de voir le chapeau
de paille qui se balance au-dessus de sa tête.* — Prenez garde,
vous allez vous mouiller.

BEAUPERTHUIS, *boitant encore plus fort.* — Le diable
emporte votre escalier sans quinquet!

FADINARD. — On éteint à onze heures.

EMILE, *sortant du poste, bas.* — Occupez le mari! *(Il
va au fond, à droite, monte sur une borne et s'occupe à scier
la corde avec son épée.)*

BEAUPERTHUIS. — Lâchez-moi donc!... il ne pleut plus...
il y a des étoiles! *(Il veut regarder en l'air.)*

FADINARD, *le couvrant avec son parapluie.* — C'est
égal... vous allez vous mouiller.

BEAUPERTHUIS. — Mais, parbleu! monsieur... je suis
un bien grand imbécile...

FADINARD. — Oui, monsieur. *(Il élève le parapluie très
haut et saute pour décrocher le chapeau et, comme il tient le
bras de Beauperthuis, ce mouvement fait sauter Beauperthuis malgré lui.)*

BEAUPERTHUIS. — Vous l'avez fait sauver...

FADINARD. — Pour qui me prenez-vous ? *(Il saute de
nouveau.)*

BEAUPERTHUIS. — Qu'avez-vous donc à sauter, monsieur ?

FADINARD. — Des crampes... ça vient de l'estomac.

BEAUPERTHUIS. — Parbleu! je vais interroger ce factionnaire...

ANAÏS, *à part.* — Dieu!

FADINARD, *le retenant brusquement.* — Non, monsieur...
c'est inutile. *(A part, regardant Emile.)* Bravo!... il scie
la corde... *(Haut.)* Il ne répondra pas... il est défendu de
parler sous les armes!

BEAUPERTHUIS, *cherchant à se dégager.* — Mais lâchez-
moi donc!

FADINARD. — Non... vous allez vous mouiller. *(Il le
couvre plus que jamais et saute.)*

TARDIVEAU, *revenant de la droite et stupéfait de voir un
factionnaire.* — Un factionnaire à ma place!

ANAÏS. — Passez au large.

BEAUPERTHUIS. — Hein!... cette voix!

FADINARD, *mettant le parapluie en travers.* — Un cons-
crit!

TARDIVEAU, *apercevant le chapeau.* — Ah!... qu'est-ce
que c'est que ça ?

BEAUPERTHUIS. — Quoi ? *(Il écarte le parapluie et lève
la tête.)*

FADINARD. — Rien! *(Il lui enfonce son chapeau sur les
yeux. Au même instant la corde est coupée. Le réverbère
tombe.)*

BEAUPERTHUIS. — Ah!

TARDIVEAU, *criant.* — Aux armes! aux armes!

FADINARD, *à Beauperthuis.* — Ne faites pas attention...
c'est le réverbère en tombant.

Ici les gardes nationaux sortent du poste. Des gens paraissent aux fenêtres avec des lumières. — Pendant le chœur, Fadinard décroche le chapeau et le donne à Anaïs, qui le met sur sa tête.

Chœur

AIR : *Vivent les hussards d' Berchini.*
(*Tentations d'Antoinette*, acte 2ᵉ).

Quel bruit! quel vacarme infernal!
Qui fait cet affreux bacchanal ?
C'est indécent! c'est illégal!
    Dressons procès-verbal!

Après le chœur, Beauperthuis est parvenu à retirer son feutre de dessus ses yeux.

Beauperthuis. — Mais, encore une fois, messieurs...

Anaïs, *le chapeau sur la tête, s'approchant, les bras croisés et avec dignité.* — Ah! je vous trouve donc enfin, monsieur!...

Beauperthuis, *pétrifié.* — Ma femme!...

Anaïs. — Voilà donc la conduite que vous menez ?...

Beauperthuis, *à part.* — Elle a le chapeau!

Anaïs. — Vous colleter dans les rues, à une pareille heure!...

Beauperthuis. — Paille de Florence!

Fadinard. — Et des coquelicots...

Anaïs. — Me laisser rentrer seule... à minuit, quand, depuis ce matin, je vous attends chez ma cousine Eloa...

Beauperthuis. — Permettez, madame, votre cousine Eloa...

Fadinard. — Elle a le chapeau!

Beauperthuis. — Vous êtes sortie pour acheter des gants de Suède... On ne met pas quatorze heures pour acheter des gants de Suède...

Fadinard. — Elle a le chapeau!

Anaïs, *à Fadinard.* — Monsieur, je n'ai pas l'avantage...

Fadinard, *saluant.* — Moi non plus, madame, mais vous avez le chapeau! (*S'adressant aux gardes nationaux.*) Madame a-t-elle le chapeau ?

Les gardes nationaux et les gens aux fenêtres. — Elle a le chapeau! elle a le chapeau!

Beauperthuis, *à Fadinard.* — Mais pourtant, monsieur, ce cheval du bois de Vincennes...

FADINARD. — Il a le chapeau!

NONANCOURT, *paraissant à la fenêtre du poste.* — Très bien, mon gendre!... Tout est raccommodé!

FADINARD, *à Beauperthuis.* — Monsieur, je vous présente mon beau-père!

NONANCOURT, *de la fenêtre.* — Ton groom nous a conté l'anecdote!... C'est beau, c'est chevaleresque!... c'est français!... Je te rends ma fille, je te rends la corbeille, je te rends mon myrte... Tire-nous des cachots!

FADINARD, *s'adressant au caporal.* — Monsieur, y aurait-il de l'indiscrétion à vous réclamer ma noce ?

LE CAPORAL. — Avec plaisir, monsieur. *(Criant.)* Lâchez la noce! *(Toute la noce sort du poste.)*

CHŒUR

AIR : *C'est l'amour* (acte 4).

Fadinard brise nos fers!
Nous sommes fiers
De sa belle âme!
Que sa femme
Et ses amis
Embrassent tous cet Amadis!!!

Pendant le chœur, la noce entoure et embrasse Fadinard.

VÉZINET, *reconnaissant le chapeau sur la tête d'Anaïs.* — Oh! mon Dieu! mais cette dame...

FADINARD, *très vivement.* — Otez-moi ce sourd de là!

BEAUPERTHUIS, *à Vézinet.* — Quoi, monsieur ?

VÉZINET. — Elle a le chapeau!

BEAUPERTHUIS. — Allons, je suis dans mon tort!... Elle a le chapeau! *(Il baise la main de sa femme.)*

CHŒUR

AIR final de *La Tour d'Ugolin.*

Heureuse journée,
Charmant hyménée!
$\left.{S\atop M}\right\}$ on âme étonnée
Bénit le destin.
Grâce au mariage
Dont le nœud $\left\{{l'\atop m'}\right\}$ engage,

Ce couple, je gage,
J'aurai l'avantage
Va ⎫
De ⎭ dormir enfin!

VÉZINET

AIR nouveau d'*Hervé*.

Quelle noce charmante!

FADINARD

Ah! oui!... c'était divin
Mais les plus doux plaisirs doivent avoir leur fin.
Allons tous nous coucher.

NONANCOURT, *tenant son myrte*.

Je vote la mesure!

FADINARD, *prenant le bras de sa femme*.

Viens, mon ange, au cœur... d'oranger,
Et puisses-tu, témoin de ma triste aventure,
A mon chef marital ne jamais adjuger
Un chapeau... qu'un cheval ne pourrait pas manger.

TOUS

A son chef marital,
Etc.

FIN D'UN CHAPEAU DE PAILLE D'ITALIE

MAMAN SABOULEUX

COMÉDIE EN UN ACTE, MÊLÉE DE CHANT
PAR Eugène Labiche et Marc-Michel

*représentée pour la première fois, à Paris, sur le Théâtre
du Palais-Royal, le 13 mars 1852*

Il faut citer le compte rendu de Théophile Gautier,
daté du 16 mars 1852 et qui figure dans le tome VI de
L'Art dramatique en France depuis vingt-cinq ans, pp. 318-
320. « Excellente parade dans ce genre fabuleux, exorbi-
tant, pyramidal et cocasse qui convient surtout au
théâtre du Palais-Royal et à sa troupe de bouffons; nous
aimons ces farces énormes, d'une jovialité formidable et
d'un comique absurde, songes pantagruéliques du tré-
teau, déviations difformes de types ridicules charbonnés
à gros traits par des caricaturistes à la plume qui, quelquefois, valent Daumier. La comédie de notre siècle, si
souvent demandée par les critiques qui ne veulent pas
l'y voir, s'est réfugiée là. Ces pochades méprisées consti-
tuent un art original, primesautier et profondément
français. »

ACTEURS qui ont créé les rôles.

SABOULEUX, père nourricier.	M. GRASSOT
PÉPINOIS, son voisin. . . .	M. HYACINTHE
M. DE CLAQUEPONT, 45 ans.	M. AMANT
GOBERVAL, 55 ans.	M. KALEKAIRE
MADAME DE CLAQUEPONT, 36 ans	Mme THIERRET
SUZANNE, 8 ans, fille de Claquepont	Mlle CÉLINE MONTALAND

La scène se passe dans un petit village à trente lieues de Paris.

Intérieur rustique, chez Sabouleux. — A droite, premier
plan : une grande cheminée, garnie à l'intérieur d'usten-
siles de cuisine, cuiller à pot, écumoire, soufflet, etc. Une
marmite est accrochée à une crémaillère au-dessus du
feu ; une grande bouilloire près du feu. Sur la cheminée,
une tasse, un plat à barbe, une serviette. — Même côté,
deuxième plan, une porte. — Au troisième plan, formant
pan coupé, est une vieille porte, avec deux marches, sur
laquelle est écrit : PORTE DU CLOCHER. — Au fond, porte
principale, et, à gauche de celle-ci, une grande fenêtre,
ouvrant sur la place du village. — A gauche, aux troisième et deuxième plans, deux portes. — Au premier
plan, un buffet ; près du buffet, une table et deux chaises.
— Sous la fenêtre, une autre table, sur laquelle est un
tambour, un gros pain, du lard, une bouteille et un
gobelet d'étain. — Sur le buffet, une bouteille et deux
gobelets d'étain ; un balai entre la porte et le buffet.

SCÈNE PREMIÈRE

SUZANNE ; *puis* PÉPINOIS ;
puis LA VOIX DE SABOULEUX

*Suzanne est en costume de petite paysanne, avec des sabots ;
elle est assise près de la cheminée et ratisse des carottes
sur ses genoux.*

SUZANNE, *chantant en ratissant les carottes.*

Si je meurs que l'on m'enterre
Dans la cave où est le vin...

Cristi ! j'ai manqué de me couper !

Pépinois, *entrant avec une enseigne sous le bras.* — Ohé! père Sabouleux! père Sabouleux!

Suzanne. — Tiens! c'est Pépinois, le perruquier... Bonjour, perruquier!

Pépinois. — La nourrissonne! Bonjour... qu'est-ce que tu fais là ?

Suzanne. — Je ratisse des carottes pour la soupe de maman Sabouleux.

Pépinois, *riant.* — Maman Sabouleux!... Un vieux pochard de quarante-deux ans... Tambour du village et gardien du clocher...

Suzanne. — Puisque c'est ma nourrice.

Pépinois. — Elle y tient!... Je viens lui faire la barbe, à ta nourrice. *(Appelant.)* Ohé! père Sabouleux!

Il pose l'enseigne près de la table du premier plan.

Voix de Sabouleux, *dans la coulisse à gauche.* — Je suis dans mon lit... Je prends mon café au lait!

Pépinois. — Dans son lit! à neuf heures! *(A part.)* Cristi! quel bon état que d'être nourrice!... et dire que je ne pourrai jamais-t-être nourrice!

Suzanne, *qui a fini de ratisser ses carottes.* — Là... j'vas mettre mes carottes dans la marmite.
Elle va à la marmite, y met les carottes et souffle le feu.

Pépinois, *riant.* — Et elle paye pour ça!... Ah! elle est bonne!

AIR de *L'Ours et le Pacha.*

Pendant que l' gaillard dans son lit
Comme un notaire se câline,
C'est sa nourrissonn' qui l' nourrit,
Et lui fricote sa cuisine!
Prrré Sabouleux! quel bon métier!
Mais je dis qu'en bonne justice,
Au lieu d'en tirer bénéfice,
A sa nourrissonn' c' nourricier
Doit payer les mois de nourrice.

C'est égal, si le papa savait ça!... Un Parisien qui a quarante mille livres de rente... et des breloques grosses comme ça!... y serait peu flatté. *(Haut.)* Nourrissonne, qu'est-ce qui t'a réveillée ce matin ?

Suzanne, *venant à lui.* — C'est le coq... je ne sais pas ce qu'il avait à brailler comme ça ?...

Pépinois, *hésitant.* — Dame!... il avait... il avait... mal aux dents. *(A part.)* Faut pas dire de bêtises aux enfants!

SUZANNE, *qui a goûté le bouillon.* — J'ai oublié le sel.

PÉPINOIS, *s'approchant de la cheminée.* — Mâtin!... ça sent bon.

SUZANNE. — C'est du bouillon.

PÉPINOIS. — Avec de la viande ?

SUZANNE. — Qu'il est bête! Est-ce qu'on fait du bouillon avec des briques ?

PÉPINOIS, *riant.* — Ah! ah! ah!... Elle est gaie, la nourrissonne! *(Prenant une tasse sur la cheminée.)* Voyons ce bouillon ?

SUZANNE, *le repoussant avec la cuiller à pot.* — A bas les pattes!

PÉPINOIS. — C'est bon! c'est bon! *(A part.)* Cette petite fille est d'un rat!... *(Allant à la porte de droite.)* Ohé! père Sabouleux!

VOIX DE SABOULEUX. — De quoi ?

PÉPINOIS. — J'ai rafistolé votre enseigne.

VOIX DE SABOULEUX. — Veux-tu prendre la goutte ?

PÉPINOIS. — Toujours.

VOIX DE SABOULEUX. — Attends-moi... je m'habille.

PÉPINOIS, *à Suzanne.* — J'ose dire que voilà une œuvre d'art! *(Montrant au public l'enseigne sur laquelle on lit ces mots :* ALLARD NOMMÉ DES HOMMES LAIT : MAMAN SABOULEUX PRAN LES NOURRISSONS AN CEVRAJE. ENGLISH SPOKEN, *et lisant :)* « A la renommée des ome- « lettes : Maman Sabouleux prend les nourrissons en « sevrage. *English spoken.* »

SUZANNE. — Qu'est-ce que ça veut dire ?

PÉPINOIS. — *English spoken ?* Je n'en sais rien... ça se met sur les enseignes.

SUZANNE. — Ça doit être pour faire essuyer les pieds.

PÉPINOIS. — C'est bien possible. *English,* essuyez... *spoken,* vos pieds.

SUZANNE. — Alors pourquoi que t'as pas essuyé les tiens ?

PÉPINOIS. — L'enseigne n'étiont pas accrochée.

SUZANNE. — Eh bien, accroche-la.

PÉPINOIS. — C'est juste... Après, j'aurai-t-y du bouillon ?

SUZANNE. — Oui... avec une fourchette.

PÉPINOIS, *remontant vers le fond pour accrocher l'enseigne.* — Cette petite fille est d'un rat!...

Il disparaît un moment hors de la porte du fond.

SUZANNE, *seule*. — Mon pot-au-feu mitonne... j'vas donner un coup de balai.

> *Elle remonte près du buffet et prend un balai.*

PÉPINOIS, *rentrant*. — Ça y est... c'est accroché...

SUZANNE, *lui offrant le balai*. — Tiens! prends ça...

PÉPINOIS. — Moi? pour quoi faire?

SUZANNE. — Pour *balyer*...

PÉPINOIS. — Ah! mais non! j'ai pas le temps!...

SUZANNE, *l'imitant*. — « J'ai pas le temps!... » Quand il s'agit de travailler, il a toujours un cheveu dans la main, celui-là!

> *Elle lui met le balai dans les mains.*

PÉPINOIS, *éclatant*. — Nourrissonne!

SUZANNE, *sur le même ton*. — Perruquier!

SCÈNE II

SUZANNE, PÉPINOIS, SABOULEUX

*Sabouleux porte un costume de paysan, un chapeau trom-
blon et un pantalon trop court en velours orange.*

SABOULEUX. — Qu'est-ce que c'est?... V'là encore que t'asticotes l'enfant?

PÉPINOIS. — C'est elle... Pourquoi qu'elle me dit que j'ai un cheveu dans la main?

> *Il remonte et prépare le plat à barbe.*

SUZANNE. — Dame! un perruquier!

SABOULEUX, *éclatant de rire*. — Ah! ah!... Vous a-t-elle un bec pour son âge! vous a-t-elle un bec! Viens embras-ser maman Sabouleux!

> *Il la pose droite sur une chaise à gauche.*

SUZANNE. — J'veux ben!

SABOULEUX, *l'embrassant*. — Voyons... qué qu't'as fait ce matin?

SUZANNE. — En me levant, j'ai cassé mon sabot.

SABOULEUX. — T'as bien fait... ça porte bonheur. Après?

SUZANNE. — Après... je m'ai amusé à cracher dans le puits.

SABOULEUX. — T'as encore bien fait... *(Avec conviction.)* On dit que ça guérit les engelures.

PÉPINOIS, *à part, faisant mousser le savon dans le plat à barbe.* — Il l'imbibe de préjugés!

SUZANNE. -- Ensuite, j'ai été faire mon marché pour mettre le pot...

SABOULEUX. — T'a-t-on fait ton poids?

SUZANNE. — N'as pas peur!... y voulait me flanquer des os... j'y ai fichu des sottises!...

SABOULEUX. — T'as bien fait... faut pas se laisser entortiller par les marchands.

Il la pose à terre.

PÉPINOIS. — Elle est rat, jusqu'avec le boucher...

SABOULEUX, *regardant Suzanne avec orgueil.* — Mais regarde-la donc... Est-elle fleurie!... A-t-elle des jambes! a-t-elle des bras! est-elle solide!... A la renommée des omelettes, voilà ce qu'on fait des enfants!

PÉPINOIS, *à Sabouleux en plaçant une chaise au milieu du théâtre.* — Mettez-vous là!...

SUZANNE, *le poussant sur la chaise.* — Assiste-toi!

Elle lui noue une serviette autour du cou.

PÉPINOIS, *tout en repassant son rasoir.* — Ousqu'est donc votre autre nourrisson?

SABOULEUX. — Toto?

PÉPINOIS. — Oui.

SABOULEUX. — Je l'ai prêté au cousin Sabouleux... pour faire les foins... Il m'avait prêté son âne, alors je lui ai prêté Toto.

PÉPINOIS. — Pristi! quel bon état que d'être nourrice! *(S'apprêtant à lui mettre du savon.)* Fermez les yeux!

SUZANNE, *vivement.* — Moi! moi! laisse-moi mettre le savon!

PÉPINOIS. — Ne touchez pas, mademoiselle! ne touchez pas!

SABOULEUX. — Puisque ça l'amuse!

PÉPINOIS. — Ah! je veux bien, moi! qué que ça me fait? je vais me reposer. *(Lui donnant le pinceau.)* Tiens! barbouille! barbouille!

Il s'assied à gauche.

SUZANNE. — C'est pas si difficile... *(Barbouillant d'abord à droite, puis à gauche.)* Là... comme ça...

PÉPINOIS, *à part.* — Si elle pouvait lui en flanquer dans les yeux, je rirais-t-y, mon Dieu!

Il se baisse pour mieux voir.

SUZANNE, *barbouillant aussi Pépinois.* — A ton tour.

PÉPINOIS, *se levant.* — Aïe! cristi! dans l'œil!

SABOULEUX. — Puisque ça l'amuse!

PÉPINOIS. — Il est charmant! mais ça me picote!...
cré nom!

SABOULEUX, *riant.* — Petite mère La Joie, va!... *(L'attirant à lui.)* Embrassez maman Sabouleux.

SUZANNE. — Non, tu me mettrais de la mousse.

SABOULEUX, *se levant.* — Allons, tiens!... v'là un sou...
Va m'acheter une pipe neuve... j'ai cassé la mienne...

SUZANNE. — Une belge?

SABOULEUX. — Oui.

SUZANNE. — De chez la mère Marcassin?

SABOULEUX. — Oui!

AIR : *Bien ! bien ! par ce moyen.*

Va! va! mon p'tit chat,
Pour maman nourrice
Fair' cet achat.
Mais... mais, mon p'tit chat,
Faut qu'on m'choisisse
Un' pipe de pacha.

PÉPINOIS, *à Suzanne.*

En v'nant de chez la Marcassin,
Veux-tu m' rapporter mon pain?

SUZANNE

Quoi qu'tu payes?

PÉPINOIS

J'ons pas d'sou.

SUZANNE, *lui faisant un pied de nez.*

Alors, *nisco*... vieux grigou!

PÉPINOIS. — Est-elle regardante!...

REPRISE ENSEMBLE

SABOULEUX

Va, va, mon p'tit chat,
Etc.

SUZANNE	PÉPINOIS
Va! va! ton p'tit chat	Va! va! va! p'tit chat,
Va pour sa nourrice	Pour maman nourrice
Faire cet achat.	Faire ton achat!
A Pépinois.	
Mais... mais... le p'tit chat	Mais, mais, ce p'tit chat
Ne rend pas service	Pour rendre un service
Quand on est si rat!	Est beaucoup trop rat!

Suzanne sort en faisant des gestes de gamin à Pépinois.

SCÈNE III

PÉPINOIS, SABOULEUX

SABOULEUX, *redescendant*. — Quelle aimable enfant!...
ses parents ne la reconnaîtront pas!...

PÉPINOIS, *prenant ses rasoirs*. — Et ça n'a que huit ans!

SABOULEUX. — Je compte bien la garder jusqu'à
douze... Je ne rends jamais mes nourrissons avant
douze ans...

PÉPINOIS. — Faut qu'y soient propres!

SABOULEUX, *s'asseyant*. — Allons, dépêche-toi de m'ac-
commoder... j'ai affaire... J'ai oublié de tambouriner la
vendange...

PÉPINOIS. — Et c'est pour demain!... M. le maire vous
fichera un savon.

SABOULEUX. — Bah! le savon, ça ne tache pas...

PÉPINOIS, *le rasant*. — Ah! ah! je ris comme quarante
mille bossus!... un tambour qu'est nourrice!... Dire que
je tiens une nourrice par le bout du nez!

SABOULEUX. — Ah! c'est une histoire bien drôle! Un
beau matin, il y a huit ans, M. le maire dit à mon épouse :
« Nastasie, veux-tu prendre un nourrisson? — Nous en
« prendrions trente-six pour être agréables à M. le
« maire », que je lui réponds...

PÉPINOIS. — Mazarin, va!...

SABOULEUX. — Alors, y me donne une adresse pour
Paris... M. de Claquepont...

PÉPINOIS, *rasant*. — Le père de Suzanne... Quarante
mille livres de rente... et des breloques...

SABOULEUX. — Grosses comme ça... J'arrive chez un

monsieur très bien... qui avait les pieds à l'eau... dans la
moutarde.

PÉPINOIS. — Avec sa fortune... il le peut!

SABOULEUX. — Je lui dis : « C'est moi que je suis
« l'époux de Nastasie... » Là-dessus, il plante là sa moutarde et y me fait manger du veau, du gigot et des z'haricots... que je ne pouvais plus tenir dans mon gilet...

PÉPINOIS. — Cristi! quel bon état que d'être nourrice!

SABOULEUX. — Après ça, la maman... une femme
superbe!... m'entortille la mioche dans des tas de couvertures et elle m'embrasse...

PÉPINOIS, *transporté*. — Cristi!

SABOULEUX, *sursautant*. — Fais donc attention, toi!
tu vas me couper!... *(Continuant son récit.)* En me disant :
« Père Sabouleux, soignez-la comme votre prunelle. —
« Oh! madame!... » Et me v'là en chemin de fer avec la
môme... le reste de mon gigot... et une bouteille de
cassis.

PÉPINOIS, *lui ôtant sa serviette*. — C'est fait... en v'là
pour deux sous... j'vas les marquer... *(Il prend un morceau
de craie et fait une raie contre la cheminée à côté de plusieurs
autres.)* Ça fait dix-neuf barbes.

SABOULEUX, *allant prendre le plat à barbe sur la table à
gauche*. — C'était bien la peine de m'interrompre... Nous
v'là donc en chemin de fer. Au premier tour de roue...
houin! houin!... v'là Suzanne qui commence à chanter.

Il revient à Pépinois.

PÉPINOIS, *versant de l'eau chaude dans le plat à barbe.*
— Elle avait faim.

SABOULEUX, *tout en se lavant le menton*. — Je lui offre
du gigot... elle n'y mord pas... Alors, je lui fais avaler du
cassis... Plus elle pleurait, plus je lui faisais avaler de
cassis...

PÉPINOIS. — Ça les soutient.

SABOULEUX. — Le cassis? c'est le lait des enfants!

PÉPINOIS. — C'est connu!

*Il va replacer le plat à barbe sur la cheminée et revient
écouter.*

SABOULEUX.. — Y avait dans *la* même wagon un monsieur avec une chaîne d'or et un poupon sur les genoux...
y se met à me causer... parce qu'entre nourrices... on se
cause... Je lui dis mon nom, mon adresse... A la première
estation, nous prenons un verre de vin; à la seconde, y me

dit : « Voulez-vous garder Toto un moment ?... je vais
« causer avec mon banquier qui est dans les premières.
« — Volontiers... entre nourrices ça se fait. »

PÉPINOIS. — Et puis il vous avait payé du vin...

SABOULEUX. — J'attends une minute... deux minutes...
derling ! derling ! on sonne !... l'employé ferme la por-
t.ère. Je lui dis : « Pardon... il y a un monsieur qui cause
« avec son banquier. — Ah bien, il y a longtemps qu'il est
« parti ! — Comment ! » Futh ! futh ! v'là le convoi qui
repart !... et je me trouve avec deux nourrissons...

PÉPINOIS. — Un par station ! c'est une fameuse ligne !...
A votre place, j'aurais baptisé le moutard : « Toto ou
« l'enfant du chemin de fer... »

SABOULEUX. — J'étais pas en train de rire... J'arrive ici
avec mes deux colis... un sur chaque bras... J'entre, j'appelle... Nastasie ! Nastasie !... personne !

PÉPINOIS

AIR : *Un matelot.*

Pauvre voisin ! quel souvenir pénible !

SABOULEUX

Sèche ton œil ! Rien n'est plus familier !
On voit chaqu' jour la femm' la plus sensible
Filer sans bruit avec un cuirassier.

PÉPINOIS
C'est déchirant !

SABOULEUX

Eponge ta prunelle !
Et r'tiens, enfant, ce dicton très sensé :
« Chaqu' soir le sage, en soufflant sa chandelle,
Doit s' dir' : Demain, j' puis être... *cuirassé !* »
Et ça l' cuirass' quand il s' voit... *cuirassé !*

Prout !... L'embêtant, c'était mes deux nourrissons...
je ne pouvais pas passer ma vie à leur entonner du cassis.

PÉPINOIS. — Ça les aurait grisés.

SABOULEUX. — Alors, je cherche une nourrice par tout
le village... Mais il n'y en avait pas de prête pour le
moment...

PÉPINOIS. — Pourquoi que vous n'avez pas reporté la
petite à ses parents ?

SABOULEUX. — Tiens! qu'il est bête! cent francs par mois... Est-ce qu'on rapporte ça aux parents ?

PÉPINOIS, *avec conviction.* — Il a raison! il a raison!

SABOULEUX. — Tout à coup je me rappelle que ma chèvre a un chevreau...

PÉPINOIS. — Tiens! un frère de lait!

SABOULEUX. — Juste!... Je vends le frère de lait... pour faire des gants; j'achète un biberon, et j'offre à mes enfants leur premier déjeuner.

PÉPINOIS. — De c't'affaire–là, Toto a été *biberonné* à l'œil!

SABOULEUX, *mystérieusement.* — Peut-être.

PÉPINOIS. — Comment ?

SABOULEUX. — Chut!... Au bout d'un an, je reçus une lettre ainsi *conçute :* « Batavia... » Connais-tu ça ?

PÉPINOIS. — Batavia ?... C'est une localité au-dessus de Tonnerre.

SABOULEUX. — Je le savais... « Monsieur... Vous pou- « vez sevrer mon fils... Soyez tranquille... vous ne per- « drez rien pour attendre. »

PÉPINOIS. — Signé ?

SABOULEUX. — « Bon lait et mystère!... »

PÉPINOIS. — C'est quelque prince étranger.

SABOULEUX. — Aussi j'ai fait la note... et elle sera salée!

SCÈNE IV

SABOULEUX, SUZANNE, PÉPINOIS

SUZANNE, *paraissant à la porte du fond, et criant à la cantonade.* — Viens-y donc, mauvais moucheron!... *(Gesticulant.)* T'as pas le cœur!... t'as pas le cœur!...

SABOULEUX. — Qu'est-ce que c'est ?

SUZANNE, *entrant.* — C'est rien! Je viens de me battre avec le garçon à la Gosset.

SABOULEUX. — Comment!

SUZANNE. — Y m'appelait Parisienne... je l'ai rossé... vlan!

SABOULEUX. — Très bien!...

SUZANNE, *tirant de sa poche et lui donnant sa pipe en deux morceaux.* — Et v'là ta pipe!

SABOULEUX. — Moins bien!... mais faut qu'une jeune

fille apprenne à se défendre contre les garçons... Eton-
nante gamine!... *(Se baissant.)* Cueillez l'étrenne de la
barbe à maman Sabouleux, tout de suite.

Elle l'embrasse.

PÉPINOIS, *à lui-même.* — Il en fait une duelliste!
SABOULEUX. — A-t-elle chaud!
SUZANNE. — Donne-moi un verre de vin.
SABOULEUX. — Tu l'as conquis! *(Allant prendre la
bouteille et un verre sur le buffet.)* Veux-tu de la bouteille
que ton papa de Paris a envoyée ?
SUZANNE. — Ah! pouah!... ça ne gratte pas... J'vas que-
rir une bouteille de notre cru.

Elle va à la table du fond.

PÉPINOIS. — Elle veut du vin qui gratte!...
SABOULEUX. — Cette enfant-là fera mon orgueil!...

Il se verse à boire et donne la bouteille à Pépinois.

PÉPINOIS, *regardant l'étiquette de la bouteille.* — La
bouteille de Paris... *(Lisant.)* « Sirop anti... scor...
« butique!... » Qu'est-ce que c'est que ça ?... Oh! le nom
du fabricant...

Il verse dans son verre.

SUZANNE, *revenant, une bouteille et un verre à la main.*
— V'là la bouteille!...

Elle emplit son verre et pose la bouteille à ses pieds.

TOUS TROIS. — A nos santés!
SUZANNE. — Et buvons ça militairement!
SABOULEUX. — Ensemble! *(Ils se mettent tous trois en
position.)* Attention... Portez armes! *(Tous trois lèvent
leurs verres à la hauteur du front.)* Présentez armes! *(Tous
trois placent leurs verres devant la bouche.)* En joue!...
Feu!... *(Ils boivent. — Glorieux.)* A la renommée des
omelettes, voilà comme on les dresse.
*Suzanne s'essuie la bouche avec sa manche et remonte poser
sa bouteille et son verre.*
PÉPINOIS, *faisant la grimace.* — Ça n'est pas mauvais...
mais je préfère le malaga.
SABOULEUX. — Moi, je n'y vois pas de différence. *(Il
tend son verre, Pépinois va pour verser.)* Tiens! il n'y en a
plus!...
PÉPINOIS. — Il faut écrire aux parents... il n'est que
temps.

SABOULEUX, *tirant de sa poche une lettre.* — C'est fait...
V'là la lettre.

PÉPINOIS. — Donnez... j'vas la mettre à la poste.

Il pose la bouteille, le verre et la lettre sur la table.

SABOULEUX, *à Suzanne.* — Maintenant, chérie, tu vas
aller au pré garder les oies.

SUZANNE. — Les oies ?... Tiens! merci!... et mon
déjeuner ?...

SABOULEUX. — Elle est dans son droit... Qué qu' tu
veux de bon ?...

Il remonte à la table du fond.

SUZANNE. — Je veux du lard!

*Elle va prendre près de la cheminée une petite gibecière et se
la passe en sautoir.*

SABOULEUX, *coupant un énorme morceau de pain.* —
Comme c'est élevé! Les parents me béniront!

PÉPINOIS. — Le fait est qu'elle n'est pas chipoteuse!

SABOULEUX, *ouvrant le pain et y enterrant une tranche
de lard.* — V'là ton goûter!...

SUZANNE, *tenant le gros morceau de pain.* — Que ça!...

SABOULEUX. — Il est dix heures, tu reviendras manger
la soupe à midi.

SUZANNE, *qui vient de prendre une longue gaule.* —
Salut, la compagnie!... Adieu, perruquier.

Elle sort en chantant et en sautant.

Quand les canes vont aux champs,
La première va devant...

Elle disparaît par le fond.

SCÈNE V

SABOULEUX, PÉPINOIS;
puis MONSIEUR et MADAME DE CLAQUEPONT

SABOULEUX. — Petit sansonnet!... elle me pince mes
airs!...

PÉPINOIS. — Y a plus rien à consommer ?... Je vas faire
la barbe au notaire...

SABOULEUX, *prenant le morceau de craie et faisant à*

gauche une raie sur le buffet. — Nous disons un verre de vin à Pépinois.

Pépinois. — Qu'est-ce que vous faites donc ?

Sabouleux. — Dame! tu marques mes barbes... je marque ta consommation... V'là ton compte.

Pépinois, *à part.* — Ça m'est égal... je l'effacerai...

Sabouleux. — Là... Maintenant, dépêchons-nous d'aller tambouriner la vendange... je suis en retard.

> *Il va pour prendre son tambour.*

Claquepont, *en dehors, à la porte du fond, lorgnant l'enseigne.* — Par ici, chère amie, par ici... Voilà l'enseigne.

Sabouleux. — Hein ?

Pépinois. — Des bourgeois!

M. et madame de Claquepont entrent avec des paquets. Claquepont porte à sa montre un énorme paquet de breloques, accroché à son gilet.

Claquepont, *saluant.* — Messieurs, ma femme et moi... *(Reconnaissant Sabouleux.)* Eh! le voilà, ce père Sabouleux!...

Sabouleux. — Monsieur vient peut-être pour un nourrisson ?

Madame de Claquepont. — Vous ne nous remettez pas ?

Sabouleux. — Non!

Claquepont. — Claquepont... les époux Claquepont...

> *Il remonte poser ses paquets sur la table du fond.*

Sabouleux, *à part.* — Les parents de la petite! Pristi!

Pépinois, *à part.* — Cristi!

Madame de Claquepont. — Nous avons voulu vous surprendre.

> *Elle remonte aussi.*

Sabouleux. — Ah!

Claquepont. — J'ai obtenu un congé de deux jours... C'est le premier depuis huit ans...

Madame de Claquepont, *redescendant avec son mari.* — Et nous venons passer ces deux jours avec vous.

Sabouleux, *ahuri.* — Ah! madame!... c'était pas la peine... de vous déranger...

Madame de Claquepont. — Comment!

Sabouleux. — Asseyez-vous donc!

> *Ils s'asseyent près de la table de gauche.*

PÉPINOIS, *à part.* — A-t-y de belles breloques!

CLAQUEPONT. — Mais je ne vois pas notre petite Suzanne ?

SABOULEUX, *à part.* — Elle est aux oies... Pristi!

PÉPINOIS, *à part.* — Cristi!

CLAQUEPONT. — Où est-elle ?

SABOULEUX. — Pas loin... elle étudie son piano. *(Bas à Pépinois.)* Va la chercher... Débarbouille-la, et mets-lui son tablier neuf.

PÉPINOIS. — Tout de suite. *(Passant devant Claquepont et regardant ses breloques.)* Monsieur, voulez-vous me permettre ?... Ah! elles sont superbes! elles sont superbes!

CLAQUEPONT, *étonné.* — Monsieur....

PÉPINOIS, *à part.* — A-t-y de belles breloques, mon Dieu!...

Il sort par le fond.

SCÈNE VI

MONSIEUR et MADAME DE CLAQUEPONT, SABOULEUX

MADAME DE CLAQUEPONT. — Cette chère enfant!... elle se porte bien ?...

SABOULEUX. — Oh! madame!... comme un tambour-major!

CLAQUEPONT. — Est-elle jolie ?

SABOULEUX. — Oh! monsieur!... comme un tambour... *(Se reprenant).* Non! comme un amour... major!...

Il s'agite, très troublé.

MADAME DE CLAQUEPONT. — Qu'est-ce que vous avez donc ?...

Ils se lèvent.

SABOULEUX. — Rien... C'est la joie... le plaisir de votre visite... Madame, j'ai bien l'honneur de vous saluer.

Il remonte.

CLAQUEPONT, *le retenant.* — Ah çà, et la nourrice! Je ne vois pas cette bonne nourrice ?

SABOULEUX, *à part.* — Heing!

MADAME DE CLAQUEPONT. — Maman Sabouleux... elle va bien ?

SABOULEUX. — Comme un tamb... elle étudie son piano...

MADAME DE CLAQUEPONT. — Plaît-il ?

SABOULEUX. — Non!... elle fait sa lessive.

MADAME DE CLAQUEPONT. — Elle fera sa lessive plus tard, je veux la voir, la remercier...

CLAQUEPONT. — L'embrasser!...

SABOULEUX. — Oui... oui... oui!

CLAQUEPONT. — Allez la chercher...

SABOULEUX. — Oui, oui, oui!... *(A part.)* Pristi! *(Haut, pour détourner la conversation.)* Avez-vous vu la cascade ?

CLAQUEPONT. — Quelle cascade ?

SABOULEUX. — Vous n'avez pas vu la cascade!... Ils n'ont pas vu la cascade!... toujours tout droit, vous montez...

MADAME DE CLAQUEPONT. — Plus tard... d'abord la nourrice!

SABOULEUX, *à part.* — Il n'y a pas à dire... il en faut une! *(Frappé d'une idée.)* Oh!

CLAQUEPONT. — Quoi ?

SABOULEUX. — Je vais vous la ramener... *(A part.)* J'empoigne la mère Grivoine... elle est sourde... ça fera l'affaire.

ENSEMBLE

MONSIEUR et MADAME DE CLAQUEPONT

AIR : *Mais allez donc.*

Allez, brave homme, on vous attend ;
Courez sans perdre un seul moment,
Et ramenez-nous à l'instant
Et la nourrice et notre enfant.

SABOULEUX

Reposez-vous en m'attendant,
Je cours sans perdre un seul moment ;
Vous allez voir dans un instant
Et la nourrice et votre enfant.

Sabouleux sort par le fond.

SCÈNE VII

MONSIEUR et MADAME DE CLAQUEPONT;
puis GOBERVAL

CLAQUEPONT. — Comme la figure de ce brave paysan respire un air de simplicité et de candeur.

MADAME DE CLAQUEPONT. — C'est vrai.

CLAQUEPONT. — Bérénice... Au moment de revoir ma fille... j'éprouve un trouble involontaire...

MADAME DE CLAQUEPONT. — Et moi, j'ai comme un remords... rester huit ans sans la voir!

CLAQUEPONT. — Quant à moi, je m'applaudis de ma fermeté... L'air de Paris ne vaut rien pour les enfants : il manque d'oxygène... Or, l'oxygène... sais-tu ce que c'est que l'oxygène ?... *(Goberval paraît au fond et éternue bruyamment.)* Hein ?

GOBERVAL, *entrant avec précaution.* — Pardon!... Madame Sabouleux, s'il vous plaît ?

CLAQUEPONT, *à sa femme.* — Tiens! c'est ce monsieur myope qui marchait sur les pieds de tout le monde dans le chemin de fer.

GOBERVAL, *essuyant ses lunettes qu'il tient à la main, à Claquepont.* — Est-ce à madame Sabouleux... nourrice... que j'ai l'honneur de parler ?

CLAQUEPONT. — Non, monsieur!...

GOBERVAL. — Je viens pour réparer la faute d'un neveu...

CLAQUEPONT. — Claquepont, sous-chef à l'administration du gaz.

GOBERVAL, *qui a remis ses lunettes.* — Ah!... pardon... c'est que j'ai la vue un peu basse... *(Apercevant madame de Claquepont.)* J'aperçois... *(Allant à elle.)* Bonne et excellente femme...

MADAME DE CLAQUEPONT. — Monsieur!...

GOBERVAL, *écartant Claquepont, qui vient écouter.* — Vous n'êtes pas sans avoir entendu parler d'Alexandre Goberval... homme de lettres... à Mâcon...

MADAME DE CLAQUEPONT, *l'interrompant.* — Pardon...

GOBERVAL, *mystérieusement.* — Chut!... « Toto!... bon « lait!... et mystère! »

MADAME DE CLAQUEPONT. — Plaît-il ?...

GOBERVAL. — Voltaire l'a dit : « Les fautes des pères
« ne doivent pas... »

MADAME DE CLAQUEPONT, *en passant à gauche.* — Mais
je ne suis pas madame Sabouleux...

GOBERVAL. — Ah! bah...

Il ôte ses lunettes.

MADAME DE CLAQUEPONT. — Elle est sortie.

GOBERVAL, *à Claquepont.* — Pardon, madame... Je
reviendrai dans une heure... Je vais parcourir ce village
qui m'a paru fleuri...

CLAQUEPONT, *à sa femme, riant.* — C'est plein de
fumier... (*Goberval, croyant aller à la porte, se cogne à la
cheminée, à travers laquelle il cherche à passer.*) Non!...
pas par là... vous vous trompez... par ici...

GOBERVAL. — Je prenais une porte pour l'autre...
étourdi que je suis! (*A madame de Claquepont.*) Monsieur... (*A Claquepont.*) Madame... (*Reculant.*) Mes
compliments les plus empressés. (*Il se heurte en sortant
contre la porte.*) Oh! pardon! pardon!

Il disparaît.

SCÈNE VIII

CLAQUEPONT, MADAME DE CLAQUEPONT

CLAQUEPONT. — A la place de ce monsieur, j'achète-
rais un caniche!... Ah çà!... cette enfant n'arrive pas...

Il s'assied à gauche.

MADAME DE CLAQUEPONT. — Ils la font jouer trop
longtemps du piano... ils la fatigueront...

CLAQUEPONT, *posant son chapeau sur la table et trouvant la lettre de Sabouleux.* — Ah! mon Dieu!... Bérénice!... (*Avec joie.*) Une lettre de Suzanne!... je reconnais l'écriture.

Il se lève et baise la lettre à plusieurs reprises.

MADAME DE CLAQUEPONT. — Cette pauvre chérie!...
Voyons ce qu'elle nous dit ?...

CLAQUEPONT, *lisant.* — « Mon cher papa et ma chère
« maman Claquepont, je vous écris pour vous dire que
« j'ai encore engraissé de six livres. » (*S'arrêtant.*) C'est
bien extraordinaire!... depuis un an, elle nous écrit tous

les mois... et, chaque mois, elle engraisse de six livres. Six fois douze...

MADAME DE CLAQUEPONT. — Font soixante-douze...

CLAQUEPONT. — Soixante-douze livres par an... ça me paraît fort.

MADAME DE CLAQUEPONT. — Cette enfant ne sait pas... Après ?

CLAQUEPONT, *lisant.* — « Maman Sabouleux continue « à être la plus tendre des mères... »

MADAME DE CLAQUEPONT. — Excellente femme!... je lui ai apporté un châle.

CLAQUEPONT. — Tiens! moi aussi... ça lui en fera deux. *(Lisant.)* « Je ne veux m'en aller d'ici qu'à douze ans... « Le médecin a dit que je périrais, si je respirais l'air « empoisonné des villes. » *(Parlé.)* Elle a raison... le manque d'oxygène!

MADAME DE CLAQUEPONT. — Mais cependant... douze ans!...

CLAQUEPONT. — Nous examinerons l'enfant, et nous verrons par nous-mêmes... *(Lisant.)* « Je tape toujours « de dessur mon piano. »

MADAME DE CLAQUEPONT. — De *dessur!*...

CLAQUEPONT. — Une incorrection! enfin! *(Lisant.)* « J'apprends la grammaire. » *(Parlé.)* Ça ne fera pas de mal... *(Lisant.)* « La géographie, la cosmographie, l'hy- « drographie et la lithographie. »

MADAME DE CLAQUEPONT. — C'est trop! c'est trop!

CLAQUEPONT, *lisant.* — « Sans compter la danse, la « musique, le dessin et l'équitation... quand vous m'au- « rez envoyé un âne... qui servira en même temps à porter « les provisions de maman Sabouleux... la plus tendre « des mères! »

MADAME DE CLAQUEPONT. — Un âne!...

CLAQUEPONT, *lisant.* — « Premier nota... »

SCÈNE IX

MONSIEUR et MADAME DE CLAQUEPONT, PÉPINOIS; *puis* SUZANNE

PÉPINOIS, *entrant vivement par la porte de droite, deuxième plan, et courant vers la chambre de Sabouleux.* — Sabouleux! La clef, pour le tablier neuf ?

CLAQUEPONT. — Qu'est-ce qu'il y a ?...

PÉPINOIS. — Rien! *(A part.)* La gamine qu'est là... et pas habillée!

MADAME DE CLAQUEPONT. — Eh bien, ramenez-vous Suzanne ?

PÉPINOIS, *troublé.* — Oui... en grande partie. *(A part.)* Où diable est Sabouleux ?

CLAQUEPONT. — Voilà une heure que nous attendons...

PÉPINOIS. — Une heure... Je ne sais pas... j'ai cassé ma montre... *(A part et remontant.)* Je vas toujours lui ôter ses sabots.

SUZANNE, *en dehors, fredonnant.* — Tra la la la...

MONSIEUR et MADAME DE CLAQUEPONT. — Ah!... la voilà!...

>   *Ils courent au-devant d'elle.*

PÉPINOIS, *à part.* — Pristi!...

CLAQUEPONT, *reculant, désappointé, en la voyant entrer par la droite deuxième plan.* — Ah!... c'est la fille de basse-cour.

>   *Suzanne porte une botte d'herbes dans son tablier.*

PÉPINOIS, *à part.* — Ils ne la reconnaissent pas!

>   *Les parents remontent.*

SUZANNE, sur le devant.

AIR : En revenant de Pontoise.

Me v'là, j'ons fait ma provision;
J'ons d'la belle herbe
Fraîche et superbe,
Pour ma chèvre et pour mon dindon;
A l'estomac ça leur s'ra bon!
Bon!...

SUZANNE, *à Claquepont.* — Tiens! un bourgeois!... C'est-y toi qui payes bouteille ?

>   *Elle lui donne une tape sur le ventre.*

CLAQUEPONT. — Hein ?

PÉPINOIS. — Des mots d'enfant! des mots d'enfant! *(A part.)* Où diable est Sabouleux ?

Suzanne est remontée, a posé sa botte d'herbes et est redescendue contre la cheminée.

SCÈNE X

Monsieur et Madame de Claquepont,
Suzanne, Pépinois, Sabouleux

Sabouleux, *entrant essoufflé, et à part.* — Va te promener!

Claquepont. — Ah! vous voilà!... c'est bien heureux!...

Pépinois, *bas à Sabouleux.* — Eh bien?

Sabouleux, *bas.* — Impossible d'arracher la mère Grivoine... Elle se pose les sangsues... c'est une égoïste!

Claquepont, *à Sabouleux.* — Et la nourrice?

Sabouleux. — Elle vient! elle vient! Elle continue à faire sa lessive.

Pépinois, *bas.* — La clef, pour le tablier?

Sabouleux, *bas.* — Dépêche-toi. *(Apercevant Suzanne, à part.)* Oh! la gamine!... et elle n'est pas débarbouillée!...

Pépinois disparaît un moment; Sabouleux prend une serviette et frotte les joues de Suzanne, qu'il a assise sur ses genoux.

Madame de Claquepont, *s'asseyant à gauche.* — Ah çà voyons!... Faut-il l'attendre jusqu'à ce que sa lessive soit coulée?...

Claquepont, *assis à gauche.* — Calme-toi, bobonne!... Elle va venir!... elle va venir!

Madame de Claquepont, *à Sabouleux.* — Ah! vous ne risquez rien de la débarbouiller... car cette enfant est bien mal tenue...

Sabouleux. — Oh! Madame!... vous la verrez avec son *tabellier!*

Claquepont. — C'est votre fille?

Sabouleux. — Qui?

Claquepont, *montrant Suzanne.* — Ça...

Sabouleux. — Comment, ça?

Pépinois, *rentrant de la droite, deuxième plan.* — V'là le *tabellier...*

Sabouleux, *bas.* — Ils ne savent donc pas?...

Pépinois, *bas.* — Rien!

Madame de Claquepont, *se levant.* — Oh! c'est insup-

portable!... *(Ici Sabouleux troublé, croyant mettre le
tablier à Suzanne, le présente brusquement à madame de
Claquepont qui pousse un cri; il se retourne, même jeu avec
Pépinois.)* Où est Suzanne ?

SABOULEUX. — Vous désirez voir... Suzanne ?...

CLAQUEPONT. — Mais oui! depuis une heure!

SABOULEUX. — C'est que...

       Pépinois, qui a pris le tablier, le met à Suzanne.

SUZANNE. — Tu me mets mon tablier flambant!...
ousque nous allons ?...

SABOULEUX, *bas.* — Chut!... *(Haut.)* Vous allez peut-
être la trouver un peu...

CLAQUEPONT. — Quoi ?

SABOULEUX. — Brunie!...

SUZANNE, *répétant.* — Ousque nous allons ?...

SABOULEUX, *bas.* — Mouche-toi! *(Haut.)* Mais à la
campagne!

PÉPINOIS, *à part.* — Quel fichu état que d'être nourrice!

MADAME DE CLAQUEPONT. — Nous verrons bien... Où
est-elle ?

SABOULEUX, *toujours troublé, à Suzanne.* — Mouche-
toi!... *(Prenant sa résolution.)* Ah! ma foi, tant pis! *(Poussant Suzanne.)* La voilà!...

MADAME DE CLAQUEPONT, *reculant.* — Ça, ma fille ?

CLAQUEPONT. — Ah! l'horreur!

CHŒUR

AIR : *Je rougis d'un pareil scandale.*

M. et MADAME DE CLAQUEPONT

Ah! quel coup pour $\left\{\begin{array}{l}\text{le cœur d'un père!} \\ \text{un cœur de mère!}\end{array}\right.$
Ça, notre enfant ? comment peut-on,
Sous ce costume de vachère,
Reconnaître une Claquepont ?

SABOULEUX et PÉPINOIS

Cristi! pristi! quelle colère!
Comment parer un tel guignon ?
Pour calmer le père et la mère,
Faut ici redoubler d'aplomb.

SUZANNE

Pourquoi donc qu'ils sont en colère ?
Quoi qu'ils ont ? mais quoi qu'ils ont donc,
Pour se fâcher de c'te manière
Contre la petite Suzon !

CLAQUEPONT. — Une Claquepont ! avec des sabots !

SABOULEUX, *à part.* — Je les ai oubliés... *(Haut.)* C'est le médecin...

MADAME DE CLAQUEPONT. — Et une robe de laine !...

SABOULEUX. — C'est le médecin !...

CLAQUEPONT. — C'est affreux !

SABOULEUX. — Mais aussi quelle santé !... regardez ses jambes... Montre tes jambes à la dame !

SUZANNE, *retroussant le bas de sa robe.* — Voilà !

PÉPINOIS. — Oh ! c'est magnifique ! c'est magnifique !

MADAME DE CLAQUEPONT. — Il ne s'agit pas de ses jambes... Où est sa robe de velours ?...

SABOULEUX. — Quelle robe ?

MADAME DE CLAQUEPONT. — Un coupon de velours orange que j'ai envoyé pour lui faire une robe.

SABOULEUX, *à part, bondissant.* — Ah ! bigre !... je suis dedans ! j'en ai fait faire une culotte !

> *Il noue vivement sa serviette en guise de tablier.*

PÉPINOIS. — Pristi !

SABOULEUX. — Cristi !

MADAME DE CLAQUEPONT. — Eh bien ?

SABOULEUX. — Certainement !... Avez-vous vu la cascade ?...

MADAME DE CLAQUEPONT. — Je vous parle de la robe !

SABOULEUX. — Elle la mettra, madame, elle la mettra !

CLAQUEPONT. — Mais ça ne le regarde pas, lui ! *(Suzanne remonte.)* C'est sa femme qui est coupable !

MADAME DE CLAQUEPONT. — Allez me chercher la nourrice !...

CLAQUEPONT. — Nous voulons voir la nourrice !

SABOULEUX. — La... nourrice ?...

PÉPINOIS. — La... nourrice ?...

SABOULEUX. — Elle étudie son piano... Tout de suite... *(Bas à Pépinois.)* J'ai une idée !

PÉPINOIS. — Moi aussi !

SABOULEUX. — Viens, Suzanne...

MADAME DE CLAQUEPONT. — Du tout !... laissez-nous l'enfant.

SABOULEUX. — Tout de suite. *(A part.)* Elle va jacasser!

PÉPINOIS. — Pristi!

SABOULEUX. — Cristi!

CHŒUR

AIR : *Pour les innocents.*

M. et MADAME DE CLAQUEPONT

Allons! hâtez-vous!
Car nous voulons faire justice!
Que cette nourrice
Comparaisse enfin devant nous!

SABOULEUX et PÉPINOIS, *à part.*

Loin des r'gards jaloux
J'vas fabriquer une nourrice,
Qui de c'précipice,
Grâce au ciel nous tirera tous!

SUZANNE, *à part.*

L'bourgeois n'est pas doux!
Il est roug' comme une écrevisse!
A maman nourrice
Est-c' qu'il voudrait fiche des coups!

Sabouleux entre à gauche et Pépinois à droite.

SCÈNE XI

MONSIEUR et MADAME DE CLAQUEPONT, SUZANNE

CLAQUEPONT, *s'asseyant à gauche.* — Comment! c'est là notre fille?

MADAME DE CLAQUEPONT, *s'asseyant à droite.* — C'est votre faute! laisser un enfant en nourrice pendant huit ans!

CLAQUEPONT. — Ma bonne amie... l'oxygène...

MADAME DE CLAQUEPONT. — Ah! vous n'avez pas le sens commun!...

SUZANNE, *jouant avec les breloques.* — Dis donc, mon ancien...

CLAQUEPONT. — Mon ancien!...

SUZANNE. — Pour quoi donc faire toutes ces machines-là ?

CLAQUEPONT. — Ma fille, ce sont des breloques.

SUZANNE. — Des berloques!

CLAQUEPONT. — Ma fille, on ne dit pas des *berloques*... on dit des breloques... *(La prenant dans ses bras et allant vers sa femme.)* Après tout, en la regardant de près, elle est gentille, cette enfant.

MADAME DE CLAQUEPONT, *se levant et embrassant Suzanne.* — Certainement! Et, quand elle aura sa robe de velours...

SUZANNE, *s'échappant brusquement des bras de Claquepont.* — Ah!... nom d'une pipe!... Mon pot qui s'en va.

Elle court à la cheminée.

CLAQUEPONT. — Nom d'une pipe!

MADAME DE CLAQUEPONT, *la voyant accroupie devant le feu.* — Où va-t-elle ?

CLAQUEPONT. — Qu'est-ce que tu fais là, mon enfant ?...

SUZANNE. — J'écume le pot, mon bourgeois!

CLAQUEPONT. — Son bourgeois!...

MADAME DE CLAQUEPONT, *avec éclat.* — Ils la font écumer!

CLAQUEPONT. — C'est une cuisinière bourgeoise!...

SUZANNE, *secouant un panier à salade.* — Gare l'eau... Oh!

CLAQUEPONT, *recevant de l'eau au visage.* — Allons bon!... la salade à présent!...

SUZANNE, *chantant en secouant sa salade.*

Si je meurs que l'on m'enterre
Dans la cave où est le vin!...

MADAME DE CLAQUEPONT. — Qu'est-ce que c'est que ça ?

SUZANNE

Les pieds contre la muraille,
La tête sous le robin!...

CLAQUEPONT, *indigné, lui prenant le panier à salade.* — Une chanson d'ivrogne! *(A sa fille.)* Tu ne me parlais pas de ces poésies dans ta lettre du 16...

SUZANNE. — Quelle lettre ?

CLAQUEPONT. — Ton honorée du 16...

SUZANNE, *riant*. — Ah! ah! ah! que c'est bête! j' sais pas écrire!...

CLAQUEPONT. — Hein!

MADAME DE CLAQUEPONT. — Vous ne voyez donc pas qu'on s'est moqué de vous.

CLAQUEPONT, *allant poser le panier et revenant*. — Peut-être! peut-être! *(A Suzanne.)* Voyons!... Qu'est-ce qu'on t'apprend à l'école ?

SUZANNE. — L'école ?... Ça m'embête!...

MADAME DE CLAQUEPONT. — Oh!

CLAQUEPONT. — Chut! il ne faut pas dire ça... On dit : « Papa, j'y trouve peu de plaisir. »

SUZANNE. — Ça me scie, quoi! j'y vas pas, là!

MADAME DE CLAQUEPONT. — Quel langage!

CLAQUEPONT. — Voyons, mon bijou... Qu'est-ce que tu fais donc ici ?

SUZANNE. — Moi ?... J' gardons les oies.

MADAME DE CLAQUEPONT. — Les oies!!!

CLAQUEPONT. — Pour quoi faire ?

SUZANNE. — Pour qu'y s'en aillent pas, donc!... Après, je monte aux arbres pour dénicher des nids...

CLAQUEPONT. — Aux arbres ?... une demoiselle ?

MADAME DE CLAQUEPONT. — Ma fille!!! une Claquepont!!!

SUZANNE. — Et le dimanche...

MADAME DE CLAQUEPONT, *à Suzanne*. — Le dimanche ?

SUZANNE

AIR : *Le Beau Lycas.*

Quand j'suis ben sage tout'la semaine,
Que dans l'pot j'ai pas mis trop d'sel,
M'man Sabouleux l'dimanch'me mène
Dîner au *Pompier éternel.*

MONSIEUR et MADAME DE CLAQUEPONT. — Qu'est-ce que c'est que ça ?

SUZANNE, *continuant.*

C'est l'cabaret d'la mèr' Philippe...
Là, maman fum' sa vieille pipe...
Moi, j'joue aux boul's et j'mange du flan
Et nous pompons du bon p'tit blanc.

MONSIEUR et MADAME DE CLAQUEPONT. — Grand Dieu!

SUZANNE, *continuant.*

Puis l'soir, l'perruquier Pépinois
Racl' son violon sous l'grand treillard,
Et j'dansons l'rigodon des oies
Avec le petit Rampaillard *(bis)*.

Elle fait quelques pas d'une danse rustique.

CLAQUEPONT. — Le petit Rampaillard!!!

SUZANNE. — Oui, mon prétendu.

MADAME DE CLAQUEPONT, *avec éclat.* — Elle a fiancé ma fille!

CLAQUEPONT. — Mais cette femme est une effrontée coquine!... Où est-elle ? où est-elle ?

SUZANNE. — Qui ça ?

CLAQUEPONT. — L'affreuse créature qui t'a nourrie de son lait!...

SUZANNE. — Elle broute.

CLAQUEPONT. — Comment! elle broute!

SUZANNE. — Elle mange de l'herbe, quoi!...

MONSIEUR et MADAME DE CLAQUEPONT. — De l'herbe ?

SUZANNE. — Oui! *(Prenant sa botte d'herbes.)* J'vas y porter son déjeuner.

Elle sort par la porte du fond, en dansant et chantant.

Et j'dansons l'rigodon des oies,
Etc.

SCÈNE XII

MONSIEUR et MADAME DE CLAQUEPONT;
puis PÉPINOIS et SABOULEUX

CLAQUEPONT. — De l'herbe!... une nourrice qui mange de l'herbe!...

MADAME DE CLAQUEPONT. — Il nous faut une explication!... *(Criant ensemble, l'un à droite, l'autre à gauche.)* Nourrice! nourrice!...

PÉPINOIS et SABOULEUX, *entrant chacun d'un côté opposé, et tous deux vêtus en nourrices.* — Vélà!... vélà!

MADAME DE CLAQUEPONT. — Hein ?

CLAQUEPONT. — Comment ?

SABOULEUX, *à part.* — Pristi!

PÉPINOIS, *à part.* — Cristi!

CLAQUEPONT. — Deux nourrices!... Et tout à l'heure on ne pouvait pas en trouver une!

Pépinois et Sabouleux veulent sortir.

MADAME DE CLAQUEPONT, *retenant Pépinois.* — Un instant!

CLAQUEPONT, *ramenant Sabouleux.* — Où allez-vous donc ?

SABOULEUX, *troublé.* — Voulez-vous voir la cascade ?

MADAME DE CLAQUEPONT. — Laquelle de vous est madame Sabouleux ?

PÉPINOIS et SABOULEUX, *s'avançant ensemble.* — C'est...

Ils s'arrêtent.

CLAQUEPONT. — Eh bien ?

SABOULEUX. — C'est moi, monsieur, madame, pour vous servir.

Il fait la révérence.

CLAQUEPONT, *à part.* — C'est une belle femme!... où diable l'ai-je vue ?

PÉPINOIS, *embarrassé, à part.* — Eh ben, et moi ?... et moi ?...

SABOULEUX, *à Pépinois.* — Qu'est-ce qui vous amène, mère Grivoine ?... c'est la mère Grivoine...

PÉPINOIS. — Oui... je me pose les sangsues... je suis un égoïste... c'est-à-dire... *(A part.)* J'ai envie de m'en aller!

MADAME DE CLAQUEPONT, *regardant Pépinois.* — Oh! c'est étonnant!...

CLAQUEPONT, *regardant Sabouleux.* — C'est prodigieux!

PÉPINOIS, *à part.* — Elle me reconnaît...

SABOULEUX, *à part.* — Pincé!

Tous deux se tiennent droits et immobiles, en tournant la bouche pour se défigurer.

CLAQUEPONT, *à sa femme.* — Regarde donc comme la nourrice ressemble à son mari...

SABOULEUX. — C'est mon cousin... mon homme est un Sabouleux... nous sommes deux Sabouleux... voilà. *(A part.)* Je transpire dans mes atours...

MADAME DE CLAQUEPONT. — Et la mère Grivoine... On jurerait le portrait de ce paysan qui était là...

PÉPINOIS. — C'est mon frère... un Sabouleux...

SABOULEUX. — Nous sommes tous Sabouleux ici.

SABOULEUX et PÉPINOIS, *ensemble*. — Tous Sabouleux ici!... tous Sabouleux!

CLAQUEPONT, *à sa femme*. — Ça s'explique...

MADAME DE CLAQUEPONT. — Cependant...

PÉPINOIS, *vivement pour détourner la conversation*. — Voisine... je vous demanderai un peu de braise pour allumer mon feu.

> *Il prend du feu sur une pelle.*

SABOULEUX. — Avec plaisir, mère Grivoine... mais n'ébréchez pas mes tisons. *(A Claquepont.)* Cette femme-là, c'est la mort aux tisons.

PÉPINOIS. — Parbleu! vos tisons!... on ne les mange pas, vos tisons!

SABOULEUX. — Pourquoi que vous êtes toujours à carotter de la braise ?

PÉPINOIS. — Mame Sabouleux!...

SABOULEUX. — Mame Grivoine...

M. et MADAME DE CLAQUEPONT. — Allons, voyons!...

PÉPINOIS, *sortant*. — Ses tisons!... fait-elle une poussière avec ses tisons!...

SCÈNE XIII

MONSIEUR et MADAME DE CLAQUEPONT, SABOULEUX

CLAQUEPONT. — A nous trois maintenant!

MADAME DE CLAQUEPONT. — Oui, nous avons à causer!

SABOULEUX, *à part*. — Je sens le grabuge. *(Haut.)* Voulez-vous prendre quelque chose... un doigt de cassis ?

CLAQUEPONT. — Non, madame!... Vous avez fait de ma fille une ivrognesse!

MADAME DE CLAQUEPONT. — Elle jure comme un charretier!...

CLAQUEPONT. — Elle danse comme un janissaire!

SABOULEUX, *vivement*. — Avez-vous ses mollets ?... Des mollets de Turc, môssieu!

CLAQUEPONT. — Je ne tiens pas à ce que ma fille ait des mollets de Turc!

MADAME DE CLAQUEPONT. — Et cette brillante éducation dont elle nous parlait dans ses lettres!

CLAQUEPONT. — Ah! oui! ses lettres!... c'est comme son piano...

SABOULEUX. — Eh ben?

CLAQUEPONT. — Comme la grammaire, le dessin, la géographie...

SABOULEUX, *à part.* — La mioche a jacassé...

MADAME DE CLAQUEPONT. — Enfin, vous l'avez élevée comme une vachère!

CLAQUEPONT. — Comme une cuisinière!

SABOULEUX. — Ah! Seigneur Dieu! s'il est possible! Une enfant qu'on soigne comme une demoiselle et qu'on instruit comme un notaire! *(Pleurant.)* Heue!!!

MADAME DE CLAQUEPONT. — Vous l'employez aux travaux les plus grossiers...

SABOULEUX. — Jamais! jamais! *(Pleurant.)* Heue!!!

SCÈNE XIV

LES MÊMES, SUZANNE

SUZANNE, *entrant par le fond, en vannant de l'avoine;* elle chante.

> Car votre enfant vient de tomber
> Dans la rivière.

CLAQUEPONT, *l'apercevant.* — Là!... qu'est-ce que je disais!

SABOULEUX, *à part.* — Cré chien!

MADAME DE CLAQUEPONT. — C'est un garçon d'écurie!...

SUZANNE, *faisant sauter son avoine.* — Hup là!

CLAQUEPONT. — Et voilà son piano!

SABOULEUX, *arrachant le van à Suzanne.* — Lâchez ça, mam'zelle, lâchez ça! c'est moi... Je lui avais dit de me l'apporter...

> *Dans son trouble, il se met à vanner.*

SUZANNE, *apercevant Sabouleux en femme.* — Ah!... ah! maman Sabouleux en madame...

MONSIEUR et MADAME DE CLAQUEPONT. — Quoi?

SABOULEUX, *à part.* — Fichtre!

SUZANNE, *riant.* — Pourquoi que t'as mis c'te robe?

SABOULEUX, *ahuri*. — Veux-tu voir la cascade ? *(Bas.)* Tais-toi, tu auras du lard !

Suzanne remonte.

CLAQUEPONT. — Qu'est-ce qu'elle a ?

SABOULEUX. — Elle rit de me voir dans mon trente-six...

CLAQUEPONT, *caressant le menton de Sabouleux.* — Coquette !

Suzanne disparaît à gauche.

SABOULEUX, *vannant.* — Dame ! on tient à ne pas faire peur...

MADAME DE CLAQUEPONT, *à son mari avec jalousie.* — En voilà assez ! Je suis honteuse de voir ma fille en cet état-là !... Où est votre mari ?

SABOULEUX, *bondissant.* — Plaît-il ?

CLAQUEPONT. — Nous voulons le voir, lui parler... Tout de suite.

SABOULEUX, *à part.* — Cristi ! faut que je reparaisse en culotte !

MADAME DE CLAQUEPONT. — Bien certainement je ne laisserai pas ma fille plus longtemps ici !... Eh bien, vous avez l'air d'une ahurie...

CLAQUEPONT. — On vous demande le père Sabouleux...

SABOULEUX. — Oui... mon homme !... Il est à la cascade. Je vas aller vous le chercher.

Il remonte.

CLAQUEPONT, *le retenant.* — Non, c'est inutile !... Nous allons le trouver nous-mêmes !...

MADAME DE CLAQUEPONT. — Nous serons de retour dans un quart d'heure... Surtout que ma fille ait sa robe de velours... vous entendez... je le veux !

SABOULEUX. — Elle l'aura, madame, elle l'aura !

CHŒUR

AIR : *Oui, dès aujourd'hui (Folleville).*

CLAQUEPONT

Venez, chère amie, et prenez mon bras,
A cette cascade allons de ce pas.
Et que notre enfant, sans plus de discours,
Ait sa robe de velours.

MADAME DE CLAQUEPONT

Venez, mon ami, donnez-moi le bras,
Etc.

SABOULEUX

Vite, à la cascade allez de ce pas,
Vous rencontrerez mon mari là-bas,
Suzanne va mettr' ses plus beaux atours
Et sa robe de velours!

M. et Mme de Claquepont sortent par le fond.

SCÈNE XV

SABOULEUX; *puis* GOBERVAL; *puis* PÉPINOIS

SABOULEUX, *seul.* — Sont-ils embêtants avec leur robe!
Je n'ai, ici, en velours, qu'un vieux fauteuil... Je ne peux
pourtant pas lui mettre le fauteuil!... Que le diable
emporte les Claquepont!... J'aime bien mieux les parents
de Toto, mon autre nourrisson; ils me laissent tranquille,
au moins, ceux-là... Voyons... si je pouvais ôter ma
culotte... et en faire faire une robe...

Il est à droite et fait le mouvement de relever sa robe.

GOBERVAL, *entrant par le fond et s'adressant à gauche.*
— Madame Sabouleux, s'il vous plaît ?
SABOULEUX. — Oh! *(Il baisse vivement le bas de sa
robe.)* Vélà! vélà!

Il passe à gauche.

GOBERVAL, *essuyant ses lunettes et s'adressant à droite.* —
Est-ce à madame Sabouleux, nourrice, que j'ai l'honneur
de présenter mes hommages... les plus empressés ?
SABOULEUX, *à part.* — V'là un vieux poli avec le sexe.
(Haut.) C'est moi-même, monsieur.
GOBERVAL, *se retournant du côté gauche.* — Sommes-
nous seuls ?...
SABOULEUX. — Entièrement.
GOBERVAL. — Deux mots vous diront qui je suis et
l'objet qui m'amène...
SABOULEUX, *à part, reculant.* — Ah çà, est-ce qu'il vou-
drait m'en conter ?... Je tape d'abord! *(Haut.)* Conti-
nuez.
GOBERVAL, *mystérieusement.* — Voici ces deux mots :
« Bon lait et mystère! »

SABOULEUX, *s'oubliant*. — Ah! sacrédié! la devise à Toto!...

GOBERVAL. — Oui, le fruit blâmable d'un neveu... que j'aurais dû maudire...

SABOULEUX, *avec indulgence*. — Oh! pourquoi ça ?... pourquoi ça ?...

GOBERVAL. — Il y a quinze jours, je reçus une lettre de Batavia...

SABOULEUX. — Au-dessus de Tonnerre...

GOBERVAL. — Cette missive contenait l'aveu de sa faute dans des termes si... si bien écrits, que mes entrailles s'émurent... Je viens tout réparer et payer les frais de nourrice...

SABOULEUX. — Payer les frais! *(Vivement, et fouillant dans le tiroir de la table.)* Voici la note!... *(A part.)* J'ai bien fait de la saler.

Il offre un papier à Goberval.

GOBERVAL. — Tout à l'heure... Voyons d'abord l'enfant...

SABOULEUX, *à part*. — Allons, bon! il est aux foins! *(Haut.)* Commençons toujours par la note...

GOBERVAL, *prenant la note*. — Je la vérifierai... Non!... commençons par l'enfant... Où est-il ?

SABOULEUX. — Il étudie son piano...

GOBERVAL. — Ah!... c'est très bien!

SABOULEUX, *à part*. — A trois lieues d'ici.

GOBERVAL. — Eh bien, allez le chercher!... allez!...

Il s'assied à droite.

SABOULEUX. — Oui... Il va venir... je l'attends... *(A part.)* Où diable en pêcher un ?...

PÉPINOIS, *en dehors*. — Père Sabouleux!...

SABOULEUX. — Voilà!

GOBERVAL. — Ah! le voilà donc, ce cher enfant!... *(Tout en essuyant ses lunettes.)* Approchez, jeune homme...

En se levant, il fait tomber sa chaise et la relève.

SABOULEUX, *à part*. — Jeune homme!... Il le prend pour Toto... *(Vivement à Pépinois, qui entre par le fond en habits d'homme.)* Baisse-toi!

Il le fait baisser.

GOBERVAL, *sans voir Pépinois*. — Voltaire l'a dit : « Les « fautes des pères ne doivent pas retomber sur la tête des « enfants... »

PÉPINOIS, *interloqué*. — Monsieur ?

SABOULEUX. — Il l'a dit!

GOBERVAL. — Je viens à toi sans amertume... cher enfant!...

> *Il se baisse et embrasse Pépinois sur le front.*

PÉPINOIS, *toujours baissé.* — Monsieur... est bien bon! *(A Sabouleux.)* Qu'est-ce qu'y me veut?

SABOULEUX, *bas.* — Baisse-toi!

GOBERVAL. — C'est le pardon sur les lèvres... que mon cœur te crie : Pauvre innocente créature!... *(Il pose la main sur la tête de Pépinois, qui se relève de toute sa hauteur.* Qu'est-ce que c'est que ça?... Cet enfant a plus de huit ans!...

SABOULEUX. — Baisse-toi!

PÉPINOIS. — Vingt-sept aux betteraves!

GOBERVAL, *outré.* — Femme Sabouleux!... Je conçois les plus étranges soupçons... Je vous somme péremptoirement de me livrer ce jeune adulte...

SABOULEUX. — Voilà la chose... Le cousin Sabouleux m'ayant prêté son âne...

GOBERVAL. — Si dans cinq minutes vous ne m'avez pas satisfait, j'irai déposer ma plainte aux pieds des autorités compétentes.

> *Il entre à droite.*

SCÈNE XVI

SABOULEUX, PÉPINOIS

PÉPINOIS. — Compétentes!

SABOULEUX, *se promenant.* — Fichtre! fichtre! fichtre!... Comment avoir dans cinq minutes un moutard qui fait les foins à trois lieues d'ici?

PÉPINOIS. — Si on lui livrait un autre gamin... plus petit que moi?...

SABOULEUX. — Avec quoi, animal?... Je n'ai ici qu'une fille... et encore elle est prise... *(Frappé d'une idée.)* Oh!

PÉPINOIS. — Quoi?

SABOULEUX. — Ça peut s'arranger... J'ai les culottes du petit... Les Claquepont sont à la cascade... L'autre aura vu, embrassé et payé avant leur retour... Dépêchons-nous!

PÉPINOIS. — Tu crois que le vieux se contentera d'une culotte?

SABOULEUX. — Avec la petite dedans, crétin!

PÉPINOIS. — Je comprends. *(Riant.)* Ah! ah! ah!... prrré Sabouleux!

SABOULEUX. — Vite!... à l'armoire...

Fausse sortie.

PÉPINOIS, *l'arrêtant.* — Ah!... je savais bien que j'étais venu pour quelque chose!

SABOULEUX. — Quoi ?

PÉPINOIS. — La vendange! que tu n'as pas tambourinée.

SABOULEUX. — Crebleu!

PÉPINOIS. — Tout le village attend... M. le maire est furieux...

SABOULEUX. — J'y vais... *(Faisant passer Pépinois à gauche.)* Occupe-toi de la mioche... prends la plus belle culotte.

PÉPINOIS. — Oui *(Près de la porte.)* Prrré Sabouleux !

Il sort vivement à gauche.

SCÈNE XVII

SABOULEUX;
puis MONSIEUR et MADAME DE CLAQUEPONT

SABOULEUX, *passant par habitude son tambour par-dessus ses habits de nourrice.* — Fichue vendange!... je l'avais oubliée... Je perds la tête... je me ferai destituer.

Il remonte pour sortir.

MONSIEUR et MADAME DE CLAQUEPONT, *entrant.* — Nourrice ?... *(Apercevant le tambour.)* Dieu!

SABOULEUX, *à part.* — Pristi !

Il fait tourner le tambour derrière son dos.

CLAQUEPONT. — Non! non! on n'a jamais vu une nourrice aussi excentrique!... Pourquoi ce tambour ?

SABOULEUX. — C'est pour amuser la petite... Je vais revenir...

Fausse sortie.

CLAQUEPONT, *le retenant.* — C'est comme votre cascade...

MADAME DE CLAQUEPONT. — Qui devait nous amuser...

SABOULEUX. — Monsieur n'est pas content de la cascade ?

CLAQUEPONT. — Il n'y en a pas !

SABOULEUX. — On l'a emportée ?...

CLAQUEPONT. — C'est un moulin... à eau.

MADAME DE CLAQUEPONT. — Qu'un âne fait tourner.

SABOULEUX. — Eh bien ?

CLAQUEPONT. — Alors, c'est l'âne qui est la cascade !... Quel renversement de toute logique !

MADAME DE CLAQUEPONT. — Et votre mari, nous ne l'avons pas rencontré...

CLAQUEPONT. — Il est revenu ?

SABOULEUX. — Non... il vient de retourner... il vous cherche... Si vous voulez le rattraper ?...

MADAME DE CLAQUEPONT. — Nous le verrons plus tard... Suzanne doit être habillée ?

SABOULEUX, *à part.* — Cristi ! *(Haut.)* Voulez-vous monter dans le clocher ?

Il l'indique.

CLAQUEPONT. — Pour quoi faire ?

SABOULEUX. — Y remonte à Pépin le Bref !

CLAQUEPONT. — Allez au diable !

SCÈNE XVIII

LES MÊMES, PÉPINOIS, SUZANNE,
*en costume de petit paysan, avec un pantalon de velours noir,
et un bonnet de coton rayé.*

PÉPINOIS, *amenant la petite, et sans voir les Claquepont.* — C'est fait... la voilà !

MONSIEUR ET MADAME DE CLAQUEPONT. — Notre fille... en homme !

SABOULEUX. — Pristi !

PÉPINOIS. — Cristi !

Sabouleux, perdant la tête, fait un roulement de tambour.

CLAQUEPONT. — Aïe ! assez !... Cette nourrice me fera mourir !

MADAME DE CLAQUEPONT. — Voyons... pourquoi ce costume ? pourquoi ?

CLAQUEPONT, *à Suzanne*. — Qui est-ce qui t'a fourrée
là-dedans ?

SUZANNE. — On m'a défendu de parler...

CLAQUEPONT. — Quel est ce mystère ?... Nourrice...
répondez!

MADAME DE CLAQUEPONT. — Et cette robe de velours ?

PÉPINOIS, *montrant le costume de Suzanne*. — La v'là!

MONSIEUR ET MADAME DE CLAQUEPONT. — Comment ?

PÉPINOIS, *balbutiant*. — La couturière a mal aux dents...
alors, comme son mari est tailleur... il a fait ça... il s'est
trompé, c't homme!

SABOULEUX. — Mais le velours y est!

MADAME DE CLAQUEPONT. — Celui que j'ai envoyé était
orange, et celui-ci est noir!

PÉPINOIS, *à part*. — Aïe!

SABOULEUX, *s'embrouillant*. — C'est l'air, madame...
c'est l'air... qui avec le soleil... de même dans la maladie
du raisin... y pousse de *dessur* un petit champignon...

PÉPINOIS. — Tu patauges...

Sabouleux, très troublé, fait des roulements plus forts.

CLAQUEPONT. — Taisez-vous donc! taisez-vous donc!

MADAME DE CLAQUEPONT. — Assez!... Cette nourrice
est folle... Faisons les paquets de la petite... et emmenons
l'enfant.

*Ils entrent vivement à gauche. Sabouleux les accompagne
en battant la caisse plus fort que jamais.*

SCÈNE XIX

SABOULEUX, PÉPINOIS, SUZANNE;
puis GOBERVAL

Sabouleux ôte son tambour.

PÉPINOIS. — Emmener l'enfant!

SABOULEUX, *descendant*. — Not'petite Suzanne ? Ah!
j'en ferai une maladie!

SUZANNE, *entrant*. — Jamais! Moi, je veux rester avec
mes oies.

PÉPINOIS, *attendri*. — Ah! elle sait aimer, elle!

GOBERVAL, *la montre à la main*. — Madame...

SABOULEUX, *à part.* — A l'autre maintenant! je l'avais oublié!...

GOBERVAL. — Les cinq minutes sont écoulées...

SABOULEUX, *lui montrant Suzanne.* — Voici votre fille... non, votre garçon!...

GOBERVAL. — Pauvre enfant! plus je le contemple, plus j'éprouve un sentiment...

SABOULEUX. — Oui... dépêchons-nous! dépêchons-nous!

GOBERVAL, *à Pépinois.* — C'est singulier, monsieur... Je trouve qu'il ressemble à mon neveu...

PÉPINOIS. — Oui... dépêchons-nous! dépêchons-nous!

GOBERVAL. — Pourquoi ça? *(A Suzanne qui lui fait des gestes de gamin sans qu'il s'en aperçoive.)*

Ah! puisses-tu jouir d'un avenir prospère...

Surtout dans ses écarts, crains d'imiter ton père!

PÉPINOIS et SABOULEUX. — Ne flânons pas! ne flânons pas!

VOIX DE CLAQUEPONT, *dans la coulisse.* — Nourrice! nourrice!

SABOULEUX. — Vélà! vélà! *(A Goberval.)* Vous avez la note!

GOBERVAL, *lui remettant une bourse.* — Et voici votre solde... *(A Pépinois.)* Monsieur, c'est incroyable comme la vue de cet enfant m'a remué...

PÉPINOIS. — Vous allez manquer le convoi.

GOBERVAL. — Décidément je l'emmène!...

Il prend Suzanne par la main.

SABOULEUX et PÉPINOIS, *effrayés.* — Bigre!...

SABOULEUX. — Où ça?

GOBERVAL. — A Mâcon!

SABOULEUX, *à Goberval, vivement.* — Monsieur, c'est impossible!...

GOBERVAL, *l'écartant.* — N'êtes-vous pas soldé?

Il remonte avec Suzanne.

PÉPINOIS, *à part.* — Nom d'un nom!... et les autres?... *(Frappé d'une idée.)* Oh!... *(Ouvrant vivement la porte du clocher à Goberval.)* Par ici... ça monte au chemin de fer...

GOBERVAL. — Trop bon...

Il entre dans le clocher. Pépinois lui arrache Suzanne et ferme vivement la porte.

PÉPINOIS. — V'lan! dans le clocher!...

Il tombe assis sur les marches de la porte.

Sabouleux, *tombant sur une chaise à gauche.* — Je n'ai plus de jambes!

SCÈNE XX

Monsieur et Madame de Claquepont, Sabouleux, Suzanne, Pépinois

M. et Mme de Claquepont rentrent avec des paquets.

Claquepont. — Nous voici prêts.

Madame de Claquepont. — Allons, ma fille, embrassez votre nourrice... et partons.

Sabouleux. — Ah! ma fille!

Suzanne, *se cramponnant à la robe de Sabouleux.* — Non! j'veux pas quitter maman Sabouleux!...

Monsieur et Madame de Claquepont. — Comment ?

Sabouleux, *l'embrassant.* — Pauvre trognon!

Suzanne. — J'veux rester ici jusqu'à douze ans.

Claquepont, *voulant prendre Suzanne, qui tourne autour de Sabouleux pour lui échapper.* — Certainement, tout ça est très gentil... Mais nous ne sommes pas ici pour faire du sentiment.

Tout en parlant, il court après elle.

Suzanne, *s'arrêtant près de Pépinois.* — J'veux pas quitter mes oies... ni le perruquier!...

Pépinois, *attendri.* — Ni le perruquier!... Je mouille un cil!...

Madame de Claquepont, *à son mari.* — Allons, monsieur, finissons-en... Emportez-la!

Claquepont, *courant après Suzanne.* — Mademoiselle, ici!... Je vous ordonne...

Suzanne, *fuyant.* — Non! jamais! jamais! jamais!

Elle sort par le fond.

Claquepont, *en même temps, la poursuivant.* — Ma fille! ma fille! ma fille!...

Il sort après elle.

Sabouleux, *attendri.* — Aimable enfant!

Madame de Claquepont. — Voilà comme vous lui avez appris à obéir!

On entend Goberval cogner contre la porte, dans le clocher.

SABOULEUX et PÉPINOIS. — Oh!!!

MADAME DE CLAQUEPONT. — Qu'est-ce que c'est que ça ?

PÉPINOIS. — C'est les maçons...

CLAQUEPONT, *rentrant essoufflé.* — Ouf!... je n'en peux plus.

MADAME DE CLAQUEPONT. — Comment, monsieur, vous ne la ramenez pas ?

CLAQUEPONT, *essoufflé.* — Elle est... elle est montée.

MADAME CLAQUEPONT. — Où ça ?

CLAQUEPONT. — Dans un arbre!!!

TOUS. — Dans un arbre!!!

PÉPINOIS et SABOULEUX, *éclatant de rire.* — Ah! ah! ah! ah!

MADAME DE CLAQUEPONT, *appelant par la fenêtre.* — Suzanne!... Suzanne!... *(A Claquepont.)* Voyons, monsieur, quel parti prenez-vous ?

CLAQUEPONT. — Que voulez-vous que je fassè ?... Je ne peux pas emporter un marronnier !

PÉPINOIS. — Il est à la commune... *(Goberval sonne dans le clocher. — A part.)* L'oncle à Toto!... y se bat avec les cloches.

CLAQUEPONT. — Quel est ce bruit ?

SABOULEUX. — La cloche du chemin de fer.

CLAQUEPONT, *désolé.* — Quelle situation!... avoir sa fille dans un arbre!... Et le chemin de fer qui va partir!

MADAME DE CLAQUEPONT. — Que faire ?... que devenir ?

CLAQUEPONT. — Allons, madame... puisqu'on ne peut pas séparer cette enfant de sa nourrice... je ne vois qu'un moyen!...

MADAME DE CLAQUEPONT. — Lequel ?

PÉPINOIS, *bas à Sabouleux.* — Il va nous la laisser !

CLAQUEPONT. — Emmenons la nourrice !

Il remonte.

SABOULEUX, *stupéfait.* — Hein ? moi! en femme!... Sacrebleu!...

PÉPINOIS, *à part.* — Je ris comme quarante-deux mille bossus!

CLAQUEPONT, *revenant à Sabouleux et cachant un châle qu'il a pris au fond.* — Nous vous ferons un pont d'or... le café au lait le matin...

SABOULEUX. — Permettez...

Madame de Claquepont, *de même, à Sabouleux.* —
Quatre repas...

Claquepont. — Neuf cents francs... blanchie...

Madame de Claquepont. — Et des cadeaux!... voici
le mien...

Elle lui met un châle sur les épaules.

Sabouleux. — Un châle!

Claquepont, *lui mettant l'autre châle sur les épaules.*
— Et le mien!

Sabouleux, *bas.* — Deux châles!... *(Se décidant)*
Allons!... c'est pour l'enfant!...

Monsieur et Madame de Claquepont, *avec joie.*
— Ah! *(Remontant.)* Suzanne, descends... Nous emmenons la nourrice!

Ils disparaissent un moment.

Sabouleux. — Pépinois, mon paquet... Fourrez-y
mes rasoirs...

Pépinois, *bas.* — Et le vieux du clocher?

Sabouleux, *bas.* — Toto revient demain... Fais-lui
voir la cascade...

Pépinois. — Prrré Sabouleux!

Il sort un moment à gauche pour chercher les paquets.

Claquepont, *amenant Suzanne.* — Ah! petite mauvaise tête!... nous te tenons!

Suzanne, *tenant un nid.* — J'ai trouvé un nid... je
serai sa nourrice!...

Sabouleux, *embrassant la petite.* — Oui, mon trésor!

Madame de Claquepont, *à son mari.* — Cette femme
chez nous!... quelle affreuse chose!

Claquepont, *mystérieusement et riant.* — Chut! je lui
prends un billet de troisième... embranchement sur
Boulogne!... Elle pourra voir le camp!

Pépinois, *à part, revenant et posant à terre le paquet de
Sabouleux et un grand panier.* — Qué bon état que d'être
nourrice! Je prends sa suite...

*Pendant le chœur final, M. et Mme de Claquepont
remontent à la table du fond, y prennent tous les paquets
et les mettent sur la table du premier plan.*

Chœur final

Monsieur et Madame de Claquepont,
Sabouleux et Suzanne.

AIR final de *Michel et Christine*.

Adieu donc *(ter)* ! $\left\{ \begin{array}{c} \text{ce} \\ \text{mon} \end{array} \right\}$ tranquille
Asile.
Vers la ville
Faut $\left\{ \begin{array}{c} \text{qu'l'on} \\ \text{que j'} \end{array} \right\}$ file.
Adieu bonsoir,
Pas $\left. \begin{array}{c} \\ \\ \end{array} \right\}$ au revoir.
Mais

PÉPINOIS

Adieu donc *(bis)* ! quitte cet asile
Tranquille,
Vers la ville
Faut qu'tu files.
Adieu, bonsoir,
Mais au revoir !
Un pleur amer mouille ma lèvre !

SUZANNE

Bon perruquier, pour t'apaiser,
De ma part embrasse ma chèvre.

PÉPINOIS

Je lui promets un doux baiser !

SABOULEUX, *au public, présentant Suzanne.*

D'ma nourrisonn' pour que l'talent grandisse,
Soyez, messieurs, ses nourriciers nouveaux
Prodiguez-lui le lait de vos bravos...

SUZANNE

Et n'en sevrez pas ma nourrice !

REPRISE DE L'ENSEMBLE.

Pendant la reprise de l'ensemble, Mme de Claquepont charge son mari de tous les paquets. Pépinois donne à Sabouleux le panier et un paquet enveloppé dans un mouchoir, d'où sort très ostensiblement une paire de bottes ; Sabouleux cherche vivement à la cacher. Suzanne a pris sa gaule. Pépinois embrasse Sabouleux, puis tombe ému sur une chaise.

FIN DE MAMAN SABOULEUX

UN MONSIEUR
QUI PREND LA MOUCHE

COMÉDIE EN UN ACTE, MÊLÉE DE COUPLETS
PAR EUGÈNE LABICHE ET MARC-MICHEL

*représentée pour la première fois, à Paris, sur le Théâtre
des Variétés, le 25 mars 1852*

ACTEURS qui ont créé les rôles.

ALPHONSE DE BEAUDÉDUIT	M. ARNAL
BÉCAMEL	M. LECLÈRE
JURANÇON, ami de Bécamel. .	M. H. ALIX
CYPRIEN, domestique de Bécamel.	M. KOPP
DOMINIQUE, domestique de Beaudéduit	M. CHARIER
CÉCILE, fille de Bécamel. . .	Mlle VIRGINIE DUCLAY

La scène se passe chez Bécamel, à Crépy.

Un salon de campagne, porte au fond, portes latérales dans les pans coupés de droite et de gauche. — Une fenêtre à droite. Sur le devant, à droite, un guéridon. Autre petit guéridon, à gauche, contre le mur. — Gravures encadrées. — Chaises. Ouvrages de broderie sur le guéridon de droite. Le fond ouvre sur un jardin.

SCÈNE PREMIÈRE

CYPRIEN; *puis* JURANÇON; *puis* BÉCAMEL

CYPRIEN, *assis contre le guéridon de droite, et lisant le journal.* — « Oui, nous ne saurions trop le répéter, la « société est ébranlée dans sa base... que si l'on nous « demande un remède... nous ne nous chargeons pas de « l'indiquer. » *(Parlé.)* Eh bien, alors... tais ton bec, méchant gratte-papier! *(Lisant.)* La « France depuis « 89... »

JURANÇON, *entrant par le fond.* — Cyprien!

CYPRIEN, *sans se déranger.* — Ah! c'est vous... Bonjour, monsieur Jurançon, bonjour. *(Lisant.)* « La France « depuis 89... »

JURANÇON. — Où est Bécamel?

CYPRIEN. — Dans sa chambre. *(Appelant.)* Monsieur... monsieur!...

BÉCAMEL, *dans la coulisse de gauche.* — Quoi?

CYPRIEN. — C'est votre ami qui vous demande... Dépêchez-vous!

BÉCAMEL, *dans la coulisse.* — Voilà.

CYPRIEN, *à Jurançon.* — Il va venir...

Jurançon. — Ah! tu as le journal d'aujourd'hui ?

Il avance la main pour le prendre.

Cyprien. — Oui, monsieur. *(Se remettant à lire.)* « La « France depuis 89... »

Bécamel, *entrant par la gauche.* — Tiens! c'est Jurançon, mon ami, mon vieux voisin... Tu viens déjeuner avec moi ?

Jurançon. — Non, merci, je prends médecine à deux heures.

Bécamel. — Comment!... Tu prends médecine ?... Est-ce que tu es malade ?

Jurançon. — Moi, pas du tout.

Bécamel. — Eh bien, alors ?

Jurançon. — C'est une précaution recommandée par le Guide du voyageur avant de se mettre en route... et, comme dans trois jours je pars pour l'Italie... la belle Italie...

Bécamel. — Comment! tu pars ?... sans moi ?

Cyprien, *à part, impatienté, se levant et allant s'asseoir de l'autre côté du guéridon.* — Sont-y embêtants! je ne sais plus ce que je lis... *(Reprenant la lecture.)* « La « France depuis 89... »

Bécamel. — Jurançon, je ne m'attendais pas à ça de ta part... Tu avais promis de m'attendre.

Jurançon. — Mais voilà dix-neuf ans que je t'attends!

Bécamel. — Ce n'est pas de ma faute... nous avons été sur le point de partir une fois...

Jurançon. — Oui, nous étions garçons, nos places étaient retenues.

Bécamel. — Tout à coup on me marie...

Jurançon. — Tu me demandes un délai pour ta lune de miel.

Bécamel. — Dame!...

Jurançon. — Je te l'accorde, je perds mes arrhes... mais voilà que ta femme devient intéressante.

Bécamel. — A qui la faute ?

Jurançon. — Parbleu! ce n'est pas la mienne!...

Cyprien, *à part, se levant et allant s'asseoir au fond, à droite de la porte.* — Cristi! *(Lisant.)* « La France « depuis 89... »

Jurançon. — Dans cette conjoncture, tu me demandes un second délai.

Bécamel. — Je ne pouvais pas m'expatrier sans avoir embrassé mon enfant.

JURANÇON. — Je reperds mes arrhes... Ta fille arrive, tu l'embrasses... Je te dis : « Cette fois, nous allons par-« tir ? » tu me réponds : « Attendons qu'elle soit sevrée... » J'attends !... « Attendons qu'elle ait fait ses dents... » J'attends !... « Attendons qu'elle ait terminé son éduca-« tion... » J'attends toujours !...

BÉCAMEL. — Ce bon Jurançon !

JURANÇON. — Que diable ! je ne peux pas passer ma vie à retenir mes places.

BÉCAMEL. — Je ne te demande plus que quelques jours.

JURANÇON. — Mais pour quoi faire ? pour quoi faire ?

BÉCAMEL. — Le temps de marier ma fille... là... puisque tu veux le savoir.

CYPRIEN, *à part, se levant et venant se rasseoir à sa place, près du guéridon.* — Nom d'un nom ! *(Lisant.)* « La France « depuis 89... »

JURANÇON. — Un mariage !... ça n'en finit pas...

BÉCAMEL, *mystérieusement.* — Chut !... j'ai quelque chose en train pour Cécile.

JURANÇON. — Ah bah !

BÉCAMEL. — Je suis même étonné de n'avoir pas reçu de réponse. *(Haut, et passant près de Cyprien.)* Cyprien !

CYPRIEN, *sans se déranger de sa lecture.* — Monsieur ? *(A part.)* C'est assommant !

BÉCAMEL. — Est-ce qu'il n'est pas venu de lettre pour moi, ce matin ?

CYPRIEN. — Si, monsieur.

BÉCAMEL, *vivement.* — Où est-elle ?

CYPRIEN. — Dans ma poche.

BÉCAMEL. — Donne ! donne !

CYPRIEN, *sans se déranger.* — Là... à droite... sous ma pipe.

BÉCAMEL, *prenant la lettre dans la poche de Cyprien.* — Merci ! *(L'ouvrant.)* Juste !

CYPRIEN, *à part, se levant et remontant.* — Non, je donne ma démission ! *(Haut.)* Monsieur ?

BÉCAMEL, *tout en parcourant sa lettre.* — Hein ?

CYPRIEN, *avec humeur.* — Je m'en vas !

BÉCAMEL. — Va, mon garçon.

CYPRIEN, *à part.* — C'est insupportable d'entendre jacasser... *(Il sort par le fond en lisant.)* « La France depuis 89... »

SCÈNE II

Jurançon, Bécamel

Jurançon, *regardant sortir Cyprien.* — Il a l'air grognon, ton domestique.

Bécamel. — Oui, je le gâte... c'est presque un ami... je suis son parrain... *(Achevant sa lettre.)* Bravo... Jurançon, c'est arrangé!

Jurançon. — Quoi ?

Bécamel. — C'est une lettre du prétendu... maître Savoyart (de la Drôme).

Jurançon. — Qu'est-ce que c'est que ça ?

Bécamel. — Un avocat... nos conditions sont arrêtées... il va venir ce matin déjeuner et faire sa demande...

Jurançon. — Ta fille est-elle prévenue ?

Bécamel. — Non, mais elle le connaît... l'affaire marchera promptement...

Jurançon. — Quand partons-nous ? il faut que je sois fixé!

Bécamel. — Voyons... c'est aujourd'hui le 1er... le 15, je marie ma fille!... le 16...

Jurançon. — Nous nous purgeons.

Bécamel. — Il paraît que tu y tiens... Eh bien, soit!... le 16, nous nous purgeons... et le 17...

Jurançon. — Nous roulons!

Bécamel. — Voilà! *(Avec enthousiasme.)* O l'Italie! Venezia la Bella! Romani, les Romains! Dis donc, nous ferons nos farces!

Jurançon. — Oui... et nous emporterons des gilets de flanelle... les nuits sont fraîches.

Bécamel. — Ça me va! tout me va!

Jurançon. — Allons, puisque c'est décidé... je vais encore donner des arrhes... mais c'est la dernière fois... je t'en préviens!

Bécamel. — Sois donc tranquille!

ENSEMBLE

AIR de *Gilles ravisseur.*

Vers la belle Venise
Nous roulerons bientôt,
Pour respirer sa brise
Et voguer sur son flot.

Jurançon sort par le fond.

SCÈNE III

BÉCAMEL; *puis* CÉCILE

BÉCAMEL. — Mon gendre sera ici dans une petite heure... Je n'ai que le temps de préparer ma fille...

CÉCILE, *entrant par la droite.* — Papa, as-tu la clef de l'office ? il n'y a plus de macarons pour le dessert.

BÉCAMEL. — Ma fille, il ne s'agit pas de macarons... le moment est venu d'avoir avec toi un entretien solennel...

Il s'assied.

CÉCILE. — Ah! mon Dieu!

BÉCAMEL, *se donnant un air grave.* — Cécile... as-tu songé quelquefois que tu pourrais un jour te marier ?

CÉCILE. — Oh! oui, papa... très souvent.

BÉCAMEL. — Eh bien, mon enfant, cette heure a sonné!

CÉCILE. — Vraiment!... Est-il bien ?

BÉCAMEL. — Qui ça ?

CÉCILE. — Le jeune homme ?

BÉCAMEL. — Fort convenable... c'est un homme froid...

CÉCILE, *faisant la moue.* — Ah!

BÉCAMEL. — Posé, rassis, entendant parfaitement les affaires, et possédant cent huit actions des Zincs de la Vieille-Montagne...

CÉCILE. — Mais je ne vous demande pas ça! Est-il brun, blond ? a-t-il des moustaches ?

BÉCAMEL, *se levant.* — Des moustaches! un avocat ?

CÉCILE. — Ah! c'est un avocat ?

BÉCAMEL. — Tu ne devines pas ?

CÉCILE. — Non.

BÉCAMEL. — Eh bien, c'est...

CÉCILE. — C'est ?...

BÉCAMEL. — Maître Savoyart.

CÉCILE, *reculant.* — Oh! par exemple!

BÉCAMEL. — Qu'as-tu donc ?

CÉCILE. — Tiens! si vous croyez que c'est amusant de s'appeler toute sa vie madame Savoyart.

BÉCAMEL

AIR d'*Un homme qui n'a qu'une poche.*

Rassure-toi, ma chère amie.

CÉCILE

Le joli nom, en vérité!

BÉCAMEL

Ne crains pas d'amphibologie :
Son nom s'écrit avec un T.

CÉCILE

C'est égal!

BÉCAMEL

On voit avec gloire
Cette nation-là, d'ailleurs,
Faire figure dans l'histoire.

CÉCILE

Dans l'histoire... des ramoneurs.

BÉCAMEL. — Ma chère enfant, tu exagères!

CÉCILE. — Et puis il n'est pas jeune, votre prétendu, il louche, il chante faux, il a les pieds en dedans, et il parle toujours latin.

BÉCAMEL. — La langue de Cicéron!

CÉCILE. — Je ne tiens pas à épouser la langue de Cicéron!

BÉCAMEL. — Mais songe donc, mon enfant...

SCÈNE IV

BÉCAMEL, CÉCILE, CYPRIEN; *puis* BEAUDÉDUIT

CYPRIEN, *entrant par le fond*. — Monsieur?

BÉCAMEL. — Quoi?

CYPRIEN. — Il y a là une espèce d'homme à cheval, avec son domestique, à cheval, qui demande à vous parler.

BÉCAMEL. — Son nom?

CYPRIEN, *lui donnant une carte de visite*. — Voici leur carte.

BÉCAMEL, *lisant la carte*. — Alphonse de Beaudéduit... je ne connais pas.

CYPRIEN. — Y dit que c'est pressé.

BÉCAMEL. — Allons!... fais-le entrer.

CYPRIEN, *appelant de la porte.* — Hé, monsieur!... vous pouvez entrer!... *(Beaudéduit paraît au fond et s'arrête sur le seuil de la porte. — Brusquement.)* Entrez donc!...

BEAUDÉDUIT, *entrant, à Cyprien.* — Dites donc, domestique!... il me semble que vous pourriez m'annoncer... d'une façon... moins carnassière!

Il est en redingote, gilet blanc, cravate noire, gants blancs, cravache à la main.

BÉCAMEL, *s'avançant et ôtant sa casquette.* — Pardon, monsieur ?

BEAUDÉDUIT. — M. Bécamel, s'il vous plaît ?

BÉCAMEL. — C'est moi.

BEAUDÉDUIT, *saluant.* — Bien charmé... *(Apercevant Cécile.)* Mademoiselle votre fille sans doute ?... Permettez-moi de lui présenter mes hommages...

CÉCILE, *s'inclinant.* — Monsieur!... *(A part.)* Il est très poli.

> *Elle s'assoit près du guéridon et brode.*

BÉCAMEL. — Vous avez désiré me parler ?

BEAUDÉDUIT. — Oui, monsieur... j'arrive de Paris pour ça... à cheval!... dix-huit lieues... Du reste, j'aime cet exercice... parce que le cheval...

BÉCAMEL, *l'interrompant.* — Pardon...

> *Cyprien passe à droite.*

BEAUDÉDUIT, *s'excusant.* — Ah! oui! *(Changeant de ton.)* Monsieur, j'ai le plaisir de vous apporter... une assez triste nouvelle.

BÉCAMEL, CÉCILE et CYPRIEN. — Comment ?

BEAUDÉDUIT. — Il y a trois mois... par un beau soir de printemps, le soleil empourprait l'horizon de ses derniers reflets d'or...

BÉCAMEL. — Mais, monsieur...

BEAUDÉDUIT, *s'excusant.* — Ah! oui... *(Reprenant.)* Je me promenais sur le boulevard, devant le café Véron[1]... le café Véron ?

BÉCAMEL. — Oui... je connais.

> *Il remet sa casquette sur sa tête.*

BEAUDÉDUIT, *le regarde un moment, paraît choqué de son impolitesse, puis remet lui-même son chapeau avec affec-*

---

1. Situé sur le boulevard Montmartre, non loin du théâtre des Variétés, il avait des entrées passage des Panoramas et rue Vivienne.

tation. — Tout à coup... un de mes amis passe vivement près de moi... je lui ôte mon chapeau. *(Otant son chapeau et avec intention.)* Je suis extrêmement poli, moi, monsieur!

BÉCAMEL. — Je n'en doute pas... Mais cette nouvelle?

CYPRIEN, *à part.* — Bavard!

BEAUDÉDUIT, *voyant que Bécamel n'ôte pas sa casquette, remet son chapeau.* — J'arrive au fait... Je lui ôte donc mon chapeau... et, au lieu de répondre à ma politesse, ce... polisson continue son chemin.

CYPRIEN, *s'approchant de Beaudéduit.* — Ah! ça n'est pas bien!

BEAUDÉDUIT, *à Cyprien.* — Mon ami, je n'ai pas l'habitude de faire des récits pour les valets de chambre. *(A Bécamel.)* Ce polisson continue son chemin...

BÉCAMEL. — Mais je ne vois pas...

BEAUDÉDUIT. — Piqué au vif, je cours après lui, je le rattrape par son habit, à l'angle du faubourg Montmartre, et je reconnais...

BÉCAMEL, *impatienté.* — Votre ami! Après?

BEAUDÉDUIT. — Non, un inconnu! je m'étais trompé!

BÉCAMEL. — Ah!... *(A part.)* Qu'est-ce que ça me fait?

BEAUDÉDUIT. — Je lui dis : « Monsieur, c'est moi qui « viens d'avoir l'honneur de vous saluer devant le café « Véron... » Il me répond : « Je ne vous connais pas. »

BÉCAMEL. — Eh bien?

BEAUDÉDUIT, *continuant.* — « Moi non plus, monsieur, « je ne vous connais pas, et cependant je vous ai salué! « Voulez-vous, oui ou non, me rendre mon coup de cha- « peau?... — Eh! vous m'ennuyez! riposte cette créa- « ture... — Vous êtes un manant! »

BÉCAMEL. — Oh!

BEAUDÉDUIT, *avec force à Bécamel.* — Oui, monsieur, tout homme qui ne rend pas un coup de chapeau est un manant... à moins qu'il ne soit nu-tête...

CÉCILE, *à part.* — Il est original!

BEAUDÉDUIT, *s'animant.* — Bref, nous échangeons plusieurs épithètes malsonnantes, la foule s'amasse et je lui glisse ma carte en le provoquant.

BÉCAMEL. — Mais encore une fois, monsieur, tout ça ne m'explique pas...

BEAUDÉDUIT. — J'arrive au fait... *(Se piquant.)* Cependant, si je vous ennuie, je vais m'en aller...

CYPRIEN. — Non... continuez...

BEAUDÉDUIT, *à Cyprien, ironiquement.* — Vous êtes trop bon... *(A part.)* Voilà un groom qui m'agace! *(Haut à Bécamel.)* Deux jours après... le 27 mars... ou le 28... non, c'était le 29!...

BÉCAMEL. — Ça ne fait rien... après ?...

BEAUDÉDUIT. — Le 29 mars... au fait! ça pourrait bien être le 27... ou le 28.

BÉCAMEL, *à part.* — Ah! il n'en finira pas!

Il se jette sur une chaise.

BEAUDÉDUIT, *le regarde, va prendre une chaise au fond et vient s'asseoir à côté de lui.* — *Continuant.* — Le 30 mars... je reçois une citation à comparoir comme prévenu d'une tentative de meurtre! pour un coup de chapeau! Comment trouvez-vous ça ?

BÉCAMEL. — Moi ? je trouve ça... *(à part)* long!

Il se lève, et remonte à droite.

CYPRIEN, *familièrement à Beaudéduit, en venant s'asseoir à la place de Bécamel.* — Ah! ah! pour un coup de chapeau... c'est comique!

BEAUDÉDUIT, *à Cyprien, se levant.* — Mon ami, je vous engage à aller brosser vos habits. *(A Bécamel.)* Il est familier, votre nègre.

Cyprien reporte au fond la chaise de Beaudéduit et redescend près de lui.

BÉCAMEL, *avec indulgence.* — C'est mon filleul.

BEAUDÉDUIT, *sèchement.* — Ce n'est pas le mien. *(Reprenant.)* Quand on a un procès, monsieur, la première chose... *(Remarquant que Cyprien s'est rapproché pour l'écouter, il regarde d'abord Bécamel; puis, voyant que celui-ci ne dit rien, il change brusquement de place et continue.)* La première chose est de prendre un défenseur : je cours à la salle des Pas-Perdus et j'en choisis un... dans le tas...

Bécamel tape sur sa tabatière avec impatience.

BEAUDÉDUIT, *piqué.* — Monsieur, si je vous ennuie... je vais m'en aller!...

BÉCAMEL. — Continuez donc!

BEAUDÉDUIT. — Nous arrivons devant le tribunal... mon avocat se lève! cet animal... octroyez-moi le mot, j'ai mes motifs... cet animal...

Il s'arrête en voyant que Bécamel gratte la manche de son habit.

BÉCAMEL. — Eh bien, allez donc!

BEAUDÉDUIT, *piqué*. — Non, j'attends... quand vous aurez fini votre toilette.

BÉCAMEL. — C'est de la bougie.

BEAUDÉDUIT, *à part*. — On rencontre parfois dans la vie des gens d'une éducation un peu bien rudimentaire! *(Reprenant.)* Cet animal... mon avocat... expose assez bien les faits, il gesticule, lit des morceaux de papier et fourre du latin dans tout ça.

CÉCILE, *à part*. — Tiens, du latin!

BEAUDÉDUIT. — Jusque-là, il n'y a rien à dire... il avait le droit de faire son petit ménage... mais tout à coup il se tourne vers moi, en s'écriant : « Non, messieurs, mon « client n'est point un homme altéré du sang de ses sem- « blables... c'est un maniaque, un braque, un pointu... « je le reconnais... un être susceptible, désagréable, inso- « ciable... à ne pas prendre avec des pincettes... je le « veux bien... » Et allez donc, comme ça pendant trois quarts d'heure... et on riait...

TOUS, *riant*. — Ah! ah! ah! ah!

CÉCILE, *à part*. — Je crois bien!

BEAUDÉDUIT, *vexé*. — D'une manière indécente... *(A Bécamel, qui rit toujours.)* Comme vous... dans ce moment...

BÉCAMEL, *riant*. — Pardon!

BEAUDÉDUIT, *très froidement*. — Enfin, je suis acquitté! je gagne mon procès.

BÉCAMEL. — Vous avez dû être content ?

BEAUDÉDUIT, *indigné*. — Content! un perroquet que je paye à l'heure... et qui m'insulte à la toise!... J'étais furieux, monsieur!... je cours chez lui... il me reçoit en souriant... comme ça, tenez. *(L'imitant.)* « Eh bien, mon « cher... » *(Changeant de ton.)* « Monsieur, voilà cin- « quante francs! vous êtes un cuistre! un paltoquet! « vous m'en rendrez raison! »

BÉCAMEL. — Comment! votre avocat ?

CÉCILE, *se levant*. — Qui vous avait fait acquitter!

BEAUDÉDUIT. — Je me moque pas mal d'être acquitté! Il accepte mon cartel, et nous voilà sur le terrain.

BÉCAMEL, *à part*. — Un duel à présent! *(A Cyprien.)* Pourquoi as-tu laissé entrer cet homme-là ?... je ne le connais pas!

CYPRIEN. — Laissez-le... il m'amuse...

BEAUDÉDUIT, *se mettant sous les armes*. — On nous place...

BÉCAMEL. — Mais, monsieur!...

BEAUDÉDUIT. — Nous croisons le fer... mon adversaire fait un mouvement... et je lui plonge mon épée...

CÉCILE, *effrayée*. — Oh! mon Dieu!

BÉCAMEL. — Dans le cœur!

BEAUDÉDUIT. — Non... dans le gras!... il s'était retourné. Et voilà!... voilà toute la vérité! Il ne me reste plus qu'à vous présenter mes adieux... *(Il ôte son chapeau pour saluer Cécile.)* Mademoiselle... *(Voyant que Bécamel n'ôte pas sa casquette, il remet son chapeau et le salue de la main.)* Monsieur...

Il remonte et sort par le fond.

BÉCAMEL, *à part.* — Ah çà! qu'est-ce qu'il est venu faire ici? *(Rappelant Beaudéduit.)* Pardon, monsieur *(Beaudéduit reparaît)*, vous venez de Paris...

BEAUDÉDUIT, *redescendant un peu.* — A cheval!...

BÉCAMEL. — Oui... vous me racontez vos procès, vos duels... pour quoi faire?

BEAUDÉDUIT, *redescendant tout à fait.* — Comment! pour quoi faire? Ah! sapristi! vous avez raison!... j'ai oublié un détail!... Mon adversaire!... l'avocat qui s'est retourné...

BÉCAMEL. — Eh bien?

BEAUDÉDUIT, *gaiement.* — C'est votre gendre! c'est Savoyart!

BÉCAMEL, CYPRIEN et CÉCILE. — Ah! mon Dieu!

BÉCAMEL. — Et vous osez vous présenter ici tout couvert de son sang!

BEAUDÉDUIT, *après avoir regardé son habit.* — Réjouissez-vous... il sera sur pied dans trois mois...

CÉCILE et BÉCAMEL. — Trois mois!

BEAUDÉDUIT, *avec solennité.* — Alors, je lui ai demandé quelles étaient ses dernières volontés... il m'a prié de monter à cheval, attendu que cela lui était impossible... dans ce moment, et de venir vous faire part de son douloureux... bobo.

BÉCAMEL. — Le pauvre garçon!... je vais lui écrire... ma lettre sera un baume sur sa blessure.

BEAUDÉDUIT, *à part.* — Il ne sait pas dans quel sens il a été blessé. *(Haut.)* Si vous voulez me la remettre... je me charge de la faire porter...

BÉCAMEL, *remontant à gauche.* — Je ne vous demande qu'une minute... *(Prenant la main de Beaudéduit.)* Ah!

monsieur! quelle coutume féroce que le duel! quand donc disparaîtra-t-elle du globe ?

Il sort vivement par la gauche. Cécile remonte à sa suite.

BEAUDÉDUIT, *croyant répondre à Bécamel.* — Monsieur... cette pensée vous honore... *(Il tend la main que Cyprien lui prend.)* Elle dénote un cœur...

CYPRIEN, *lui serrant la main.* — C'est égal... blesser notre gendre! ça n'est pas gentil!

BEAUDÉDUIT, *éclatant et retirant sa main.* — Domestique! je vous intime l'ordre d'aller brosser vos habits.

CYPRIEN. — Allons!... allons!... ça n'est pas gentil!

Il sort par le fond.

SCÈNE V

BEAUDÉDUIT, CÉCILE

BEAUDÉDUIT, *à part.* — C'est étonnant comme ce groom me monte aux oreilles!

CÉCILE, *s'approchant de lui timidement.* — Monsieur...

BEAUDÉDUIT, *ôtant son chapeau.* — Mademoiselle ? *(A part.)* La fiancée! elle va me dire des choses pénibles.

CÉCILE. — Cette blessure... est-elle dangereuse ?

BEAUDÉDUIT. — Une piqûre... peu sentimentale, il est vrai!... Il ne pourra pas la porter en écharpe!... Franchement je dois vous paraître bien atroce ?

CÉCILE, *vivement.* — Oh! du tout!

BEAUDÉDUIT. — Cependant, voilà votre mariage retardé...

CÉCILE. — Précisément.

BEAUDÉDUIT. — Ah bah!

CÉCILE. — Ecoutez donc... un homme de cinquante ans, qui louche...

BEAUDÉDUIT. — De l'œil gauche... côté du cœur...

CÉCILE. — J'en aimerais mieux un autre qui ne louchât pas du tout...

BEAUDÉDUIT, *à part.* — Elle m'a regardé! *(Haut.)* Mademoiselle, j'accepte... vos remerciements... enchanté d'avoir pu vous être agréable...

CÉCILE, *lui faisant une longue révérence.* — Monsieur...

BEAUDÉDUIT, *saluant profondément.* — Mademoiselle...

(Cécile remonte vers la droite. A part, en passant à gauche.)
Elle est fort bien, cette jeune personne.

CÉCILE, *à part.* — Il est très aimable! *(Haut, et le saluant de nouveau.)* Monsieur...

BEAUDÉDUIT, *saluant.* — Mademoiselle...

Cécile sort par la droite.

SCÈNE VI

BEAUDÉDUIT, *seul; puis* DOMINIQUE

BEAUDÉDUIT, *seul, la regardant sortir.* — Voilà une petite femme comme en rêve mon célibat! Mais j'ai renoncé au mariage. *(Regardant sa montre.)* Il est long, ce monsieur avec sa lettre. J'en ai déjà manqué dix-sept... par la faute de mes beaux-pères... j'ai la main malheureuse... je suis toujours tombé sur des hérissons, des gens crochus, biscornus!... *(S'interrompant et avec une impatience plus marquée.)* Ah çà! cet animal-là n'en finit pas... *(Reprenant.)* Moi, au contraire, je suis d'un caractère tout rond... je ne me fâche de rien!... Exemple... Hier je passais rue du Coq... il pleuvait... j'entends derrière moi une femme qui dit à son mari : « Là, pourquoi n'as-tu « pas pris de parapluie? — Ma foi, non, répond cet « homme, on a l'air trop serin!... » Trop serin!... et j'en tenais un, moi... un parapluie!... c'était grave!... eh bien, je n'ai rien dit!... la bête du bon Dieu! *(S'interrompant et avec colère.)* Décidément ce Bécamel me prend pour un commissionnaire! Comment! je me donne la peine de lui apporter une nouvelle... désagréable!... et il me fait poser dans son antichambre!... car l'intention est évidente... et comme il m'a reçu!... avec quelle affectation il a remis sa casquette... eh bien, non!... je n'ai rien dit!... la bête du bon Dieu!

DOMINIQUE, *entrant par le fond, le chapeau sur la tête.* — Monsieur?

BEAUDÉDUIT, *qui a gardé son chapeau à la main.* — Mon domestique! Quoi?

DOMINIQUE. — Je viens vous dire...

BEAUDÉDUIT. — Monsieur... Dominique, je trouve étrange que vous restiez couvert quand j'ai le chapeau à la main... Est-ce intentionnel?

DOMINIQUE, *ôtant son chapeau.* — Oh!

BEAUDÉDUIT. — Parlez!

DOMINIQUE. — Les chevaux sont prêts... quand Monsieur voudra partir...

BEAUDÉDUIT, *à part, très piqué.* — Et cette lettre ?... Il m'avait demandé une minute. *(Haut.)* Dominique!

DOMINIQUE. — Monsieur ?

BEAUDÉDUIT. — Compte jusqu'à vingt, et après ça... Quand tu me regarderas! compte! je te dis de compter.

DOMINIQUE. — Oui, monsieur...

BEAUDÉDUIT, *se promène avec impatience, et il compte.* — Un, deux, trois, quatre, cinq, six, sept, huit.

DOMINIQUE, *en même temps, comptant sur l'air de* Vive Henri quatre.

> Un, deux, trois, quatre,
> Cinq, six, sept, huit, neuf, dix,
> Onze, douze, treize...

BEAUDÉDUIT, *l'interrompant.* — Qu'est-ce que c'est que ça ?

DOMINIQUE. — Monsieur, on m'a appris à compter sur cet air-là à la mutuelle.

BEAUDÉDUIT, *regardant avec impatience la porte par où Bécamel est sorti.* — Non! on ne se moque pas du monde comme ça... Dominique!

DOMINIQUE. — Monsieur ?

BEAUDÉDUIT, *enfonçant son chapeau sur sa tête.* — Nous partons!

DOMINIQUE, *enfonçant aussi son chapeau.* — Oui, monsieur!

Tous deux sortent brusquement par le fond et tournent à droite.

SCÈNE VII

BÉCAMEL; *puis* JURANÇON

BÉCAMEL, *entrant par la gauche, avec sa lettre à la main.* — Monsieur, je vous demande un million de pardons... *(Se retournant.)* Je n'ai pas été long... Eh bien, où est-il donc ?... Disparu! *(S'approchant de la fenêtre.)* Je ne me trompe pas... le voilà qui galope sur la route... Et ma lettre ? Bah! je la mettrai à la poste!

JURANÇON, *entrant par le fond et venant de la gauche.*
— Mon ami, c'est fait... je viens d'envoyer un exprès à
Paris...

BÉCAMEL. — Pour quoi faire ?

JURANÇON. — Pour retenir nos places...

BÉCAMEL. — Allons, bon!

JURANÇON. — J'ai donné des arrhes... quatre-vingt-
trois francs!

BÉCAMEL. — Mais c'est impossible!... je ne pars plus!

JURANÇON. — Ah! pour le coup, c'est trop fort!

BÉCAMEL. — Le mariage est retardé de trois mois...
mon gendre s'est retourné.

JURANÇON. — Qu'est-ce que tu me chantes là ?

BÉCAMEL. — Oui, un coup d'épée... dans le gras...
Que le diable emporte ce M. Beaudéduit!

JURANÇON. — Hein ? Beaudéduit... Alphonse Beaudéduit ?

BÉCAMEL. — Il vient de partir... Tu le connais ?

JURANÇON. — Il a été mon locataire deux ans... Un
homme charmant!... qui payait le 14!... Je suis fâché qu'il
soit parti!

BÉCAMEL. — Pourquoi ?

JURANÇON. — Rien!... une idée qui me trotte depuis
longtemps... j'avais songé à lui pour ta fille...

BÉCAMEL. — Allons donc! un original pareil!

JURANÇON. — Je ne connais pas de caractère plus
doux, plus aimable, plus facile; il payait le 14!

BÉCAMEL. — C'est drôle!... je ne l'aurais pas cru...
Mais est-ce qu'il a une position sociale, cet homme-
là ?

JURANÇON. — Une maison superbe! près des *Bains
Chinois*[2]...

BÉCAMEL. — Diable!... mais c'est un très beau parti...
près des *Bains Chinois*!... je suis fâché de ne pas l'avoir
invité à déjeuner... parce qu'à table on cause, et... *(Tout
à coup.)* Ah çà, et maître Savoyart ?

JURANÇON. — Tant pis pour lui!...

BÉCAMEL. — Tiens, au fait, pourquoi s'est-il
retourné ?... Ma fille ne peut pas attendre trois mois...
d'ailleurs, elle ne l'aime pas... il a les pieds en dedans...

JURANÇON. — Et puis nos places sont retenues...

BÉCAMEL. — C'est juste... quatre-vingt-trois francs!...

---

2. Etablissement alors situé au coin du boulevard des Capucines et
de la rue de la Paix.

JURANÇON. — Et dire que, dans vingt jours, nous pourrions poser le pied sur le sol de la belle Italie.

BÉCAMEL, *s'exaltant.* — Oh! oui! Venezia la Bella! Romani, les Romains! oh!... *(Changeant de ton.)* Mais nous barbotons, mon pauvre vieux, puisque ce monsieur est parti!

SCÈNE VIII

BÉCAMEL, JURANÇON, BEAUDÉDUIT

Beaudéduit paraît à la porte du fond, il porte une énorme botte de fleurs sous son bras.

BEAUDÉDUIT, *à la cantonade.* — Attendez-moi, drôle!

BÉCAMEL et JURANÇON. — Lui!

BEAUDÉDUIT, *à Bécamel, froidement.* — Monsieur, je ne comptais pas vous revoir, je vous prie de le croire... Permettez-moi de vous offrir cette botte de fleurs qui m'éreinte le bras...

> *Il la lui donne.*

BÉCAMEL. — Vous êtes trop aimable... certainement... *(Etonné.)* Est-ce que c'est ma fête ?

BEAUDÉDUIT. — Je ne sais pas... c'est la Sainte-Ursule!... Je viens de faire une demi-lieue pour vous dire que mon domestique est une canaille...

BÉCAMEL. — Comment!...

BEAUDÉDUIT. — Ce polisson s'était permis de ravager votre jardin pour fleurir une Ursule... qu'il a...

BÉCAMEL. — Quoi! vous avez pris la peine ?...

> *Il pose les fleurs sur le guéridon.*

JURANÇON. — Quelle délicatesse!... je le reconnais bien là!...

BEAUDÉDUIT, *l'apercevant.* — Tiens! ce cher M. Jurançon! Enchanté!... Avez-vous toujours le même portier ? c'est un être bien déplaisant! *(A Bécamel.)* Monsieur, il ne me reste plus qu'à vous renouveler mes très humbles salutations.

> *Il salue et remonte.*

BÉCAMEL, *bas à Jurançon près duquel il revient.* — Eh bien, il s'en va!

JURANÇON. — Retiens-le!

BÉCAMEL, *appelant.* — Monsieur Beaudéduit!

BEAUDÉDUIT, *s'arrêtant.* — Monsieur ?

BÉCAMEL, *avec bonhomie.* — Allons! vous dînez avec nous ?... nous avons un reste de chevreuil...

BEAUDÉDUIT, *redescendant et d'un ton piqué.* — Certainement, monsieur, je serais extrêmement flatté de vous aider à manger... les restes... de M. votre chevreuil, mais...

JURANÇON. — Vous acceptez ?

BEAUDÉDUIT. — Permettez...

BÉCAMEL. — Est-ce parce que je ne vous invite pas huit jours à l'avance ?

BEAUDÉDUIT. — Mais il me semble...

BÉCAMEL. — D'abord, si vous me refusez, je croirai que vous êtes susceptible!

BEAUDÉDUIT, *vivement.* — Moi, susceptible ? J'accepte, monsieur!

BÉCAMEL. — A la bonne heure! vous m'avez l'air d'un bon diable!

> *Il lui tape légèrement sur le ventre.*

BEAUDÉDUIT, *se reculant et à part.* — Cet homme est d'une familiarité...

BÉCAMEL, *bas à Jurançon.* — Mon cher, sa rondeur me plaît...

JURANÇON, *bas.* — Je te l'avais bien dit...

BEAUDÉDUIT, *à part.* — Ils chuchotent... je suis sûr qu'ils me traitent de pique-assiette!

BÉCAMEL, *bas à Jurançon.* — Sonde-le adroitement... moi, je vais préparer ma fille...

BEAUDÉDUIT, *à part.* — Ils chuchotent toujours... c'est très malhonnête... *(Haut, vexé.)* Je vous gêne peut-être ?

BÉCAMEL. — Du tout! Je vous laisse avec Jurançon... un vieil ami... qui a toute ma confiance... et qui m'a donné sur votre moralité et votre probité les meilleurs renseignements.

BEAUDÉDUIT, *à part.* — Des renseignements!... est-ce qu'il a peur que je ne mette les couverts dans ma poche ?

ENSEMBLE

AIR de *La Dernière Rose* (polka-mazurka de Heintz).

BEAUDÉDUIT

De ce vieillard l'humeur hospitalière
Est familière,

Même grossière!
Par un refus j'aurais dû m'y soustraire,
Du coin de l'œil je vois
Son air narquois.

BÉCAMEL et JURANÇON

De ce futur j'aime le caractère;
Oui, je l'espère,
Il saura plaire.

Il est charmant et $\left\{ \begin{array}{c} je \\ tu \end{array} \right\}$ ne pouvais faire

Pour $\left\{ \begin{array}{c} ma \\ ta \end{array} \right\}$ fille, je crois,

Un meilleur choix!

Bécamel sort par la droite. Jurançon le reconduit jusqu'à la porte. Pendant ce temps, Beaudéduit a posé son chapeau et sa cravache sur le petit guéridon à gauche.

SCÈNE IX

JURANÇON, BEAUDÉDUIT

BEAUDÉDUIT, *vivement.* — Jurançon! parlez-moi franchement... J'ai eu tort d'accepter?...

JURANÇON. — Du tout! Bécamel est enchanté!

BEAUDÉDUIT. — Hum!... je lui trouve un air... sarcastique!...

JURANÇON. — Lui?...

BEAUDÉDUIT. — Oh! mais très sarcastique!

JURANÇON. — C'est le meilleur des hommes... franc... ouvert... sans cérémonie...

BEAUDÉDUIT. — Comme moi, alors...

JURANÇON. — Tout à fait... et, même, cette conformité de caractère m'a fait venir une idée.

BEAUDÉDUIT. — Voyons!

JURANÇON. — Entre nous... est-ce que vous ne songez pas à vous marier?

BEAUDÉDUIT, *soupçonneux.* — Pourquoi me demandez-vous ça? *(A part.)* Serait-ce une allusion à mes dix-sept mariages manqués?

JURANÇON. — Soit dit sans vous fâcher, mon cher, vous prenez du ventre!

BEAUDÉDUIT, *piqué*. — Pourvu que je ne prenne pas le vôtre...

JURANÇON. — Vos cheveux grisonnent...

BEAUDÉDUIT, *à part*. — Si c'est pour me dire ça qu'ils m'ont invité à dîner!...

JURANÇON. — Croyez-moi, quand on attrape un certain âge... il n'y a que le mariage pour nous rajeunir...

BEAUDÉDUIT. — Monsieur, cette plaisanterie est sans doute très fine et très spirituelle...

JURANÇON. — Quelle plaisanterie?... Il y a ici une jeune personne charmante.

BEAUDÉDUIT. — Je l'ai vue...

JURANÇON. — Qu'est-ce que vous en pensez?

BEAUDÉDUIT. — Mais, monsieur...

JURANÇON. — Je n'ai pas mission de vous la proposer... mais, entre nous... vous plaisez au père...

BEAUDÉDUIT, *ironiquement*. — Vraiment?

JURANÇON. — Et je crois pouvoir vous répondre qu'une démarche... ne serait pas mal reçue...

BEAUDÉDUIT, *étonné*. — Une démarche!... Ah çà, c'est donc sérieux? c'est donc sérieux?

JURANÇON. — Parbleu! sans cela...

BEAUDÉDUIT, *avec joie*. — Comment!... moi!... je pourrais épouser... après dix-sept choux blancs?... Nom d'un petit bonhomme!

JURANÇON. — Qu'avez-vous donc?

BEAUDÉDUIT, *transporté*. — C'est la joie!... Figurez-vous que j'y pensais... elle est ravissante!... En entrant, je me suis dit : « Nom d'un petit bonhomme... » *(Changeant de ton.)* Prêtez-moi une cravate blanche...

JURANÇON. — Pour quoi faire?

BEAUDÉDUIT. — Pour faire ma demande!

JURANÇON. — Pas si vite!... Ainsi la demoiselle vous plaît?

BEAUDÉDUIT. — Enormément!... Règle générale... les demoiselles me plaisent toujours!... Ce sont les beaux-pères qui...

JURANÇON. — Vous vous entendrez à merveille avec Bécamel.

BEAUDÉDUIT. — D'abord je ferai toutes les concessions... *(Lui prenant les mains.)* Ah! ce bon Jurançon! voilà un ami!... Tenez, je suis fâché d'avoir quitté votre maison... Vous n'avez rien à louer?

JURANÇON. — Si! un appartement de garçon!

BEAUDÉDUIT. — Très bien!... je ne le prends pas!

Jurançon. — Je comprends... Alors, vous m'autorisez à aller trouver Bécamel ?

Beaudéduit. — Certainement!... dites-lui que je connais son caractère insupportable, taquin, malhonnête...

Jurançon. — Comment ?...

Beaudéduit. — Mais ça m'est égal!... c'est un beau-père! je passe par-dessus! *(Le poussant.)* Allez!... allez!...

Jurançon entre à droite.

SCÈNE X

Beaudéduit; *puis* Cyprien

Beaudéduit, *seul.* — Je vais me marier, moi!... moi!... Quelle chance que ce monsieur ne m'ait pas salué!... Et ce pauvre Savoyart!... qui est dans son lit... sur le... côté... Bah! pourquoi a-t-il cinquante ans!... Sapristi! mais j'en ai quarante, moi!... *(Mystérieusement.)* Chut! non!... on ne l'a pas entendu... d'ailleurs... j'en déclarerai trente-trois... voilà qui est convenu!... Oh! c'est que j'ai la prétention d'être aimé pour moi-même!... je ne suis pas de ces gens qui se marient pour faire une affaire, une spéculation.

Cyprien, *sortant de la droite, à Beaudéduit, qu'il pousse du coude.* — Dites donc... ça chauffe là-bas...

Beaudéduit, *se reculant.* — Quoi ?

Cyprien. — Y paraît que vous avez une fameuse maison... près des *Bains Chinois...*

Beaudéduit. — Qui te l'a dit ?

Cyprien. — Ils ne parlent que de ça, par là!

Beaudéduit, *un peu piqué.* — Comment! que de ça ? Eh bien ? et de moi ? qu'est-ce qu'on en dit ?

Cyprien. — On dit qu'elle rapporte... vingt-deux mille cinq cents francs de revenu...

Beaudéduit, *très piqué.* — Mais de moi ? de moi ?

Cyprien. — On dit que vous êtes plus riche que maître Savoyart!...

Beaudéduit, *à part.* — Fichtre!...

Cyprien, *le poussant encore du coude.* — Soyez calme... ça marchera, allez!... moi, ça me va!... nous boirons du champ'!

Il sort par le fond.

BEAUDÉDUIT, *seul, avec dépit, et marchant d'un pas agité.*
— C'est-à-dire qu'on épouse ma maison! Moi, je ne suis
qu'un accessoire, une pierre, une tuile, un moellon, une
poignée de plâtre... près des *Bains Chinois!* et j'accepterais ça ?... *(Avec dignité.)* Beaudéduit! tu ne peux pas
accepter ça!

Il remonte.

SCÈNE XI

BEAUDÉDUIT, BÉCAMEL, CÉCILE, JURANÇON

Ils entrent par la droite.

BÉCAMEL, *bas à Cécile.* — Ma fille, je suis enchanté de
te voir partager mes idées.

JURANÇON, *bas.* — Ainsi tout est convenu, je vais lui
dire de faire sa demande.

Il passe du côté de Beaudéduit.

BÉCAMEL. — Oui, sa rondeur me plaît... *(A sa fille,
tirant un journal de sa poche.)* Asseyons-nous... Fais sem-
blant de broder... moi, j'aurai l'air de lire le journal...

Tous deux s'asseyent de chaque côté du guéridon.

JURANÇON, *bas à Beaudéduit.* — Mon cher, c'est
arrangé... faites votre demande.

BEAUDÉDUIT, *à Jurançon.* — Bien, monsieur.

Il s'approche de Bécamel.

BÉCAMEL, *bas à Cécile.* — Le voici... baisse les yeux!

BEAUDÉDUIT, *à Bécamel.* — Monsieur...

BÉCAMEL, *se levant.* — Monsieur ?...

BEAUDÉDUIT. — Monsieur... ce pays est vraiment très
fertile... le sous-sol m'en paraît argileux...

*Les trois autres personnages échangent un regard d'étonne-
ment.*

BÉCAMEL, *bas à Cécile.* — C'est toi qui le gênes...
va-t'en!

CÉCILE, *vivement et se levant.* — Avec plaisir, papa!

Elle laisse sa broderie et disparaît par la droite.

JURANÇON, *bas à Beaudéduit.* — La petite est partie...
allez!

Il passe près de Bécamel, un peu en arrière.

BEAUDÉDUIT, *à Bécamel.* — Monsieur...

BÉCAMEL. — Monsieur ?...

BEAUDÉDUIT. — Ce pays est vraiment très fertile... le sous-sol...

BÉCAMEL, *bas à Jurançon.* — Alors, c'est toi qui le gênes... va-t'en!

JURANÇON, *bas à Beaudéduit.* — Mais allez donc... poltron !

> *Il sort par le fond.*

BEAUDÉDUIT, *continuant.* — M'en paraît argileux...

BÉCAMEL. — Jurançon est parti... Jeune homme, je vous écoute avec bienveillance.

BEAUDÉDUIT. — La culture des colzas y prend tous les jours des développements...

BÉCAMEL. — Pardon, monsieur... mais je croyais... Jurançon m'avait dit...

BEAUDÉDUIT, *froidement.* — Quoi ?

BÉCAMEL, *interdit.* — Rien...

BEAUDÉDUIT. — Je suis trop poli pour le démentir...

Il plonge les mains dans ses poches et se promène en fredonnant.

BÉCAMEL, *à part.* — Alors, c'est moi qui le gêne... je vais tirer ça au clair...

> *Il sort vivement par le fond.*

SCÈNE XII

BEAUDÉDUIT; *puis* CÉCILE

BEAUDÉDUIT, *seul, reprenant son chapeau et sa cravache.* — Je n'étais pas fâché de leur donner cette leçon. *(S'approchant de la fenêtre.)* Dominique! les chevaux!

CÉCILE, *rentrant par la droite, à part.* — Il doit avoir fait sa demande... *(Apercevant Beaudéduit.)* Ah!... pardon, je venais chercher ma broderie.

BEAUDÉDUIT. — Mademoiselle... je suis on ne peut plus heureux de vous rencontrer...

CÉCILE, *à part.* — Il va me faire sa déclaration!

BEAUDÉDUIT. — Pour vous adresser mes adieux les plus... distingués.

CÉCILE. — Comment! vous partez ?...

BEAUDÉDUIT. — Oui... j'ai des ouvriers dans mon immeuble... mon immeuble!... près des *Bains Chinois!*

CÉCILE. — Et c'est pour cela ?... *(Piquée.)* Je ne vous retiens pas, monsieur!

BEAUDÉDUIT. — Je dois sans doute vous laisser peu de regrets... ma façade seule est en pierre de taille... le reste est un modeste pan de bois...

CÉCILE. — Plaît-il ?

BEAUDÉDUIT. — Tout ce qu'il y a de plus pan de bois... Vous trouverez mieux sans doute... comme superficie et comme élévation...

CÉCILE, *à part.* — Mais de quoi me parle-t-il ?

BEAUDÉDUIT. — En partant, permettez-moi de former des vœux pour votre fortune... Mademoiselle... soyez heureuse... puissiez-vous épouser un passage! voilà tout le mal que je vous souhaite!

CÉCILE. — Un passage! pour quoi faire ?

BEAUDÉDUIT. — On dit que les boutiques s'y louent très cher... tandis que ma maison...

CÉCILE. — Vous avez une maison ?

BEAUDÉDUIT. — Vous savez bien... près des *Bains Chinois...*

CÉCILE. — Ah!... je l'ignorais!

BEAUDÉDUIT, *avec surprise.* — Ah bah! comment! bien vrai ?

CÉCILE. — Certainement.

BEAUDÉDUIT, *vivement.* — Jurez-le-moi!

CÉCILE. — Quand je vous le dis...

BEAUDÉDUIT. — Je vous crois... oh! je vous crois!... mais... jurez-le-moi!

CÉCILE. — Je vous le jure.

BEAUDÉDUIT, *avec transport.* — Oh! ange!... Elle ne le savait pas! tu ne le savais pas!...

Il l'embrasse.

CÉCILE, *se reculant effrayée.* — Mais, monsieur!...

BEAUDÉDUIT. — Oh! pardon!... c'est un premier élan... Je vais faire ma demande...

CÉCILE. — Comment, monsieur, elle n'est pas faite ?...

BEAUDÉDUIT. — Non... M. votre père m'a raconté des histoires de... colzas, de sous-sol argileux... Je ne sais pas trop pourquoi... Mais, avant de m'adresser à lui, permettez-moi de m'assurer de vos sentiments. *(Se posant.)* Mademoiselle, j'ai trente-deux ans... *(A part.)* Bah! je me décide pour trente-deux... *(Haut.)* On m'accorde quelque esprit... Du moins, on me l'a dit si souvent, que

j'ai fini par le croire... Quant au physique... le voilà... je
ne le cache pas!... il ne m'appartient pas de l'apprécier...

CÉCILE, *très embarrassée.* — Certainement... monsieur...

BEAUDÉDUIT. — Vous dites ?...

CÉCILE. — Je ne dis rien!

Elle baisse la tête.

BEAUDÉDUIT, *à part.* — Rien!... Je la trouve bien froide
à mon égard. *(Haut.)* Enfin, mademoiselle, puis-je me
flatter d'avoir produit sur vous quelque impression ?...

CÉCILE, *intimidée.* — Mais non, monsieur!

BEAUDÉDUIT. — Comment!... je vois ce que c'est...
Votre odieux père vous fait violence!...

CÉCILE. — Mais pas du tout!... il me laisse parfaitement libre de mon choix.

BEAUDÉDUIT. — Ah! *(Se piquant.)* Alors je comprends...
c'est vous qui ne voulez pas... Très bien... je n'ai plus rien
à dire... *(Remontant.)* Dominique!

CÉCILE, *impatientée.* — Mais laissez donc votre domestique tranquille! c'est insupportable!

BEAUDÉDUIT. — Mademoiselle, je ne vous demande
qu'un seul mot.

CÉCILE. — Puisque je vous épouse...

BEAUDÉDUIT. — Le mariage n'est pas une raison... c'est
une cérémonie. Ainsi, mademoiselle, parlez franchement... Moi, je ne crains pas de vous le dire : vous me
plaisez!... vous me plaisez!... vous me plaisez!!! ça doit
vous mettre à votre aise... Allez!

CÉCILE. — Que voulez-vous que je réponde ?... Je ne
vous connais presque pas.

BEAUDÉDUIT. — Qu'à cela ne tienne! *(Se posant.)*
Mademoiselle, j'ai quarante... non! trente-deux ans...
(A part.) J'ai dit une bêtise... Je ne fais que ça... *(Haut.)*
On m'accorde quelque esprit...

CÉCILE, *étourdiment.* — Savez-vous chanter ?

BEAUDÉDUIT. — Très bien!... c'est-à-dire... agréable-
ment!

CÉCILE. — Oh! tant mieux! nous chanterons!

BEAUDÉDUIT. — Tout de suite!

CÉCILE. — Je vais chercher de la musique.

Elle remonte vers la droite.

BEAUDÉDUIT, *passant à gauche, à part.* — Elle veut
m'essayer! c'est évident.

*Il remet son chapeau et sa cravache sur le petit guéridon, à
gauche.*

CÉCILE

AIR de *La Petite Sœur*.

Restez là... je reviens.

BEAUDÉDUIT

Pardon !

J'attends une réponse claire *(bis)*...

CÉCILE

Sur quoi, monsieur ?

BEAUDÉDUIT

Ai-je le don

De vous plaire ou de vous déplaire ?

Soyez sincère !

Nettoyons ce point nébuleux ;

Parlez.

CÉCILE

Vraiment ! c'est tyrannique !

Dieu ! que vous êtes ennuyeux...

BEAUDÉDUIT, *piqué*. — Ah ! très bien ! je suis ennuyeux !... *(Appelant.)* Dominique !

SUITE DE L'AIR

CÉCILE, *vivement*.

Quand vous appelez Dominique *(bis)* !

Dominique !...

BEAUDÉDUIT, *avec transport*. — Ah !

Il l'embrasse.

CÉCILE. — Mais finissez donc, monsieur !...

BEAUDÉDUIT. — Pardon... c'est un second élan... Je suis plein d'élans.

CÉCILE, *se sauvant*. — Je vais chercher de la musique !

Elle sort vivement par la droite.

SCÈNE XIII

BEAUDÉDUIT ; *puis* BÉCAMEL

BEAUDÉDUIT, *seul*. — Ange ! ange ! Californie d'amour ! tiens ! tiens !

Il envoie des baisers à la porte par laquelle est partie Cécile.

BÉCAMEL, *entrant par le fond, à part.* — Je n'y comprends rien... Jurançon lui avait pourtant dit de faire sa demande... *(Apercevant Beaudéduit qui envoie des baisers.)* Hein ?... Qu'est-ce qu'il fait là ? *(Appelant.)* Monsieur!

BEAUDÉDUIT, *prenant Bécamel à la gorge.* — Monsieur, votre fille est un ange... J'ai l'honneur de vous demander sa main.

BÉCAMEL, *se débattant.* — Aïe... lâchez-moi donc!

BEAUDÉDUIT, *le secouant.* — Sa main ?

BÉCAMEL. — Je vous l'accorde!

BEAUDÉDUIT, *le lâchant.* — Merci! *(A part.)* Allons, voilà une formalité remplie!

BÉCAMEL, *à part.* — Quel drôle de garçon!... Tout à l'heure il ne voulait pas... et maintenant il m'étrangle!

BEAUDÉDUIT. — Voyons... qu'est-ce qu'il y a encore à faire ?

BÉCAMEL. — Pendant que nous voilà tous les deux... si nous essayions un petit projet de contrat ?

BEAUDÉDUIT. — Oh! pour ça, nous n'aurons pas de dispute; j'accorde tout!

BÉCAMEL. — Moi aussi... *(A part.)* Quel charmant garçon! *(Haut, en lui frappant amicalement sur le ventre.)* Tenez, vous m'allez, vous!

BEAUDÉDUIT. — Oui ? *(A part.)* Flattons son tic... *(Il lui donne trois petites tapes sur le ventre.)* Là! Maintenant, dépêchons-nous... Votre demoiselle m'attend pour faire de la musique... si toutefois vous m'autorisez...

BÉCAMEL. — Comment donc!... mais je vous en prie...

Il lui tape encore sur le ventre.

BEAUDÉDUIT, *à part.* — Il est très bonhomme! *(Il lui donne trois autres tapes sur le ventre.)* Là! Maintenant, parlons du contrat.

BÉCAMEL. — Je pose d'abord un principe.

BEAUDÉDUIT. — Pardon... vous ne me connaissez pas... Voici mon histoire en deux mots... Mon père était Suisse.

BÉCAMEL. — Portier ?

BEAUDÉDUIT. — Plaît-il ?

BÉCAMEL. — Portier ?

BEAUDÉDUIT, *un peu sèchement.* — Non, monsieur... Suisse de Genève... en Suisse! *(A part.)* Est-ce que j'ai l'air d'être le fils d'un portier! *(Haut.)* Ma famille quitta la France à l'époque de la révocation de l'édit de Nantes.

BÉCAMEL. — Oui.

Il bâille.

BEAUDÉDUIT, *le regarde et reprend vexé.* — De l'édit de Nantes!... qui força tant de Français à s'expatrier.

BÉCAMEL. — Oui... *(Il bâille de nouveau.)* Oui, oui, oui!...

BEAUDÉDUIT. — Je vous ennuie, monsieur?

BÉCAMEL. — Du tout... je vous écoute avec le plus vif intérêt.

BEAUDÉDUIT. — Mon bisaïeul forma un établissement d'horlogerie qui ne tarda pas... *(Bécamel bâille de nouveau, Beaudéduit s'arrête et lui dit brusquement:)* J'ai fini... A vous, monsieur... *(A part.)* Il manque complètement de savoir-vivre!

BÉCAMEL, *à part.* — Qu'est-ce qu'il a? *(Haut.)* Nous disons que vous avez une maison...

BEAUDÉDUIT, *à part.* — Encore!... *(Haut.)* Oui monsieur, j'ai une maison, près des *Bains Chinois*... c'est convenu... je vous en prie... ne parlons plus de ça...

BÉCAMEL. — Comment, ne parlons plus de ça? je vous trouve superbe!

BEAUDÉDUIT. — Je n'ai pas la prétention d'être superbe, ce serait de la fatuité... je suis de ceux dont on ne dit rien.

BÉCAMEL, *à part.* — Qu'est-ce qui lui parle de ça? *(Haut.)* Combien d'étages?

BEAUDÉDUIT, *à part.* — Il est agaçant! *(Haut.)* Trois.

Il marche avec impatience.

BÉCAMEL. — C'est bien peu!

BEAUDÉDUIT. — J'en ferai ajouter huit!...

BÉCAMEL. — Qu'est-ce que vous avez?... on dirait que ça vous fâche.

BEAUDÉDUIT. — Oh! du tout!... je ne me fâche de rien... la bête du bon Dieu!

BÉCAMEL. — Vous n'avez pas d'hypothèques?

BEAUDÉDUIT. — Pas!

BÉCAMEL, *à part.* — Il est sec... *(Haut.)* On dit que c'est solidement bâti?

BEAUDÉDUIT. — Par les Romains! *(Vivement.)* Neuf croisées de face, quatre boutiques et vingt-deux mansardes! Maintenant, parlons d'autre chose.

BÉCAMEL. — Pourquoi?

BEAUDÉDUIT. — Parce que... parce que, si j'avais une fille à marier, je rougirais de me conduire comme un maître maçon! c'est vilain! c'est laid!... fi! fi!

BÉCAMEL. — Quoi?

BEAUDÉDUIT, *sèchement.* — Rien!

BÉCAMEL, *à part.* — Oh! mais il me fera sortir de mon caractère!

BEAUDÉDUIT. — Monsieur, j'aime votre fille... je ferai toutes les concessions...

BÉCAMEL, *s'animant de plus en plus.* — Mais lesquelles ?... je ne vous en demande pas!... Vous vous emportez!...

BEAUDÉDUIT. — Moi ?... Oh!... je suis enchanté... ravi... vous m'accordez votre fille parce que j'ai une maison... C'est excessivement flatteur!

BÉCAMEL. — Mais, si vous n'aviez rien, je vous prie de croire que je ne vous l'accorderais pas.

BEAUDÉDUIT. — Merci!

BÉCAMEL, *à part.* — Mais c'est une grue que cet homme-là! il me fait monter le sang à la tête!...

BEAUDÉDUIT. — Ainsi, si quelqu'un se présentait avec deux maisons... dans sa poche ?...

BÉCAMEL, *s'emportant et criant.* — Eh bien, quoi ? qu'est-ce que vous me chantez avec vos maisons ?

BEAUDÉDUIT. — Du calme, monsieur, du calme!

BÉCAMEL. — Eh! voilà une heure que vous me picotez! *(A part.)* Ma parole, je n'y vois plus... je suis en nage...

Il ôte son habit et le pose sur une chaise, à gauche.

BEAUDÉDUIT, *à part.* — Hein! il se déshabille. Ah çà! il me traite comme un garçon de bains... Attends! attends!

Il ôte son habit et le pose contre le guéridon, à droite sur sa chaise.

BÉCAMEL. — Tiens! vous aussi, vous avez chaud ?

BEAUDÉDUIT. — Non, monsieur, j'ai froid; mais il paraît que c'est le genre ici pour discuter les contrats.

BÉCAMEL, *à part.* — Mais qu'est-ce qu'il a ? qu'est-ce qu'il a ?

BEAUDÉDUIT. — Voyons, monsieur... je suis tout à vous... Ce costume est très convenable... Est-ce la communauté ou le régime dotal ?... Je ferai toutes les concessions...

BÉCAMEL, *à part.* — Ma parole! je ne sais pas ce que cet animal-là a dans le ventre! *(Appelant.)* Cyprien!... une plume!... de l'encre!

BEAUDÉDUIT, *à part, passant à gauche.* — Encore s'il fermait la fenêtre. *(Il éternue très fort.)* Atchoum! *(A

Bécamel, qui ne l'a pas salué.) Merci! *(Criant.)* Monsieur, je vous remercie!

BÉCAMEL, *criant.* — Quoi encore ?... parce que je n'ai pas dit : « Dieu vous bénisse... » ? *(Avec colère.)* Eh bien, Dieu vous bénisse! *(A part.)* Que le diable l'emporte! *(Haut.)* Là!... êtes-vous content ?...

SCÈNE XIV

BEAUDÉDUIT, BÉCAMEL, CYPRIEN
entrant par le fond.

CYPRIEN, *apportant ce qu'il faut pour écrire.* — Voilà, monsieur. *(A part.)* Tiens! ils sont en chemise!

Il ôte aussi sa veste, pendant que Bécamel va poser l'encrier et le papier sur le guéridon à droite.

BÉCAMEL. — Voyons, monsieur, finissons-en... prenez la plume

Il la lui présente.

BEAUDÉDUIT. — Volontiers. *(Allant au guéridon.)* Vous le voyez, je fais toutes les concessions...

BÉCAMEL, *venant de l'autre côté du guéridon.* — Ecrivez... *(A part.)* Diable de courant d'air... ça vous tombe sur les épaules.

Il remet son habit.

BEAUDÉDUIT, *assis.* — Je suis à vos ordres... *(Apercevant Bécamel qui remet son habit. — A part.)* Ah! il paraît que nous nous rhabillons.

Il se lève et endosse son habit.

CYPRIEN, *à part.* — Qu'est-ce qu'ils font là ?
BÉCAMEL, *à Beaudéduit.* — Ah! vous aviez froid ?
BEAUDÉDUIT. — Non, monsieur, j'ai chaud.

Il se rassied. Cyprien remet sa veste.

BÉCAMEL, *venant s'asseoir de l'autre côté du guéridon et écrivant.* — Nous disons que votre apport est de vingt-deux mille cinq cents francs de revenu ?

BEAUDÉDUIT. — Cinq cent vingt-trois francs... Oui, monsieur.

BÉCAMEL. — Vous n'avez pas autre chose ?

BEAUDÉDUIT. — J'ai soixante-deux francs dans ma poche... et neuf sous dans mon secrétaire.

Bécamel pousse un soupir d'impatience; Beaudéduit de même.

BÉCAMEL. — Moi, je constitue en dot à ma fille une ferme d'un revenu de trente mille francs.

BEAUDÉDUIT. — Trente mille francs! monsieur, je vous arrête là.

BÉCAMEL. — Quoi?

BEAUDÉDUIT. — J'apporte vingt-deux mille cinq cent vingt-trois francs! je ne peux pas accepter un rouge liard de plus!

BÉCAMEL. — Comment!

BEAUDÉDUIT, *avec force.* — Je ne le peux pas! je... ne... le... peux... pas!

BÉCAMEL, *se montant.* — Ah! c'est trop fort! je n'ai pas le droit de doter ma fille comme je l'entends!

BEAUDÉDUIT, *se montant.* — Non, monsieur!

BÉCAMEL, *criant.* — Si, monsieur!

BEAUDÉDUIT. — Non, monsieur!...

BÉCAMEL. — Si, monsieur!...

Il se lève.

CYPRIEN, *bas à Beaudéduit, en venant derrière le guéridon.* — Que vous êtes bête! prenez donc toujours.

BEAUDÉDUIT, *se levant.* — Domestique! *(A Bécamel.)* Monsieur, je ferai toutes les concessions... mais un sou de plus, je le donne aux Polonais!

BÉCAMEL, *avec rage.* — Non! non! ce n'est pas un gendre, cet homme-là... C'est un porc-épic!

BEAUDÉDUIT, *furieux.* — Qu'est-ce qu'il a dit? *(A Cyprien.)* Qu'est-ce qu'il a dit?

CYPRIEN, *riant.* — Il dit que vous êtes un porc-épic!

BEAUDÉDUIT. — Insolent!

Il lui donne un soufflet.

CYPRIEN. — Aïe!

BÉCAMEL. — C'est trop fort!

CYPRIEN, *se tenant la joue.* — Oh! oui, c'est trop fort!...

ENSEMBLE

AIR : *Tu resteras, maraud.*

BÉCAMEL

Cet excès de fureur
Me frappe de stupeur!

Quel hideux caractère!
J'étouffe de colère!
Je n'écoute plus rien!
Brisons cet entretien!

BEAUDÉDUIT

Impudent serviteur!
Oui, malgré mon humeur
Facile et débonnaire,
J'étouffe de colère!
Je n'écoute plus rien!
Brisons cet entretien!

CYPRIEN

Cet excès de fureur
Me frappe de stupeur!
Quel hideux caractère!
Vous n'laisserez pas, j'espère,
Souffleter comme un chien
Votre bon Cyprien!

SCÈNE XV

LES MÊMES, CÉCILE
avec un rouleau de musique à la main.

CÉCILE, *entrant par la droite.* — Qu'y a-t-il?
BÉCAMEL, *hors de lui, allant à Cyprien.* — Battre
Cyprien! mon filleul! chez moi!... Monsieur, voilà votre
contrat!

Il le déchire et le jette à terre.

CÉCILE, *à part.* — Ah! mon Dieu!

REPRISE DE L'ENSEMBLE

BEAUDÉDUIT

Impudent serviteur, etc.

BÉCAMEL

Cet excès de fureur, etc.

CYPRIEN

Cet excès de fureur, etc.

CÉCILE

Qu'avez-vous fait, monsieur,
Pourquoi cette fureur ?
Et pourquoi de mon père
Exciter la colère !
Non, je n'y conçois rien !
Monsieur, ça n'est pas bien !

Bécamel et Cyprien sortent par la gauche.

SCÈNE XVI

BEAUDÉDUIT, CÉCILE

BEAUDÉDUIT, *à part, se promenant avec colère.* — Allez,
dix-huitième beau-père !

CÉCILE. — Monsieur... qu'est-ce que cela signifie ?
Je sors pour aller chercher de la musique...

BEAUDÉDUIT. — Ah ! oui, je suis bien en train de faire
de la musique ! *(A part.)* Un enragé ! un brutal ! *(Tout à
coup et brusquement.)* Mademoiselle !... je vous adore !
mais j'ai bien l'honneur de vous saluer ! *(Appelant.)*
Dominique !

CÉCILE. — Vous repartez ?

BEAUDÉDUIT. — Au galop !... Après la manière dont
M. votre père m'a traité... Il m'a appelé porc-épic... moi !
la bête du bon Dieu ! Voyons, mademoiselle, ai-je l'air
d'un porc-épic ?

CÉCILE. — Oh ! il ne le pensait pas !

BEAUDÉDUIT. — Alors, qu'il retire le mot !

CÉCILE. — Eh bien, restez !... je vais le voir... le calmer...
Attendez-moi... Vous me le promettez ?

BEAUDÉDUIT. — Qu'il retire le mot !

CÉCILE. — Je reviens.

Elle sort vivement par la gauche.

SCÈNE XVII

BEAUDÉDUIT ; *puis* JURANÇON

BEAUDÉDUIT, *seul.* — Est-elle gentille !... Non ! ce n'est
pas possible ! elle n'est pas la fille de Bécamel !

AIR : *Il me le faut, monsieur; retenez bien.*

Non! j'en appelle à Buffon, à Cuvier,
Savants auteurs d'histoire naturelle :
Vit-on jamais le brutal sanglier
Donner le jour à la douce gazelle ?...
Je ne consens, trop abrupt hérisson!
A proclamer cet ange-là ta fille
Qu'en me disant... triste réflexion!
L'état civil du brillant papillon
Remonte bien à la chenille!

Et je renoncerais à elle à cause de sa ganache de père!...
Je serais bien bête!... *(Relevant le mot, comme s'il lui était
adressé par un autre.)* Bête!... beau-père!... *(Se calmant.)*
Ah! non!... c'est moi!

JURANÇON, *entrant par la gauche.* — Mon ami, je
suis chargé d'une mission pénible; je quitte Bécamel.

BEAUDÉDUIT. — Retire-t-il le mot ?

JURANÇON. — Il m'a prié de vous signifier votre... congé.

BEAUDÉDUIT. — Très bien! ça me va! *(Appelant.)*
Dominique! *(A part, revenant.)* J'y pense... la petite... m'a
fait promettre de l'attendre... je ne peux pas m'en aller!

JURANÇON. — Quant à moi, je n'y suis pour rien...
Croyez à tous mes regrets... Je vais vous accompagner.

BEAUDÉDUIT. — Avec plaisir... Ce cher Jurançon!...
(Il s'assoit près du guéridon.) Voyons... parlez-moi de
votre famille... de votre portier...

JURANÇON, *à part.* — Eh bien, il s'assoit. *(Haut.)*
Mon ami... je crois que vous ne m'avez pas bien compris.

BEAUDÉDUIT. — Parfaitement... parfaitement... Vous
venez me prier de prendre la porte...

JURANÇON. — Et vous prenez une chaise.

BEAUDÉDUIT. — Oui... il y a de la lune... je préfère
partir à la fraîche...

JURANÇON, *à part.* — Et Bécamel prétend que cet
homme-là est susceptible! Allons donc!

SCÈNE XVIII

BEAUDÉDUIT, JURANÇON, CÉCILE

CÉCILE, *entrant par la gauche.* — Je viens de voir mon
père...

BEAUDÉDUIT, *se levant.* — Il a retiré le mot ?

CÉCILE. — Non.

BEAUDÉDUIT. — Très bien!...

Il met ses gants.

CÉCILE. — Vous avez donné un soufflet à son filleul... à son benjamin...

BEAUDÉDUIT. — Je ne le regrette pas!

CÉCILE. — Il ne s'apaisera qu'à une condition...

JURANÇON. — Des conditions!

BEAUDÉDUIT. — Laissez... il faut en rire! il faut en rire!... *(A Cécile.)* Voyons... cette condition ?

CÉCILE. — Oh! c'est inutile... vous ne voudrez pas.

BEAUDÉDUIT. — Dites toujours.

CÉCILE. — Il prétend que vous devez faire... des excuses à Cyprien.

BEAUDÉDUIT, *bondissant.* — Au domestique ? jamais!

JURANÇON. — Il est fou!

CÉCILE. — Voilà son ultimatum!

BEAUDÉDUIT, *avec force.* — Son ultimatum ? je trépigne dessus!...

JURANÇON. — Un domestique!

BEAUDÉDUIT, *révolté.* — Des excuses!... des... car vous ne savez pas... lui aussi m'a appelé porc-épic!... des coups de cravache plutôt!...

CÉCILE. — Cependant...

JURANÇON. — C'est impossible!

BEAUDÉDUIT, *avec force.* — Non, je ne peux pas accepter ça! *(A part.)* Beaudéduit!... tu ne peux pas accepter ça!

JURANÇON. — Je vais faire seller vos chevaux, et, dans cinq minutes... *(Indigné.)* Des excuses!

Il sort par le fond, Cécile le suit jusqu'à la porte.

SCÈNE XIX

BEAUDÉDUIT, CÉCILE ; *puis* CYPRIEN

BEAUDÉDUIT, *à part.* — Pauvre petite!... ça me fait de la peine! je crois que nous aurions eu beaucoup... de postérité. *(Haut et s'approchant d'elle.)* Cécile...

CÉCILE, *baissant la tête.* — Monsieur Beaudéduit...

BEAUDÉDUIT. — Je crains que nous ne fassions pas de musique aujourd'hui...

CÉCILE. — Ce n'est pas ma faute...

BEAUDÉDUIT. — Je le sais... je n'accuse que votre vieux... cauchemar de père...

CÉCILE. — Hein ?

BEAUDÉDUIT, *avec émotion.* — Cécile!... je ne vous dis pas adieu... nous nous reverrons peut-être cet hiver... dans un monde meilleur... au bal... à Paris... *(Pleurant presque.)* Mademoiselle, je vous invite pour la première contredanse... pour la première polka... pour la première mazurka... et pour toutes les suivantes.

CÉCILE, *saluant.* — Avec plaisir, monsieur!

Elle fond en larmes.

BEAUDÉDUIT, *avec transport, et la prenant dans ses bras.* — Vous pleurez ? tu pleures ?... J'ai le bonheur de vous voir pleurer... pour moi! *(L'embrassant.)* Oh! oh! oh!... *(Tout à coup.)* Mais, sapristi! que votre père me demande autre chose! qu'il me fasse traverser le foyer de l'Opéra avec un melon sous le bras.

CÉCILE. — Oh! si vous m'aimiez bien!

BEAUDÉDUIT. — Vous en doutez ?... Qu'on en cueille un!... *(Allant au fond, et appelant.)* Dominique!...

CÉCILE. — C'est pourtant moins difficile d'aller trouver Cyprien.

BEAUDÉDUIT, *redescendant.* — Un maroufle! un subalterne!

CÉCILE. — Précisément, ça n'a pas d'importance.

BEAUDÉDUIT. — Ah! vous croyez que ça n'a pas d'importance ?... *(A part.)* Elle m'entortille! elle m'entortille!

CÉCILE. — Nous serions si heureux... mariés!...

BEAUDÉDUIT. — C'est vrai que nous serions heureux... dans cet état-là... mais c'est impossible!...

CÉCILE. — Vous me donneriez là une si grande preuve d'amour.

BEAUDÉDUIT, *ébranlé.* — Pristi! pristi!

CÉCILE, *suppliant.* — Et je vous en saurais tant de gré!... Toute ma vie ne suffirait pas pour payer un tel sacrifice!

BEAUDÉDUIT, *ébranlé.* — Eh bien... *(Se ravisant.)* Non!

CÉCILE. — Oh! je vous remercierais tant... tant!...

BEAUDÉDUIT, *avec effort.* — Eh bien... *(Tout à coup.)* Où est-il cet animal-là ?

CÉCILE. — Vous consentez ?

BEAUDÉDUIT. — Je ne promets pas ! je ne promets rien ! parce que... c'est dur !... mais je tâcherai... j'essayerai...

CYPRIEN, *entrant par le fond, et d'un air de mauvaise humeur, à Beaudéduit.* — Monsieur, vous êtes sellé.

CÉCILE, *à Beaudéduit.* — Courage !

BEAUDÉDUIT, *faisant un violent effort sur lui-même, à part.* — Allons ! *(Haut à Cyprien.).* Ici, valetaille !

CYPRIEN, *effrayé, se sauve à toutes jambes par le fond, en criant.* — Au secours !

BEAUDÉDUIT. — Comment... il se sauve !... quand je veux lui faire des excuses !... Ah ! brigand !... je te rattraperai bien !

Il sort vivement sur les traces de Cyprien.

SCÈNE XX

CÉCILE, *seule; puis* CYPRIEN; *puis* BEAUDÉDUIT

CÉCILE. — Eh bien, il court après lui ! *(Regardant par la fenêtre.)* Bon ! les voilà dans le jardin... Cyprien se sauve toujours... ils marchent sur les melons... oh ! les pauvres cloches !... Ah ! mon Dieu !... ils vont se jeter dans le bassin !... non... ils tournent autour... il ne le rattrapera jamais... Ah ! ils reviennent... les voici !...

CYPRIEN, *débouchant par la droite et courant.* — Au secours ! au secours !

Il vient tomber sur une chaise, à gauche.

CÉCILE. — Ne crains rien... c'est pour te faire...

Beaudéduit entre en courant par la droite et arrive sur Cyprien.

CYPRIEN. — Ah ! le voici...

Il se lève précipitamment et se sauve par la droite, en traversant le théâtre.

BEAUDÉDUIT, *essoufflé.* — Ah ! je n'en puis plus !

Il tombe sur la chaise où était Cyprien.

CÉCILE, *à part.* — Ce pauvre garçon ! *(Haut.)* Remettez-vous...

BEAUDÉDUIT. — L'animal !... s'il va de ce train-là, je

ne pourrai jamais lui faire d'excuses... à moins de monter à cheval !

CÉCILE. — Il est là... je vais vous l'envoyer.

Elle entre à droite.

SCÈNE XXI

BEAUDÉDUIT ; *puis* DOMINIQUE

BEAUDÉDUIT. — Allez ! mais qu'il se dépêche !... car je ne sais pas !... *(Se levant.)* Mes sympathies pour lui se refroidissent considérablement.

DOMINIQUE, *entrant par le fond.* — Est-ce que nous ne partons pas, monsieur ?

BEAUDÉDUIT, *comme frappé d'une idée.* — Ah !... Dominique ! arrive ici... je vais m'essayer sur toi !

DOMINIQUE, *à part.* — Qu'est-ce qu'il veut essayer ?

BEAUDÉDUIT. — Mon bon Dominique... non ! d'abord appelle-moi porc-épic.

DOMINIQUE. — Par exemple !

BEAUDÉDUIT. — Je te l'ordonne !

DOMINIQUE. — Mais, monsieur...

BEAUDÉDUIT. — Je te ferai des excuses après !... Va !...

DOMINIQUE. — Je veux bien... Porc-épic. *(Beaudéduit lui donne un coup de pied.)* Aïe !...

BEAUDÉDUIT. — Ça ne compte pas ! recommence !

DOMINIQUE, *hésitant.* — Cependant...

BEAUDÉDUIT. — Recommence ! je te ferai des excuses après !

DOMINIQUE. — Porc-épic... *(Beaudéduit lui donne un second coup de pied, après quelque hésitation, comme d'un homme qui cherche à se contenir.)* Aïe !...

BEAUDÉDUIT. — Recommence... celui-ci est moins fort... tu as dû t'en apercevoir... je m'y habitue... va !

DOMINIQUE. — Ma foi, non ! j'en ai assez !

Il se sauve par le fond.

SCÈNE XXII

BEAUDÉDUIT ; *puis* CYPRIEN

BEAUDÉDUIT, *seul.* — Ah ! je me sens plus fort... je crois que ça ira... Sonnons ce goujat. *(Il agite une sonnette qui*

est sur le guéridon à droite. Personne ne paraît.) C'est égal...
je ne me croyais pas si amoureux!... *(Il sonne de nouveau.*
Personne ne paraît.) Ah ça, ce faquin-là me fait faire antichambre!... pour des excuses!

Il sonne avec fureur, puis, à l'entrée de Cyprien, pose la
  sonnette sur le petit guéridon, à gauche, où il prend sa
  cravache.

CYPRIEN, *paraissant, venant de la droite.* — Monsieur
a sonné ?

                                        Il n'ose entrer.

BEAUDÉDUIT, *avec calme.* — Oui... tu peux venir... je
me suis préparé sur Dominique.

                                        Il agite sa cravache.

CYPRIEN, *n'osant avancer et montrant la cravache.* —
C'est que... c'est que...

BEAUDÉDUIT. — C'est juste!... *(Mettant sa cravache*
sous son bras.) Je désarme... *(Cyprien s'approche. — D'un*
ton caressant.) Mon bon Cyprien!... *(A part.)* Un
laquais!... qui m'a appelé porc-épic!... *(Haut.)* J'ai été
un peu... vif tout à l'heure.

CYPRIEN. — C'est vrai!

BEAUDÉDUIT, *avec effort.* — Accepterais-tu des... *(A*
part.) Quelle figure à gifles! *(Haut.)* Mon bon Cyprien...
accepterais-tu des... *(avec effort)* des excuses ?...

CYPRIEN, *dignement.* — C'est selon... si elles étaient
convenablement exprimées...

BEAUDÉDUIT, *le prenant au collet.* — Tu les accepterais!
(Lui donnant des coups de cravache.) Tiens! canaille!
maroufle! faquin!

CYPRIEN, *hurlant.* — Au secours! à la garde!...

SCÈNE XXIII

BEAUDÉDUIT, CYPRIEN, BÉCAMEL,
CÉCILE, JURANÇON

Bécamel et Cécile entrent par la gauche, Jurançon par le
fond.

TOUS, *entrant aux cris de Cyprien.* — Qu'y a-t-il ?

BEAUDÉDUIT, *à part.* — Pristi! *(Bas à Cyprien.)* Cinq
cents francs pour toi... Souris!

CYPRIEN, *riant en se frottant les épaules.* — Hi! hi! hi!

BEAUDÉDUIT. — Vous nous avez interrompus... je commençais mes excuses. *(Bas à Cyprien.)* Souris!

BÉCAMEL. — Ah! je suis curieux de voir ça... allons, continuez!

CYPRIEN, *se frottant.* — Non! ça suffit!

BÉCAMEL. — Si! si! je loue une stalle!

Il se jette sur une chaise.

JURANÇON, *bas à Beaudéduit.* — Ne cédez pas, morbleu!

BEAUDÉDUIT. — Non.

CÉCILE, *bas.* — Courage!

BEAUDÉDUIT. — Oui.

BÉCAMEL. — Je parie cent sous qu'il ne lui en fera pas!

BEAUDÉDUIT. — Je les tiens! *(A part.)* Devant tout le monde! *(Passant près de Cyprien.)* Monsieur Cyprien... *(A part.)* Dieu! que j'ai soif! *(Haut.)* Monsieur de Cyprien... *(A part.)* Anoblissons-le! rapprochons les distances! *(Haut. Continuant et agitant sa cravache.)* De galant homme... à galant homme!... *(Donnant sa cravache à Jurançon.)* Tenez-moi ça un moment, ça me brûle. *(Reprenant.)* De galant homme à galant homme, il n'y a que la main.

CYPRIEN, *lui donnant la main.* — Volontiers! *(Poussant un cri.)* Aïe!

BEAUDÉDUIT, *bas.* — Souris... cinq cents francs!...

CYPRIEN. — Hi hi hi!

BÉCAMEL. — Mais ce ne sont pas des excuses, ça!

BEAUDÉDUIT. — Je continue!... monsieur de Cyprien... je vous prie d'agréer l'expression... *(Bas à Jurançon.)* Tenez-moi les mains... ferme! *(Il les met derrière le dos.)* L'expression de mes regrets... les plus... les plus pénibles! Ouf!... *(Il lance un coup de pied à Cyprien.)* Souris...

BÉCAMEL, *qui n'a pas vu le coup de pied.* — Bravo!

JURANÇON, *à part.* — Le lâche!

Il passe à gauche.

BÉCAMEL, *se levant.* — Monsieur, j'ai perdu cent sous... ma fille est à vous!... voilà d'abord vos cinq francs... et voilà ma fille!...

CÉCILE, *à Beaudéduit.* — Comment vous remercier?

BEAUDÉDUIT, *avec intention.* — Cécile, je vous le dirai plus tard. *(A part.)* C'est égal... je ne veux pas mourir avant de donner une raclée à Cyprien!

Cécile le remercie à voix basse.

BÉCAMEL, *à Jurançon.* — C'est drôle! je le croyais susceptible!

JURANÇON. — Lui! la bête du bon Dieu! mais le susceptible... le porc-épic... c'est toi!

BEAUDÉDUIT. — Oh! ça!

CÉCILE. — Certainement!

BÉCAMEL. — Est-ce que mon caractère changerait? Heureusement que les voyages adoucissent les mœurs.

JURANÇON. — Et que maintenant nous pouvons faire nos paquets.

BEAUDÉDUIT, *vivement.* — Comment! vous partez?

BÉCAMEL. — Pour la belle Italie! dans dix-sept jours...

BEAUDÉDUIT, *joyeusement.* — Ah! sapristi! emmenez-vous Cyprien?

JURANÇON. — Non.

BEAUDÉDUIT, *vivement.* — Je le prends à mon service!

JURANÇON. — Quelle générosité!

BÉCAMEL. — La clémence d'Auguste!

BEAUDÉDUIT. — Je suis comme ça! Ce bon Cyprien! *(Il le bourre de coups de poing, sans être vu des autres.)* Tiens, voilà pour toi. *(Il lui donne les cinq francs de Bécamel.)* C'est un acompte.

CYPRIEN. — Le jour de vos noces, nous boirons du champ'!...

BEAUDÉDUIT. — Oui... *(A part.)* Mais le lendemain!... quelle frétillante pâtée! mâtin!...

CHŒUR FINAL

AIR du premier ensemble de la pièce.

Vers la belle Venise
Nous roulerons bientôt,
Ils rouleront bientôt,
Pour respirer sa brise,
Et voguer sur son flot!...

BEAUDÉDUIT, *s'avançant vers le public.*

AIR de *Turenne.*

Vous le dirai-je?... un souci me tracasse!...
J'ai vu par là rire un mauvais plaisant...
Si c'est de moi, qu'il me le dise en face!...
Son nom!... sa carte!... et sortons à l'instant...
Chez le concierge, il trouvera mon gant.

BÉCAMEL, *alarmé.*

Quoi! votre gant ?...

BEAUDÉDUIT, *se ravisant.*

C'est vrai!... je le retire...
De nos auteurs pour accomplir les vœux,
Messieurs, ce soir, je serais trop heureux
De ne provoquer... que le rire *(bis)* !
Laissez-moi provoquer le rire.

REPRISE DU CHŒUR

FIN D'UN MONSIEUR QUI PREND LA MOUCHE

LES SUITES
D'UN PREMIER LIT

COMÉDIE EN UN ACTE, MÊLÉE DE CHANT
PAR Eugène Labiche et Marc-Michel

*représentée pour la première fois, à Paris, sur le Théâtre
du Vaudeville, le 8 mai 1852*

ACTEURS qui ont créé les rôles.

TRÉBUCHARD, 29 ans	M. FÉLIX
PRUDENVAL, propriétaire à Reims	M. DELANNOY
PIQUOISEAU, capitaine d'infanterie	M. GIL-PÉRÈS
BLANCHE, fille de Trébuchard, 48 ans	Mme ASTRUC
CLAIRE, fille de Prudenval, 18 ans	Mme CLARY
RAGUFINE, bonne chez Trébuchard.	Mme ESTELLE PLUCK

A Paris, chez Trébuchard.

Un salon octogone. — Au fond, en face du spectateur, une porte-fenêtre ouvrant sur un balcon et donnant sur la rue. — Une porte dans chaque pan coupé : celle de droite conduit au-dehors. — Deux autres portes latérales, une cave à liqueurs sur un petit guéridon, à gauche. Chaises, fauteuils.

SCÈNE PREMIÈRE

Ragufine; *puis* Trébuchard; *puis* la voix de Piquoiseau

Ragufine, *qui est en train de balayer la terrasse du balcon, au fond.* — Là! bien!... bon!... encore comme les autres jours... Un, deux, trois, quatre, cinq, huit, dix, quatorze bouts de cigare sur la terrasse!... Eh ben, il ne se gêne guère, le voisin du second!

Trébuchard, *sortant de sa chambre, à gauche.* — A qui en as-tu ?... Qu'est-ce qu'il y a, Ragufine ?...

Ragufine, *lui montrant la terrasse.* — Monsieur, il y a... quatorze bouts depuis ce matin!...

Trébuchard. — Quatorze!... Hier, ce n'était que treize... ça augmente... Ah çà! ce Chinois-là prend-il mon balcon pour un plancher de tabagie... Je vais lui parler! *(S'élançant sur le balcon et appelant vers l'étage supérieur.)* Hé! monsieur!... Capitaine!... capitaine!...

La voix de Piquoiseau. — Eh bien, quoi ?... Qu'est-ce que vous voulez ?

Trébuchard. — Monsieur, vous êtes militaire... et je respecte beaucoup l'armée... Mais je vous prie de ne pas jeter vos bouts de cigare sur ma terrasse...

LA VOIX DE PIQUOISEAU. — Pourquoi ça ?

TRÉBUCHARD. — Comment, pourquoi ça ?... Il est charmant!... Parce que c'est malpropre; ça m'incommode... Flanquez-les dans la rue!

LA VOIX DE PIQUOISEAU. — Non... ça pourrait tomber sur des militaires.

TRÉBUCHARD. — Alors, il faut que je les reçoive, moi ?... Je vous trouve joli!

Il redescend en scène.

LA VOIX DE PIQUOISEAU. — Vous n'êtes pas le seul.

RAGUFINE, *sur le balcon.* — Aïe!... encore un... Ça fait quinze!

Elle revient en scène.

TRÉBUCHARD, *furieux.* — Capitaine! *(A Ragufine.)* Ramasse-les! *(Sur le balcon, à Piquoiseau.)* Je vais les porter à l'instant même au commandant de la 1re division militaire.

Il revient en scène.

LA VOIX DE PIQUOISEAU. — Vous m'ennuyez.

TRÉBUCHARD. — Qu'est-ce qu'il a dit ?

RAGUFINE. — Il dit que vous l'ennuyez.

TRÉBUCHARD. — Est-il encore là ?

RAGUFINE, *regardant à l'étage supérieur.* — Non, il est rentré.

TRÉBUCHARD. — Il a bien fait!... Ragufine!

RAGUFINE. — Monsieur Trébuchard ?

TRÉBUCHARD, *à demi-voix.* — As-tu religieusement suivi mes instructions ? As-tu clandestinement préparé ma valise ?

RAGUFINE. — Oui, monsieur... Elle est là, dans votre porte.

TRÉBUCHARD. — Bien!... Et Blanche... ma fille ?... Elle est encore couchée ?...

RAGUFINE. — Non, monsieur... Elle m'a déjà campé une gifle à ce matin.

TRÉBUCHARD. — Bah!

RAGUFINE. — A cause que son corset ne voulait pas joindre!

TRÉBUCHARD. — C'est vrai... Elle épaissit beaucoup... Qu'est-ce qu'elle fait en ce moment ?

RAGUFINE. — Elle dessine sa tête de Romulus... ça la fait soupirer comme ça. *(Elle imite un gros soupir.)* Heue!...

TRÉBUCHARD. — Elle est amoureuse de Romulus!... la semaine dernière c'était de Bélisaire!

RAGUFINE. — Faut-il l'avertir que Monsieur va partir pour Reims ?

TRÉBUCHARD, *vivement*. — Non pas, sapredié!... Je lui écrirai de là-bas... ça m'épargnera les embêtements des adieux!...

RAGUFINE. — Vous ne l'emmenez donc pas ?

TRÉBUCHARD, *vivement*. — Non.

RAGUFINE. — Et vous allez nous laisser toutes seules ?... Elle va me taper.

TRÉBUCHARD. — Défends-toi.

RAGUFINE. — Sans compter que Mam'zelle est peureuse quand vous n'êtes pas là...

TRÉBUCHARD. — Je ne peux pourtant pas la mettre dans mon gousset!... Une fille de quarante-huit ans!... Je reste bien tout seul... et je n'en ai que vingt-neuf... moi, son père!

RAGUFINE. — La voici!

TRÉBUCHARD, *à part*. — Pristi! tant pis.

SCÈNE II

TRÉBUCHARD, BLANCHE, RAGUFINE

BLANCHE, *sortant de sa chambre et mettant ses gants*. — Bonjour, papa!

TRÉBUCHARD, *à part, agacé*. — Hein!... papa!... (*Haut.*) Bonjour, mademoiselle.

BLANCHE, *avec aigreur*. — « Mademoiselle!... » est-ce que vous êtes fâché contre moi ?

TRÉBUCHARD. — Non, (*avec effort*) ma fille... non, ma chère enfant... (*A part.*) Comme c'est agréable!

BLANCHE. — A la bonne heure!... (*Avec hésitation.*) C'est que je voulais vous demander...

TRÉBUCHARD. — Quoi ?

BLANCHE, *timidement*. — La permission de sortir...

TRÉBUCHARD. — Voilà tout!... Allez... sortez... tant que vous voudrez!...

BLANCHE. — Comment! vous ne me demandez même pas où je vais ?...

TRÉBUCHARD. — Moi ?... je m'en fiche!... (*Se reprenant.*) Non! (*Se posant.*) Et où allez-vous, mademoiselle, s'il vous plaît ?

BLANCHE. — Au marché aux fleurs... chercher des tulipes pour mes vases.

TRÉBUCHARD. — Ah! très bien!... allez chercher des tulipes... *(Tirant sa montre.)* Je vous donne cinq heures!

BLANCHE. — Vous ne m'accompagnez pas ?...

TRÉBUCHARD. — Impossible!... Une affaire de la plus haute importance!... J'attends mon tailleur.

BLANCHE. — Et c'est pour ça ?... *(Avec dépit.)* Je comprends... je vous importune... je vous suis à charge...

TRÉBUCHARD. — Je ne dis pas cela...

BLANCHE, *aigrement.* — Si je vous gêne... vous avez un moyen bien simple de vous débarrasser de moi...

TRÉBUCHARD, *s'approchant d'elle très vivement.* — Lequel ?

BLANCHE. — C'est de me marier...

TRÉBUCHARD, *tristement.* — Ah oui! *(A part.)* Comme c'est facile!... Allez donc offrir ça!... Après ça, je ne peux pas lui dire... *(Haut.)* Eh bien, plus tard... nous verrons... nous chercherons...

BLANCHE. — Egoïste! je vois votre calcul... vous voulez me garder.

TRÉBUCHARD. — Moi ?... *(A part.)* Sapristi!... *(Au public.)* Qu'est-ce qui en veut ?... Personne ?... Voilà! *(A Blanche.)* Allez chercher des tulipes... Ragufine vous escortera.

BLANCHE. — Une bonne!... Vous me confiez à des mains mercenaires!

TRÉBUCHARD. — Il n'y a pas de danger!

BLANCHE. — Ah! si!...

AIR : *Un homme pour faire un tableau.*

> Les demoiselles, en sortant,
> Ont besoin d'appuis tutélaires...
> Car auprès d'elles, trop souvent,
> Les hommes sont si téméraires!

TRÉBUCHARD, *à part.* — As-tu fini ?

Haut, achevant l'air.

> Oui, la nuit, quand on ne voit rien,
> Ce danger-là peut vous atteindre...
> Mais le jour... on y voit trop bien
> Pour que vous ayez rien à craindre.

Allons, votre châle! votre chapeau!

BLANCHE. — Mais, papa...

TRÉBUCHARD. — Je le veux... *(A part.)* Elle me fera manquer le chemin de fer !...

BLANCHE, *mettant son châle et son chapeau.* — J'obéis, c'est mon devoir... *(Brusquement, à Ragufine.)* Marchez, lourdaude !

RAGUFINE, *se garant avec son coude.* — Oui, mam'zelle. *(Bas à Trébuchard.)* Hein ?

TRÉBUCHARD, *bas.* — Défends-toi !...

BLANCHE. — Adieu, papa.

TRÉBUCHARD, *lui tournant le dos.* — Adieu !

BLANCHE, *avec aigreur.* — Vouz ne m'embrassez même pas ?...

TRÉBUCHARD, *avec effort.* — Si fait !... *(Il l'embrasse. A part.)* Cré nom !

CHŒUR

AIR : *Adieu, caressant pot-au-feu (Chapeau de paille).*

TRÉBUCHARD

Allez, partez, ma chère enfant,
Et prenez le temps nécessaire.

A part.

Je crois toujours, en l'embrassant,
Embrasser ma vieille grand-mère !

BLANCHE

Ah ! vous êtes bien peu galant
Et bien peu tendre pour un père !
Je ne vous en veux pas, pourtant,
Car j'ai le meilleur caractère.

RAGUFINE, *à part.*

A son âge, comme un enfant,
Faut la conduire à la lisière !
Et toujours, j'attrape, en passant,
Quelque taloche pour salaire.

Blanche et Ragufine sortent par le fond à droite.

SCÈNE III

TRÉBUCHARD, *seul.*

Eh bien, vous avez-vous vu l'objet... Qu'est-ce que vous en dites ? Plaît-il ?... — Ça votre fille ? — Oui, mon-

sieur. *(Tirant sa montre.)* J'ai cinq minutes, permettez-
moi de vous raconter cette lamentable histoire... Je suis
né de parents riches... mais crasseux. J'étudiais à Paris
la médecine et le carambolage depuis cinq ans... On ne
sait pas ce que coûtent ces deux sciences... jumelles!
Un beau matin, je résolus pour la première fois de ma vie,
de faire ma caisse, opération solennelle qui me présenta
tout d'abord un passif de neuf mille huit cent trente-
deux francs soixante-quinze centimes... Quant à l'actif,
je le néglige... Deux pipes de terre, un cahier de papier à
cigarettes... et pas de tabac! J'allais me recoucher... on
frappe trois petits coups à la porte... Entrez!... C'était la
veuve Arthur, limonadière, très mûre, que je payais
depuis six trimestres en œillades électriques... dont elle
me rendait la monnaie... Fichue monnaie! « Mon-
« sieur Trébuchard, me dit-elle, avec une palpitation que
« j'attribuai d'abord à mes cent quinze marches, mon-
« sieur Trébuchard, je viens d'acheter toutes vos créances.
« — Ah bah! c'est une excellente opération! — Depuis
« longtemps, vous avez porté le trouble dans mon cœur...
« et je viens vous offrir ma main... *(Faisant la grimace.)*
— Cristi!... — Certainement, mère Arthur, ce serait avec
« plaisir... mais je ne me marie pas... je suis chevalier de
« Malte! — Alors, je me vois dans la nécessité de vous
« mettre à Clichy[1]! — Comment ?

AIR : *Nous nous marierons dimanche.*

— Ma main ou Clichy! vite entre les deux
« Choisissez, car je l'exige!
« Hésiteriez-vous ? — Pas du tout, grands dieux!
« Partons pour Clichy », lui dis-je!
Quoi! prendre une résolution pareille ?
Eh! mais, parbleu, pourquoi crier merveille ?
Tiens, j'aimais bien mieux, sans comparaison,
            Aller en prison...
            Qu'en vieille.

Me voilà donc à Clichy avec mes deux pipes de terre,
mon papier à cigarettes, et toujours pas de tabac!...
Le premier mois se passa assez bien... J'apprivoisais des

---

1. Installée primitivement à Sainte-Pélagie (rue de la Clef, dans le
5ᵉ arrondissement) la prison pour dettes était, depuis 1834, située rue
de Clichy, à un emplacement aujourd'hui délimité par les numéros 54
à 68. Elle fut supprimée en 1867, lors de l'abolition de la contrainte
par corps.

araignées et je composais des quatrains féroces contre la
veuve Arthur... Le second mois, l'absence prolongée de
toute espèce de tabac me fit faire des réflexions. « Après
« tout, me disais-je, cette femme-là n'est pas si mal... Elle
« est grande, elle est brune, elle est sèche... En lui défen-
« dant de se décolleter... » Alors, je pris la plume et je lui
écrivis ce billet fade : « Mon ange! je ne peux pas vivre
« plus longtemps... sans tabac... mon amour est à son
« comble!... Dépêchez-vous! » Huit jours après, nous
étions mariés, et le soir de mes noces... j'intriguai près
de mon sergent-major pour obtenir un billet de garde!
(D'une voix émue.) Deux ans après, ma femme remonta
vers les cieux... du moins je me plais à le croire. Je respirais fortement... j'étais libre!... Ah bien, oui! ma défunte
m'avait légué une grande diablesse de fille d'un premier
lit... qui a dix-neuf ans de plus que moi... qui m'appelle
papa... devant les dames!... et qui grogne du matin au
soir pour que je la promène... Me voyez-vous sur le
boulevard avec cette machine-là à mon bras ?... Impossible de m'en dépêtrer! c'est un boulet... un boulet de
quarante-huit! elle a quarante-huit ans, juste!... J'ai voulu
la marier à un de mes amis... il m'a flanqué un coup
d'épée... Il était dans son droit... je l'avais insulté!...
Encore si sa maturité ne nuisait qu'à son établissement!...
mais elle m'a déjà fait craquer sept mariages!... Dès qu'on
me voit, il n'y a qu'un cri : « Ah! il est très bien, ce
« jeune homme!... de belles dents, de l'esprit et des che-
« veux! » Je présente ma fille et patatras!... l'exhibition
de ce produit de 1804 fait tout manquer! Aussi, cette fois,
j'ai agi avec une duplicité infernale... J'ai manigancé un
petit mariage, loin d'ici, à Reims... je n'ai pas soufflé mot
de mon infirmité... On me croit veuf, mais sans enfants...
et, samedi prochain, j'épouse sournoisement mademoiselle Claire Prudenval, une jeune personne charmante,
dont je raffole... Dix-huit ans... de l'innocence... et pas
de premier lit!... La noce doit se faire à Reims. Le père,
une agréable brute... voulait consommer la chose à Paris,
mais je m'y suis véhémentement opposé! Ma satanée
moutarde serait encore venue se mettre en travers!...
Tandis qu'une fois marié, je lui envoie une lettre de
faire-part, et je la prie de me laisser tranquille... Elle a
la fortune de sa mère... Ainsi... (Regardant sa montre.)
Bigre! je vais manquer le chemin de fer! vite... ma valise!

                              Il remonte et la prend.

SCÈNE IV

TRÉBUCHARD, PRUDENVAL, CLAIRE

PRUDENVAL, *dans la coulisse.* — Merci, portier... merci... nous y voilà!

TRÉBUCHARD, *vivement.* — Hein! cette voix de mirliton... (*Il court regarder au fond et revient effrayé.*) Sapristi! ce sont eux!... ma future et son père!... j'étais sûr que ce vieux maniaque me jouerait quelque tour... Sapristi!

PRUDENVAL, *entrant avec Claire, chargé de paquets et de cartons.* — M. Trébuchard, s'il vous plaît ?... Eh! le voilà lui-même... Bonjour, mon gendre... c'est moi... et ma fille...

TRÉBUCHARD, *saluant.* — Beau-père... Mademoiselle... (*A part.*) Heureusement que l'autre est sortie!...

PRUDENVAL, *à lui-même.* — Je voudrais bien poser mes paquets. (*A Trébuchard.*) Nous arrivons de Reims...

TRÉBUCHARD. — J'y partais... (*Remontant.*) Partons!

PRUDENVAL. — Mais non, puisque nous voilà. (*A part.*) Je voudrais bien poser mes paquets!

CLAIRE. — Vous ne vous attendiez pas!

TRÉBUCHARD. — J'avoue...

PRUDENVAL. — On dirait que vous êtes fâché...

TRÉBUCHARD. — Fâché ?... Oh! Dieu!... Mais nous étions convenus...

PRUDENVAL. — Effectivement... effectivement... mais voilà la chose... Ma fille, conte la chose à ton futur...

CLAIRE. — Non... vous!

TRÉBUCHARD, *à part.* — Et Blanche, qui va rentrer...

PRUDENVAL. — Vous savez bien que je suis malade ?

TRÉBUCHARD. — Ma foi, non!

PRUDENVAL. — Mais si... je vous l'ai dit lors de vos trois voyages à Reims!...

TRÉBUCHARD, *distrait et regardant vers le fond.* — Ah! c'est possible... tant mieux!

PRUDENVAL. — Comment, tant mieux ?

TRÉBUCHARD, *vivement.* — Non, tant pis.

PRUDENVAL. — Figurez-vous que, quand je mange... et même quand je ne mange pas... je sens là... et puis

là... dites-moi quoi ?... je n'en sais absolument rien... ni
ma fille non plus... ni mon médecin non plus...

TRÉBUCHARD. — Ni moi non plus!

PRUDENVAL. — Alors ma fille m'a dit...

CLAIRE. — « Il faut aller à Paris pour consulter... »
(A Trébuchard.) N'ai-je pas bien fait ?

TRÉBUCHARD. — Comment donc !... Vous n'avez que
de bonnes idées! *(A part.)* Petite bête!...

PRUDENVAL. — Nous ferons d'une pierre deux coups...
Je consulterai... et nous célébrerons la noce à Paris.

TRÉBUCHARD. — Ça sera charmant!

PRUDENVAL

AIR du *Charlatanisme*.

Chevet [2] fournira le festin,
A notre choix, il a des titres!
De l'avis de mon médecin
J'y veux consommer beaucoup d'huîtres.
Ce mollusque par ses vertus,
Pour moi, dit-on, est héroïque.

TRÉBUCHARD

Pour vous, je crois à ses vertus,

A part.

Similia similibus...
C'est le mode homéopathique.

PRUDENVAL. — Je voudrais bien poser mes paquets!

TRÉBUCHARD. — C'est facile! je vais vous conduire à
l'hôtel des *Trois Pintades*.

Il remonte.

PRUDENVAL. — Des *Trois Pintades ?*... Mais du tout...
du tout... nous logeons chez vous...

TRÉBUCHARD. — Chez moi ?

CLAIRE. — Pourtant, si cela vous gêne...

TRÉBUCHARD. — Me gêner ?... Mademoiselle, j'allais
vous en prier... *(A part.)* Ça va bien!... Et cette grande
cathédrale qui va rentrer!...

PRUDENVAL. — A propos, mon gendre... j'ai à vous
gronder... Vous êtes un sournois.

TRÉBUCHARD. — Moi ?

---

2. Voir plus haut la note 2 de *La femme qui perd ses jarretières*, p. 184.

CLAIRE. — Oh! oui.

PRUDENVAL. — Nous avons pris nos renseignements...
Pourquoi nous avoir caché que vous aviez une fille de
votre premier hyménée!...

TRÉBUCHARD, *à part.* — V'lan! ça y est! *(Haut.)* Un
détail... je l'avais oublié.

PRUDENVAL. — Il n'y a pas de mal à ça... Ça ne sera
pas un obstacle...

CLAIRE. — Certainement.

TRÉBUCHARD, *à part.* — Tiens! ils prennent bien la
chose.

PRUDENVAL. — Ma fille et moi, nous adorons les
enfants... Où est la petite ?

TRÉBUCHARD. — La... la petite ?... Elle... elle dort!...

CLAIRE. — Est-elle sevrée ?

TRÉBUCHARD — Un peu... on est en train!

PRUDENVAL. — Combien de dents ?

TRÉBUCHARD. — 1804!... Non, je me trompe!

PRUDENVAL. — Je disais aussi... dix-huit cent quatre
dents... à cet âge-là...

CLAIRE. — Je veux l'embrasser dès qu'elle sera
réveillée...

TRÉBUCHARD. — Certainement...

CLAIRE. — Je lui ai brodé un petit bonnet avec une
ruche.

TRÉBUCHARD. — Comment! vous avez eu la bonté ?...
(A part.) Il n'entrera pas...

PRUDENVAL. — Et moi, de mon côté...

TRÉBUCHARD. — Vous avez aussi brodé quelque
chose ?

PRUDENVAL. — Non... je lui ai apporté un petit bonhomme de pain d'épice de Reims.

TRÉBUCHARD. — Ah! que c'est aimable! *(A part.)* Du
pain d'épice à cette grande schabraque!

CLAIRE. — Nous jouerons ensemble... Je lui appren-
drai à envoyer des baisers... Ce sera ma poupée...

TRÉBUCHARD, *à part.* — Cristi! je boirais bien un verre
de kirsch!

PRUDENVAL, *posant ses paquets à droite.* — Je voudrais
pourtant bien poser mes paquets!

TRÉBUCHARD, *montrant la chambre, deuxième plan à
gauche.* — Voici votre appartement. *(A Claire, en la
débarrassant de son ombrelle et de son chapeau.)* Mademoiselle, permettez-moi de vous conduire...

ENSEMBLE

AIR du *Chapeau de paille d'Italie.*

CLAIRE et PRUDENVAL

D'embrasser la chère petite
Je me fais un plaisir déjà.
Vous viendrez m'avertir bien vite,
Sitôt qu'elle s'éveillera.

TRÉBUCHARD

Puisse la tendresse subite
Que votre cœur ressent déjà
Persister, lorsque la petite
A vos yeux se présentera.

> *Trébuchard et Claire entrent à gauche.*

SCÈNE V

PRUDENVAL, *seul; puis* BLANCHE et RAGUFINE

PRUDENVAL, *cherchant à ramasser ses paquets, cartons, parapluie.* — Je vais être grand-papa... tout de suite!... Pauvre petite... je la ferai sauter sur mes genoux... J'adore les enfants... jusqu'à six ans... Après, c'est insupportable!

> *Il est chargé de ses paquets, et va pour rentrer.*

BLANCHE, *au fond à la bonne qui porte des pots de fleurs.* — Doucement, donc, godiche!

RAGUFINE. — N'craignez point!... n'craignez point!

PRUDENVAL, *se retournant.* — Une dame?

BLANCHE. — Un monsieur!

RAGUFINE, *à part.* — Quoi que c'est que ça?

PRUDENVAL. — Madame demande M. Trébuchard?

BLANCHE. — A qui ai-je l'honneur?...

PRUDENVAL. — Ce n'est pas moi, madame... Je suis Prudenval... de Reims...

BLANCHE. — Plaît-il?...

PRUDENVAL. — Quoi?... Donnez-vous la peine de vous asseoir... je vais l'appeler... *(Criant.)* Trébuchard?

BLANCHE. — Ragufine, portez ces fleurs dans ma chambre.

Ragufine entre à droite, premier plan.

PRUDENVAL, *à part.* — Sa chambre!... elle est de la maison!... *(Appelant.)* Trébuchard! *(A part.)* C'est sa mère, sans doute... il y a le nez... l'autre est la nourrice...

SCÈNE VI

PRUDENVAL, BLANCHE, TRÉBUCHARD

TRÉBUCHARD, *entrant.* — Vous m'appelez! *(A part.)* Blanche!... patatras!

BLANCHE. — J'ai apporté trois pots de réséda.

TRÉBUCHARD, *dans le plus grand trouble.* — Ah! tant mieux!... parce que... le réséda... *(A part.)* S'est-elle nommée ?

PRUDENVAL, *bas.* — Elle est très bien, madame votre mère...

TRÉBUCHARD, *à part.* — Ma mère ?

PRUDENVAL. — J'ai deviné tout de suite... j'ai été guidé par le nez.

TRÉBUCHARD. — Oui, oui... *(Bas à Blanche.)* Rentrez...

BLANCHE, *bas.* — Quel est ce monsieur ?

TRÉBUCHARD, *bas.* — Un ami intime... mon tailleur...

PRUDENVAL, *bas.* — Présentez-moi.

TRÉBUCHARD. — Moi! à qui ?

PRUDENVAL, *bas.* — A madame votre mère.

TRÉBUCHARD. — Oui.

BLANCHE, *à Prudenval.* — Monsieur... les boutons de son dernier gilet...

PRUDENVAL. — Hein ?...

TRÉBUCHARD. — Rien...

PRUDENVAL, *bas.* — Présentez-moi.

TRÉBUCHARD. — Oui. *(A part.)* Quel cauchemar! *(Haut à Blanche.)* Mon amie, je te présente... M. Prudenval... de Reims... *(Bas.)* Rentrez!...

PRUDENVAL. — Enchanté, madame...

BLANCHE, *à elle-même.* — Madame!...

PRUDENVAL. — J'ai apporté des joujoux pour la petite...

BLANCHE, *étonnée.* — La petite ?...

PRUDENVAL. — Les grands-papas et les grands-mamans peuvent se donner la main... et...

Il tend la main à Blanche; Trébuchard la lui serre.

BLANCHE. — Quoi ?

TRÉBUCHARD, *vivement.* — C'est une maxime...

PRUDENVAL, *à Blanche, lui présentant sa tabatière.* — Peut-on vous offrir une prise ?

Trébuchard prend la prise et éloigne Blanche.

BLANCHE, *s'offensant.* — Monsieur!...

TRÉBUCHARD, *bas.* — Mais rentrez donc!

BLANCHE, *à part.* — Quel mystère!... *(Saluant.)* Monsieur...

PRUDENVAL. — Madame!... *(A part.)* Elle a encore de très beaux vestiges.

Blanche entre à droite.

SCÈNE VII

PRUDENVAL, TRÉBUCHARD

TRÉBUCHARD, *à part.* — J'ai chaud!

PRUDENVAL. — Vous ne m'aviez pas parlé non plus de madame votre mère.

TRÉBUCHARD. — Vous croyez ?... un détail.

PRUDENVAL. — Elle est très bien. Joue-t-elle le whist ?

TRÉBUCHARD. — Comme un Turc.

PRUDENVAL. — Charmante femme! Ah çà, mon cher, je vous laisse. *(Il reprend ses paquets.)* Je vais faire ma barbe... pour aller consulter une lumière de la faculté... sur ma singulière affection...

TRÉBUCHARD, *à part.* — Il va sortir... bravo!...

PRUDENVAL. — Figurez-vous, mon ami, que, quand je mange... et même quand je ne mange pas...

TRÉBUCHARD. — Oui, oui... c'est très grave...

PRUDENVAL. — Ça m'inquiète beaucoup!... *(Désignant la chambre de gauche, deuxième plan.)* C'est par là, n'est-ce pas ?

TRÉBUCHARD. — Oui, tout au fond.

PRUDENVAL. — Mes respects à madame votre mère... Ce soir, nous ferons un whist... et je lui parlerai de mon affection...

TRÉBUCHARD. — Ce sera charmant!...

Prudenval sort à gauche avec ses paquets.

SCÈNE VIII

TRÉBUCHARD; *puis* LA VOIX DE PIQUOISEAU

TRÉBUCHARD, *seul.* — Un whist! que le diable l'emporte!... Ça ne peut pas durer longtemps comme ça... ils vont me redemander à voir la petite... et, quand je leur présenterai une · nourrissonne de quarante-huitième année!... Voilà encore mon mariage flambé!... Ça fait huit! mais que faire?... Si je pouvais la marier... à un voyageur... à un courrier de la malle... de l'Inde! je dirais : « Eh bien, oui! c'est vrai! j'ai une fille... une « vieille fille... mais elle se promène dans l'Indoustan... « c'est un cheveu blanc qui court le monde... je ne l'ai « plus... je me suis épilé... » On n'aurait rien à répondre à ça! Malheureusement, je ne connais pas le courrier de la malle. *(Se promenant.)* Sapristi! sapristi!

A ce moment, une pipe tombe sur la terrasse et se brise.

LA VOIX DE PIQUOISEAU. — Ah! nom d'un nom! une pipe culottée!

TRÉBUCHARD, *en colère.* — Crebleu! *(S'élançant vers la terrasse.)* Ah çà! monsieur, avez-vous bientôt fini de jeter vos pipes sur ma terrasse?

LA VOIX DE PIQUOISEAU. — Pourquoi mettez-vous votre terrasse sous mes pipes?

TRÉBUCHARD. — Ah! mais il est à empailler, ce militaire!...

LA VOIX DE PIQUOISEAU. — En voilà un oiseau!... il grogne toujours.

TRÉBUCHARD. — Capitaine, pas de gros mots.

LA VOIX DE PIQUOISEAU. — Vous m'ennuyez...

TRÉBUCHARD, *revenant en scène.* — Malhonnête!... *(Vivement.)* Si je pouvais lui jouer un mauvais tour!... lui jeter un moellon à la tête!... *(Avec éclat.)* Oh! j'ai trouvé! Blanche! voilà mon moellon! *(S'élançant sur la terrasse.)* Capitaine!

LA VOIX DE PIQUOISEAU. — Quoi?

TRÉBUCHARD, *très gracieusement.* — Capitaine, voulez-vous me faire le plaisir de descendre?...

LA VOIX DE PIQUOISEAU. — Est-ce pour un coup de
sabre ?

TRÉBUCHARD. — Non. J'ai à vous faire une communication de la plus haute importance !...

LA VOIX DE PIQUOISEAU. — Attendez, que j'allume ma
bouffarde.

TRÉBUCHARD, *seul, en scène*. — C'est une idée superbe...
Un militaire... ça voyage, ça change de garnison... On les
envoie en Afrique, et même plus loin !... J'ai trouvé mon
courrier !

SCÈNE IX

TRÉBUCHARD, PIQUOISEAU

PIQUOISEAU, *paraissant à la porte du fond, avec sa pipe.*
Pantalon blanc, capote sans boutons d'uniforme ni épau-
lettes. — De quoi s'agit-il ?

TRÉBUCHARD, *aimable.* — Entrez donc, capitaine !...
Capitaine, croyez que je suis désolé de la petite alterca-
tion...

PIQUOISEAU. — On les accepte... Après ?

TRÉBUCHARD, *à part.* — Il n'a pas l'air commode à
entamer. *(Haut.)* En vous voyant fumer tant de pipes
et de cigares, je me suis dit : « Voilà un officier français
« qui doit bien s'ennuyer à sa fenêtre... »

PIQUOISEAU. — J'attends Corinne.

TRÉBUCHARD. — Ou l'Italie [3] ?

PIQUOISEAU. — Non : une piqueuse de boutonnières de
bretelles...

TRÉBUCHARD, *riant.* — Ah ! satané capitaine ! *(Sérieux.)*
Mais, comme père, je dois l'ignorer.

PIQUOISEAU. — Serviteur !

Il remonte.

TRÉBUCHARD. — Un instant !

PIQUOISEAU, *brusquement.* — Quoi encore ?

TRÉBUCHARD. — Je voulais vous demander... Etes-
vous marié ?

PIQUOISEAU. — Non !

TRÉBUCHARD. — Très bien... Votre régiment est-il
pour longtemps à Paris ?

3. *Corinne ou l'Italie*, roman de Mme de Staël (1807).

PIQUOISEAU. — Nous partons dans quinze jours pour Oran! Qu'est-ce que ça vous fait ?

TRÉBUCHARD, *à part.* — Quelle chance! *(Haut.)* Capitaine, peut-on vous offrir une chope de bière ?

PIQUOISEAU. — Non, la bière, ça m'empâte... Je me suis mis au rhum.

TRÉBUCHARD, *allant au guéridon et versant du rhum dans deux verres.* — Justement!... j'en ai... vrai Jamaïque.

PIQUOISEAU, *à part.* — Ah! mais il est très caressant, ce petit...

Il s'assoit.

TRÉBUCHARD, *assis, lui offrant un verre et trinquant.* — A votre santé!...

PIQUOISEAU, *élevant son verre.* — Et aux dames!

TRÉBUCHARD. — C'est étonnant comme votre physionomie me plaît!

PIQUOISEAU. — Votre rhum aussi.

TRÉBUCHARD. — Dites donc... j'ai envie de vous marier...

PIQUOISEAU. — Moi ?... Cornichon!

TRÉBUCHARD, *à part.* — Ça ne mord pas. *(Haut.)* Une demoiselle charmante... qui dessine...

PIQUOISEAU, *se versant un second verre.* — Je m'en fiche!...

TRÉBUCHARD. — Qui tape du piano...

PIQUOISEAU. — Je m'en surfiche!...

Il boit.

TRÉBUCHARD. — Cent mille francs de dot...

PIQUOISEAU, *avalant de travers.* — Cristi! cent mille francs!... Ah çà! est-ce que vous avez envie de faire poser l'armée française, vous ?

TRÉBUCHARD. — Non, parole d'honneur!

PIQUOISEAU, *se levant ainsi que Trébuchard.* — Comment!... je pourrais épouser cent mille francs, moi ?

TRÉBUCHARD. — Peut-être...

PIQUOISEAU. — Mâtin... je lâche Corinne.

TRÉBUCHARD. — Vous ne tenez pas, je pense, à une extrême beauté ?

PIQUOISEAU. — Dame!...

TRÉBUCHARD. — Vous ne tenez pas, je pense, à une extrême jeunesse ?...

PIQUOISEAU, *se méfiant.* — Ah! je vois ce que c'est... Vous voulez me faire épouser un laideron.

TRÉBUCHARD. — Mais non, mais non!... Un profil grec, antique; et spirituelle... Et puis cent mille francs.

PIQUOISEAU. — Crebleu! Voyons la petite!...

TRÉBUCHARD. — Ce n'est pas précisément... une petite...

PIQUOISEAU. — Elle est grande, tant mieux! j'aime les femmes de haute futaie... Corinne a six pouces!

TRÉBUCHARD. — Chut! comme père, je dois l'ignorer.

PIQUOISEAU. — Ah çà, dites donc, vous me proposez cent mille francs et une jeune fille...

TRÉBUCHARD. — Une demoiselle... ne confondons pas!

PIQUOISEAU. — Précisément. Il n'y a pas de gabegie là-dessous ?

TRÉBUCHARD. — Ah! capitaine!...

PIQUOISEAU. — Très bien... du moment que c'est garanti!

TRÉBUCHARD. — Je vais la chercher... éteignez votre pipe.

PIQUOISEAU. — Pourquoi ça ?

TRÉBUCHARD. — Vous comprenez... une première entrevue...

PIQUOISEAU, *mettant sa pipe dans sa poche.* — C'est juste... Corinne la tolère.

TRÉBUCHARD, *de la porte.* — Chut! ne parlez donc pas de Corinne!

PIQUOISEAU. — Suffit... on sera roué.

> *Trébuchard entre dans la chambre de Blanche.*

SCÈNE X

PIQUOISEAU, *seul.*

Cristi! cristi! cristi! En voilà une particularité! Cent mille francs! cinq mille livres de rente, et ma solde! J'ai le moyen d'avoir deux enfants!... J'en mettrai un dans le notariat, et l'autre, dans la cavalerie... à moins que ça ne soit une fille!... Alors, je mettrais le premier dans la cavalerie, et le second... Non, ça ne va pas encore! *(Se versant et buvant.)* La petite m'aura vu fumer des cigares à mon balcon... ça l'aura allumée... Il ne revient pas, ce bourgeois... Il y a longtemps que je n'ai vu des militaires... ça me prive.

> *Il se mire dans la glace.*

SCÈNE XI

PIQUOISEAU, TRÉBUCHARD, BLANCHE

TRÉBUCHARD, *amenant Blanche par la main, bas.* — Tiens-toi droite... et mets-toi de profil... Tu gagnes cinquante pour cent à être vue de moitié.

PIQUOISEAU, *à part.* — La voici!

Il lisse sa moustache et prend une pose séduisante.

TRÉBUCHARD. — Capitaine! *(A part.)* Il va me flanquer un second coup d'épée...

PIQUOISEAU, *à part.* — Déchirons la cartouche! *(Haut à Blanche.)* Bel astre, mon cœur ardent... *(Il regarde et bondit. A part.)* C'est ça?... cré nom!

TRÉBUCHARD. — Remettez-vous... Je vous présente mademoiselle Blanche, ma fille...

PIQUOISEAU, *à part.* — Sa fille! *(Bas à Trébuchard.)* Fichtre! vous avez commencé de bonne heure.

TRÉBUCHARD, *bas.* — Cent mille francs... Dites-lui quelque chose d'aimable!

PIQUOISEAU, *bas.* — Oui. *(A Blanche.)* Mademoiselle... croyez que... certainement... *(Bas à Trébuchard.)* Je ne peux pas! elle est trop mûre!

TRÉBUCHARD, *vivement.* — Il est ému! il est ému!... Je vais parler pour lui... *(Avec solennité.)* Blanche, le moment est venu où j'ai dû songer à vous établir...

PIQUOISEAU, *à part.* — Il est en retard.

TRÉBUCHARD. — Et voici ce brave capitaine... *(Bas.)* Votre nom?

PIQUOISEAU. — Piquoiseau...

TRÉBUCHARD. — Voici ce brave Piquoiseau...

BLANCHE, *à part.* — Le joli nom!

TRÉBUCHARD. — Qui n'a pu maîtriser ses sentiments...

PIQUOISEAU, *bas.* — Minute!

TRÉBUCHARD. — C'est un homme rangé... qui ne sort jamais de chez lui. Il est toujours à son balcon... la pipe... non! le cigare... non!... le sourire... sur les lèvres... sourire de l'espérance!

PIQUOISEAU, *bas.* — Minute!

Il se verse du rhum et boit.

TRÉBUCHARD. — Regarde-le... Il attend avec angoisse une réponse qui va décider du bonheur de toute sa vie...

PIQUOISEAU, *à part.* — Quelle platine [4]!

BLANCHE, *avec émotion.* — Capitaine... les volontés de mon père seront toujours sacrées pour moi... J'accepte...

TRÉBUCHARD, *vivement.* — O bonheur! *(A Blanche.)* Tu viens de l'entendre, il a dit : « O bonheur! »

PIQUOISEAU. — Moi ?... permettez...

TRÉBUCHARD, *bas, le faisant passer au milieu.* — Faites votre demande... Chaud! chaud!

PIQUOISEAU. — C'est que... *(A part, la regardant.)* Fichtre! *(A Trébuchard.)* Franchement, quel âge a-t-elle ?

TRÉBUCHARD, *bas.* — Cent mille francs!

PIQUOISEAU, *à part.* — Et ma solde, crebleu! *(Se décidant.)* Allons! Bel astre... certainement... le respect vénérable et les charmes si majeurs... font que j'ai l'honneur... *(Tout à coup.)* Non! je demande à réfléchir!

BLANCHE. — Comment ?

TRÉBUCHARD, *vivement, à Blanche.* — Il est ému! il est ému! *(A Piquoiseau qui remonte.)* Où allez-vous donc ?

PIQUOISEAU. — Faire une partie de billard... avec des militaires... Je vous l'offre...

TRÉBUCHARD. — Je l'accepte. *(A part.)* Il est ébranlé, je ne le lâche pas.

ENSEMBLE

AIR de *La Chanteuse voilée* (Victor Massé).

PIQUOISEAU, *à part.*

Cent mille francs
Sont attrayants,
Morbleu! j'en conviens sans peine,
Mais ce tendron,
Triple escadron!
Fait flotter mon âme incertaine.

TRÉBUCHARD, *à part.*

Cent mille francs,
Sont bien tentants,
Pour le cœur d'un capitaine,
Cet hameçon
Aura raison
De son âme encore incertaine.

4. Avoir une bonne platine : parler beaucoup et avec assurance (Littré).

BLANCHE, *à part.*

Hélas! je sens,
Dans tous mes sens,
Une émotion soudaine,
Je serai donc,
Tout m'en répond,
L'épouse du beau capitaine.

TRÉBUCHARD, *à* Blanche, *qui remonte pour suivre de l'œil le capitaine.* — Rentrez!...

Piquoiseau et Trébuchard sortent par le fond.

SCÈNE XII

BLANCHE, *seule; puis* CLAIRE *et* PRUDENVAL

BLANCHE, *seule, et venant s'asseoir rêveuse à droite.* — Il est bien, ce capitaine... l'air distingué et une barbiche! Toute la tête de mon Romulus!...

Prudenval sort de sa chambre avec Claire; il tient des jouets d'enfant et un grand bonhomme de pain d'épice; Claire tient à la main un petit bonnet d'enfant.

PRUDENVAL, *à Claire, bas.* — Viens!... la petite doit être éveillée; nous allons lui offrir notre cadeau...

CLAIRE. — J'ai mon petit bonnet...

BLANCHE, *à part.* — Encore ce monsieur!...

PRUDENVAL, *à Claire, bas.* — C'est la bonne-maman... Elle est très forte au whist... Je vais te présenter... *(Saluant Blanche.)* Madame...

BLANCHE, *froidement.* — Monsieur... *(A part.)* Quelle rage a-t-il de m'appeler madame?

PRUDENVAL, *présentant sa tabatière.* — Peut-on vous offrir une prise?

BLANCHE, *sèchement.* — Merci...

PRUDENVAL. — Voici ma fille...

BLANCHE, *froidement.* — Ah! *(Saluant.)* Mademoiselle...

PRUDENVAL, *appuyant.* — Ma fille... Claire Prudenval... de Reims... la future...

BLANCHE. — Plaît-il?

PRUDENVAL. — La future...

BLANCHE. — La future de qui ?...

PRUDENVAL. — Eh bien, de M. votre fils.

BLANCHE, *se gendarmant.* — Je n'ai pas de fils, monsieur !

CLAIRE et PRUDENVAL. — Comment ?

BLANCHE. — Je suis demoiselle !

PRUDENVAL. — Ah bah !... Je vous demande pardon... Nous vous avons prise pour la grand-mère...

BLANCHE, *révoltée.* — La grand-mère !

PRUDENVAL. — Excusez une erreur... bien naturelle...

BLANCHE, *à part.* — Malhonnête !

PRUDENVAL. — La marmotte est-elle réveillée ?

BLANCHE. — Quelle marmotte ?

PRUDENVAL, *à part.* — Elle ne comprend rien, cette femme-là. *(Haut.)* La fille de Trébuchard, mon gendre...

BLANCHE. — Sa fille !... Mais c'est moi, monsieur !

CLAIRE, *stupéfaite.* — Ah ! par exemple !

PRUDENVAL, *de même.* — Comment ! la marmotte, c'est vous ? *(A part, la regardant ébahi.)* Ah diable ! ah bigre ! ah ! sapristi !...

CLAIRE, *à part.* — C'est trop fort !

PRUDENVAL, *montrant son pain d'épice.* — Et moi qui vous apportais... *(Il mord dedans.)* Et ma fille qui vous avait brodé...

BLANCHE. — Quoi ?

CLAIRE, *mettant vivement le bonnet dans sa poche.* — Rien !

PRUDENVAL, *regardant Blanche.* — C'est bizarre ! vous paraissez plus vieille... non ! moins jeune que M. votre père...

BLANCHE. — Oh ! de très peu !...

PRUDENVAL. — De si peu que ce soit... c'est toujours bien extraordinaire...

BLANCHE. — Je suis d'un premier lit...

PRUDENVAL. — C'est donc ça... *(A Claire.)* Tout s'explique...

CLAIRE, *avec dépit.* — Oui, c'est bien agréable...

PRUDENVAL, *avec éclat.* — Mais, j'y pense, vous allez être la fille de ma fille !

BLANCHE. — Moi ?

CLAIRE, *révoltée.* — Je ne veux pas !

PRUDENVAL. — Dame ! puisque tu épouses son papa... tu ne peux pas te dispenser d'être sa maman.

CLAIRE, *de même.* — Sa maman ?

PRUDENVAL. — C'est très curieux... nous le ferons mettre dans le journal de Reims.

CLAIRE, *à part*. — Il ne manquerait plus que ça!

PRUDENVAL. — Midi!... je vous laisse... je cours chez mon médecin... *(A Claire.)* Adieu!

CLAIRE. — Papa, je sors avec toi.

PRUDENVAL. — Non... tu me gênerais pour ma consultation... je compte entrer dans des détails... Causez... faites connaissance...

CLAIRE. — Mais, papa...

PRUDENVAL, *la faisant passer près de Blanche*. — Puisqu'elle va être ta fille... causez!...

CLAIRE, *avec dépit, toisant Blanche*. — C'est inutile!

> *Elle remonte et redescend à gauche.*

BLANCHE, *à part*. — Est-ce que papa m'aurait donné une marâtre ?

CHŒUR

AIR de *La Vicomtesse Lolotte*.

PRUDENVAL

Toutes deux pour bien vous connaître,
Causez ici bien tendrement;
Puisque bientôt vous allez être,
Vous, sa fille, et toi, sa maman.

CLAIRE, *à part*.

Est-il besoin de mieux connaître
Cette aimable et charmante enfant!
Je ne veux pas de cette ancêtre
Devenir jamais la maman!

BLANCHE, *à part*.

Dans leurs regards je vois paraître
La froideur et l'étonnement.
Leur cœur se fait assez connaître,
Et m'éloigner est plus prudent.

PRUDENVAL, *à part*. — C'est drôle! comme demoiselle, je lui trouve de moins beaux vestiges. *(Haut.)* Peut-on vous offrir une prise ?

BLANCHE, *furieuse*. — Monsieur!

REPRISE DU CHŒUR

Prudenval sort par le fond et Blanche rentre chez elle.

SCÈNE XIII

CLAIRE; *puis* TRÉBUCHARD

CLAIRE, *seule, éclatant.* — Ah! c'est trop fort!...
M. Trébuchard s'est moqué de nous... il nous a dit ce
matin qu'on était en train de la sevrer...

AIR du *Verre.*

> C'est vraiment une indignité!
> Cette mignonne-là, je pense,
> Atteignait sa majorité
> Avant le jour de ma naissance!
> Espère-t-on qu'ingénument,
> Pour ma fille je reconnaisse
> Une enfant qui, sur sa maman,
> Peut invoquer le droit d'aînesse.

C'est fini... bien fini!... et sitôt que mon père rentrera...

Elle remonte vers sa chambre.

TRÉBUCHARD, *entrant par le fond, sans apercevoir Claire,
et à part.* — Impossible de décider ce capitaine!... il
demande encore dix minutes de réflexion.

CLAIRE, *avec dépit.* — Ah! vous voilà, monsieur!...

TRÉBUCHARD. — Mademoiselle Claire... Eh bien, êtes-
vous installée?

CLAIRE. — Pas pour longtemps, monsieur.

TRÉBUCHARD, *désignant la chambre.* — Ah! c'est trop
petit?

CLAIRE. — Non, au contraire, monsieur, c'est trop
grand!

TRÉBUCHARD. — La chambre?

CLAIRE. — Non, monsieur, autre chose... *(Avec un
dépit très marqué.)* Je viens de voir votre fille.

TRÉBUCHARD, *à part, bondissant.* — Sacrebleu! la
gamine a jasé.

CLAIRE. — Vous comprenez, monsieur, que je n'ai pas
envie de m'entendre appeler maman par une grande
femme de cet âge-là...

TRÉBUCHARD. — Soyez tranquille... je suis en train de
la caser... à Oran.

CLAIRE. — Comment?

TRÉBUCHARD. — Je m'occupe activement de la marier.

CLAIRE, *se récriant vivement.* — La marier! c'est ça... pour que je devienne grand-mère!

TRÉBUCHARD, *vivement, se frappant le front.* — Pristi!... je n'y avais pas songé!

CLAIRE. — J'en suis bien fâchée, monsieur; mais notre mariage, dans ces conditions, est tout à fait impossible!

Elle remonte.

TRÉBUCHARD, *la suivant désolé.* — Que faire?

CLAIRE. — Je n'en sais rien... Mais ce qu'il y a de certain, c'est que je ne vous épouserai pas avec une pareille fille!

TRÉBUCHARD. — Je ne peux pourtant pas la supprimer.

CLAIRE, *gagnant sa chambre.* — Ça ne me regarde pas... J'aime mieux retourner à Reims.

TRÉBUCHARD, *la suivant.* — Mademoiselle, je vous en prie...

CLAIRE, *sur le seuil de sa porte.* — Non, monsieur... jamais! jamais! jamais!

Elle entre vivement dans sa chambre.

SCÈNE XIV

TRÉBUCHARD; *puis* PRUDENVAL

TRÉBUCHARD. — « Jamais! jamais! jamais!... » Me voilà bien!... Ah! je comprends le sacrifice d'Iphigénie en Tauride; mais nous n'y sommes pas, et ici, c'est prohibé par les règlements de police... malheureusement!... (*Se promenant très agité.*) Ah çà! cette fille majeure ne me lâchera donc pas?... Au bout du compte, elle ne m'est rien!... elle est du lit Arthur... et je suis étranger à ce meuble!... C'est qu'il n'y a pas à dire, Claire s'est prononcée!... elle n'en veut pas comme fille... Blanche ne peut pourtant pas être sa mère!... (*Tout à coup, et frappé d'une idée.*) Hein! sa mère! pourquoi pas? (*Plus fort.*) Pourquoi donc pas?... Prudenval est veuf. (*Avec force.*) Il n'en a pas le droit!... D'ailleurs, j'ai besoin de lui!... il n'y a que lui de possible! Il faut que mon beau-père devienne mon gendre! Comment? je ne le sais pas!... mais il le faut! (*Le voyant entrer.*) Le voici.

PRUDENVAL, *entrant par le fond, agité.* — Ah! mon ami!... je n'en peux plus...

TRÉBUCHARD. — Qu'avez-vous donc ?

PRUDENVAL. — Je suis indigné! je viens de chez mon médecin...

TRÉBUCHARD. — Eh bien ?

PRUDENVAL. — Un homme qui met sur ses cartes : « Consultations de midi à deux heures... »

TRÉBUCHARD, *à part, l'examinant.* — Comment l'attaquer ?

PRUDENVAL. — Je sonne... Un domestique paraît. « Où est ton maître ? — Il est parti pour Amiens depuis « dimanche. »

TRÉBUCHARD, *l'examinant.* — Dire qu'il faut rendre ça amoureux!

PRUDENVAL. — On ne se moque pas du monde comme ça... Et maintenant, je suis forcé d'attendre à demain... et, pendant ce temps-là, ma maladie fait des ravages!... Trébuchard... vous ne connaîtriez pas une lumière de la Faculté qui ne soit pas à Amiens ?

TRÉBUCHARD, *à part.* — Tiens! si je pouvais!... *(Haut.)* Je vous offrirais bien mes faibles talents... mais la confiance ne se commande pas.

PRUDENVAL. — Comment! vous savez la médecine ?

TRÉBUCHARD. — Il demande si je sais la médecine!... je l'ai creusée neuf ans! *(A part.)* J'ai failli être reçu dentiste!

PRUDENVAL. — C'est vrai... vous me l'aviez dit à l'époque de vos trois voyages à Reims...

TRÉBUCHARD. — Je m'occupe surtout des maladies... vagues!

PRUDENVAL. — Précisément... ma maladie est extrêmement vague... Figurez-vous que, quand je mange... et même quand je ne mange pas...

TRÉBUCHARD. — C'est très vague... Voyons le pouls ?

PRUDENVAL. — Voilà!

Il tire la langue.

TRÉBUCHARD, *la regardant.* — Qu'est-ce que c'est que ça ?

PRUDENVAL. — A Reims, on commence toujours par là.

TRÉBUCHARD, *tirant sa montre, et lui tâtant le pouls d'un air doctoral.* — De la fréquence... de l'intermittence et même un peu d'indolence!

PRUDENVAL, *effrayé.* — Saprebleu!

TRÉBUCHARD. — A quel âge vous êtes-vous marié ?

PRUDENVAL. — A vingt-neuf ans, neuf mois et seize jours.

TRÉBUCHARD. — Mauvais... mauvais !...

PRUDENVAL, *inquiet.* — Je l'ai toujours cru... le mariage ne me réussit pas...

TRÉBUCHARD, *vivement.* — Ne dites pas ça ! ne dites pas ça !

PRUDENVAL. — Entre nous, madame Prudenval était une excellente femme... mais elle me contrariait toujours... elle m'agaçait, cette pauvre amie... aussi j'ai juré de ne jamais me remarier... de mon vivant !

TRÉBUCHARD. — Ah ! vous avez juré ? *(A part.)* Ça tombe bien ! *(Haut.)* Vous allez peut-être me trouver un peu indiscret ?

PRUDENVAL. — Allez... allez... ne craignez pas de me faire des questions.

TRÉBUCHARD. — Quand vous vous trouvez dans un salon près d'une jolie femme... quel sentiment éprouvez-vous ?

PRUDENVAL. — Moi ?... j'éprouve le besoin de faire un whist.

TRÉBUCHARD. — Voilà tout ?

PRUDENVAL. — Exactement !

TRÉBUCHARD. — Mon compliment ! *(A part.)* Il est bien froid. *(Haut.)* Permettez.

Il l'ausculte en appliquant sur la poitrine de Prudenval les doigts réunis de la main gauche, et en frappant dessus de petits coups secs avec trois doigts réunis de la main droite. A chaque coup, Prudenval sursaute, très inquiet.

PRUDENVAL, *alarmé.* — Eh bien, voyez-vous quelque chose ?

TRÉBUCHARD. — Tout ! tout !

PRUDENVAL. — Ah ! voyons !

TRÉBUCHARD, *avec ménagement.* — Mon ami... mon cher ami... du courage !...

PRUDENVAL, *très effrayé.* — Hein ?...

TRÉBUCHARD, *avec aplomb.* — Vous êtes atteint d'une complication chronique du péritoine !

PRUDENVAL. — Du péritoine !... Où est-ce situé ?

TRÉBUCHARD. — Partout.

PRUDENVAL, *effrayé.* — C'est bien ça. Mais le remède ?... Il y a un remède ?...

TRÉBUCHARD. — Sur huit malades... j'en ai perdu dix.

PRUDENVAL, *vivement.* — Et le onzième ?

TRÉBUCHARD, *de même.* — Je l'ai sauvé.

PRUDENVAL, *de même.* — Comment ?

TRÉBUCHARD, *de même.* — Non... vous ne voudrez pas.

PRUDENVAL, *de même.* — Je vous dis que si !

TRÉBUCHARD, *de même.* — C'est une médecine de cheval...

PRUDENVAL. — Ah!... quelque chose d'amer ?...

TRÉBUCHARD. — Très amer!... Je l'ai marié! v'lan!

PRUDENVAL. — Saprelotte !

Il prend vivement sa canne et son chapeau, et remonte en courant.

TRÉBUCHARD. — Où allez-vous donc ?

PRUDENVAL. — A Reims... prendre médecine!

TRÉBUCHARD. — Comment ?

PRUDENVAL. — Je ne connais personne ici...

TRÉBUCHARD. — Chut!... j'ai votre affaire.

PRUDENVAL. — Ah! bah! Qui ça ?

SCÈNE XV

PRUDENVAL, TRÉBUCHARD, BLANCHE

TRÉBUCHARD, *allant au-devant de Blanche.* — Approchez, ma fille... *(Bas.)* Tiens-toi droite et mets-toi de profil... *(Haut, avec solennité.)* Blanche, le moment est venu de vous marier...

BLANCHE, *avec joie.* — Est-il possible!

TRÉBUCHARD, *bas.* — Mets-toi de profil! *(Haut.)* Blanche... voici l'époux que je vous destine...

Il s'efface. Blanche et Prudenval se regardent et reculent en jetant un cri.

BLANCHE. — Hein ?

PRUDENVAL. — Oh!

TRÉBUCHARD, *à part.* — Tableau!

BLANCHE, *bas à Trébuchard.* — Il est trop vieux!

PRUDENVAL, *bas à Trébuchard.* — Dites donc... c'est bien amer...

TRÉBUCHARD. — Je vois que toutes les convenances y sont.

BLANCHE. — Arrêtez! *(A Prudenval.)* Monsieur, je suis sensible à la recherche d'un galant homme, mais notre union est impossible...

PRUDENVAL, *avec indifférence.* — Ah!

TRÉBUCHARD, *sévèrement.* — Blanche!

BLANCHE. — Il existe d'autres engagements avec un officier...

PRUDENVAL, *indifférent.* — Très bien! très bien!

TRÉBUCHARD. — Du tout! *(Bas à Prudenval.)* Et votre santé, malheureux vieillard!

PRUDENVAL. — C'est vrai!

TRÉBUCHARD, *à sa fille, à demi-voix et très vivement.* — Le capitaine Piquoiseau est un coureur... qui a des intrigues... avec une Corinne... piqueuse de bretelles...

BLANCHE. — Vous le calomniez!

TRÉBUCHARD. — Et puis un militaire... ça voyage! *(S'attendrissant.)* Tu serais séparée de moi... ô mon enfant!

BLANCHE. — Papa, je vous écrirai.

TRÉBUCHARD, *agacé.* — Mais, il ne t'aime pas... il ne reviendra pas!...

BLANCHE. — Oh! que si!... Mon cœur me dit qu'il reviendra!

TRÉBUCHARD. — Ton cœur radote!

PIQUOISEAU, *chantant dans la coulisse.*

Arrosons-nous la dalle, la dalle,
Arrosons-nous...

BLANCHE, *entendant Piquoiseau.* — Ah!... le voici!...

Elle est très émue.

TRÉBUCHARD, *à part.* — Que le diable l'emporte!

SCÈNE XVI

LES MÊMES, PIQUOISEAU

PIQUOISEAU, *entrant résolument.* — Ça y est! je suis décidé.

TRÉBUCHARD. — Vous refusez?

PIQUOISEAU. — Non pas! Cent mille francs! un lingot d'or! *(Se posant près de Blanche.)* Mademoiselle... bel astre!...

BLANCHE. — Capitaine!

TRÉBUCHARD, *vivement la tournant vers Piquoiseau.* —
Mets-toi de face!

PIQUOISEAU, *effrayé, en la voyant de face.* — Oh! (*Brusquement.*) Non!... on me blaguerait trop!

> *Il va à la bouteille de rhum et se verse un verre.*

BLANCHE, *indignée.* — Ah!

PRUDENVAL. — Qu'est-ce qu'il a dit?

BLANCHE, *vivement.* — Rien! (*Gracieusement.*) Monsieur Prudenval... voici ma main...

PRUDENVAL. — Ah! mademoiselle... (*Interdit.*) Peut-on
vous offrir une prise?

BLANCHE, *gracieusement.* — Avec plaisir!

TRÉBUCHARD, *à part, s'essuyant le front.* — Enfin, j'ai
lancé mon boulet!

SCÈNE XVII

LES MÊMES, CLAIRE, RAGUFINE

CLAIRE, *paraissant avec ses paquets.* — Venez, papa,
retournons à Reims.

TRÉBUCHARD, *vivement et gaiement.* — Laissez vos
paquets... tout est arrangé...

BLANCHE. — Oui, maman.

CLAIRE. — Encore!

TRÉBUCHARD, *avec force à Blanche.* — Non! non!...
C'est *ma fille* qu'il faut dire... *ma fille!*

CLAIRE. — Que signifie?

TRÉBUCHARD, *à Claire.* — Je vous présente madame
Prudenval... (*Bas, gaiement.*) Vous n'en vouliez pas pour
enfant... Je vous l'ai donnée pour mère!...

CLAIRE, *avec étonnement.* — Comment, papa?...

PRUDENVAL. — Pardonne-moi... ma fille... c'est pour
mon péritoine!...

TRÉBUCHARD, *à Prudenval.* — Taisez-vous, mon
gendre!

PRUDENVAL, *à part.* — Son gendre!... Quel drôle de
micmac!

TRÉBUCHARD, *bas à Claire, lui indiquant Blanche.* —
Dites donc... c'est elle qui sera grand-mère!

CLAIRE, *baissant les yeux.* — Je ne comprends pas...

TRÉBUCHARD, *à lui-même.* — C'est juste!

RAGUFINE, *à Piquoiseau qui se verse encore du rhum.* —
Dites donc, vous!

PIQUOISEAU, *lui pinçant le menton.* — Chut! viens me
voir!

Il boit.

CHŒUR

AIR du *Monsieur qui prend la mouche.*

La belle-fille en belle-mère
Se transforme, et chaque mari
Est beau-père de son beau-père,
Et gendre de son gendre aussi.

TRÉBUCHARD, *au public.*

AIR : *Le Beau Lucas.*

Dans les liens du mariage
Il faut des époux assortis :
Pour avoir enfreint cet adage,
Vous avez vu tous mes ennuis;
Mais d'un hymen hétéroclite,
D'une union que j'ai maudite,
Messieurs, je bénirai le fruit,
Si ce soir, par votre crédit,
Un franc succès vient à la suite
Des suites de mon premier lit.

TOUS

Qu'un franc succès vienne à la suite
Des suites de son premier lit.

FIN DES SUITES D'UN PREMIER LIT

LE MISANTHROPE
ET L'AUVERGNAT

COMÉDIE EN UN ACTE, MÊLÉE DE COUPLETS
PAR E. LABICHE, LUBIZE ET P. SIRAUDIN

*représentée pour la première fois, à Paris, sur le Théâtre
du Palais-Royal, le 10 août 1852*

Il faut signaler parmi les nombreuses reprises de la pièce celles de 1890 (Nouveautés), de 1897 (Vaudeville), de mars 1898 (Vaudeville). Cette dernière à peu près contemporaine de l'article de Becque évoqué dans la notice Lubize (voir *Les Collaborateurs de Labiche*).

Le 3 octobre 1935, Charles Dullin reprenait la pièce à l'Atelier. Il jouait Chiffonnet, et Daniel Gilbert Machavoine; Raymone était Prunette, Nadine Marziano Madame Coquenard et Marcel d'Orval, son mari. La musique était de Georges Auric. La pièce passait en lever de rideau de *Trois Camarades* de P.-A. Bréal. Colette écrivait le 13 octobre 1935 : « Le vieux vaudeville de Labiche trouve à l'Atelier une mise en scène, des costumes, un mouvement qui plaisent comme font l'odeur de la pomme, un bibelot désuet et frais, un petit tapis fait de losanges multicolores, un roman bénin sous sa couverture de chez Mame. »

En mars 1942 l'Atelier reprendra *Le Misanthrope et l'Auvergnat* en lever de rideau de *La Volupté de l'honneur* de Pirandello avec la distribution suivante : Edmond Beauchamp (Chiffonnet), Jacques Dufilho (Machavoine), Maud Slover (Prunette), Camille Fournier (Mme Coquenard), Marcel d'Orval (Coquenard).

ACTEURS qui ont créé les rôles.

CHIFFONNET, rentier	M. SAINVILLE
MACHAVOINE, Auvergnat, porteur d'eau.	M. BRASSEUR
COQUENARD, ami de Chiffonnet. . .	M. LHÉRITIER
MADAME COQUENARD	Mme PAULINE
PRUNETTE	Mme DUPUIS
INVITÉS, DEUX DOMESTIQUES, PERSONNAGES MUETS	

La scène se passe à Paris, chez Chiffonnet.

Un salon. — Porte au fond. — Portes latérales. — Une fenêtre. — Des tables de jeu préparées à droite et à gauche.

SCÈNE PREMIÈRE

PRUNETTE, *à la cantonade.*

Vous n'y êtes pour personne! bien! monsieur!... *(Au public.)* En voilà un bourgeois sauvage et désagréable!... Ordinairement les vieux garçons... c'est un tas de farceurs... Mais celui-là, il vit tout seul, dans des endroits noirs, comme un colimaçon!... Dans ce moment, il se rase... en se rasant, il se coupe... et, pour arrêter le sang, il cherche des toiles d'araignée... il n'en trouve pas, et alors il bougonne... Ah! et puis il a encore un autre tic... quand il a fini sa barbe... il va se recoucher. Il se lève tard, très tard, afin, dit-il, de contempler moins longtemps ses semblables... Tiens, à propos de semblables... j'ai oublié d'acheter du mouron pour le serin à Monsieur... Le seul être qu'il aime ici-bas... Je vais lui donner du sucre... *(Elle prend un morceau de sucre et le donne au serin, dans la cage appendue près de la fenêtre.)* Tiens... petit!... petit!... *(On sonne.)* Ah! c'est lui... il sonne. *(Nouveau coup de sonnette très violent.)* Il grince... Je reconnais ça à la sonnette... Ma foi!... gare la sauce!... je me sauve!...

Elle sort.

SCÈNE II

CHIFFONNET, *seul*.

La scène reste un moment vide. Chiffonnet paraît à gauche.
Il a une bande de taffetas d'Angleterre sur la figure, tient
un rasoir à la main et porte un pet-en-l'air. Il est sombre,
et s'avance jusque sur la rampe sans parler.

Mon coutelier m'a dit que ce rasoir couperait... et ce
rasoir ne coupe pas!... *(Avec amertume.)* Et l'on veut que
j'aime le genre humain! Pitié! pitié! Oh! les hommes!...
je les ai dans le nez!... Oui, tout en ce monde n'est que
mensonge, vol et fourberie! Exemple : hier, je sors... à
trois pas de chez moi, on me fait mon mouchoir. J'entre
dans un magasin pour en acheter un autre... Il y avait
écrit sur la devanture : *English spoken...* et on ne parlait
que français! *(Avec amertume.)* Pitié! pitié!... Il y avait
écrit : « Prix fixe... » Je marchande... et on me diminue
neuf sous!... Infamie!... Je paye... et on me rend... quoi ?
une pièce de quatre sous pour une de cinq!... Et l'on veut
que j'aime le genre humain... non! non!... non!... Tout
n'est que mensonge, vol et fourberie!... Aussi, j'ai conçu
un vaste dessein... J'ai des amis, des canailles d'amis qui,
sous prétexte que c'est aujourd'hui ma fête, vont venir
m'offrir leurs vœux menteurs. Je leur ménage une petite
surprise... un raout... une petite fête Louis XV, avec des
gâteaux de l'époque et des rafraîchissements frelatés,
comme leurs compliments. Je leur servirai des riz au lait
sans lait... et sans riz!... A minuit, je monte sur un fauteuil
et je leur crie : « Vous êtes tous des gueux! j'ai assez de
« vos grimaces! fichez-moi le camp!... » Et, quand ils
seront partis, je brûlerai du vinaigre!!! *(Grelottant.)*
Brrr!... je me refroidis dans ce costume... J'ai mal dormi...
J'ai fait des rêves atroces... j'ai rêvé que j'embrassais un
notaire et trois avoués!... Pouah!... *(Ouvrant son sucrier.)*
C'est la bile qui me tourmente. *(Renversant les morceaux*
de sucre sur la table.) Ah!... je reconnais bien là les enfants
des hommes... J'en ai laissé cinq morceaux et je n'en
retrouve plus que quatre!... Où est le cinquième ?... Avec
mon portefeuille, sans doute... un portefeuille nourri de
quatre billets de mille. Je l'ai égaré dans l'appartement ou
dans l'escalier... Je me suis parié un cigare qu'on ne me le

rapporterait pas... Eh bien, j'ai gagné!... Triste! triste! Bah! je vais me recoucher. (*Il se dirige vers sa chambre, puis revient tout à coup.*) Non!... Avant, j'ai envie de mettre tous mes domestiques à la porte!... Je les ai depuis cinq jours... il faut en finir!

Il agite une sonnette.

SCÈNE III

CHIFFONNET; *puis* DEUX DOMESTIQUES; *puis* PRUNETTE

UN DOMESTIQUE, *paraissant à droite.* — Monsieur ?

CHIFFONNET, *avec douceur.* — Approche, mon ami, approche.

LE DOMESTIQUE, *à part.* — Tiens! il a l'air de bonne humeur!

CHIFFONNET. — Regarde-moi... Comment me trouves-tu, ce matin ?

LE DOMESTIQUE. — Ah! Monsieur est frais comme une rose!...

CHIFFONNET, *éclatant.* — Tu mens!... Je suis jaune! je suis fané! Je suis glauque... Va-t'en! je te chasse.

LE DOMESTIQUE. — Mais, monsieur...

CHIFFONNET. — Va-t'en, misérable! (*Le domestique se sauve à droite.*) (*Seul.*) Frais comme une rose!... et l'on veut que j'aime le genre humain! A l'autre maintenant! (*Un second domestique paraît au fond.*) Approche, mon ami, approche... Bastien, tu es un honnête homme, toi... un bien honnête homme!... réponds-moi franchement : si je me mariais, crois-tu que je serais...

LE DOMESTIQUE. — Oh! non, monsieur!...

CHIFFONNET. — Pourquoi ?

LE DOMESTIQUE. — Dame!... parce que... parce que... Monsieur est si aimable!...

CHIFFONNET. — Ah! très bien!

LE DOMESTIQUE, *à part.* — Il est flatté!

CHIFFONNET. — Mon ami... hier, en me promenant au Jardin des Plantes, j'ai laissé tomber une épingle dans la fosse de l'ours Martin... Va me la chercher!...

LE DOMESTIQUE, *stupéfait.* — Moi ?...

CHIFFONNET. — Je te défends de remettre les pieds ici sans l'épingle!

LE DOMESTIQUE. — Alors, vous me chassez ?

CHIFFONNET. — Je ne te chasse pas... je t'envoie chercher une épingle... Va!... envoie-moi Prunette!... *(Le
domestique sort.)* Cette bonne Prunette!... J'éprouve le
besoin de causer aussi avec elle!...

PRUNETTE, *entrant.* — Vous me demandez, monsieur ?

CHIFFONNET, *avec douceur.* — Oui... approche, ma
petite Prunette, approche!...

PRUNETTE, *avançant.* — Me voilà, monsieur.

CHIFFONNET. — Je t'ai fait venir pour te dire que je ne
faisais pas un cas énorme de toi!...

PRUNETTE. — Comment ?...

CHIFFONNET. — Entre nous, tu es douée de pas mal
d'hypocrisie, de fausseté, de mensonge!

PRUNETTE. — Mais...

CHIFFONNET. — Tu manges mon sucre, tu te plonges
dans mes confitures... et tu me fabriques des filets au vin
de Madère avec du suresnes[1]!...

PRUNETTE. — Ah! par exemple!...

CHIFFONNET. — Mais je ne t'en veux pas... au
contraire... ça me fait plaisir... aussi je te garderai à mon
service... toujours!

PRUNETTE. — Monsieur est bien bon!

CHIFFONNET. — Non, je ne suis pas bon!... je te garde,
pour avoir près de moi un échantillon de tous les vices,
de toutes les gredineries!

PRUNETTE. — Mais, monsieur...

CHIFFONNET. — Et si par hasard j'avais la faiblesse de
mollir... de croire à la bonne foi... eh bien, tu serais là...
près de moi... comme un bec de gaz pour m'éclairer!...

PRUNETTE. — Un bec!

CHIFFONNET. — Voilà, ma bonne Prunette, ce que
j'avais à te dire... Maintenant, tu peux retourner à ta
cuisine, reprendre le cours de ton exploitation!...

PRUNETTE, *à part.* — Est-y assez baroque, cet homme-
là... Ah! si la place n'était pas si bonne!...

Elle sort à droite.

---

1. Le vin de Suresnes était sec, voire aigre.

SCÈNE IV

CHIFFONNET; *puis* COQUENARD

CHIFFONNET, *tirant sa montre.* — Midi... je vais aller me recoucher.

COQUENARD, *à la cantonade.* — Il faut que je lui parle... je n'ai qu'un mot à lui dire!... Ah! le voilà!

CHIFFONNET, *à part.* — Coquenard!... Que le diable l'emporte!

COQUENARD. — Bonjour, cher ami!

CHIFFONNET, *à part.* — Cher ami! *(Haut.)* Bonjour, Coquenard!...

COQUENARD. — Nous avons reçu votre lettre d'invitation pour ce soir... on dit que ce sera charmant!

CHIFFONNET. — Je le crois... il y aura une surprise!

COQUENARD. — Ah bah!... à quelle heure?

CHIFFONNET. — A minuit. *(A part.)* Quand je les flanquerai à la porte!

COQUENARD. — C'est délicieux!... Madame Coquenard se fait une fête!

CHIFFONNET. — Ah! madame Coquenard se fait?... Savez-vous qu'elle est très jolie, votre femme?...

COQUENARD. — Ah! pas mal!...

CHIFFONNET, *s'animant.* — C'est-à-dire qu'elle est ravissante!... des cheveux!... des yeux!... une taille!... Est-elle vertueuse?

COQUENARD, *ébahi.* — Plaît-il? Ah çà! vous plaisantez!

CHIFFONNET. — Ecoutez donc, nous avons énormément de femmes qui ne sont pas vertueuses!

COQUENARD. — A Paris?

CHIFFONNET. — Non!... en Chine!

COQUENARD, *à part et inquiet.* — Pourquoi me dit-il ça? *(Haut.)* Chiffonnet... auriez-vous appris quelque chose?

CHIFFONNET. — Moi?... rien, si cela était... je vous le dirais!...

COQUENARD. — Ce serait d'un ami!... d'un véritable ami... Ce bon Chiffonnet!... Que je suis donc content de vous revoir!...

CHIFFONNET, *à part.* — Il me caresse! il va me demander quelque chose!...

COQUENARD. — A propos, j'ai compté sur vous pour me rendre un petit service!

CHIFFONNET, *à part.* — Voilà!... Ça y est!...

COQUENARD. — J'ai besoin de quatre mille francs pour un mois... Figurez-vous que j'ai découvert ce matin un cheval qui vaut de l'or... Je compte le faire courir à Chantilly... mais, dans ce moment, je ne suis pas en argent comptant, et j'ai pensé à vous!...

AIR de *Lantara.*

Quand la sainte amitié nous lie,
Repousseriez-vous ses accents ?
Un ami, c'est un parapluie
Qu'on retrouve dans tous les temps,
Et surtout dans les mauvais temps.

CHIFFONNET, *à lui-même.*

L'image me semble jolie,
Mais mon rôle est très affligeant,
Car, moi, je recevrais la pluie,
Et lui recevrait mon argent.

(Haut.). Coquenard, comment me trouvez-vous ce matin ?

COQUENARD, *à part.* — Pauvre homme!... il se frappe! *(Haut.)* Voulez-vous que je vous parle franchement ?... vous êtes frais comme un jeune homme!...

CHIFFONNET. — Merci!... *(A part.)* Canaille!... canaille!...

COQUENARD. — Avez-vous là ces quatre mille francs ?

CHIFFONNET. — Non... j'attends une rentrée... revenez dans une heure.

COQUENARD. — Merci... vous êtes charmant... Mais quelle mine!... Tenez!... vous vivrez cent ans!

Il sort vivement.

SCÈNE V

CHIFFONNET; *puis* PRUNETTE

CHIFFONNET, *seul.* — Cent ans pour quatre mille francs!... Canaille!... canaille!... *(A Prunette, qui paraît.)* M. Coquenard reviendra dans une heure... tu lui diras que je suis à Strasbourg.

PRUNETTE. — Bien, monsieur!...

CHIFFONNET, *rentrant dans sa chambre*. — Canaille!...
canaille!...

SCÈNE VI

PRUNETTE; *puis* MACHAVOINE

PRUNETTE. — A Strasbourg!... eh bien, et sa soirée?
*Machavoine paraît au fond. Costume de porteur d'eau.
Il tient des seaux et baragouine l'auvergnat.*
MACHAVOINE. — Le bourgeois Chiffonné... ch'il vous
plaît?
PRUNETTE. — Comment! monsieur Machavoine, vous
entrez dans le salon avec vos seaux?
MACHAVOINE. — Eh bien, quoi?... je chuis porteur
d'eau... je ai mes seaux et je crie : A l'eau... oh!

AIR nouveau.

A l'eau!
C'est mon refrain,
Mon gagne-pain.
A l'eau,
Oh! oh! oh!
A l'eau!

I

On fait fortune à sa manière,
C'est à qui sera l' plus malin.
Moi, c'est le long de la rivière
Que je veux faire mon chemin!
A l'eau!
Etc.

II

Un homm' comm' moi porte à la ronde
Chez l' riche et l' pauvre... C'est certain,
D' l'eau... j'en fournis à tout le monde,
J'en fournis même au marchand de vin!
A l'eau!
Etc.

Il dépose ses seaux.

PRUNETTE, *à part*. — Ces Auvergnats!... C'est-y bien

bâti!... *(Haut.)* Eh bien, quoi que vous voulez?...
Voyons!

MACHAVOINE. — Je veux parler au bourgeois... pour
des affaires à part...

PRUNETTE. — Un secret?

MACHAVOINE. — Oui!...

PRUNETTE. — Qu'est-ce que c'est?...

MACHAVOINE. — Je chuis venu pour lui dire...

PRUNETTE. — Pour lui dire?

MACHAVOINE. — Que la rivière, il passait toujours sous
le pont Neuf. *(Riant.)* Hi hi!...

PRUNETTE. — Ah! qu'il est bête!... Eh bien, vous ne le
verrez pas, le bourgeois... y dort!...

MACHAVOINE. — Y dort!... je vas le réveiller! *(Il s'approche, frappe à la porte de Chiffonnet et crie :)* A l'eau...
oh! à l'eau... oh!...

PRUNETTE. — Qu'est-ce qu'y fait là?... Monsieur Chiffonnet!... je me sauve!...

Elle sort.

SCÈNE VII

MACHAVOINE, CHIFFONNET

CHIFFONNET, *sortant de sa chambre.* — Quel est l'animal?... Le porteur d'eau! C'est toi qui m'as réveillé,
imbécile?

MACHAVOINE. — A midi!... Faut-il que vous soyez feignant!

CHIFFONNET. — Voyons... que veux-tu?

MACHAVOINE. — C'est-y pas vous qu'aureriez perdu
quèque chose?

CHIFFONNET. — Oui... moi.

MACHAVOINE. — Là où t'est-ce?...

CHIFFONNET. — Dans mon escalier, je crois.

MACHAVOINE, *tirant un portefeuille de sa poche.* —
Après?

CHIFFONNET. — Un portefeuille!

MACHAVOINE, *cachant le portefeuille.* — Quelle couleur?

CHIFFONNET. — Rouge!...

MACHAVOINE. — Contenant?

CHIFFONNET. — Quatre billets de mille!

MACHAVOINE. — C'est bien à vous... V'là le maroquin ;
maintenant, je n'ai plus rien à vous dire, bonsoir...

Il reprend ses seaux et se dirige vers la porte.

CHIFFONNET, *à part, stupéfait.* — C'est prodigieux !...
Tiens ! je me dois un cigare ! *(Apercevant Machavoine qui
s'en va.)* Eh bien, où va-t-il donc ? *(L'appelant.)* Hé !
porteur d'eau !

MACHAVOINE. — Bourgeois ?

CHIFFONNET. — Tu oublies la petite récompense.

Il fouille à sa poche.

MACHAVOINE. — Une récompense ?... A cause de quoi ?

CHIFFONNET. — Parce que tu me rapportes quatre
mille francs !

MACHAVOINE. — Pour ça ?... Allons donc !... ça n'est
pas assez lourd... Ah ! si c'était de la ferraille !... mais de
l'argent ! fichtra ! ça fait plaisir à rapporter pour rien !...

CHIFFONNET, *froidement.* — Oui... oui... *(A part.)*
C'est pour avoir davantage... Je connais cette ficelle-là.
(Haut.) Tiens ! voilà quarante francs !

MACHAVOINE, *se fâchant.* — Rentrez ça !... Les enfants
de l'Auvergne !... ils sont des honnêtes gens !...

CHIFFONNET. — Cent francs !

MACHAVOINE, *avec colère.* — Rentrez ça !

CHIFFONNET. — Mille !

MACHAVOINE. — Assez !... Vous pourriez me tenter !...
et alors, je vous aplatirais... comme une limande, fichtra !...

CHIFFONNET. — Quelle sainte indignation !... Comment
t'appelles-tu ?

MACHAVOINE. — Machavoine.

CHIFFONNET. — Machavoine, tu es sublime !

MACHAVOINE, *indigné.* — Sublime vous-même, fichtra !

CHIFFONNET. — Calme-toi !

MACHAVOINE. — Ah ! c'est que je suis franc... je ne sais
pas mentir, moi !...

CHIFFONNET, *prenant les seaux de dessus les épaules de
Machavoine et les mettant sur les siennes.* — Tu ne sais
pas mentir !... Machavoine, comment me trouves-tu ce
matin ?

MACHAVOINE. — Je vous trouve laid !...

CHIFFONNET. — Très bien !... Si je me mariais...
crois-tu que je serais...

MACHAVOINE. — Oh ! çà... tout de suite !...

CHIFFONNET, *s'épanouissant.* — Enfin, en voilà un !...

Ah! ça fait du bien! ça repose!... *(Il pose les seaux à droite.)* On a bien raison de dire que la vérité habite un puits... mais, sans les porteurs d'eau, elle y resterait!... Cause-moi... Machavoine, cause-moi!

MACHAVOINE. — Je n'ai pas le temps... Et mes pratiques ?

CHIFFONNET, *à part.* — Ah! quelle idée! je conçois un vaste dessein! *(Haut.)* Ecoute-moi, bon Savoyard...

MACHAVOINE. — Auvergnat.

CHIFFONNET. — Auvergnat, ça m'est égal!... Que gagnes-tu à porter ainsi de l'eau chez tes contemporains ?...

MACHAVOINE. — Je gagne de trente à trente et un sous par jour...

CHIFFONNET. — Et ça te suffit pour vivre ? Oh, frugalité, *frugalitas! (A Machavoine.)* Homme des temps antiques! j'ai besoin d'un ami... Veux-tu devenir le mien ?... Je te donnerai cinq francs par jour... et nourri!...

MACHAVOINE. — Cinq francs! fichtra! *(Déposant ses seaux.)* Qu'est-ce que j'aurai à faire ?...

CHIFFONNET. — Tu me diras la vérité... toute la vérité, rien que la vérité...

MACHAVOINE. — C'est un métier de feignant!

CHIFFONNET. — Oh! pas tant que tu le crois!... il y a de l'ouvrage. Tu te mettras à l'affût... et, dès qu'un mensonge paraîtra dans cette maison... paf! tu tireras dessus... sans pitié!

MACHAVOINE. — Quel drôle d'état!... Et si c'est vous qui mentez ?...

CHIFFONNET. — Raison de plus, tu tireras à mitraille!... Ainsi, c'est convenu!... touche là!...

MACHAVOINE. — C'est convenu!... Un instant!... vous pouvez t'être un filou!...

CHIFFONNET, *à part.* — Il me traite de filou!... Il est charmant! *(Haut.)* Continue...

MACHAVOINE. — Une supposition que, dans huit jours, vous me flanquiez à la porte... comme une écaille d'huître.

CHIFFONNET. — Jamais!...

MACHAVOINE. — J'aurais perdu mon état, mes pratiques... Tenez... décidément, j'aime mieux porter mon eau!

Il remonte.

CHIFFONNET. — Arrête... cruel Machavoine!... Veux-tu que je me lie par une parole d'honneur ?

MACHAVOINE. — Oh! oh! les paroles d'honneur... c'est comme la neige... ça fond devant le soleil!...

CHIFFONNET, *avec enthousiasme*. — J'aime ce souverain mépris des hommes!... Alors, faisons un bail de trois, six ou neuf!...

MACHAVOINE. — A mon choix.

CHIFFONNET. — Soit...

MACHAVOINE. — A la bonne heure!

CHIFFONNET, *à part*. — Je le tiens!

> *Il se met au bureau et écrit.*

MACHAVOINE. — C'est bien cent sous que vous avez dit?

CHIFFONNET. — Oui... et, de plus, je stipule un fort dédit...

MACHAVOINE. — Six cents francs!

CHIFFONNET. — Ce n'est pas assez... Trente mille francs!

MACHAVOINE. — Fichtra!

CHIFFONNET, *à part*. — Il ne pourra plus m'échapper, *(haut)* et je signe! *(Lui présentant la plume.)* A ton tour!...

MACHAVOINE. — Minute.

> *Il s'assied, prend le papier et le parcourt.*

CHIFFONNET. — Tu te méfies de moi?

MACHAVOINE. — Ce n'est pas que je me méfie... Mais je regarde si vous avez mis les cent sous...

CHIFFONNET. — Il est plein de rondeur!

MACHAVOINE. — Ça y est! Je signe!

> *Il signe.*

CHIFFONNET, *à lui-même*.

AIR d'*Ambroise*, ou *Voilà ma journée*.

Oui, cet homme, je me l'attache
Comme un chien qu'on garde à l'attache.

MACHAVOINE, *montrant son papier*.

Moi, je ne désire plus rien,
Je suis riche, voilà mon bien.

CHIFFONNET

Maintenant, cet homme est mon bien.
On voit tant de gens, ô sottise,
Payer cher le mensonge... Eh bien,
Je viens d'acheter la franchise;

Oui, je la tien,
Oui, je la tien!

MACHAVOINE

Ma fortune, il faut que je l' dise,
Oui, je la tien!

ENSEMBLE

Oui, je la tien!

SCÈNE VIII

LES MÊMES, PRUNETTE

PRUNETTE. — Monsieur!

CHIFFONNET. — Qu'est-ce que c'est? Je n'aime pas qu'on me dérange quand je suis avec mon ami.

PRUNETTE. — Le porteur d'eau?...

CHIFFONNET. — Apprenez, mademoiselle Prunette, que cet homme n'est plus un porteur d'eau... Je l'ai élevé au grade d'ami!... Fichtra!

MACHAVOINE. — Oui!.. à raison de cent sous par jour et nourri... A propos, combien de plats?

CHIFFONNET. — Ecoute les comptes de la cuisinière et tu le sauras!

MACHAVOINE. — Oh!... Avant, je suis franc, moi... avant, je vas vous demander une chose!

CHIFFONNET. — Parle!

MACHAVOINE. — Je voudrais te tutayer comme tu me tutaies!...

CHIFFONNET. — Je n'osais pas te l'offrir... Tutoie-moi, fichtra!...

MACHAVOINE. — Oh! merci!...

CHIFFONNET, *à Prunette*. — Vos comptes, Prunette!...

Il s'assied à son bureau, et Machavoine s'assied à sa gauche.

PRUNETTE, *lisant son livre de dépense*. — Pain... trois francs.

CHIFFONNET. — Trois francs de pain?

PRUNETTE. — Il est r'augmenté.

MACHAVOINE, *à part*. — Hein? r'augmenté!

PRUNETTE. — Pot-au-feu... sept francs cinquante centimes.

CHIFFONNET. — Sept francs cinquante centimes de pot-au-feu !

MACHAVOINE. — Bigra !

PRUNETTE. — Il est r'augmenté !

CHIFFONNET. — Le pot ?

PRUNETTE. — Non.

CHIFFONNET. — Le feu ?

PRUNETTE. — Non... la viande !... Choux et légumes, quarante sous... Poulet, dix francs.

MACHAVOINE, *se levant et éclatant*. — C'est trop fort !... Mille fichtra de bigra !

CHIFFONNET et PRUNETTE. — Quoi donc ?

MACHAVOINE. — Le pain n'est pas augmenté ! la viande non plus !... Quant au poulet... j'étais chez la marchande... Vous l'avez payé cent sous... ah !

PRUNETTE, *bas à Machavoine*. — Taisez-vous donc !

MACHAVOINE. — Non ! non ! non ! Pourquoi que vous volez ce brave homme ?

PRUNETTE. — Ce n'est pas vrai !

MACHAVOINE, *menaçant*. — Ne dites pas cha !

CHIFFONNET, *les séparant et prenant le milieu*. — Silence !... *(Poétiquement.)* Quelle admirable mise en scène !... D'un côté la vérité... de l'autre le mensonge... et Chiffonnet au milieu... calme et serein !...

MACHAVOINE. — C'est égal... elle l'a payé cent sous !

PRUNETTE. — Oui, mais je dirai pourquoi à Monsieur !...

CHIFFONNET. — Machavoine !... tu as été gigantesque... tu as été homérique !... je t'admets à ma table... va t'habiller !...

MACHAVOINE. — Je veux bien aller m'habiller... Mais elle ne l'a payé que cent sous !...

ENSEMBLE

AIR de *Dom Pasquale.*

MACHAVOINE

C'est à regret que j'vous quitte,
Elle peut encor vous tromper,
Mais je vais r'venir bien vite,
Cela va bien l'attraper.

CHIFFONNET

C'est à regret qu'il me quitte,
Elle pourrait me tromper,
Mais il reviendra bien vite,
Pour mieux encor l'attraper.

PRUNETTE

Vraiment cet homme m'irrite,
Croire que je veux tromper,
Qu'il s'en aille donc bien vite,
Je n'irai pas l'rattraper!

CHIFFONNET, *seul*.

Ce Machavoine est immense,
Quel bonheur pour mon foyer.
Il a découvert la danse
De l'anse de son panier.

ENSEMBLE, REPRISE

MACHAVOINE

C'est à regret que j'vous quitte,
Etc.

CHIFFONNET

C'est à regret,
Etc.

PRUNETTE

Vraiment cet homme,
Etc.

Machavoine reprend ses seaux et sort.

SCÈNE IX

CHIFFONNET, PRUNETTE

CHIFFONNET. — Prunette!
PRUNETTE. — Monsieur?
CHIFFONNET. — Avance, mon enfant! *(Prunette s'approche.)* Nous filoutons donc la monnaie à papa Chiffonnet?

PRUNETTE. — Monsieur, je vas vous dire la vérité...

CHIFFONNET. — La vérité! *(Lui caressant la joue.)* Ah! j'aime tes mots!

PRUNETTE. — Vous m'avez dit pour la soirée...

CHIFFONNET. — Petite voleuse!

PRUNETTE. — Je vois bien que Monsieur veut me renvoyer!

CHIFFONNET. — Moi!... je m'en garderais bien.

PRUNETTE. — C'est que je suis une honnête fille, au moins!...

CHIFFONNET. — Oui... oui... oui... Combien as-tu à la caisse d'épargne?

PRUNETTE. — J'ai deux mille francs!...

CHIFFONNET. — Charmant! tu gagnes trois cents francs par an... et tu n'es à mon service que depuis huit mois! Ah! tu me plais! tu me réjouis, tu es complète!

PRUNETTE. — J'ai fait un héritage!

CHIFFONNET. — Un héritage, toi?... Tiens! voilà vingt sous pour ton mot... J'adore tes mots! fais-m'en d'autres! je les payerai!...

PRUNETTE. — Je vois bien que Monsieur manque de confiance en moi!...

CHIFFONNET, *se tordant.* — Confiance!... oh! assez! tu me ruinerais!...

PRUNETTE, *à part.* — C'est pas possible!... il a eu un coup de marteau!

CHIFFONNET. — Tu as bien exécuté mes ordres pour ce soir?

PRUNETTE, *hésitant.* — C'est-à-dire... oui, monsieur! *(A part.)* J'ose pas lui dire!...

CHIFFONNET. — Les sirops sont-ils bien mauvais, bien tournés?

PRUNETTE. — Oui, monsieur!...

CHIFFONNET. — Ah! tant mieux!... Ces chers amis!... Et les gâteaux?

PRUNETTE. — Ils ont huit jours!...

CHIFFONNET. — C'est bien jeune!... Et le riz au lait?

PRUNETTE. — Je n'ai pas mis de riz!...

CHIFFONNET. — Ni de lait?...

PRUNETTE. — Non, monsieur!

CHIFFONNET. — Alors, qu'est-ce que tu as mis?

PRUNETTE. — J'ai fait une semoule au beurre!

CHIFFONNET. — Très bien!... ajoutes-y de la moutarde... Quant aux bougies... de la chandelle!...

PRUNETTE. — Mais, monsieur...

CHIFFONNET. — Qu'est-ce que ça te fait ?... tu me la compteras comme de la bougie !... eh ! eh ! petite truande !... petite ribaude... adieu, petite cour des Miracles, adieu !

Prunette sort.

SCÈNE X

CHIFFONNET, MACHAVOINE

MACHAVOINE, *parlant à la cantonade; il est endimanché*. — Viens-y donc, méchant gringalet de quatre sous, viens-y donc !

CHIFFONNET. — Machavoine !... quelqu'un t'aurait-il manqué ?

MACHAVOINE. — C'est le portier... je passe devant sa loge... et je l'entends qu'il dit au tambour de la garde nationale : « M. Chiffonnet ne demeure plus ici !... »

CHIFFONNET. — Oui, c'était convenu !

MACHAVOINE. — Alors, moi, je suis couru après le tambour... et je lui ai dit : « Si, qu'il y demeure, fichtra !... »

CHIFFONNET, *à part*. — Maladroit !

MACHAVOINE. — Donnez-moi son billet de garde... je vas y porter !

CHIFFONNET. — Comment !

MACHAVOINE. — Il n'a pas voulu !...

CHIFFONNET, *avec joie*. — Ah !...

MACHAVOINE. — Il m'a dit que ça ne le regarde pas... Ça regarde le sergent-major... Alors, moi, je suis couru chez le sergent-major...

CHIFFONNET. — Allons, bon !...

MACHAVOINE. — J'y ai conté la frime... *(Triomphant.)* Et v'là ton billet de garde !... c'est pour demain !...

CHIFFONNET, *prenant le billet*. — Merci !... bien obligé ! *(Tristement.)* Me voilà de garde demain !...

MACHAVOINE. — On dirait que ça ne te fait pas plaisir.

CHIFFONNET. — Mais, grand nigaud, tu ne comprends pas que c'est moi qui avais recommandé au portier !

MACHAVOINE. — Un mensonge !... Ah ! Chiffonnet !... ça n'est pas bien !...

CHIFFONNET. — Oh ! un mensonge !...

MACHAVOINE. — Tu m'as dit de tirer dessus et j'ai tiré dessus !

CHIFFONNET. — Certainement... certainement ! *(A*

part.) Je trouve qu'il va un tantinet loin. *(Haut.)* Je vais m'habiller, donne-moi mon habit!... sur cette chaise.

Il ôte son pet-en-l'air et reste en bras de chemise.

MACHAVOINE, *qui a été chercher l'habit, l'aperçoit et éclate de rire.* — Oh! oh!... fichtra de la Catarina!

CHIFFONNET, *regardant autour de lui.* — Qu'est-ce qu'il a ?

MACHAVOINE. — Ah! ben, en voilà un polichinelle qu'est mal bâti!...

CHIFFONNET. — Hein ?

MACHAVOINE, *tournant autour de lui.* — Comme c'est fichu!... fichtra de la Catarina!...

CHIFFONNET, *à part.* — Ah! mais... il est embêtant! *(Haut.)* Voyons, cet habit... Serre d'abord la boucle de mon gilet...

MACHAVOINE. — Oh!... ça... ça ne fera pas de mal!... *(Il lui met un genou sur le dos et serre de toutes ses forces.)* Hue... là... hue... là!...

CHIFFONNET. — Aïe!... prends garde!

MACHAVOINE, *lui faisant passer une manche de son habit.* — Ah! mon vieux, que voilà de la mauvaise viande!

CHIFFONNET. — C'est bien, on ne te demande pas ça... Il me semble que je ne suis pas plus mal fait qu'un autre!...

MACHAVOINE. — Du ventre... et pas de jambes!... T'as poussé comme une citrouille!...

CHIFFONNET. — En voilà assez!...

MACHAVOINE. — Ah! je suis franc, moi!...

CHIFFONNET. — Va me chercher ma perruque neuve... par là...

MACHAVOINE. — Une perruque!... une perruque!...

CHIFFONNET. — Mais va donc!...

MACHAVOINE. — J'en crèverai de rire! fichtra de la Catarina!...

Il entre à gauche.

SCÈNE XI

CHIFFONNET; *puis* PRUNETTE;
puis MADAME COQUENARD

CHIFFONNET. — Ah! mais il est embêtant!... *(S'examinant.)* Et puis... je crois qu'il manque un peu de goût!

PRUNETTE, *entrant*. — Monsieur...

CHIFFONNET. — Quoi ?...

PRUNETTE, *avec mystère*. — C'est madame Coquenard qui demande à vous parler en secret!...

CHIFFONNET. — Madame Coquenard!... une si belle femme!... dans mon ermitage! Sapristi!... je suis fâché de ne pas avoir ma perruque neuve!... Enfin!... fais entrer!...

PRUNETTE, *à la cantonade*. — Entrez, madame!...

    Elle sort et se croise avec madame Coquenard.

MADAME COQUENARD, *saluant*. — Monsieur...

CHIFFONNET. — Madame... donnez-vous donc la peine de vous asseoir!...

MADAME COQUENARD. — Non!... je ne reste qu'un instant!...

CHIFFONNET, *à part*. — Elle est encore plus suave dans le tête-à-tête!

MADAME COQUENARD. — Monsieur, qu'allez-vous penser de ma démarche ?...

CHIFFONNET. — Je pense que votre démarche est celle d'une gazelle!...

MADAME COQUENARD. — C'est-à-dire que vous la trouvez légère ?...

CHIFFONNET. — Oh! loin de moi...

MADAME COQUENARD. — Et vous avez raison... Oser me présenter chez vous... chez un garçon!... sans mon mari!

CHIFFONNET. — Madame, l'absence d'un mari est le plus beau cortège d'une femme... chez un garçon! *(A part.)* Bandit que je suis!...

MADAME COQUENARD. — Vous allez dire que je suis bien indiscrète, mais...

CHIFFONNET. — Achevez, de grâce!...

MADAME COQUENARD. — Vous avez vu M. Coquenard, ce matin ?

CHIFFONNET. — Oui...

MADAME COQUENARD. — Il vous a, je crois, parlé d'un emprunt!...

CHIFFONNET, *à part*. — Hein!... elle vient chercher les quatre mille! C'est une carotte!... Soyons froid. *(Haut.)* Fectivement, madame, fectivement, nous en avons parlé vaguement... excessivement vaguement!

MADAME COQUENARD. — Il me l'a dit...

CHIFFONNET, *à part*. — Parbleu!

MADAME COQUENARD. — Et je suis venue à son insu!

CHIFFONNET, *ironiquement*. — Oui... en catimini... en catimini!...

MADAME COQUENARD, *à part*. — Qu'est-ce qu'il a? *(Haut.)* Vous prier... vous supplier...

CHIFFONNET, *à part*. — Comme je la vois venir!...

MADAME COQUENARD. — De ne pas lui prêter ces quatre mille francs!...

CHIFFONNET, *stupéfait*. — Ah bah!... ah bah!... *(Avec empressement.)* Madame, donnez-vous donc la peine de vous asseoir!... *(A part.)* Je redeviens bandit!

MADAME COQUENARD. — Vous me le promettez?

CHIFFONNET. — Refuser ce pauvre Coquenard!... c'est cruel! bien cruel!... Mais, pour vous être agréable...

MADAME COQUENARD. — C'est que vous ne savez pas!...

CHIFFONNET. — Quoi donc?...

MADAME COQUENARD. — Non... j'ai tort de vous dire... Mon mari possède un travers affreux!...

CHIFFONNET. — Se livrerait-il aux alcools?

MADAME COQUENARD. — Non!... mais il aime, il adore, il idolâtre les chevaux.

CHIFFONNET. — Comment!... ces vilaines petites créatures sans grâce... qui nous jettent par terre!...

MADAME COQUENARD. — Oui, monsieur... aussi, passe-t-il sa vie dans son écurie... Il en a fait son salon, son cabinet de travail, son boudoir!...

CHIFFONNET. — Et sa chambre à coucher?

MADAME COQUENARD, *vivement*. — Oh! non!

CHIFFONNET. — Ah!... c'est égal, vivre dans le fumier... comme un melon!... ah!... fi! fi! fi! et encore fi!

MADAME COQUENARD. — Que voulez-vous!... je me résigne... je sais m'imposer des privations... Dernièrement, je désirais un cachemire...

CHIFFONNET. — Eh bien?

MADAME COQUENARD, *tristement*. — Eh bien, M. Coquenard s'est donné un poney!

CHIFFONNET, *avec intérêt*. — Pauvre martyre de l'équitation!

MADAME COQUENARD. — Cependant, je ne voudrais pas que cette sotte passion le ruinât!

CHIFFONNET. — Je comprends ce subjonctif; c'est le subjonctif d'un ange!... *(à part)* auquel on a refusé un cachemire.

MADAME COQUENARD. — Ainsi, monsieur, c'est bien convenu... vous ne lui prêterez pas cette somme?...

CHIFFONNET. — Ah!... soyez sans crainte! *(Tendrement.)* D'ailleurs, puis-je refuser quelque chose à une femme!... mais asseyez-vous donc!...

MADAME COQUENARD. — Merci!...

CHIFFONNET. — Nous serons mieux pour causer!...

MADAME COQUENARD. — Je vais me retirer... car si mon mari se doutait!...

CHIFFONNET, *avec exaltation.* — Oh! pas encore!... Laissez-moi contempler ce profil byzantin!... ce nez... renouvelé des Grecs!... ces yeux fendus en amandes... douces! oh! très douces!

MADAME COQUENARD. — Ah! monsieur!

CHIFFONNET. — Et ces cheveux!... qu'ils sont beaux!... onduleux!... vaporeux, fabuleux!...

MADAME COQUENARD. — Mais il me semble que vous-même, de ce côté-là!...

CHIFFONNET, *à part.* — Elle croit que c'est à moi! *(Haut, minaudant.)* J'avoue que j'aurais tort de me plaindre!... Sous ce rapport, la nature n'a pas trop liardé... à mon égard!...

SCÈNE XII

LES MÊMES, MACHAVOINE; *puis* PRUNETTE

MACHAVOINE, *entre portant une perruque sur son poing.* — La voilà!

CHIFFONNET, *à part.* — Ah! sacredié!...

MADAME COQUENARD. — Qu'est-ce que c'est que ça ?

MACHAVOINE. — Ça ?... c'est la perruque de Chiffonnet!...

CHIFFONNET. — Du tout!... connais pas!...

MACHAVOINE. — Mais si!...

CHIFFONNET. — Mais non!...

MACHAVOINE. — Mais si!...

CHIFFONNET, *bas.* — Tais-toi donc, animal!

MACHAVOINE, *à madame Coquenard.* — Il me dit de me taire!... à preuve que c'est à lui!...

MADAME COQUENARD, *étouffant son rire.* — Quoi!... monsieur Chiffonnet, vous portez perruque ?...

CHIFFONNET. — Oh! oh! au carnaval seulement... pour me mettre en garde-française! *(Haut, à madame Coque-*

nard.) J'espère, madame, que vous ne croyez pas un mot ?...

MADAME COQUENARD, *saluant.* — Adieu!... monsieur... Comptez sur ma discrétion.

CHIFFONNET, *saluant.* — Madame!... *(A part.)* Ce manant me fait perdre une occasion magnifique.

PRUNETTE, *entrant vivement.* — Monsieur!... c'est M. Coquenard!...

MADAME COQUENARD, *très effrayée.* — Ah! mon Dieu!... je suis perdue s'il me trouve ici.

CHIFFONNET. — Comment ?

MADAME COQUENARD. — Il est d'une jalousie!... il vous tuera, monsieur.

CHIFFONNET. — Bigre!... Prunette, dis que je n'y suis pas.

MACHAVOINE. — Par exemple!... faire mentir cette fille! ça serait du propre! *(Courant à la porte.)* Monsieur, monsieur!... il y est, Chiffonnet!... il y est.

CHIFFONNET. — Sapristi!

MADAME COQUENARD. — Mon Dieu! que faire ?

PRUNETTE, *la poussant dans le cabinet à gauche.* — Vite là, vous sortirez par la cuisine.

Madame Coquenard entre avec Prunette pendant que Machavoine est encore à la porte du fond.

SCÈNE XIII

CHIFFONNET, MACHAVOINE, COQUENARD

MACHAVOINE, *à Coquenard.* — Entrez, monsieur, entrez. *(A part, cherchant madame Coquenard.)* Tiens! où est-elle donc passée ?

COQUENARD, *à Chiffonnet.* — Bonjour, Chiffonnet... je vous dérange ?

CHIFFONNET, *mal à l'aise.* — Du tout... du tout... J'allais sortir... venez-vous ?

COQUENARD. — Un instant... je viens chercher les quatre mille francs dont je vous ai parlé.

CHIFFONNET, *à part.* — Et sa femme qui m'a fait promettre. *(Haut.)* Mon cher ami, j'en suis désolé, mais cette rentrée sur laquelle je comptais... enfin, je n'ai pas d'argent!

MACHAVOINE. — Pas d'argent! pourquoi que vous dites ça? *(A Coquenard.)* Il en a, mais il ne veut pas vous en prêter!

CHIFFONNET. — Ah! mais... ah! mais il m'agace!

COQUENARD. — Comment! Chiffonnet!

CHIFFONNET. — Croyez, mon cher Coquenard, que, si j'avais cette somme je serais heureux, oh! mais bien heureux de pouvoir vous l'offrir.

MACHAVOINE, *à lui-même.* — Oh ben! si ce n'est que ça!...

Il va à la petite table.

CHIFFONNET. — Ce subalterne ignore l'état de mes caisses, la vérité est qu'il me reste sept francs pour dîner à trente-deux sous.

MACHAVOINE, *se plaçant entre Chiffonnet et Coquenard.* — Soyez heureux, voilà les quatre mille francs.

Il donne le portefeuille à Chiffonnet.

CHIFFONNET, *cachant le portefeuille.* — L'animal!

COQUENARD, *à Machavoine.* — Comment!

MACHAVOINE. — Le portefeuille que j'ai trouva et que j'ai rapporta...

CHIFFONNET. — Oui... je l'avais oublia... non! oublié dans ce tiroir. *(A part.)* Mais c'est la grêle, la peste, que cet Auvergnat! *(Il jette le portefeuille au nez de Machavoine et donne les billets à Coquenard.)* Voici!...

COQUENARD, *mettant les billets dans sa poche.* — Ah! mon ami, que de remerciements!

CHIFFONNET. — Il n'y a pas de quoi!

COQUENARD. — Adieu... à ce soir... je suis pressé. *(Il prend son chapeau et aperçoit l'ombrelle que sa femme a oubliée sur un meuble.)* Tiens, c'est extraordinaire.

CHIFFONNET, *à part.* — Fichtre de bigre!

COQUENARD, *redescend.* — A qui ça?

CHIFFONNET, *embarrassé.* — C'est une ombrelle!... Un cadeau que je viens de faire à ma nièce...

COQUENARD, *soupçonnant.* — Ah!

MACHAVOINE. — Ne le croyez pas! il vous conte des couleurs, des mensonges!

COQUENARD. — Comment!

MACHAVOINE, *à Coquenard.* — C'est l'ombrelle d'une dame en chapeau bleu.

COQUENARD. — Un chapeau bleu!

CHIFFONNET. — Non!

MACHAVOINE. — Avec un châle blanc.

COQUENARD. — C'est bien ça!

CHIFFONNET. — Misérable!

MACHAVOINE. — Et tout à l'heure le bourgeois lui faisait de l'œil... Ah! mais de l'œil! avec sa perruque.

COQUENARD. — Et où est cette dame?

CHIFFONNET. — Je vais vous expliquer...

COQUENARD. — Non... pas vous! *(A Machavoine.)* Toi!... car tu dis la vérité, toi!

MACHAVOINE. — Toujours!

COQUENARD. — Eh bien, parle... où est cette dame?

MACHAVOINE. — Cette dame, je l'ai vue, mais je sais pas ousqu'elle a passé!

CHIFFONNET, *à part.* — Je respire!

COQUENARD. — Je cours chez moi, et, si madame Coquenard n'a pas son ombrelle...

Il remonte.

MADAME COQUENARD, *entrouvrant la porte.* — Les verrous sont mis... impossible de sortir.

MACHAVOINE, *l'apercevant.* — Ah! fichtre!... la voilà!... la voilà!

La porte se referme vivement.

CHIFFONNET. — Misérable!

COQUENARD, *courant à la porte.* — Ouvrez, madame, ouvrez!

CHIFFONNET. — Coquenard! vous oubliez que vous êtes chez moi!

COQUENARD. — Monsieur!... rendez-moi ma femme, et après nous causerons!

Il frappe sur la porte.

AIR de *Madame Favart.*

Oh! dussé-je enfoncer les portes,
Ma femme est là... je la verrai.

CHIFFONNET, *à Machavoine.*

De chez moi, je veux que tu sortes.

MACHAVOINE, *montrant son traité.*

Trent' mill' francs... et j'obéirai.

COQUENARD, *parlé.*

Ouvrez, madame!... ouvrez!

CHIFFONNET

Mon Dieu, si je pouvais le tordre!

MACHAVOINE

Trent' mill' francs!

CHIFFONNET

Oh! le scélérat
Me donne des envies de mordre...
De mordre dans un Auvergnat.

SCÈNE XIV

Les mêmes, Prunette, *avec le châle et le chapeau de madame Coquenard. La porte s'ouvre, Prunette paraît, son voile est baissé.*

Tous, *étonnés.* — Tiens!

Machavoine, *à part.* — Elle s'est raccourcie!

Il remonte.

Prunette, *à Chiffonnet.* — Adieu, mon oncle...

Chiffonnet, *à part.* — Prunette!... ô fille intelligente... et rouée!

Prunette, *bas et vivement.* — Elle est partie! ne craignez rien!

Coquenard, *qui s'est approché.* — Quoi?

Chiffonnet. — Rien!... Adieu, ma nièce... prends l'omnibus et embrasse ton mari pour moi... avec la correspondance...

Prunette. — Oui, mon oncle... *(Prenant l'ombrelle des mains de Coquenard.)* Pardon, c'est mon ombrelle.

Coquenard, *ébahi, rendant l'ombrelle.* — Madame... *(Prunette sort, Chiffonnet l'accompagne jusqu'au fond.)* La nièce... ou non!... du moment que ce n'est pas ma femme...

Machavoine, *à Coquenard.* — Dites donc, ça n'est pas la même...

Coquenard. — Quoi?

Machavoine. — L'autre était plus grande et moins ratatinée...

Coquenard, *à part.* — Est-il possible!... Oh! il y a un

mystère, mais je le découvrirai... j'ai un moyen! *(A Machavoine.)* Dans cinq minutes... viens me trouver au café en face... vingt francs pour toi.

CHIFFONNET, *redescendant, à Coquenard.* — Eh bien... vilain jaloux...

COQUENARD. — J'avais tort... je le reconnais... soupçonner un ami, ce bon Chiffonnet... je vous aurais tué d'abord!

CHIFFONNET, *à part.* — Mazette!

COQUENARD, *à part.* — Il a pâli! *(Haut.)* Adieu... à tantôt. *(Bas à Machavoine.)* Toi, dans cinq minutes...

MACHAVOINE. — On y sera.

Sortie.

AIR des *Mousquetaires.*

ENSEMBLE

Agissons avec mystère...
Et sans bruit et sans éclat,
Bientôt je saurai, j'espère,
Fair' parler cet Auvergnat.

MACHAVOINE

Chacun peut voir, je l'espère
Grâce à mon nouvel état,
Que c' n'est pas aisé de faire...
Fair' mentir un Auvergnat.

CHIFFONNET

Je crois que c'est un mystère,
Mais je ne m'explique pas
Pourquoi l'on a sur la terre
Introduit des Auvergnats.

CHIFFONNET, *à Machavoine.* — Quant à toi, fiche-moi le camp!

MACHAVOINE, *à Chiffonnet.* — Trente mille francs! ou je reste.

Il sort par la droite.

SCÈNE XV

CHIFFONNET; *puis* PRUNETTE

CHIFFONNET. — Trente mille francs! Mais plutôt que de te les donner, j'aimerais mieux... fonder une société pour la destruction des animaux nuisibles... y compris les porteurs d'eau!... Et dire que j'en ai pour neuf ans!... Trois, six ou neuf, à sa volonté... pas à la mienne!... Ah ça! mais je suis dans la position de Laocoon... avec un Auvergnat qui me serpente autour du cou... qui m'étrangle... qui m'étouffe!... Comment faire pour le renvoyer dans ses sales montagnes, dans son savoyard de Puy-de-Dôme ? *(Tout à coup.)* Oh! je conçois un vaste dessein!... une idée machiavélique... mais tellement machiavélique, que je n'ose pas me la confier à moi-même... Si je pouvais trouver sous ma main un ange assez déchu... pour lui dire... Ah! Prunette!

PRUNETTE, *à part.* — J'ai reporté l'ombrelle!... elle est sauvée!...

CHIFFONNET. — Prunette... tu as fait un coup de maître tout à l'heure; je t'en sais bon gré... Regarde-moi... je dois avoir quelque chose de méphistophélistique dans l'œil ?

PRUNETTE. — Il vous est entré quelque chose dans l'œil ?

CHIFFONNET. — Comment trouves-tu le petit ami que je me suis procuré ce matin ?

PRUNETTE. — Machavoine ?

CHIFFONNET. — Oui.

PRUNETTE. — Dame... monsieur... je le trouve bel homme.

CHIFFONNET. — Très bien... Prunette, il faut croiser les races... J'ai envie de te le donner en mariage.

PRUNETTE. — A moi ?

CHIFFONNET. — Mais à une condition.

PRUNETTE. — Laquelle ? parlez...

CHIFFONNET. — Ecoute-moi... Prunette, tu es de l'étoffe des Lisette et des Marton dont fourmille le répertoire du Théâtre-Français (édition Dabo, soixante-sept volumes, très mal imprimés [2]). Ces démons femelles... pas de mouvement! ça me gêne dans mes narrations... sont le type de la fourberie et de la duplicité.

PRUNETTE. — Mais, monsieur...

2. L'édition de Mme Dabo pourrait être la *Bibliothèque dramatique ou répertoire universel du théâtre français,* publiée de 1824 à 1826 et à laquelle Nodier collabora. C'était une édition in-8°, bien imprimée. Labiche pense plus probablement aux volumes in-18, dus à Herhan qui furent repris et vendus par la veuve Dabo et qui, au nombre de 214, constituèrent la *Collection complète des théâtres français.* Cette imposante série a été publiée sur des années à partir de 1816. La veuve Dabo s'y intéressa à partir du 67e volume.

CHIFFONNET. — Pas de mouvement!... Elles ont été inventées pour tendre des pièges, des embûches, disons le mot, des traquenards... aux hommes assez simples pour se laisser prendre à leurs douces paroles... Eh bien, si toi, Prunette... toi que j'estime assez pour te placer au rang de ces délicieuses coquines, de ces charmantes effrontées... pas de mouvement! si je te donnais la mission de conduire ce primitif Machavoine sur le chemin que tu parcours si noblement, si je te chargeais de l'amener à ce degré de fausseté que tu possèdes...

PRUNETTE. — Ah! mais permettez...

CHIFFONNET. — Je ne permets pas... je continue... Si, enfin, je te donnais un homme franc, trop franc... ami, trop ami de la vérité... pour en faire un menteur... bref, si je te confiais un Auvergnat, te sens-tu de force à me rendre un Gascon?

PRUNETTE. — Un Gascon? Dame, monsieur... je tâcherai.

CHIFFONNET. — Cela me suffit... Tope!... Machavoine est à toi... mais, je te le répète, déteins sur lui, ma mignonne... rends-le câlin, flatteur, ma toute belle.

Il lui tape sur la joue.

PRUNETTE. — Monsieur est bien bon...

CHIFFONNET. — Va, ma colombe, va... et ta fortune est assurée! Rends-le câlin, flatteur, menteur! Courage, Prunette!

PRUNETTE. — Oui, monsieur.

SCÈNE XVI

PRUNETTE; *puis* MACHAVOINE, *entrant par le fond, sans voir Prunette.*

PRUNETTE, *seule.* — Lui apprendre à mentir!... Voilà une drôle d'idée! Ordinairement, ces choses-là... ça ne s'apprend pas... ça vient tout seul.

MACHAVOINE. — Allons, le Coquenard... c'est un brave! Il m'a promis vingt francs pour ce soir... et cinq de Chiffonnet... Ah! la vérité, c'est une fameuse branche!

Il s'assied.

PRUNETTE, *à part.* — Il ne me voit pas. *(Elle tousse.)* Hum!...

MACHAVOINE. — Ah! c'est vous, mam'zelle Prunette! *(A part.)* Quel dommage qu'elle ne soit pas franche... C'est un beau brin! *(Haut.)* Ousqu'on met le lard, ch'il vous plaît?

PRUNETTE. — Le lard?... Vous avez faim?

MACHAVOINE. — Oui.

PRUNETTE. — Attendez... je vais vous donner du poulet.

MACHAVOINE, *se levant.* — Gardez-le, votre poulet... Je ne veux pas des poulets qu'on achète cent sous et qu'on fait payer dix francs.

PRUNETTE. — Ah! monsieur Machavoine... C'était pas pour les mettre dans ma poche... allez.

MACHAVOINE. — Et là où donc c'que vous les avez mis? *(A part.)* Quel dommage! un si beau brin!

PRUNETTE. — Mais c'est pour les rafraîchissements de la soirée...

MACHAVOINE. — Comment que vous dites ça?

PRUNETTE. — M. Chiffonnet... il est si drôle!... voulait donner des sirops tournés... Mais, moi, je ne veux pas que sa maison passe pour une cassine, alors j'ai gagné sur le poulet pour acheter des sirops.

MACHAVOINE. — Ah! fichtra! c'est bien, ça!... c'est honnête! ça me raccommode avec vous! Tenez, mademoiselle Prunette, il faut que je vous embrasse!

PRUNETTE. — Ça n'est pas honnête de s'embrasser quand on ne se connaît pas... beaucoup! *(A part.)* Il y viendra!

MACHAVOINE. — Eh bien, connaissez-moi... beaucoup.

PRUNETTE, *jetant un cri.* — Ah! cristi!

MACHAVOINE. — Quoi donc?

PRUNETTE. — C'est un cousin qui vient de me piquer au bras.

Elle relève sa manche.

MACHAVOINE. — Voyons voir que je voie... pour que je regarde.

Il lui prend le bras.

PRUNETTE. — Ne serrez pas si fort.

MACHAVOINE. — Oh! c'est doux comme une peau de lapin!

PRUNETTE. — Flatteur!

MACHAVOINE. — C'est grassouillet... potelé... Fichtra !
peut-on embrasser ?

Il embrasse.

PRUNETTE. — Il est bien temps !

MACHAVOINE

AIR

Si j'pouvais dire ce que j'sens là,

PRUNETTE

Dites toujours, je vous écoute.

MACHAVOINE

Je dirais que j'vous aime, da !

PRUNETTE, *à part.*

Allons donc.

Haut.

Permettez que j'doute.

MACHAVOINE

Douter d'moi, d'ma probité !

PRUNETTE

Oh ! ce n'est pas que je vous blâme !
Vous aimez trop la vérité
Pour jamais bien aimer un' femme.

On entend sous la fenêtre un signal de crécelle.

PRUNETTE. — Ecoutez !... Ouvrez la fenêtre.
MACHAVOINE, *ouvrant la fenêtre.* — Vous avez chaud ?
PRUNETTE. — Non... c'est un signal... ça veut dire :
« Mademoiselle Prunette, peut-on venir vous voir ? »
MACHAVOINE. — Qui ça ?
PRUNETTE. — Mon amoureux !
MACHAVOINE. — Hein ?
PRUNETTE. — Mais oui... le garçon du café qui est en
face.
MACHAVOINE. — Votre amoureux !
PRUNETTE. — Et quand j'ouvre la fenêtre, ça veut dire :
« Vous pouvez venir. »
MACHAVOINE. — Bigre ! et vous me la faites ouvrir, à
moi !

Il la referme vivement.

PRUNETTE, *à part.* — Il y est venu!... *(Haut.)* Ecoutez donc... Il parle de m'épouser, lui!

MACHAVOINE. — J'en parlera aussi!... j'en parlera!

PRUNETTE. — Vous ?... Oh! non; un charabia, c'est trop godiche!

MACHAVOINE, *tristement.* — Un charabia!...

PRUNETTE. — Oui... tandis que l'autre... un Gascon... c'est malin!

MACHAVOINE. — Je deviendrai malin.

PRUNETTE. — Futé.

MACHAVOINE. — Je deviendrai futé.

PRUNETTE. — Menteur...

MACHAVOINE. — Je deviendrai... non, jamais! un enfant de l'Auvergne!... c'est impossible.

PRUNETTE. — Alors, ouvre la fenêtre.

MACHAVOINE. — Mille carabina!... mais qu'est-ce que ça vous fait que je dise la vérité ?

PRUNETTE. — Tiens!... ça me fait beaucoup... Quand je serai vieille, quand je serai laide... je ne veux pas d'un mari qui me le dise.

MACHAVOINE. — Non... je ne vous le dirai pas.

PRUNETTE. — Alors, vous mentirez...

MACHAVOINE. — Fichtra!

PRUNETTE. — Après tout... un petit mensonge... quand ça ne fait de mal à personne... et que ça rend service...

MACHAVOINE, *faiblissant.* — Au fait... *(Hésitant.)* Ousqu'on met le lard, ch'il vous plaît ?

PRUNETTE. — Mais, si on se disait toujours la vérité, dans le monde... on passerait sa vie à se dire des injures...

MACHAVOINE, *faiblissant.* — C'est possible... que si... *(Résolument.)* Ousqu'on met le lard, ch'il vous plaît ?

Il remonte.

PRUNETTE, *à part.* — Il s'en va! *(Poussant un cri.)* Aïe!... encore un cousin!

Elle retrousse sa manche.

MACHAVOINE, *revenant et lui prenant le bras.* — Voyons voir que je voie.

PRUNETTE, *tendrement.* — Si vous le vouliez... y serait à vous, ce bras-là...

MACHAVOINE. — Crédia!... non! Ousqu'on met le lard, ch'il vous plaît ?

PRUNETTE, *perdant patience.* — Ah! dans la cuisine, animal!

MACHAVOINE. — Merci...

PRUNETTE. — N'y a pas de quoi.

MACHAVOINE, *à part.* — Quel dommage! un si beau brin!

Il entre dans la cuisine.

SCÈNE XVII

PRUNETTE, CHIFFONNET;
puis UN DOMESTIQUE

PRUNETTE, *seule.* — Ça ne prend pas.

CHIFFONNET, *entrant.* — Eh bien, commences-tu à l'apprivoiser un peu ?

PRUNETTE. — Ah bien, oui!... il est souple comme un tas de pavés!... j'y renonce.

CHIFFONNET. — Déjà, Prunette!... Tu dégringoles dans mon estime. Je te classe dans le répertoire du quatrième ordre.

PRUNETTE. — Ce n'est pas ma faute... j'ai tout fait...

CHIFFONNET. — Tout!... ce n'est pas assez.

UN DOMESTIQUE. — Une lettre pressée pour Monsieur.

Il sort.

CHIFFONNET, *ouvrant la lettre.* — De madame Coquenard! de la belle madame Coquenard! (*Il l'embrasse.* — *Lisant.*) « Tout est perdu. » (*Parlé.*) Quoi, perdu ? (*Lisant.*) « Mon mari exige que je vienne à votre bal... « Il a soudoyé votre Auvergnat, qui s'est engagé à lui « désigner la femme qui était cachée chez vous! » (*Parlé.*) Corne-bœuf!

PRUNETTE. — Saprebleu!

CHIFFONNET, *lisant.* — « *Post-Scriptum.* Sauvez- « moi... sauvez-nous! M. Coquenard charge ses pisto- « lets. » (*Parlé.*) Ses pistolets... Eh bien, me voilà gentil!

PRUNETTE. — Il va y avoir un massacre!

CHIFFONNET. — Et je ne pourrai pas décider cet animal...

PRUNETTE. — A mentir ? impossible, monsieur, il est têtu comme une mule.

CHIFFONNET. — Oh! la vérité, la vérité, j'en suis guéri!

SCÈNE XVIII

Les mêmes, Machavoine

Machavoine entre en tenant un énorme morceau de pain avec du lard; il mange.

CHIFFONNET, *à part*. — Le voilà, le gredin! le chenapan! si au moins je pouvais l'éloigner!... *(A Machavoine, d'une voix doucereuse.)* Bonjour, mon petit Machavoine, bonjour!

MACHAVOINE. — Bonjour...

CHIFFONNET. — Tu manges ?

MACHAVOINE. — Oui.

CHIFFONNET. — Et, après, tu iras te promener...

MACHAVOINE. — Non, j'ai affaire ici...

CHIFFONNET, *à part*. — Avec Coquenard! *(Haut.)* Et si je te proposais d'aller te réjouir avec des porteurs d'eau, ils sont si gais, les porteurs d'eau!...

MACHAVOINE. — J'accepterais... pour demain.

CHIFFONNET, *à part*. — Il tient comme teigne!

MACHAVOINE. — Aujourd'hui, j'aiderai mam'zelle Prunette.

PRUNETTE. — Moi, je n'ai pas besoin de vous... le garçon du café d'en face viendra me donner un coup de main...

MACHAVOINE. — Le Gascon! *(Rageant.)* Ah! fichtra de galapia!

PRUNETTE. — Ah dame!... il est complaisant, lui! Pour venir, il fera un mensonge à son bourgeois...

MACHAVOINE. — Un mensonge!...

CHIFFONNET. — Bah! où est le mal ?

MACHAVOINE, *remontant la scène et résolument*. — Non! jamais!

CHIFFONNET, *à part*. — Alors, je vais lui donner une course, une longue course! *(Haut.)* Mon ami, j'ai une petite commission à te donner...

MACHAVOINE. — Pour ce soir ? C'est impossible!

CHIFFONNET. — Tu seras revenu dans une petite demi-heure.

MACHAVOINE. — Ah! comme ça, allez!...

CHIFFONNET. — Tu vas courir tout de suite, tout de suite!... au chemin de fer d'Orléans.

MACHAVOINE. — Excusa!

CHIFFONNET. — Tu demanderas un billet... de troisième classe... ce sont les meilleures... pour Angers.

MACHAVOINE. — Angers ?... ià ousque c'est ?

CHIFFONNET. — Un peu au-dessus d'Asnières, n'est-ce pas, Prunette ?

PRUNETTE. — Oui... on voit le clocher.

MACHAVOINE. — Après ?

CHIFFONNET. — Une fois là, tu demanderas le brigadier de la gendarmerie et lui diras ces simples mots : « Monsieur, je n'ai pas de passeport. »

MACHAVOINE. — C'est la vérité!

CHIFFONNET. — Oh! pour rien au monde, je ne voudrais te faire faire un mensonge! *(Reprenant.)* « Je n'ai « pas de passeport... Veuillez me procurer un logement. »

MACHAVOINE. — Et je r'viendrai.

CHIFFONNET. — Tout de suite.

On entend rouler une voiture.

PRUNETTE, *qui a regardé à la fenêtre; bas à Chiffonnet.* — M. et Mme Coquenard.

CHIFFONNET, *à part.* — Bigre! *(A Machavoine.)* Vite, dépêche-toi... prends par le petit escalier...

MACHAVOINE, *montrant un énorme morceau de pain.* — Attendez que je finisse mon pain!

CHIFFONNET. — Tu le finiras en route. *(Le poussant.)* Tu vas manquer le train... mais va donc!

Il le pousse dehors, par la droite.

SCÈNE XIX

CHIFFONNET, PRUNETTE,
MONSIEUR et MADAME COQUENARD, INVITÉS

PRUNETTE, *annonçant.* — M. et madame Coquenard.

CHIFFONNET, *à part.* — Il était temps! *(Haut. Très aimable.)* Arrivez, mes amis... mes chers amis... je suis enchanté de vous recevoir...

COQUENARD, *sèchement.* — Je vous salue, monsieur.

CHIFFONNET, *à part.* — Il me salue... jaune!...

MADAME COQUENARD, *bas à Chiffonnet*. — Avez-vous reçu mon billet ?

CHIFFONNET, *de même*. — Oui... j'ai expédié l'Auvergnat sur Angers, train direct.

MADAME COQUENARD, *avec joie*. — Ah!

COQUENARD, *se retournant*. — Plaît-il ?

CHIFFONNET. — Rien! Je disais à Madame que vous me paraissiez d'une gaieté folle.

COQUENARD, *très sombre*. — En effet... en effet. *(A part, regardant de tous côtés.)* Où diable est-il ?

CHIFFONNET, *à part*. — Cherche, va, cherche.

Les invités entrent. Chiffonnet les reçoit.

CHŒUR

AIR de *Zampa*.

Pendant le chœur des valets apportent des bougies allumées sur les tables de jeu.

Quand le plaisir invite,
Sur ses pas il faut se presser;
Le plaisir fuit bien vite,
Il ne fait que passer.

CHIFFONNET. — Mesdames... je vous préviens qu'il faut qu'on s'amuse... Il y aura des tables de jeu pour les papas, des danses pour les demoiselles et des gâteaux Louis XV pour les enfants. *(A part.)* Ils ont de bonnes dents!...

COQUENARD, *tragiquement*. — Il y aura peut-être encore autre chose.

TOUS. — Une surprise ?

COQUENARD. — Oui, une surprise!...

MADAME COQUENARD, *à part*. — Il me fait trembler!

CHIFFONNET. — Est-ce que vous seriez dans l'intention d'avaler des bouteilles cassées... pour amuser ces dames ?

COQUENARD. — Rira bien qui rira le dernier.

CHIFFONNET. — Je continue à vous trouver d'une gaieté folle.

COQUENARD, *regarde de tous côtés; à part*. — Où diable est-il ?

CHIFFONNET, *à part*. — Cherche, va, cherche toujours!
(Les portes du fond s'ouvrent; on entend le prélude d'une

scottish.) Entendez-vous l'archet de la Folie [3]. La scottish vous réclame, allons, messieurs, la main aux dames.

La société se met à danser dans le second salon. — On occupe les deux tables de jeu.

COQUENARD, *à Chiffonnet.* — Mais je ne vois pas votre nouvel ami, M. Machavoine.

CHIFFONNET, *négligemment.* — Il doit être par là, à l'office... le maroufle! *(Voyant entrer Machavoine par la droite.)* Lui!

MADAME COQUENARD, *à part.* — Ah! mon Dieu!... *(Entraînant son mari.)* Mais, monsieur, quel air singulier...

> Elle remonte avec son mari.

CHIFFONNET, *à Machavoine.* — Malheureux! qui te ramène?

MACHAVOINE. — Tu ne m'as pas donné d'argent pour le chemin de fer!...

CHIFFONNET, *vivement.* — Tiens! ma bourse, retourne! cours!

COQUENARD, *arrêtant Machavoine.* — Eh! mais le voilà, mon cher Chiffonnet! Je vous ai promis une surprise... vous allez l'avoir.

CHIFFONNET. — Mais est-il donc jovial, ce soir, cet excellent Coquenard!

MADAME COQUENARD, *à part.* — Je suis morte!

CHIFFONNET, *de même, s'appuyant contre un invité.* — J'éprouve le besoin de m'accoter.

COQUENARD, *à Machavoine.* — Tu sais ce que tu m'as promis...

MACHAVOINE, *à Coquenard.* — Allez! un Auvergnat n'a qu'une parole!

COQUENARD, *prenant la main de sa femme.* — Reconnais-tu Madame?

MADAME COQUENARD. — Y pensez-vous, monsieur? me compromettre ainsi, et devant... *(On entend un signal du dehors : « Prrrrrt!... »).*

MACHAVOINE, *à part.* — Bigra, c'est le Gascon!

PRUNETTE, *bas, avec énergie.* — Si tu parles, je l'épouse ce soir!

---

3. La Folie ou mieux la Folia est une danse proche de la sarabande et d'origine portugaise. Le thème qui apparaît vers 1550 a été repris et enrichi par de nombreux musiciens : Corelli, Vivaldi, D. Scarlatti, Bach, Grétry, Cherubini, Liszt, Rachmaninov.

MACHAVOINE, *hésitant.* — Ce soir! cré rapia de la Catarina!

COQUENARD. — Eh bien, voyons, parle!

MACHAVOINE. — Eh bien!... eh bien!... *(Nouveau signal.)* Non, ce n'est pas celle-là!

TOUS. — Hein ?

MACHAVOINE, *levant la main très haut.* — L'autre était grande comme ceci et large comme cela.

COQUENARD. — Vous m'avez donc fait un mensonge ce matin ?

MACHAVOINE. — Eh ben, oui! j'ai menti!

CHIFFONNET, *à part, avec joie.* — Il ment lui-même!... tout seul!... Fi! fi! que c'est laid!

COQUENARD, *à sa femme.* — Allons, madame... j'avais tort.

MACHAVOINE, *à part, tombant sur un fauteuil.* — Ouf! je n'en puis plus!

PRUNETTE, *le relevant.* — Le chapeau de M. Coquenard!

MACHAVOINE, *se relevant et avec aplomb.* — Ça n'est pas moi!

CHIFFONNET, *ravi.* — Oh! ça n'est pas lui, je le prends la main dans le sac, et... ça fait deux... cher ami... *(Au public, après l'avoir salué.)* Ceci nous prouve qu'un joli petit mensonginet vaut souvent mieux qu'une épaisse vérité... Exemple! vous allez voir! *(Il va prendre une figurante et l'amène sur le devant d'un air gracieux.)* Pardon, madame, d'honneur! votre couturière vous a fagotée comme une sorcière de Macbeth!

LA FIGURANTE. — Insolent!

Elle remonte.

CHIFFONNET. — Effet de l'épaisse vérité!... La contre-épreuve. *(Il amène une vieille dame.)* Ah! belle dame, les lis et les roses n'en finiront donc pas de se jouer sur votre frais visage!

LA VIEILLE DAME, *souriant.* — Toujours charmant!...

CHIFFONNET, *au public.* — Effet du mensonge!... Voilà! voilà le monde! *(Changeant de ton.)* En place pour la contredanse...

CHŒUR

AIR de galop.

Ah! oui, vraiment,
Oui, vraiment,
C'est charmant!

Quelle fête
Parfaite!
Ah! oui vraiment,
Oui, vraiment,
C'est charmant!
Pour nous quel agrément!

MACHAVOINE, *au public.*

I

Messieurs, vous savez
Que vous avez
Sur cette scène
De charmants acteurs
Qu'on ne trouverait pas ailleurs.
Ils ont un talent
Souple, élégant,
Qui vous entraîne.
Ils sav'nt leur métier
Mieux qu'Talma, Brunet et Potier[4].

CHIFFONNET

Ah! comme il ment *(ter)!*
Quelle chose étonnante;
Je n'comprends pas vraiment
Qu'un homme mente
Aussi gaillardement.
Moi, messieurs, je vais vous dire la vérité...

II

Messieurs, vous savez
Que vous avez
Pour notre scène
De charmants auteurs,
Délicieux peintres de mœurs,
Ils ont un talent
Etincelant
Qui vous entraîne,
Et font tous de l'art
Mieux que Molière et que Regnard.

4. Le tragédien Talma (1763-1826) est bien connu. Brunet (1766-1851) était un extraordinaire comique pour qui on écrivit nombre de pièces. Il joua longtemps aux Variétés — où il fut détrôné par son cadet Potier (1774-1838), autre très grand comédien.

MACHAVOINE

Oh! comme il ment *(ter)!*
Quelle chose étonnante;
Je n'comprends pas vraiment
    Qu'un homme mente
Aussi gaillardement.

TOUS

Oh! comme il ment *(ter)!*
    Etc., etc.

FIN DU MISANTHROPE ET L'AUVERGNAT

EDGARD
ET SA BONNE

COMÉDIE EN UN ACTE, MÊLÉE DE COUPLETS
PAR Eugène Labiche ET Marc-Michel

*représentée pour la première fois, à Paris, sur le Théâtre
du Palais-Royal, le 16 octobre 1852*

ACTEURS qui ont créé les rôles

EDGARD BEAUDELOCHE, 25 ans .	M. RAVEL
VEAUVARDIN	M. AMANT
MADAME BEAUDELOCHE	Mme THIERRET
HENRIETTE, fille de Veauvardin (18 ans)	Mme CHAUVIÈRES
FLORESTINE, femme de chambre, 23 ans.	Mme ALINE DUVAL
UN NOTAIRE	M. KALEKAIRE
INVITÉS	

La scène est à Paris, chez Mme Beaudeloche.

Le théâtre représente un salon élégant. — Au fond, une cheminée avec une glace, une pendule, flambeaux allumés, du feu dans la cheminée; un grand fauteuil devant la cheminée un peu à gauche; sur un coin de la cheminée, une brosse. — A droite et à gauche, dans les deux pans coupés, grandes portes à deux battants, ornées de grands rideaux relevés par des embrasses. — Des deux côtés, dans les pans latéraux, portes à deux battants; celle de droite conduit à l'extérieur, celle de gauche à la chambre d'Edgard. — A gauche de la cheminée, un coffre à bois. — De chaque côté, au premier plan, contre les cloisons, deux petites tables, une chaise près de chaque table. — Un tabouret sous un fauteuil à gauche, entre la porte d'Edgard et celle du pan coupé. — Sur le fauteuil qui est devant la cheminée, un châle. — Sur le fauteuil qui est à droite de la cheminée, un chapeau d'homme.

SCÈNE PREMIÈRE

FLORESTINE, MADAME BEAUDELOCHE

Au lever du rideau, Florestine range près de la cheminée. — Mise simple : robe d'indienne, tablier blanc, bonnet sans rubans.

MADAME BEAUDELOCHE, *entrant par l'angle de droite en toilette de ville.* — Florestine, je rentrerai tard, aujourd'hui... Vous ferez du feu dans ma chambre et vous attendrez.

FLORESTINE. — Oui, madame.

MADAME BEAUDELOCHE. — Avec vous je suis tranquille... je puis laisser ma maison... Vous êtes une fille

sage, honnête; vous ne sortez jamais, même le dimanche...
C'est bien... c'est très bien.

FLORESTINE. — Je fais tout ce qui dépend de moi pour
contenter Madame.

MADAME BEAUDELOCHE. — Je le sais... aussi je ne l'oublierai pas et plus tard... Quel âge avez-vous ?

FLORESTINE. — Vingt-trois ans, Madame.

MADAME BEAUDELOCHE. — Je vous marierai... je m'en
charge... je vous chercherai un bon sujet...

FLORESTINE. — Oh! ça ne presse pas!...

MADAME BEAUDELOCHE. — Comment ?

FLORESTINE. — Je désire ne pas quitter Madame.

MADAME BEAUDELOCHE, *à part.* — Quelle excellente
fille! *(Haut, remontant vers la cheminée.)* Quel est donc
ce pompier que j'ai vu hier soir traverser la cour ?

FLORESTINE, *un peu troublée.* — Un pompier ?... c'est
que...

MADAME BEAUDELOCHE. — Quoi ?

FLORESTINE, *se remettant.* — Il y a eu un feu... un
feu de cheminée!... au second... *(Vivement.)* Quel châle
Madame mettra-t-elle ?...

MADAME BEAUDELOCHE, *montrant un châle qui est sur
le fauteuil du fond.* — Celui-ci... Ah! n'oubliez donc pas
de changer ces rideaux.

> *Elle indique les rideaux des portes du fond.*

FLORESTINE. — Oui, madame.

MADAME BEAUDELOCHE, *redescendant.* — Maintenant,
voyez si mon fils est prêt ?

FLORESTINE, *baissant les yeux.* — Moi, madame ?

MADAME BEAUDELOCHE. — Qu'avez-vous donc ?

FLORESTINE, *de même.* — Entrer dans la chambre d'un
jeune homme!

MADAME BEAUDELOCHE. — C'est juste. *(A part, se dirigeant vers la porte du premier plan à gauche.)* Elle est
pleine de principes. *(Haut, à la cantonade.)* Edgard!
es-tu prêt ?

LA VOIX D'EDGARD, *dans la coulisse.* — Voilà, maman!

MADAME BEAUDELOCHE. — Voyons, dépêche-toi!

SCÈNE II

MADAME BEAUDELOCHE, EDGARD,
FLORESTINE

EDGARD, *paraissant en grande tenue et gants blancs.* —
Voilà, maman!

MADAME BEAUDELOCHE. — Voyons, que je t'examine...
Florestine, regardez donc comme il est bien, mon fils!

FLORESTINE, *baissant les yeux.* — Je ne m'y connais pas,
madame.

MADAME BEAUDELOCHE, *à son fils.* — Qu'est-ce que
c'est que ça? une cravate bleue! Est-ce que tu y penses?

EDGARD. — Je vais t'expliquer... Le bleu pâlit... alors...

MADAME BEAUDELOCHE. — Du tout! du tout! Florestine, une cravate blanche!

FLORESTINE. — Oui, madame.

Elle entre dans la chambre d'Edgard.

EDGARD, *avec humeur.* — Des cravates blanches! toujours des cravates blanches! On a l'air d'une huître!

MADAME BEAUDELOCHE. — Une huître!... *(Avec
dignité.)* Edgard, songe que tu te destines au notariat.

EDGARD. — Ça m'a échappé.

MADAME BEAUDELOCHE. — Songe surtout que tu signes
aujourd'hui ton contrat de mariage avec mademoiselle
Henriette de Veauvardin.

EDGARD. — Oui... Plus bas.

MADAME BEAUDELOCHE. — Pourquoi ça?

EDGARD. — Il est inutile d'instruire les domestiques.

MADAME BEAUDELOCHE. — Oh! quel garçon mysté-
rieux!

FLORESTINE, *rentrant et remettant une cravate blanche
à Edgard.* — Voici votre cravate, monsieur.

EDGARD, *froidement.* — Merci, mademoiselle.

Mettant sa cravate blanche.

MADAME BEAUDELOCHE. — Florestine, attachez-la lui.

FLORESTINE, *faisant le nœud de la cravate.* — Oui,
madame.

EDGARD. — C'est inutile...

MADAME BEAUDELOCHE. — Si... si... Il faut aujourd'hui
que mon fils soit beau.

EDGARD, *toussant pour couvrir les paroles de sa mère*. —
Hum! hum!

FLORESTINE. — Voilà qui est fait.

EDGARD, *froidement*. — Merci, mademoiselle. *(A part.)*
A-t-on l'air assez cornichon comme ça!

MADAME BEAUDELOCHE, *à Florestine*. — A propos,
a-t-on apporté de chez Tahan une jardinière en bois de
rose ?

FLORESTINE. — Une jardinière ?

MADAME BEAUDELOCHE. — Oui, que mon fils a com-
mandée hier.

FLORESTINE. — Je n'ai rien vu.

MADAME BEAUDELOCHE. — Nous allons y passer... il
nous la faut absolument... Notre chère Henriette y
compte.

EDGARD, *toussant*. — Hum! hum!

MADAME BEAUDELOCHE. — Edgard, ton bras ?

EDGARD, — Oui, maman.

MADAME BEAUDELOCHE. — Ah! mon Dieu!... j'ai oublié
mes bracelets! je ne sais où j'ai la tête... Je reviens...
Florestine, brossez le chapeau de mon fils.

> *Elle sort par l'angle de droite.*

FLORESTINE, *prenant le chapeau sur le fauteuil et une
brosse*. — Oui, madame.

SCÈNE III

EDGARD, FLORESTINE

FLORESTINE, *arrivant vivement près d'Edgard, et d'un
ton impérieux*. — Vous ne sortirez pas!

EDGARD, *intimidé*. — Hein ?

FLORESTINE. — Qu'est-ce que c'est que mademoiselle
Henriette ?

EDGARD, *troublé*. — Connais pas!

FLORESTINE. — Et vous lui offrez des jardinières en
bois de rose ?

EDGARD. — Ça ne prouve rien... Dans le monde, on ne
se connaît pas... et tous les jours on s'offre des jardinières... en bois de rose...

FLORESTINE, *avec colère et brossant le chapeau à*

rebrousse-poil sans s'en apercevoir. — C'est possible...
mais vous ne sortirez pas!

EDGARD. — Voyons, Florestine!

FLORESTINE. — Je vous dis que non! je ne le veux pas!
je ne le veux pas!!!

SCÈNE IV

LES MÊMES, MADAME BEAUDELOCHE, *entrant.*

MADAME BEAUDELOCHE. — Me voici prête.

FLORESTINE, *à part.* — Madame! *(Haut, d'un ton sou-
mis.)* Voici votre chapeau, monsieur.

EDGARD, *froidement.* — Merci, mademoiselle. *(Il le met
sur sa tête tout ébouriffé. A part.)* Me voilà gentil... un jour
de contrat!

MADAME BEAUDELOCHE. — Eh bien, partons-nous?

EDGARD, *ahuri.* — Certainement... certainement...
certainement... *(Il regarde tour à tour sa mère et Florestine, qui époussette froidement un meuble; tout à coup poussant un cri.)* Oh! aïe! oh! aïe!

MADAME BEAUDELOCHE et FLORESTINE. — Quoi donc?

EDGARD, *se tenant la joue.* — J'ai mal aux dents!

MADAME BEAUDELOCHE. — Ah! mon Dieu! encore!

EDGARD. — Ça m'élance! ça m'élance!

FLORESTINE, *avec compassion.* — Oh! ce pauvre
M. Edgard!

Elle apporte une chaise au milieu.

EDGARD, *à part.* — Bonne bête, va!

MADAME BEAUDELOCHE. — C'est singulier!... ça te
prends bien souvent depuis quelque temps...

EDGARD, *s'asseyant.* — Oui... chaque fois que je veux
sortir.

MADAME BEAUDELOCHE. — Le plus extraordinaire,
c'est que j'ai fait venir mon dentiste... et il n'y comprend
rien.

EDGARD, *assis.* — Parbleu!

MADAME BEAUDELOCHE. — Hein?

EDGARD. — Parbleu!... puisque c'est nerveux!

MADAME BEAUDELOCHE. — Ah! mon Dieu!... où as-tu
donc fourré ton chapeau?

Elle le lui prend sur la tête.

EDGARD, *le retenant*. — Tiens!... c'est nerveux!...
comme mes dents!

MADAME BEAUDELOCHE. — Comment te trouves-tu?

Elle va poser le chapeau sur la table à gauche.

EDGARD, *regardant Florestine*. — Mais... je crois que
ça va mieux... et même si je pouvais prendre un peu l'air.
(Il se lève, Florestine le pince.) Non! oh! aïe!... oh! aïe!...
ça me reprend!

Il se rassied.

MADAME BEAUDELOCHE. — Pauvre enfant! que lui
faire?

Elle remonte.

FLORESTINE, *apportant une petite fiole*. — Si Monsieur
voulait essayer un peu de cet élixir?...

EDGARD, *froidement*. — Merci, mademoiselle. *(Bas à
Florestine.)* Fichez-moi la paix!... je n'aime pas qu'on me
blague!

Elle remonte.

MADAME BEAUDELOCHE, *arrivant derrière le fauteuil et
lui nouant vivement un mouchoir blanc sous le menton*. —
Tiens! cette mentonnière...

EDGARD, *à part*. — Bien!... voilà le bouquet! Tenue
de fiancé.

MADAME BEAUDELOCHE, *bas à Edgard*. — Là!...
repose-toi... tiens-toi chaudement... et, quand la crise
sera passée, viens me retrouver chez M. Veauvardin...

EDGARD, *l'interrompant*. — Oh! là là!...

MADAME BEAUDELOCHE. — Florestine, je vous recommande mon fils.

FLORESTINE. — Soyez tranquille, madame.

MADAME BEAUDELOCHE, *montrant le châle sur le fauteuil*.
— Prenez mon châle jusqu'à la voiture.

Florestine le prend.

ENSEMBLE

AIR de *La Dernière Rose*
(polka-mazurka de Heintz).

MADAME BEAUDELOCHE

Je vais excuser ton absence,
Mais sers-toi de ton élixir,
Cela te guérira, je pense,
Et bientôt tu pourras venir.

EDGARD

Tâche d'excuser mon absence,
De ces lieux je ne puis sortir.

A part.

Car on me met en pénitence,
Et je suis forcé d'obéir.

FLORESTINE, *à part.*

Oui, je doute de sa constance,
L'ingrat pourrait bien me trahir !
Et je veux ici par prudence
Auprès de moi le retenir.

Mme Beaudeloche et Florestine sortent par la droite.

SCÈNE V

EDGARD, *seul, se levant.*

Savez-vous que ça devient très fastidieux !... Etre
obligé de s'envelopper la mâchoire... et de se bassiner
avec un tas d'élixirs. *(Arrachant sa mentonnière et la
jetant.)* Tiens ! va donc te promener !... va donc te promener !... *(Se calmant.)* Voilà ce que c'est que de se
familiariser avec les domestiques ! Oh ! si c'était à refaire !...
C'est la faute de mon tailleur !... Il y a deux ans, je faisais
mon droit... Un jour, cet animal-là m'apporte un habit
neuf... Je veux le boutonner... crac ! voilà un bouton qui
me reste dans la main... Florestine passe... je lui dis :
« Mademoiselle, voulez-vous me raccommoder mon bou-
« ton ? — Avec plaisir, monsieur ! » Et la voilà qui se met
à recoudre...

AIR du *Matelot.*

Les noirs cheveux de la jeune soubrette
Frôlaient de près mon menton frémissant ;
A leur parfum de douce violette
Je reconnus la pommade à maman.
Emu, troublé par l'odeur enivrante,
Crac ! je l'embrasse !... Hélas ! cette leçon
Prouve que seule une mère prudente
Doit de son fils rëcoudre le bouton !

Surtout quand il fait son droit!... Certainement, les femmes de chambre... c'est gentil, mais ça se cramponne trop! et puis ça ne met pas de gants... et puis ça a les doigts bleus... et puis ça porte des chaussons de lisière... le matin... Parlez-moi d'une veuve, jeune, jolie, spirituelle, bonne musicienne... avec quatre-vingt et quelques mille livres de rente!... voilà ce que je conseillerai toujours à un jeune homme! *(Regardant à sa montre.)* Quatre heures et demie! bigre!... et mon contrat qui se signe à cinq... Il n'y a pas à dire, il faut que je franchisse Florestine. La voici... Soyons digne!

SCÈNE VI

EDGARD, FLORESTINE

EDGARD. — Approchez, mademoiselle Florestine... Une explication est devenue nécessaire entre nous...

FLORESTINE, *d'un ton dégagé.* — Ah çà! est-ce que vous allez faire votre tête?

EDGARD. — Je veux bien ne pas répondre à cette trivialité... mais je vous déclare que vos exigences ont pris un caractère... très embêtant!

FLORESTINE, *rangeant sur la table à droite et fredonnant.* — « Les canards l'ont bien passée, tire lire lire!... »

EDGARD. — Me condamner à des maux de dents quotidiens, m'empêcher de sortir... de vaquer à mes affaires... les plus...

FLORESTINE. — Ne faites donc pas de phrases... ça vous donne l'air jocrisse!

EDGARD. — Mademoiselle, je suis votre maître!...

FLORESTINE, *fredonnant.* — « Les canards l'ont bien « passée... »

EDGARD, *à part, découragé.* — « Tire, lire, lire!... » Voilà ce que c'est de se familiariser! Elle est de bonne humeur... Si je lui avouais tout bêtement la chose... Car enfin, puisque je me marie, la politesse exige que je lui en fasse part. *(Haut.)* Florestine... ma petite Florestine...

FLORESTINE, *qui s'est assise à gauche et feuillette un journal de modes.* — Eh bien, après?

EDGARD, *à part.* — Elle va peut-être grincer. *(Haut.)*

Avez-vous pensé quelquefois que je pourrais... me marier ?...

FLORESTINE. — Ah! c'te bêtise!

EDGARD. — Comment ? *(Un peu rassuré, à part.)* Elle n'a pas grincé.

FLORESTINE. — Vous êtes trop jeune... Vingt-cinq ans!... Mouchez-vous donc!

EDGARD, *à part.* — Est-elle commune! Avez-vous remarqué comme elle est commune ? *(Haut.)* Cependant... si par hasard un beau parti se présentait...

FLORESTINE, *se levant et venant à lui.* — Ah çà! qu'est-ce que vous me chantez là ? *(Le regardant en face.)* C'est donc sérieux ?

EDGARD, *troublé.* — Sérieux... c'est-à-dire... et encore!... *(A part.)* Cristi! quel œil!

FLORESTINE. — Est-ce par hasard cette demoiselle Henriette ?

EDGARD, *vivement.* — Connais pas!

FLORESTINE. — C'est que j'irais la trouver, voyez-vous!... et ça ne serait pas long.

EDGARD. — Pour quoi faire ?

FLORESTINE, *appuyant.* — Pour lui causer!...

EDGARD, *à part.* — Elle me fait frémir! *(S'efforçant de rire.)* Moi! épouser Henriette ? ah! c'est une bonne charge!... La connais-tu ?

FLORESTINE. — Non.

EDGARD. — Une petite rouge-carotte... avec une jambe de bois!

FLORESTINE. — Comment ?

EDGARD, *s'embrouillant.* — En bois de rose... c'est même pour ça que maman lui donne une jardinière... de même métal... *(A part.)* Je ne sais plus ce que je dis!

FLORESTINE. — Eh bien, alors! pourquoi venez-vous me parler de mariage ?

EDGARD. — C'est une épreuve!... Je voulais voir si tu m'aimais... parce que... *(Tout à coup.)* Florestine, je suis jaloux! *(A part.)* Ça me tire d'affaire!

FLORESTINE. — Jaloux! et de qui, mon Dieu ?

EDGARD. — De qui ? *(A part.)* C'est vrai, je n'y ai pas pensé. *(Trouvant une idée.)* Ah! *(Haut.)* Vous plairait-il de me dire quel est ce pompier que j'ai rencontré ce matin dans l'escalier de service ?

FLORESTINE, *troublée.* — Un pompier ?... Je ne sais...

EDGARD, *tragiquement.* — Répondez!!! *(A part.)* Ça me tire d'affaire!

FLORESTINE. — C'est... c'est le fils du tailleur qui lui montait son lait.

EDGARD, *avec indifférence.* — Ah! *(A part.)* Ça m'est complètement égal.

> *Il va prendre son chapeau.*

FLORESTINE. — Les jambes me rentrent.

Elle s'étend dans le fauteuil de madame Beaudeloche, devant la cheminée.

EDGARD, *à part.* — Eh bien, la voilà qui s'installe dans la ganache [1] à maman!

> *Il va pour sortir.*

FLORESTINE. — Il ne fait pas chaud ici... Edgard, mettez donc une bûche.

EDGARD, *étonné, posant son chapeau à droite.* — Une bûche ?... Oui... oui... *(Il va prendre une bûche dans le coffre à bois et dit à part :)* Si c'est pour ça que j'ai endossé une cravate blanche! *(En mettant la bûche au feu, il aperçoit la pendule.)* Credié! cinq heures moins un quart! *(Haut.)* Florestine... ma petite Florestine!...

FLORESTINE. — Quoi ?

EDGARD. — Je reviens!

> *Fausse sortie.*

FLORESTINE. — Où allez-vous donc ?

EDGARD. — Moi ? je vais... je vais voter!... Le scrutin ferme à cinq heures...

FLORESTINE. — Bah! voter ?

EDGARD. — C'est un devoir, mademoiselle... c'est un devoir!

FLORESTINE. — Approchez-moi donc ce tabouret.

EDGARD, *stupéfait.* — Quel tabouret ?

FLORESTINE. — Là... pour mettre sous mes pieds.

EDGARD. — Oui... oui... *(A part, portant le tabouret.)* Ah! que je suis donc content d'avoir mis une cravate blanche!

> *Il le lui donne.*

FLORESTINE. — Merci!... *(Se renversant dans le fauteuil.)* Ah! on est bien comme ça!

EDGARD, *à part, en montrant les pieds de Florestine.* — Voyez-vous les chaussons de lisière ? Tiens, non! elle n'en a pas!... Elle en avait ce matin... *(Au public.)* Si

---

1. Chaise confortable, capitonnée, très à la mode sous le règne de Louis-Philippe, et après.

vous étiez venus ce matin, vous les auriez vus... *(Haut, lui serrant la main.)* Je reviens!

Fausse sortie.

FLORESTINE, *le retenant.* — Asseyez-vous... là... près de moi...

EDGARD. — Oui... c'est que le scrutin...

Il s'assied sur le tabouret.

FLORESTINE. — N'est-ce pas que c'est délicieux de passer la soirée comme ça... au coin du feu ?...

EDGARD, *se tapant les genoux avec impatience.* — Certainement... certainement... le coin du feu!... *(A part.)* Elle m'embête énormément!...

FLORESTINE, *avec sentiment.*

AIR de *Pierre le Rouge.*

Etre assis près de ce qu'on aime!
Ah! que ça fait du bien au cœur!

EDGARD, *très ennuyé.*

Ah! que ça fait du bien au cœur
D'être assis près de ce qu'on aime!

FLORESTINE.

Eprouvez-vous tout ce bonheur
Comme je l'éprouve moi-même ?

EDGARD, *de même.*

Je l'éprouve, parol' d'honneur!
Trente-six fois plus que toi-même!

ENSEMBLE

EDGARD, *à part.*

Non, non, tu ne sais pas
Combien tu me pès's sur les bras;
Non, non, tu ne sais pas
A quel point tu m'pès's sur les bras!

FLORESTINE

Non, non, l'on ne sait pas
Combien l' tête-à-tête a d'appas!
Non, non, l'on ne sait pas
Combien l'tête-à-tête a d'appas!

FLORESTINE. — Où êtes-vous allé hier soir ?...

EDGARD, *à part.* — Chez mon beau-père! *(Haut.)* Je suis allé aux Bouffes... à l'Opera-Buffa...

FLORESTINE. — Qu'est-ce que vous avez vu ?...

EDGARD. — J'ai vu... j'ai vu *La Donna del Lago*[2]... charmant ouvrage! *(Voulant se lever.)* Je reviens!

FLORESTINE, *l'arrêtant avec la main et d'une voix câline.* — Oh! Edgard!... ne vous en allez pas!

Il tombe malgré lui à genoux sur le tabouret.

EDGARD, *à part.* — Mâtin!... elle me fait de l'œil! Ça se gâte!

FLORESTINE. — Vous seriez bien gentil... bien gentil... si vous vouliez me raconter l'opéra que vous avez vu hier soir ?

EDGARD, *avec éclat, se levant et descendant la scène.* — Ah! non! ah! non!!!

FLORESTINE, *lui prenant le bras.* — Je vous en prie!

EDGARD. — Permettez, ma chère amie... Le scrutin ferme...

FLORESTINE. — Eh bien, après vous irez voter.

EDGARD, *à part.* — Ah! mais... c'est un crampon!... *La Donna del Lago !*... Je n'en connais pas un traître mot!...

FLORESTINE. — Eh bien ?

EDGARD. — Voilà! *(A part.)* Qu'est-ce que je pourrais donc lui raconter de très court ? Ah! *(Haut.)* Il y avait une fois un capitaine appelé Buridan... *(A part.)* Sapristi! ça va être bien long... Je vais faire des coupures.

FLORESTINE. — Après ?

EDGARD. — Ce Buridan avait eu autrefois des rapports avec la donna del Lago... une nommée Marguerite de Bourgogne... qui avait l'habitude de recevoir ses amants dans une tour afin de les jeter à l'eau.

FLORESTINE, *étonnée.* — Tiens!...

EDGARD, *à part.* — J'aurais mieux fait de choisir *La Demoiselle à marier*[3]. *(Haut, reprenant.)* Alors... Gauthier d'Aulnay...

FLORESTINE. — Mais c'est *La Tour de Nesle,* ça!

EDGARD. — Tu crois ?... c'est possible! ils auront mis

2. *La Dame du Lac,* opéra en deux actes de Rossini, dont le livret est inspiré d'un poème de Walter Scott. Créé à Naples en 1819. Il eut un immense succès.

3. Vaudeville en un acte de Scribe et Mélesville, créé au Gymnase le 18 janvier 1826.

ça en italien, avec de jolis airs... les filous!... Allons!...
puisque tu connais *La Donna del Lago*, bonsoir, je vais
voter.

FLORESTINE, *tout à coup.* — Ah! mon Dieu!...

EDGARD. — Quoi encore ?...

FLORESTINE. — Madame, qui m'a dit de changer les
rideaux...

EDGARD. — Eh bien, change-les...

> *Il va pour sortir par la droite.*

FLORESTINE. — Edgard, apportez-moi donc l'échelle.

EDGARD. — Moi! par exemple!... je n'ai pas le temps!

> *Edgard disparaît par la droite, premier plan.*

FLORESTINE. — L'échelle! l'échelle!... Je ne pourrai la
porter toute seule!... Edgard, allons donc!

EDGARD, *dans la coulisse, avec humeur.* — Un instant,
que diable! *(Rentrant et portant l'échelle.)* Ah! je suis
bien content d'avoir mis une cravate blanche...

> *Il place l'échelle devant la porte de gauche, à l'angle.*

FLORESTINE. — Là!... pendant que vous allez décrocher ceux-ci, je vais chercher les autres rideaux... Montez...

EDGARD, *résistant.* — Moi ? je ne monte pas à
l'échelle!...

FLORESTINE. — Montez donc!...

EDGARD. — Mais, mademoiselle...

FLORESTINE. — Allons donc!... dépêchez-vous!...

EDGARD, *montant de très mauvaise humeur.* — Voilà,
mon Dieu!... voilà!... *(Florestine sort par l'angle de droite.
— Sur l'échelle.)* Voilà ce que c'est que de se familiariser...

SCÈNE VII

EDGARD, VEAUVARDIN

UN DOMESTIQUE, *annonçant.* — M. de Veauvardin!

EDGARD, *à part, en haut de l'échelle.* — Fichtre! mon
beau-père!

> *Il met vivement son mouchoir en mentonnière.*

VEAUVARDIN. — Où est-il, ce cher Edgard Beaudeloche ?... Je viens savoir de ses nouvelles. *(Apercevant Edgard.)* Tiens! qu'est-ce que vous faites là ?

EDGARD, *sur l'échelle et se prenant la mâchoire.* — Je souffre tant! je ne sais où me mettre!...

VEAUVARDIN, *à part.* — Monter à l'échelle pour un mal de dents... c'est une drôle d'idée!

EDGARD. — Bonjour, beau-père. *(Poussant un cri de douleur.)* Ah!...

VEAUVARDIN, *montant aussi à l'échelle.* — Mon pauvre garçon, voilà une maladie qui tombe bien mal... un jour de contrat!

EDGARD, *inquiet.* — Oui, plus bas!

> *Veauvardin descend quelques échelons.*

VEAUVARDIN. — Pourquoi ?

EDGARD. — A cause de mes dents...

VEAUVARDIN, *remontant.* — Avez-vous essayé de vous faire magnétiser ?

EDGARD. — Non, pas encore. Est-ce que vous croyez à cela, vous ?

VEAUVARDIN. — Mon cher, j'ai été témoin de choses si extraordinaires!... Il y a quinze jours, j'avais un rhume de cerveau... le cerveau, c'est ma partie faible... je vais chez une somnambule qui avait les yeux fermés... *(Ici, Edgard, sans être vu de Veauvardin, descend de l'échelle et va regarder à la porte de l'angle droit.)* Elle me prend la main, elle se recueille et me dit : « Rassurez-vous, « madame, vous en avez pour neuf mois! »

EDGARD. — Et vous en avez eu pour dix francs!

VEAUVARDIN, *qui le croyait sur l'échelle.* — Ah! *(Descendant.)* Oui, parce qu'elle n'était pas lucide! Mais j'en cherche une lucide...

EDGARD. — Vous! pour quoi faire ? *(Appelant.)* François!

VEAUVARDIN. — Chut! c'est un secret!

> *François entre.*

EDGARD, *à François.* — Emportez cette échelle... *(A Veauvardin.)* Je ne vous le demande pas.

> *François emporte l'échelle par l'angle gauche.*

VEAUVARDIN. — Si, je vais vous le dire...

EDGARD, *prenant son chapeau.* — Vous me conterez ça en route...

VEAUVARDIN. — Figurez-vous que, le 27 septembre dernier... dans ma terre du Berry... on a trouvé deux truffes...

EDGARD, *lui donnant aussi son chapeau.* — Qui ça ?

VEAUVARDIN. — Ceux qui les trouvent ordinairement... les... mais ils ont la fâcheuse habitude de les manger incontinent...

EDGARD, *tirant sa montre.* — Dites donc, cinq heures un quart !

VEAUVARDIN. — Ça m'est égal... Alors, j'ai eu l'ingénieuse idée de les remplacer par une somnambule... qui les trouverait... sans les manger !... Ça serait une opération magnifique... Je lui donnerais cinq pour cent dans les bénéfices... mais il faut qu'elle soit lucide ! Je cherche un sujet dans tout Paris... et si je peux mettre une fois la main dessus...

EDGARD. — Si nous nous en allions ?

VEAUVARDIN. — Où ça ?

EDGARD. — Eh bien !... et le contrat ?...

VEAUVARDIN. — Ah ! je ne vous ai pas dit... On le signe ici.

EDGARD, *bondissant.* — Hein ? comment ?

VEAUVARDIN. — Tout le monde va venir... Le notaire est prévenu.

EDGARD, *à part.* — Nom d'une bobinette !

VEAUVARDIN. — Madame Beaudeloche, votre mère, ne voulait pas... mais vous souffrez... et j'ai tenu bon !... Qu'avez-vous donc ?

EDGARD. — Rien ! je suis enchanté !

Ritournelle à l'orchestre.

VEAUVARDIN. — Tenez... Voici nos invités...

EDGARD, *à part.* — Et l'autre qui va arriver avec ses rideaux !

SCÈNE VIII

EDGARD, VEAUVARDIN, MADAME BEAUDELOCHE, HENRIETTE, INVITÉS

CHŒUR

AIR de la valse de *Satan.*

LES INVITÉS

Puisque au logis de la future
Le marié ne peut venir,
Chez lui nous voici pour conclure
Le contrat qui doit les unir.

VEAUVARDIN, MADAME BEAUDELOCHE,
HENRIETTE

Au logis de votre future
Puisque vous ne pouvez venir,

Chez $\begin{Bmatrix} \text{nous} \\ \text{vous} \end{Bmatrix}$ l'on se rend pour conclure

Le contrat qui doit $\begin{Bmatrix} \text{nous} \\ \text{vous} \end{Bmatrix}$ unir.

EDGARD, *à part.*

Voici la noce et la future !
Et Florestine va venir,
De cette grave conjoncture
Comment diable vais-je sortir ?

MADAME BEAUDELOCHE. — Edgard, remercie ces
dames qui ont bien voulu se déranger...

EDGARD. — Certainement... Mesdames, je vous prie
d'agréer l'assurance de ma considération... Si nous passions au salon ?

MADAME BEAUDELOCHE, *bas à Edgard.* — Dis donc
quelque chose à ta future.

Elle remonte.

EDGARD, *ahuri.* — Oui ! *(Haut, s'adressant à Veauvar-*
din.) Mademoiselle... je vous prie de croire... *(S'aperce-*
vant de sa méprise.) Non ! pas vous ! *(A Henriette.)*
Mademoiselle... je suis heureux... oh ! mais bien heureux !... Si nous passions au salon ?

VEAUVARDIN. — Il a raison... nous ferons un whist en
attendant le notaire.

REPRISE DU CHŒUR

Tout le monde sort par l'angle de gauche. — Les portes se
referment.

SCÈNE IX

EDGARD ; *puis* FLORESTINE

EDGARD, *seul.* — Qu'est-ce que je vais devenir ? Tout
ce monde qui est là... qui grouille dans les salons... et le
notaire qu'on attend... et Florestine avec ses rideaux !...
Ah... si c'était à refaire... Elle ne voudra jamais croire

qu'Henriette a une jambe de bois... ça ne se voit pas
assez... Elle va éclater... devant toute la noce!... Cristi!...
j'ai envie de prendre un chemin de fer quelconque et
d'aller toujours tout droit... Ah! la voici!...

FLORESTINE, *entre avec des rideaux et va vers la porte
de l'angle gauche.* — Eh bien... vous n'avez donc pas
décroché les rideaux ?

EDGARD, *ahuri, courant vivement à elle pour l'éloigner
de la porte.* — Non... non... je ne suis pas en verve!

FLORESTINE. — Qu'est-ce que vous avez fait ?

EDGARD. — J'ai été voter... Ça rend l'homme meilleur... *(A part.)* S'il y avait une trappe, je la fourrerais
dedans! *(Haut.)* Florestine... je ne t'ai jamais tant
aimée!

FLORESTINE. — Qu'est-ce qui vous prend ?

EDGARD. — Oui... je voudrais te voir loin... bien loin...
dans la campagne...

FLORESTINE. — Une partie de campagne ?... Aujour-
d'hui ?

EDGARD, *à part.* — Tiens... ça me tire d'affaire...
(Haut.) Tu l'as deviné... une surprise... pour ta fête...

FLORESTINE. — Ma fête ?... C'est dans deux mois.

EDGARD. — Ça ne fait rien... je serais bien aise de te
la souhaiter tout de suite...

FLORESTINE. — Je veux bien.

EDGARD. — Maman est sortie... J'ai justement ma
soirée libre... Hein ?... quelle chance!...

FLORESTINE. — Où irons-nous ?

EDGARD. — A Strasbourg...

FLORESTINE. — Hein ?

EDGARD. — Non! *(A part.)* J'ai été trop loin. *(Haut.)*
A Asnières... nous mangerons une friture.

FLORESTINE. — Oh oui!... avec de l'omelette au
rhum!

EDGARD. — Naturellement... c'est la sauce du goujon!

FLORESTINE, *lui prenant le bras.* — Allons!... partons!...

EDGARD. — Non... pas comme ça!... pas ensemble!...

FLORESTINE. — Pourquoi ?

EDGARD. — Parce que... *(A part.)* Est-elle collante!
(Haut.) On pourrait nous rencontrer... et le monde est
si méchant!... Je tiens à votre considération, Florestine!

FLORESTINE. — Où nous retrouverons-nous ?

EDGARD. — Rendez-vous général sur le pont d'Asnières... à gauche... tu entends!... à gauche... Le premier
arrivé attendra l'autre... ça sera probablement moi...

FLORESTINE. — C'est convenu!

EDGARD. — Là!... Es-tu contente ?...

FLORESTINE, *lui serrant la main et avec expression.* —
Oh oui!... je suis t'heureuse!...

Elle remonte.

EDGARD, *à part.* — Oh! t'heureuse!... elle fait des
cuirs... Je suis fâché de ne pas avoir mes rasoirs...

FLORESTINE, *revenant à lui.* — Dites donc!... je vais
mettre mon écharpe lilas et mon bonnet rose.

EDGARD. — Je n'osais pas te le demander!

ENSEMBLE

AIR de la polka de Heintz : *La Dernière Rose.*

EDGARD

Prends à l'instant un wagon pour Asnières
        Avec mystère,
        Pars la première.
Va te camper sur le pont solitaire :
        Ne flâne pas,
        Je suis tes pas!

FLORESTINE

Je vais donc prendre un wagon pour Asnières
        Et la première,
        Avec mystère,
J'arriverai sur le pont solitaire :
        Mais n'flânez pas,
        Suivez mes pas.

FLORESTINE

Ah! que j'aime, à la brune,
Un tendre rendez-vous!
Le temps est doux,
Et nous aurons d'la lune.

EDGARD

Quelle chance! oui, là-bas,
Tu pourras voir la lune...
(A part.) Mais du diable! si tu vois ton gars.

REPRISE ENSEMBLE

Florestine sort par la droite, premier plan.

EDGARD, *lui criant de la porte.* — Sur le pont d'Asnières!... à gauche!... Le premier arrivé attendra l'autre!...

SCÈNE X

EDGARD; *puis* VEAUVARDIN; *puis* HENRIETTE

EDGARD, *seul.* — Libre!... Partie!... Tra la la! *(Il fait des gambades de joie, et finit par sauter sur le fauteuil devant la cheminée en criant.)* Ah!... je suis t'heureux!...

Veauvardin paraît à la porte de l'angle gauche et aperçoit Edgard perché.

VEAUVARDIN. — Encore!

EDGARD, *à part.* — Fichtre! mon beau-père!...

VEAUVARDIN. — Qu'est-ce que vous faites là ?

EDGARD, *toujours perché, se prenant la mâchoire.* — C'est le mal de dents... Je ne sais où me mettre!

VEAUVARDIN. — Quelle drôle de médecine!

EDGARD, *descendant.* — Voilà ce que c'est...

VEAUVARDIN, *l'interrompant.* — Non! *(Sévèrement.)* Beaudeloche fils!...

EDGARD. — Veauvardin père!

VEAUVARDIN. — J'ai quitté mon whist pour vous dire une chose...

EDGARD. — Laquelle ?

VEAUVARDIN. — Beaudeloche fils, vous manquez d'empressement vis-à-vis d'Henriette... et ça me peine!...

EDGARD. — Ah! beau-père!

VEAUVARDIN. — Je vous trouve tantôt sur un fauteuil, tantôt sur une échelle... Que diable!... ce n'est pas là faire sa cour! Vous avez l'air de jouer au chat perché!

EDGARD. — Si je pouvais vous expliquer ma position.

VEAUVARDIN. — Je sais qu'on souffre beaucoup... mais faites-la arracher!... Voyons, voulez-vous que je vous conduise chez mon dentiste ?

EDGARD. — Non!... merci!... ça va mieux... ma crise est partie!... *(A part.)* Elle est sur le pont d'Asnières, ma crise!

VEAUVARDIN. — Prenez-y garde!... car ma fille elle-même commence à s'apercevoir... Enfin on vous trouve tiède!

EDGARD. — Pristi!

HENRIETTE, *entrant par l'angle de droite.* — Papa... on vous attend pour donner les cartes!

EDGARD, *bas, à Veauvardin.* — Laissez-nous, je vais réparer ça.

VEAUVARDIN, *bas.* — Allez!... ferme!... ferme!... et surtout pour l'amour de Dieu, ne montez plus sur les meubles!

Il sort par l'angle de droite en faisant des signes d'encouragement à Edgard.

SCÈNE XI

EDGARD, HENRIETTE; *puis* FLORESTINE

EDGARD, *à part.* — Ah! on me trouve tiède!

Il s'élance derrière Henriette et l'embrasse sur l'épaule.

HENRIETTE, *se reculant effrayée.* — Ah! mon Dieu!

EDGARD, *lui faisant plusieurs petits saluts très respectueux.* — Mademoiselle... me ferez-vous l'honneur d'accepter la première polka ?...

HENRIETTE, *faisant la révérence.* — Avec plaisir, monsieur! *(A part.)* Quelle drôle de manière d'inviter!

EDGARD, *à part.* — Ah! on me trouve tiède!

Il passe à la droite d'Henriette et l'embrasse de même.

HENRIETTE, *reculant.* — Encore ?

EDGARD, *faisant plusieurs saluts.* — Une petite valse ?... Une petite valse ?...

HENRIETTE. — Avec plaisir... Mais il est inutile de continuer à m'inviter, je suis retenue pour toutes les autres. *(A part.)* Si tous les danseurs en faisaient autant!

EDGARD. — Mademoiselle, vous devez me trouver bien froid, bien réservé!...

HENRIETTE, *à part.* — Il appelle ça être réservé!... *(Haut.)* Mais pas du tout, monsieur.

EDGARD. — Ah! je croyais...

HENRIETTE. — Il paraît que vos douleurs sont passées!...

EDGARD, *avec chaleur.* — Il m'en reste une... celle de ne pouvoir vous exprimer assez combien je vous aime!... car vous ne savez pas...

Il lui prend les mains et les baise.

HENRIETTE, *se dégageant.* — Pardon, je suis invitée!

EDGARD, *à part.* — Quelle jolie petite main!... Ah! dame!... ça porte des gants...

HENRIETTE, *à part.* — Je ne le reconnais plus.

EDGARD, *à part.* — Et les pieds!... Pas le moindre chausson de lisière! *(Avec passion.)* Ah! mademoiselle!...

HENRIETTE. — On m'attend... pour faire de la musique...

Florestine paraît par le premier plan de droite en toilette pour sortir : elle reste un moment interdite... puis jette son châle avec dépit, et vient s'asseoir près de la table de droite.

EDGARD, *continuant avec feu sans voir Florestine.* — Au moment de nous marier... de nous unir pour toujours...

HENRIETTE. — Prenez donc garde!... vous chiffonnez mes manchettes!...

EDGARD. — Quand je vous regarde, toutes les autres femmes me font l'effet de femmes de chambre!... d'affreuses petites femmes de chambre!...

HENRIETTE, *voulant se dégager.* — Je crois qu'on m'appelle!... *(Saluant.)* Monsieur... je suis heureuse de vous savoir rétabli.

Elle sort par l'angle de droite.

EDGARD, *à part.* — Je suis heureuse! comme elle évite le cuir!... c'est un ange! Ah! on me trouve tiède! *(Il se retourne pour l'embrasser encore et aperçoit Florestine.)* Ah! sacrebleu! ah! sacrebleu!!!

SCÈNE XII

EDGARD, FLORESTINE

FLORESTINE, *se levant vivement.* — A nous deux, monsieur!

EDGARD, *brusquement.* — Qu'est-ce que vous faites là ? Pourquoi n'êtes-vous pas à Asnières ?... Le premier arrivé devait attendre l'autre !

FLORESTINE, *avec colère.* — Je suis venue...

EDGARD, *avec colère.* — Pour m'espionner!...

FLORESTINE, *de même.* — Non... pour chercher mon parapluie...

EDGARD, *de même.* — C'est une mauvaise action !

FLORESTINE, *de plus en plus irritée.* — Et je vous surprends... vous! après vos promesses, vos serments... Mais ça ne se passera pas comme ça!... et je vais...

Elle fait un pas vers le salon.

EDGARD, *hors de lui.* — Arrêtez! *(Avec égarement.)* Je ne veux pas! je ne veux pas!

FLORESTINE, *effrayée.* — Ah! mon Dieu !

EDGARD, *hors de lui.* — Va-t'en!... Je perds la tête... *(La menaçant.)* Je suis capable de...

FLORESTINE, *avec terreur.* — Au secours!... ah!...

Elle tombe évanouie dans les bras d'Edgard.

EDGARD *la tenant dans ses bras.* — Eh bien!... elle se trouve mal... Sapristi!... Voyons, Florestine... pas de bêtises!... C'est pour rire... pas de bêtises!...

LA VOIX DE MADAME BEAUDELOCHE, *dans la coulisse.* — Florestine!... Florestine!...

EDGARD, *répondant.* — Voilà!... voilà!... *(A lui-même.)* On l'appelle!... On va venir... Je ne peux pas signer mon contrat comme ça!... Qu'est-ce que je vais en faire ? *(Il la prend sur ses bras et parcourt le théâtre avec agitation.)* Où diable la fourrer ?... Où diable la colporter ?

SCÈNE XIII

FLORESTINE, EDGARD; *puis* LE NOTAIRE

LE NOTAIRE, *entrant par la droite du premier plan, à la cantonade.* — C'est moi... le notaire!... *(Apercevant Edgard promenant Florestine.)* Ciel!

EDGARD, *au notaire, avec force.* — Pas un mot ou je vous étrangle!

Il entre vivement à gauche, dans sa chambre, en emportant Florestine.

SCÈNE XIV

LE NOTAIRE, MADAME BEAUDELOCHE; *puis* VEAUVARDIN; *puis* EDGARD; *puis* HENRIETTE

LE NOTAIRE, *pétrifié.* — Il m'étrangle ?

MADAME BEAUDELOCHE, *entrant par l'angle de droite.*

— Florestine! *(Apercevant le notaire.)* Ah! monsieur le notaire...

LE NOTAIRE, *effrayé.* — Moi, madame ?... je n'ai rien vu... je n'ai rien dit!...

Il entre vivement dans le salon par l'angle gauche.

MADAME BEAUDELOCHE, *seule.* — Qu'est-ce qu'il a donc, ce notaire ?... cette figure renversée!...

VEAUVARDIN, *paraissant à la porte du salon, par la droite.* — Edgard!... mon gendre!... *(A Mme Beaudeloche.)* Pardon!... vous n'avez pas vu mon gendre ?

MADAME BEAUDELOCHE. — Je le croyais au salon.

VEAUVARDIN. — Non! on le cherche pour chanter au piano... Il doit être sur quelque meuble.

Ils remontent vers les deux portes du salon.

EDGARD, *rentre en scène sans voir les autres personnages. Il est très effaré et tient un panier de charbon à la main.* — *(A part, sur le devant.)* — Elle parlait de s'asphyxier, j'ai confisqué le charbon!

VEAUVARDIN. — Ah! le voici.

EDGARD, *à part.* — Mon beau-père!

Il cache le panier derrière son dos.

MADAME BEAUDELOCHE. — D'où viens-tu ?

EDGARD. — De nulle part... Je me promène. *(A part.)* Fichu panier!

MADAME BEAUDELOCHE. — Comme tu es pâle ?

EDGARD. — C'est le charbon...

VEAUVARDIN. — Quel charbon ?

EDGARD, *interdit.* — Le... charbon de terre... l'odeur...

VEAUVARDIN. — Je ne sens rien... Allons, donnez-moi le bras...

Il passe devant lui et lui prend le bras.

EDGARD. — Pour quoi faire ?

VEAUVARDIN. — On vous attend pour chanter votre romance : *Petite Marguerite...*

EDGARD, *à part.* — Sacrebleu!

VEAUVARDIN. — Ma fille est au piano...

EDGARD. — C'est que...

MADAME BEAUDELOCHE. — Eh bien, ne vas-tu pas te faire prier ?

EDGARD. — Moi ? du tout!... Je trouve ça ridicule... et même... *(A part.)* Fichu panier!

MADAME BEAUDELOCHE. — Dépêche-toi!... Moi, je vais installer une table de bouillotte... Où sont les jetons ?...

> *Elle se dirige vers la chambre d'Edgard.*

EDGARD, *vivement, lâchant Veauvardin et courant barrer sa porte.* — Pas par là!... pas par là! *(Montrant la table de droite.)* Dans la table... ils sont dans la table!...

MADAME BEAUDELOCHE, *étonnée.* — C'est bon... il est inutile de te fâcher.

> *Elle traverse et cherche dans la table.*

HENRIETTE, *paraissant par la droite, à Edgard.* — Eh bien, monsieur!... nous vous attendons!...

EDGARD. — Avec plaisir... avec plaisir... *(A part.)* Je ne peux pourtant pas chanter *Petite Marguerite* avec un boisseau de charbon sous le bras.

VEAUVARDIN. — Mon gendre...

EDGARD. — Oui... Prenez ça!

> *Il lui met le panier de charbon dans les mains.*

VEAUVARDIN, *étonné.* — Hein ?

HENRIETTE, *qui n'a rien vu, à Edgard.* — Eh bien ?

EDGARD. — Avec plaisir!... avec plaisir!...

> *Il entre dans le salon, par la droite.*

SCÈNE XV

VEAUVARDIN, MADAME BEAUDELOCHE,
LE NOTAIRE

VEAUVARDIN, *regardant le panier avec stupéfaction.* — Du charbon!!!

MADAME BEAUDELOCHE, *se retournant et apercevant le panier.* — Qu'est-ce que c'est que ça ?

VEAUVARDIN, *ahuri.* — Je ne sais pas!

MADAME BEAUDELOCHE. — Où avez-vous pris ce panier ?

VEAUVARDIN. — Je ne sais pas!

MADAME BEAUDELOCHE. — Est-ce que vous avez froid ?

VEAUVARDIN. — Moi ? non.

MADAME BEAUDELOCHE. — Eh bien ?

VEAUVARDIN. — Eh bien ?

MADAME BEAUDELOCHE, *à part.* — Ah! il est fou, ce vieux maniaque!... *(Appelant Florestine.)* Florestine!...

Elle entre par la droite, premier plan.

VEAUVARDIN, *à part.* — Pourquoi diable mon gendre m'a-t-il confié ce dépôt ?... c'est très ennuyeux en soirée... ça noircit les gants.

LE NOTAIRE, *avec une carte à la main, à Veauvardin. Il entre par la gauche, troisième plan.* — Monsieur, on demande un quatrième au whist...

VEAUVARDIN, *prenant la carte.* — Avec plaisir! *(Lui remettant le panier.)* Prenez ça, ça noircit les gants.

Il sort par la droite, troisième plan.

SCÈNE XVI

LE NOTAIRE; *puis* EDGARD

LE NOTAIRE, *stupéfait.* — Hein ? Plaît-il ? Ah çà! ce monsieur me prend-il pour un domestique ?... Un notaire! Qu'est-ce que je vais faire de ce panier ?

Il fait le tour de la scène au fond, en cherchant où poser le panier, et de manière à tourner le dos à Edgard.

EDGARD, *venant de la gauche, troisième plan, et parlant à la cantonade.* — Il y a encore cinq couplets... mais je les ai oubliés. *(En scène et avec agitation.)* Ils m'embêtent!... ils me font chanter des *Petite Marguerite* pendant que cette malheureuse... que j'ai laissée à moitié évanouie...

LE NOTAIRE, *ouvrant la porte de la chambre d'Edgard.* — Je vais le poser par là.

EDGARD, *à part, se dirigeant vers sa chambre.* — Si je pouvais l'envoyer coucher.

LE NOTAIRE, *poussant un cri.* — Ciel!... une femme!...

EDGARD, *vivement, avec force.* — Pas un mot ou je vous étrangle!

Il entre vivement et ferme la porte.

LE NOTAIRE, *seul, regardant ses gants qui sont tout noirs.* — On me croira si on veut... Voilà trente ans que je suis notaire, mais jamais...

AIR du *Parnasse des dames*.

Quand mon utile ministère
M'appelle en un logis poli,
Chacun s'empresse pour me plaire...
Et l'on veut m'étrangler ici!
De sirops, de glaces exquises,
Ailleurs, on m'abreuve à foison!
Ici, pour toutes friandises,
On m'offre un panier de charbon...
On m'offre à croquer... du charbon!

(Apercevant Edgard qui rentre en scène.) Oh!...
Il se sauve par la droite, premier plan, emportant le panier.

SCÈNE XVII

EDGARD; *puis* HENRIETTE

EDGARD, *rentrant avec précaution*. — Chut!... elle va
mieux... Je lui ai tapé dans les mains... et, comme ça ne la
calmait pas, je lui ai fait une énorme craque... J'ai eu le
toupet de lui persuader que le mariage était rompu...
v'lan... et elle l'a cru! Elle est bête, cette fille! et comme
ça ne la calmait pas... je lui ai donné tout le sucre de mon
sucrier et un plâtre de M. Musard [4]... en chocolat!... alors
elle m'a appelé son Edgard... Elle est gourmande, cette
fille!... Elle va aller se coucher... à son cinquième...
quand je lui aurai porté la bassinoire. *(S'adressant à droite
premier plan, et à la cantonade.)* François! vite! la bassinoire!... *(Reprenant.)* Parce que... elle est gelée... J'avais
oublié de fermer la fenêtre, moi!... Comme ça, je pourrai
signer mon contrat tranquillement, et demain nous verrons...
FRANÇOIS, *ébahi, apportant la bassinoire*. — Voilà, monsieur!...
EDGARD, *la prenant*. — C'est bien!... va-t'en! *(Regardant autour de lui.)* Personne! *(Il met du feu dans la bassinoire.)* Expions nos faiblesses... avec un peu de feu...
Ah! si c'était à refaire!...

4. Philippe Musard (1793-1859), chef d'orchestre, auteur de nombreux airs à danser (quadrilles notamment) qui furent très populaires.
Le *Concert Musard* était aux Champs-Elysées.

LA VOIX D'HENRIETTE, *dans la coulisse.* — Oui, papa...
je cherche mon danseur!...

> *Musique en sourdine dans les salons.*

EDGARD. — Hein ?

> *Il cache la bassinoire derrière son dos.*

SCÈNE XVIII

EDGARD, HENRIETTE; *puis* VEAUVARDIN

HENRIETTE, *entrant par la gauche, troisième plan.* —
Eh bien, monsieur!... je vous attends!...
EDGARD, *embarrassé.* — Pour quoi faire ?
HENRIETTE. — Pour polker!
EDGARD, *à part.* — Sapristi!!!
HENRIETTE. — Ne m'avez-vous pas invitée ?
EDGARD. — Pour la seconde!... pour la seconde!...
HENRIETTE. — Mais non, monsieur, c'est pour la pre-
mière.
EDGARD. — Ah! tant mieux!... tant mieux!... *(Pous-
sant un cri.)* Aïe!!!
HENRIETTE. — Quoi donc ?
EDGARD. — Rien! *(A part.)* Je me suis brûlé le mol-
let!...
VEAUVARDIN, *entrant par la droite, troisième plan.* —
Eh bien, mon gendre, qu'est-ce que vous faites là ?

*Edgard se sauve loin de Veauvardin, en cachant toujours la
bassinoire derrière lui; de sa main gauche il entoure la
taille d'Henriette et commence sur place quelques pas de
polka.*

EDGARD, *dansant.* — Vous voyez... nous sommes en
train... de nous mettre en train...
VEAUVARDIN. — Dépêchez-vous... allons!... allons!...
EDGARD. — Tout de suite! *(Il continue à danser en
tenant la bassinoire derrière lui, et en passant devant Veauvardin il la lui met entre les mains.)* Prenez ça!

Il disparaît par l'angle de gauche en polkant avec Henriette.

SCÈNE XIX

VEAUVARDIN, MADAME BEAUDELOCHE;
puis FLORESTINE

VEAUVARDIN, *stupéfait.* — Une bassinoire à présent!... Est-ce qu'il y a quelqu'un de malade ?

MADAME BEAUDELOCHE, *entrant par la droite, premier plan.* — Mais où est donc passée cette fille ?... *(Apercevant Veauvardin.)* Ah! mon Dieu! qu'est-ce que c'est que ça ?

VEAUVARDIN. — Je n'en sais rien!

MADAME BEAUDELOCHE. — Tout à l'heure un panier de charbon et maintenant... Monsieur, quelle est cette plaisanterie ?

VEAUVARDIN. — Est-ce que je sais!... Je vais lui demander... *(S'élançant dans le bal avec la bassinoire.)* Mon gendre!... mon gendre!...

MADAME BEAUDELOCHE, *voulant le retenir.* — Eh bien, où va-t-il ?... Monsieur Veauvardin! Ah çà! est-ce que le beau-père aurait quelque chose de dérangé ?...

FLORESTINE, *sortant de la chambre d'Edgard, sans bonnet.* — Edgard ne revient pas. Ah! madame!...

       Elle s'éloigne vivement de la porte d'Edgard.

MADAME BEAUDELOCHE. — Enfin vous voilà, mademoiselle!... D'où venez-vous, d'où sortez-vous, depuis une heure que je vous appelle ?

FLORESTINE. — Je n'ai pas entendu.

MADAME BEAUDELOCHE. — Taisez-vous!... Vous êtes une sotte!

FLORESTINE. — Oui, madame.

MADAME BEAUDELOCHE. — Tout à l'heure on va signer le contrat...

FLORESTINE. — Quel contrat ?

MADAME BEAUDELOCHE. — Le contrat de mon fils.

FLORESTINE. — Comment! je croyais que c'était manqué!

MADAME BEAUDELOCHE. — Manqué ? vous êtes folle!

FLORESTINE, *avec colère, à part.* — Oh!... il m'a monté le coup!

MADAME BEAUDELOCHE. — Ecoutez-moi bien, Flores-

tine... Au moment de la signature... quand tout le monde
sera là... je sonnerai et vous apporterez la corbeille...

FLORESTINE, *étonnée.* — La corbeille ?...

MADAME BEAUDELOCHE. — Quand je sonnerai... pas
avant!... C'est une surprise...

FLORESTINE. — Oui, madame.

MADAME BEAUDELOCHE. — Faites circuler les sirops...
les rafraîchissements...

FLORESTINE. — Voilà, madame!... *(A part.)* Ah! je
t'en ménage une de corbeille!

*Elle sort par la droite, premier plan. La musique cesse dans
les salons.*

SCÈNE XX

MADAME BEAUDELOCHE; *puis* EDGARD;
puis VEAUVARDIN

EDGARD, *à la porte du salon de droite et saluant à la cantonade.* — Mademoiselle, mille remerciements... vous
polkez comme un ange... *(Descendant.)* Maintenant, vite,
la bassinoire! *(Apercevant sa mère.)* Oh!... maman!

MADAME BEAUDELOCHE. — Edgard, c'est très bien...
tu fais parfaitement les honneurs... Je te recommande
d'inviter la tante d'Henriette... c'est une politesse...

EDGARD. — Oui...

MADAME BEAUDELOCHE. — Je l'aperçois là-bas près de
la glace... Va... mon enfant... dépêche-toi...

EDGARD. — Oui, oui... oui... *(Il remonte vers la porte
du salon et redescend brusquement en voyant sortir sa mère
par la gauche du troisième plan.)* J'ai bien le temps de
faire danser les tantes d'Henriette!... *(Regardant autour
de lui.)* Où peut-il avoir fourré la bassinoire ?

Il cherche dans les coins.

VEAUVARDIN, *entrant par la droite du troisième plan, la
bassinoire à la main, à part.* — Ce que ce notaire vient de
me dire est bien étrange... Il croit avoir vu une femme
dans la chambre de mon gendre!...

EDGARD, *l'apercevant et saisissant la bassinoire.* — Ah!
merci, je la cherchais.

VEAUVARDIN, *tenant toujours le manche.* — Laissez-moi,
monsieur.

Il se dirige vers la porte d'Edgard.

EDGARD. — Où allez-vous ?...

VEAUVARDIN. — Dans votre chambre, monsieur!

EDGARD, *très effrayé*. — Non! Elle n'est pas faite!...
Demain!...

VEAUVARDIN. — Laissez-moi, monsieur... Laissez-moi!

*Ils se débattent, la bassinoire reste dans les mains d'Edgard
et le manche dans celles de Veauvardin, qui entre dans la
chambre en trébuchant.*

SCÈNE XXI

EDGARD; *puis* FLORESTINE

EDGARD, *jetant la bassinoire dans la cheminée et tombant
dans un fauteuil.* — Patatras!... tout est perdu!... Il va la
voir... Quelle journée! la tête me tourne!... *(Florestine
sort du salon à droite, avec un plateau. — Il jette un grand
cri en apercevant Florestine.)* Ah!... comment! toi? tu
n'es pas là... et lui!... Embrasse-moi. *(Changeant d'idée.)*
Non! ça ne serait pas convenable.

FLORESTINE, *froidement.* — A quand la noce?

EDGARD. — C'est rompu!

FLORESTINE. — Ah!... c'est rompu ?... Est-ce pour cela
qu'on donne un bal?

EDGARD, *à part.* — Aïe! *(Haut et vivement.)* Juste!...
c'est le bal de la rupture!... parce que dans le monde...
quand on rompt... on se donne toujours un bal de rupture!...

FLORESTINE, *qui a posé son plateau, venant se placer
devant lui.* — Ah çà!... vous me croyez donc bien bête?

EDGARD. — Florestine!...

FLORESTINE. — Dans un quart d'heure on va signer
votre contrat...

EDGARD, *jouant l'étonnement.* — Ah bah!... tu me l'apprends!

FLORESTINE. — Au premier coup de sonnette... j'ai
reçu l'ordre d'apporter ici la corbeille...

EDGARD. — Vraiment ?... Ah! c'est extrêmement
aimable de ta part!...

FLORESTINE, *tirant un médaillon de sa poche.* — Connaissez-vous cette croûte?

EDGARD. — Mon portrait!... rends-le moi... je te rendrai tes lettres de Vaugirard!

FLORESTINE. — Non, monsieur!...

EDGARD. — Ces jolies petites lettres de Vaugirard...

FLORESTINE. — Non, monsieur!...

EDGARD. — Que tu m'écrivais, quand tu étais chez ta tante...

FLORESTINE. — Non!... J'attendrai qu'on sonne...

EDGARD. — Pourquoi faire ?

FLORESTINE. — J'arriverai droit à votre beau-père... je lui remettrai ceci...

EDGARD, *à part.* — Bigre!...

FLORESTINE. — Et je le prierai de vous demander comment votre portrait se trouve entre mes mains.

EDGARD, *suppliant.* — Florestine!... veux-tu un châle de trente-huit francs ?

FLORESTINE. — Non, monsieur!...

EDGARD. — Tout laine ?...

FLORESTINE. — Non, monsieur!...

EDGARD. — De chez M. Chose ?...

FLORESTINE. — Non, monsieur!... Si vous m'aviez dit la chose franchement...

EDGARD. — Eh bien, je te la dis franchement!

FLORESTINE. — Mais vous avez voulu me mystifier! me faire aller... à Asnières!... Sonnez!... je suis là... j'attends!

EDGARD, *la suivant.* — Florestine, un châle de quarante-huit francs ?

FLORESTINE, *de la porte.* — J'attends!...

EDGARD. — Tout laine ?...

FLORESTINE. — Sonnez!...

> *Elle sort par la droite, premier plan.*

EDGARD, *à travers la porte.* — De chez monsieur ?...

SCÈNE XXII

EDGARD; *puis* VEAUVARDIN

EDGARD, *seul.* — Refichu!... ayez donc des bontés pour vos gens!... offrez-leur votre portrait!...

VEAUVARDIN, *sortant de la chambre d'Edgard et cachant derrière lui le bonnet de Florestine.* — Beaudeloche fils!

EDGARD. — Bon!... A l'autre!...

VEAUVARDIN. — Nous avons à causer.

EDGARD. — Oui... plus tard... j'ai invité...

VEAUVARDIN. — Monsieur, je suis père... j'aime ma fille... *(Lui montrant le bonnet.)* Veuillez m'expliquer ceci ?...

EDGARD, *à part.* — Hein ? son bonnet!... Petite cruche!... Encore de l'ouvrage!

VEAUVARDIN. — Eh bien ?

EDGARD, *troublé.* — Oh! mon Dieu!... c'est extrêmement simple... *(A part.)* Je vais lui dire que c'est à maman!...

VEAUVARDIN. — Répondez.

EDGARD. — Ce bonnet est celui de...

VEAUVARDIN, *l'interrompant sévèrement.* — De votre chambrière!... Elle l'avait dimanche, je le reconnais!

EDGARD, *à part.* — V'lan!... tire-toi de là!

VEAUVARDIN. — Comment se trouvait-il sur votre causeuse ?

EDGARD. — C'est excessivement simple...

VEAUVARDIN. — Tant mieux... Voyons...

EDGARD. — Voilà! *(A part.)* Dire qu'il ne me viendra pas une bonne colle! *(Haut.)* Voilà... figurez-vous que cette fille a un tic...

VEAUVARDIN. — Quel tic ?

EDGARD. — Attendez donc! *(A part.)* Il ne me donne pas le temps de trouver! *(Haut.)* Elle promène ses effets partout... c'est une sans-soin!

VEAUVARDIN, *méfiant.* — Même dans votre chambre ?...

EDGARD. — Partout!

VEAUVARDIN, *incrédule.* — A dix heures du soir ?

EDGARD. — L'heure n'y fait rien...

VEAUVARDIN. — Comment ?

EDGARD. — Oui... parce que... *(trouvant)* elle est somnambule!

VEAUVARDIN, *transporté.* — Somnambule!!!

EDGARD. — En voilà une qui vous trouverait des truffes!

VEAUVARDIN. — Des truffes! Sapristi!

Il court au cordon de sonnette du fond.

EDGARD. — Qu'allez-vous faire ?

VEAUVARDIN. — La sonner pour l'expérimenter!

ESGARD, *l'arrêtant.* — La sonner ? non! *(A part.)* Elle apporterait le portrait! *(Haut.)* Ne sonnez pas!

Le retenant.

VEAUVARDIN. — Pourquoi ?

EDGARD. — Ça la réveillerait.

VEAUVARDIN. — Je ne peux pourtant pas la magnétiser d'ici.

EDGARD. — Hein ?... Pourquoi pas ? *(A part.)* Si je pouvais pendant que nous ne sommes que nous deux... *(Haut.)* Veauvardin père!... je vais vous épater par quelque chose d'énorme!

VEAUVARDIN. — Quoi ?

EDGARD. — Nous allons endormir cette fille... à travers la muraille.

VEAUVARDIN. — Bah!

EDGARD. — Nous allons lui ordonner de venir ici.

VEAUVARDIN. — Ah! par exemple! je suis curieux...

EDGARD. — Ce n'est pas tout... il faut qu'elle nous apporte un objet quelconque... que nous allons penser.

VEAUVARDIN. — Un morceau de baba!

EDGARD. — Allons donc! c'est trop simple... Mon portrait, par exemple!

VEAUVARDIN. — J'aimerais mieux un morceau de baba.

EDGARD, *à part.* — Est-il agaçant avec son baba! *(Haut.)* Nous disons mon portrait... qui est dans le septième tiroir... de l'armoire... à gauche, sous du linge... tout au fond, tout au fond!

VEAUVARDIN, *émerveillé.* — Beaudeloche fils... si vous me faites voir ça, ma fille est à vous!

EDGARD, *le plaçant devant la porte du premier plan à gauche.* — Mettez-vous là...

VEAUVARDIN. — Oui... oui...

EDGARD. — Ah! seulement, je vous recommande bien une chose : dès qu'elle vous aura remis le portrait, renvoyez-la...

VEAUVARDIN. — Pourquoi ça ?

EDGARD. — Ça la fatigue... Elle voudra vous faire des ragots, des histoires.

VEAUVARDIN. — Je lui dirai : « Sortez! sortez!... »

EDGARD. — C'est ça!... furt! furt!

VEAUVARDIN. — Comment, furt! furt!

EDGARD. — Elle est du Midi!... Y êtes-vous ?

VEAUVARDIN. — Oui!

Il retrousse ses parements.

EDGARD. — Concentrez-vous!

VEAUVARDIN. — Je me concentre ?

EDGARD, *derrière lui.* — Je vais vous aider. Allons!... ferme!... ferme!...

VEAUVARDIN, *à part, et faisant des passes magnétiques devant la porte.* — Moi, je lui demande du baba avec du raisin de Corinthe... Nous verrons qu'est-ce qui a le plus de fluide...

EDGARD, *à part.* — Il va très bien, le beau-père! *(Haut.)* Attirez-la!... attirez-la!... ferme!...

> *Il fait des gestes de moquerie derrière Veauvardin.*

VEAUVARDIN, *continuant ses passes.* — Oui, vous aussi...

EDGARD. — Soyez tranquille... *(Gagnant le cordon de sonnette.)* Je l'attire!

> *Il sonne fortement.*

VEAUVARDIN. — On a sonné.

EDGARD. — C'est chez le voisin... Allez toujours...

VEAUVARDIN, *déployant des efforts inouïs.* — Je l'attire!... je l'attire!...

SCÈNE XXIII

EDGARD, VEAUVARDIN, MADAME BEAUDELOCHE, HENRIETTE, LE NOTAIRE, LES INVITÉS; *puis* FLORESTINE

MADAME BEAUDELOCHE, *venant du salon à gauche, à la cantonade.* — Par ici!... nous allons signer le contrat.

EDGARD, *à part.* — Pristi! du monde... et moi qui ai sonné!

MADAME BEAUDELOCHE, *entrant avec toute la société et apercevant Veauvardin qui s'escrime toujours devant la porte.* — Eh bien!... qu'est-ce qu'il fait donc là?

EDGARD, *jouant l'étonnement.* — Je ne sais pas... je n'y comprends rien.

MADAME BEAUDELOCHE, *l'appelant.* — Monsieur Veauvardin!...

VEAUVARDIN. — Non!... je l'attire!... je la sens venir! *(La porte s'ouvre, Florestine paraît, se reculant.)* Ciel! la voilà!

EDGARD, *à part.* — Qu'est-ce que tout ça va devenir?

MADAME BEAUDELOCHE. — Eh bien, et la corbeille?

VEAUVARDIN, *l'arrêtant, et. à voix basse.* — Chut!... je viens de la magnétiser.

TOUS. — Comment?

> *Il se tourne vers la société et lui parle bas.*

EDGARD, *bas*. — Florestine!...

FLORESTINE, *de même*. — Non, il ne fallait pas me faire poser!

VEAUVARDIN, *se retournant vers Florestine et d'un ton solennel*. — Jeune fille que viens-tu faire ici?

FLORESTINE. — Je viens démasquer la trahison... et mettre les pieds dans le plat!...

VEAUVARDIN, *étonné*. — Hein?... qu'est-ce qu'elle dit?

FLORESTINE. — Je vous apporte une croûte...

VEAUVARDIN. — Hein?

EDGARD, *vivement*. — C'est votre baba!

VEAUVARDIN. — Ah! voyons... Y a-t-il du raisin de Corinthe?

FLORESTINE. — Il ne s'agit pas de raisin de Corinthe!... mais d'une horreur d'homme qui m'a *trahite!*

EDGARD, *s'efforçant de rire*. — Oh! oh! *trahite!*...

VEAUVARDIN, *riant*. — Oh! *trahite!* (*A la société.*) Elle me conte ses peines de cœur!

EDGARD, *bas*. — Florestine, je t'en supplie!

VEAUVARDIN, *à Florestine*. — Quel est donc le monstre d'homme qui a pu trahir une jolie fille comme toi?

FLORESTINE. — Ah!... vous voulez le savoir?...

EDGARD, *exaspéré et hors de lui*. — Florestine!... Je vous défends!...

> *Mouvement général d'étonnement.*

FLORESTINE, *à part*. — Ah!... il me défend!... (*A Veauvardin.*) Tenez! voilà son portrait.

EDGARD, *à part, tombant sur une chaise*. — V'lan!... ça y est!

VEAUVARDIN, *indigné*. — Le portrait!... dans le septième tiroir!... Mon gendre, c'est donc vous?

EDGARD. — Elle n'est pas lucide.

TOUS. — Qu'y a-t-il?

VEAUVARDIN, *avec éclat*. — Il y a que mon gendre, dont voici le portrait... (*Regardant le portrait.*) Tiens! c'est un pompier!...

TOUS. — Hein?

FLORESTINE, *à part*. — Pristi! je me suis trompée de poche!

EDGARD, *bas à Florestine, un peu vexé*. — Mademoiselle... que signifie ce pompier?

FLORESTINE, *bas, avec embarras*. — Je n'ai pas voulu vous perdre.

EDGARD, *bas*. — Généreuse fille!... tiens! voilà tes lettres de Vaugirard.

Il lui remet un paquet.

FLORESTINE, *le regardant.* — Des billets de banque!

EDGARD, *à part.* — Pristi! je me suis trompé de poche!

MADAME BEAUDELOCHE. — Ma bru, je vous cède Florestine... c'est un vrai cadeau que je vous fais.

EDGARD, *vivement.* — Non!... *(A part.)* Sapristi! assez comme ça!

MADAME BEAUDELOCHE. — Pourquoi ?

EDGARD. — Parce que... parce que... elle épouse un pompier...

FLORESTINE. — Moi ?

EDGARD *bas, avec énergie.* — Epouse-le, ou je t'étrangle! *(Haut.)* Elle accepte! je l'ai réveillée.

MADAME BEAUDELOCHE. — Je me charge de la dot!

VEAUVARDIN. — Moi, je lui donne cinq pour cent...

EDGARD, *bas.* — Non!... elle n'est pas lucide... Au lieu de truffes, elle vous trouverait des pommes de terre...

VEAUVARDIN. — Au fait...

EDGARD, *à part.* — Enfin!... j'ai cassé mon agrafe! *(Au public.)* C'est égal... j'en suis pour ce que j'ai dit... Certainement je n'ai pas de conseil à vous donner... mais une veuve, bonne musicienne, avec quatre-vingt mille livres de rente... je crois que ça vaut mieux! je le crois!...

CHŒUR FINAL

AIR de *Mademoiselle Bertrand.*

Oui, tout promet le destin le plus doux
A ce mariage;
Quel heureux présage!
Avant l'hymen les maris les plus fous
Deviennent les meilleurs époux.

FIN D'EDGARD ET SA BONNE

MON ISMÉNIE !

COMÉDIE EN UN ACTE, MÊLÉE DE COUPLETS
PAR EUGÈNE LABICHE ET MARC-MICHEL

*représentée pour la première fois, à Paris, sur le Théâtre
du Palais-Royal, le 17 décembre 1852*

ACTEURS qui ont créé les rôles.

De Vancouver . . . .   M. Sainville
Dardenbœuf, prétendu d'Isménie .   M. Grassot
Galathée, sœur de Vancouver. . .   Mme Thierret
Isménie, fille de Vancouver, 24 ans .   Mme Armande
Chiquette, bonne . . . .   Mme Azimont

La scène est à Châteauroux, chez Vancouver.

Un salon. — Porte principale au fond. — Portes latérales.
— Dans les deux pans coupés, deux autres portes, vitrées
et garnies de rideaux blancs : celle de gauche conduit à la
salle à manger, celle de droite sur une terrasse. — Chaises.
— Fauteuils. — Une petite table à chaque premier plan
contre la cloison. — Sur celle de gauche, un vase sans
fleurs.

SCÈNE PREMIÈRE

CHIQUETTE; *puis* VANCOUVER

CHIQUETTE, *seule, brossant un habit.* — On peut dire
que voilà un drap moelleux... On voit bien que c'est
un habit de prétendu... Ah! c'est que je m'y connais!...
Depuis quelque temps, le prétendu se brosse beaucoup
dans cette maison!... Ces pauvres jeunes gens... ils
arrivent tout pimpants, ils se croient sûrs de leur affaire...
et au bout de quelques jours... v'lan! M. de Vancouver
les fiche à la porte comme si c'étaient des orgues de
Barbarie!... Et mademoiselle Isménie reste fille! *(Posant
l'habit sur une chaise, près de la porte à droite.)* Voilà
toujours l'habit du jeune homme... Il dort encore... C'est
pas étonnant, il est arrivé hier soir de Paris... Aujourd'hui,
Monsieur lui fera voir la cathédrale... demain l'embarcadère du chemin de fer... et après-demain, bon voyage,
monsieur Dumollet!
VANCOUVER, *ouvrant mystérieusement la porte vitrée
de gauche.* — Chiquette! Chiquette!
CHIQUETTE. — Tiens! Monsieur qui est déjà levé!

VANCOUVER. — Oui, je ne tiens pas en place. Est-il
réveillé ?

CHIQUETTE. — Qui ça ?

VANCOUVER. — M. Dardenbœuf.

CHIQUETTE. — Le Parisien ? Pas encore.

VANCOUVER. — Tu es entrée dans sa chambre ?

CHIQUETTE. — Oui, monsieur, pour prendre ses habits.

VANCOUVER. — Eh bien... comment le trouves-tu ?...
Affreux, n'est-ce pas ?

CHIQUETTE. — J'ai pas regardé... il était dans son lit.

VANCOUVER. — Bécasse! on regarde toujours.

CHIQUETTE. — Impossible, monsieur, je m'ai mis sur
les rangs pour être rosière.

VANCOUVER. — Ronfle-t-il ?... Horriblement! tant
mieux!

CHIQUETTE. — Je ne sais pas.

VANCOUVER. — Porte-t-il un bonnet de coton ?... Jusqu'au menton... tant mieux!

CHIQUETTE. — Mais je ne le sais pas!

VANCOUVER. — Ah! quelle brute!... Elle ne sait jamais
rien!

CHIQUETTE. — Puisque je m'ai mis sur les rangs...

VANCOUVER. — Va-t'en!... Tu m'inspires de l'aversion!

Elle sort à gauche.

SCÈNE II

VANCOUVER, *seul.*

(*Il pousse un soupir.*) Heu!... je suis triste!... c'est au
point que je ne connais pas dans les murs de Châteauroux
un Berrichon plus triste que moi... Ma position n'est pas
tenable... je me promène avec un ver dans le cœur...
(*Au public.*) Pardon... avez-vous vu jouer *Geneviève ou la
Jalousie paternelle* [1] ?... Non ?... Eh bien, voilà mon
ver!... La jalousie!... Je suis père... j'ai une fille âgée de
vingt-quatre printemps à peine... et ils prétendent que
c'est l'âge de la marier!... À vingt-quatre ans! Mais je ne
me suis conjoint qu'à trente-huit, moi!... et j'étais
précoce!... Alors, ma maison est assaillie par un tas de

1. Vaudeville en un acte de Scribe, créé au Gymnase le 30 mars
1846.

petits gredins en bottes vernies... qu'on intitule des prétendus, et que j'appelle, moi, la bande des habits noirs !...
Car enfin, ce sont des escrocs... Je ne leur demande rien,
je ne vais pas les chercher... qu'ils me laissent tranquille...
avec mon Isménie !... C'est incroyable !... on se donne la
peine d'élever une fleur... pour soi tout seul... On la cul-
tive, on la protège, on l'arrose de petits soins... de gants à
vingt-neuf sous, de robes à huit francs le mètre... on lui
apprend l'anglais, à cette fleur !... la musique, la géographie, la cosmographie... et, un beau matin, il vous arrive
par le chemin de fer une espèce de Savoyard, que vous
n'avez jamais vu... Il prend votre fleur sous son bras et
l'emporte en vous disant : « Monsieur, voulez-vous per-
« mettre ? Nous tâcherons de venir vous voir le
« dimanche ! » Et voilà !... vous étiez père, vous n'êtes
plus qu'une maison de campagne... pour le dimanche !
Infamie ! brigandage !... Aussi, le premier qui a osé me
demander la main d'Isménie... j'ai peut-être été un peu
vif... je lui ai donné mon pied !... Malheureusement, ma
fille veut se marier... elle pleure... elle grogne même...
Je ne sais plus comment la distraire... Tantôt, je lui fais
venir de la musique nouvelle... tantôt des prétendus
difformes... auxquels je donne des poignées de main... les
cosaques ! Je les examine, je les scrute, je les pénètre, je
leur trouve une infinité de petits défauts... dont je fais
d'horribles vices ! et, au bout de quelques jours, je leur
donne du balai... poliment. *(Regardant la porte à droite.)*
Dans ce moment, j'attends l'animal qui est arrivé hier au
soir... c'est ma sœur qui l'a présenté, celui-là ; il faudra
prendre des mitaines, et dorer le manche à balai... Elle
est riche, ma sœur... demoiselle et pas d'enfants ! c'est à
considérer. *(Regardant la porte de droite.)* Ah çà ! est-ce
que cette grande patraque ne va pas se lever ? Sept heures
et demie !... grand lâche ! gros patapouf !... j'éprouve un
besoin féroce de l'éplucher !... je veux le gratter comme
un salsifis !... *(Apercevant l'habit sur la chaise.)* Tiens !
son habit !... Si je l'interrogeais ?... Montesquieu l'a dit :
« C'est souvent dans la poche des hommes qu'on trouve
« l'histoire de leurs passions ! » Fouillons, furetons, mou-
chardons ! *(Il s'approche de la chaise pour prendre l'habit,
mais un bras sort de la porte de droite et s'en empare.)* C'est
lui !... le voleur !... mais je le repincerai !

SCÈNE III

VANCOUVER, ISMÉNIE

ISMÉNIE, *entrant par la gauche.* — Bonjour, papa!

VANCOUVER, *l'embrassant.* — Bonjour ma fille... ma fleur, mon héliotrope! *(Au public.)* Je vous présente mon héliotrope.

ISMÉNIE. — Est-ce vrai ce que ma tante m'a dit ?

VANCOUVER. — Quoi donc ?

ISMÉNIE. — Qu'un nouveau prétendu était arrivé, hier au soir, de Paris ?

VANCOUVER, *tristement.* — Hélas! oui... j'avais demandé *Le Carillonneur de Bruges*... pour piano... et l'on m'a envoyé un autre objet... plus lourd.

ISMÉNIE. — Comment! un autre objet ?

VANCOUVER. — Voyons, mon enfant, nous sommes seuls, parle-moi franchement... C'est donc bien vrai que tu veux te marier ?

ISMÉNIE. — Dame! papa...

VANCOUVER. — C'est donc bien vrai que tu veux quitter ton petit *pépère ?*

ISMÉNIE. — Ecoutez donc, j'ai vingt-quatre ans!

VANCOUVER. — Argutie!... Ta tante en a bien quarante-neuf!

ISMÉNIE. — Mais je ne veux pas rester fille comme ma tante... Avez-vous vu le prétendu ? Quel âge a-t-il ?

VANCOUVER. — Je ne sais pas... Je n'ai pas encore regardé ses dents...

ISMÉNIE. — Ses dents ?... Vous le comparez à un cheval!

VANCOUVER. — Oh non! car le cheval est le roi des animaux!

ISMÉNIE. — Je le vois bien... voilà déjà que vous le prenez en grippe!

VANCOUVER. — Moi ? du tout! Je l'attends... ce cher ami... En grippe ? je sens que je l'aime déjà comme un fils!... le scélérat!... Qu'est-ce que je veux, moi ?... te voir heureuse!

ISMÉNIE. — Et mariée!

VANCOUVER. — Parbleu! *(A part.)* Elle y tient!

ISMÉNIE, *câlinant son père.* — Que vous êtes gentil! que vous êtes bon!

VANCOUVER, *la caressant.* — Vous a-t-elle des petits bras!... Montre tes petits bras... *(A part.)* A peine s'ils sont formés... et ils parlent de la marier!

ISMÉNIE. — C'est égal... Ma tante dit que ça ne vous fait pas plaisir, les prétendus.

VANCOUVER. — Moi ? s'il est possible!... mais j'en cherche partout! je les fais tambouriner... car enfin je t'en ai déjà présenté huit depuis le commencement de l'année... et nous ne sommes qu'en août... un par mois! Il y a bien des demoiselles qui s'en contenteraient!

ISMÉNIE. — Oui, mais vous les renvoyez...

VANCOUVER. — Si celui-là ne te convient pas, j'en ai un autre tout prêt... M. Oscar de Buzenval. *(A part.)* Un petit être cagneux... et très velu... imitant parfaitement l'araignée.

ISMÉNIE. — Est-il bien ?

VANCOUVER. — Charmant! charmant!... il parle anglais comme un Turc!... il est bien mieux que ce Dardenbœuf, qui a l'air d'un charcutier appauvri par les veilles.

ISMÉNIE. — Mais vous ne le connaissez pas...

VANCOUVER. — Je l'ai entrevu hier, aux lumières... Il m'a paru fané.

ISMÉNIE. — C'est le voyage.

VANCOUVER. — Non. *(Mystérieusement.)* Je lui crois des vices.

ISMÉNIE. — Ah! vous allez recommencer! *(Pleurant.)* Je vois bien que vous ne voulez pas me marier!...

VANCOUVER. — Mais si!... mais si!... Embrasse-moi... encore!... là!... Est-ce que tu n'es pas heureuse comme ça ?

ISMÉNIE. — Certainement!

VANCOUVER. — Eh bien, qu'est-ce que tu peux désirer de plus ?

ISMÉNIE. — Tiens!

VANCOUVER. — Je te ferai venir autant de *Carillonneur de Bruges* que tu en désireras.

ISMÉNIE, *avec sentiment.* — Ah! papa... il n'y a pas que la musique dans le monde!

VANCOUVER. — Ah! tu crois ? *(A part.)* Parole profonde qui ne serait pas déplacée dans la bouche d'une grande personne!

SCÈNE IV

VANCOUVER, ISMÉNIE, GALATHÉE

GALATHÉE, *entrant par la salle à manger, à la canto-nade.* — Le couvert dans le grand salon... Vous servirez tous les plats d'argent et le sucrier en vermeil!

VANCOUVER. — Ah! mon Dieu! que de cérémonies!... Est-ce que vous attendez le roi de Prusse ?

GALATHÉE. — Ce cher Dardenbœuf!... c'est pour lui!... Savez-vous s'i! aime la fraise de veau ?

VANCOUVER. — Ma foi, non.

GALATHÉE. — Ah! vous ne vous inquiétez de rien!... Vous êtes là comme un gros inutile.

VANCOUVER. — Que diable! je ne peux pas aller réveiller ce monsieur pour lui dire : « Pardon, aimeriez-« vous la fraise de veau ? » Il grincerait dans son bonnet de coton!

ISMÉNIE. — Comment! Il porte un bonnet de coton ?

VANCOUVER. — Avec une mèche longue comme ça!... C'est Chiquette qui l'a vu; il paraît qu'il est effroyable! *(A part.)* Je le pose!

GALATHÉE. — Taisez-vous donc!... au lieu de chercher à dépoétiser votre gendre...

VANCOUVER. — Mon gendre ? D'abord, il ne l'est pas encore...

GALATHÉE, *avec solennité.* — Octave, écoutez-moi.

VANCOUVER. — Oui, Galathée.

GALATHÉE. — Je jouis d'une belle fortune... vous le savez...

VANCOUVER, *à part.* — Nous y voilà!

GALATHÉE. — Quoique jeune encore et d'un phy-sique...

VANCOUVER. — Agaçant.

GALATHÉE. — Imposant!... je me suis vouée au célibat, pour assurer l'avenir d'Isménie. *(Poétiquement.)* J'ai consenti à rester sur la rive... semblable au pauvre nau-tonier...

VANCOUVER, *à part.* — Cristi! qu'elle est embêtante!

GALATHÉE. — Mais à une condition!... J'entends et je prétends marier cette chère enfant.

VANCOUVER. — C'est mon vœu le plus formel... Mais encore faut-il trouver un parti.

GALATHÉE. — Je l'ai trouvé!... Le jeune Dardenbœuf est modeste, sobre, patient...

VANCOUVER, *à part*. — Toutes les vertus de l'âne !

GALATHÉE. — Enfin j'ai su le distinguer et je réponds de lui comme de moi-même.

VANCOUVER. — Certainement... présenté par vous...

GALATHÉE. — J'ose espérer que vous ne l'accueillerez pas comme les autres...

ISMÉNIE. — Que vous avez tous congédiés sans que nous sachions pourquoi.

VANCOUVER. — Des pleutres! des Auvergnats! des hommes d'argent!... Le dernier, M. de Glissenville, ne trouvait pas la dot assez forte.

GALATHÉE. — C'est faux !

VANCOUVER. — Je vous jure...

GALATHÉE, *vivement*. — Je vous ai écouté par la fenêtre du salon.

VANCOUVER, *étonné*. — Ah!... *(A part.)* Une autre fois, je la fermerai.

GALATHÉE. — M. de Glissenville vous offrait d'épouser Isménie sans dot.

ISMÉNIE. — Comment !

GALATHÉE. — Et vous lui avez répondu qu'il déplaisait à votre fille !

ISMÉNIE, *vivement*. — Ah! par exemple !

VANCOUVER, *à part*. — Pincé! *Pinçatus est !*

GALATHÉE. — Eh bien, monsieur ?

VANCOUVER. — Eh bien... c'est vrai!... mais j'avais appris sur cet homme des choses... des choses !

GALATHÉE. — Lesquelles ?

VANCOUVER — Ça ne peut pas se dire devant des dames!... Sortez toutes les deux... et je suis prêt à vous confier...

GALATHÉE. — Oh! je ne suis pas votre dupe!... et cette fois... je ne vous perdrai pas de vue.

ISMÉNIE. — Moi non plus !

GALATHÉE. — Il s'agit du jeune Dardenbœuf... un ange, monsieur, un ange !

VANCOUVER. — Ah! vous allez! vous fabriquez des anges!... Tout ce que je vous demande, c'est de l'examiner sans enthousiasme... froidement.

GALATHÉE, *regardant vers la porte de droite*. — Le voici !

ISMÉNIE, *étourdiment*. — Ah! qu'il est bien !

VANCOUVER. — Ma fille... de la tenue !

SCÈNE V

Les mêmes, Dardenbœuf

GALATHÉE, *présentant Dardenbœuf*. — Mon frère... permettez-moi de vous présenter M. Eusèbe Dardenbœuf.

DARDENBŒUF, *saluant*. — Bachelier ès lettres... et principal clerc de maître Carotin, avoué.

VANCOUVER, *saluant froidement*. — Monsieur... *(A part.)* J'avais raison... Il a l'air d'un charcutier appauvri par les veilles.

GALATHÉE, *présentant Isménie*. — C'est ma nièce, monsieur.

DARDENBŒUF, *saluant*. — Tant de grâce, de fraîcheur !

A Isménie avec galanterie.

AIR du *Curé de Pomponne*.

Quel est donc ce pays charmant ?
Mon cœur est dans le doute !
Le conducteur assurément
M'a fourvoyé de route !
En voyant des attraits si doux,
Je devine la chose :
J'étais parti pour Châteauroux...
Je suis à Château-Rose !

ISMÉNIE. — Ah ! monsieur !

GALATHÉE, *s'extasiant*. — Charmant ! ravissant ! *(A part.)* Il a le sourire d'une jeune fille !...

VANCOUVER, *à part*. — Attends ! je vais t'apprendre à faire des mots ! *(Haut.)* Château-Rose !... très joli ! mais il est vieux... je l'ai lu dans l'almanach de 1828.

DARDENBŒUF, *à part*. — Tiens ! je croyais l'avoir fait dans le chemin de fer !

GALATHÉE. — J'espère, monsieur, que vous nous ferez le plaisir de passer quelques jours avec nous ?

DARDENBŒUF, *regardant Isménie avec passion*. — Pour que je m'en aille, je sens déjà... qu'il faudra employer la force armée !

VANCOUVER, *à part*. — Ma botte me démange !

ISMÉNIE. — Etes-vous musicien ?

DARDENBŒUF. — Je clarinette un peu... le dimanche.
GALATHÉE. — Ah! tant mieux!

AIR du *Parnasse des dames*.

Avec notre chère Isménie
Vous pourrez faire un concerto,
Elle est folle de mélodie
Et joue à ravir du piano...
C'est touché... par les doigts de l'âme!...

DARDENBŒUF, *galamment*.

Mon cœur par avance alléché
Me dit que le piano, madame,
Ne sera pas le seul... touché!

GALATHÉE. — Ah! délicieux!... c'est d'un à-propos!
VANCOUVER. — Très joli!... très joli!... mais je l'ai lu dans l'almanach... de 1829,
DARDENBŒUF. — Ah! *(A part.)* C'est drôle! je l'ai encore fait dans le chemin de fer.
GALATHÉE, *bas à Vancouver*. — Comment le trouvez-vous ?
VANCOUVER, *bas*. — Des mains de blanchisseuse et les pieds en dedans.
GALATHÉE. — Mais son esprit ?
VANCOUVER, *bas*. — Un esprit de clerc d'avoué... extrait du code civil... titre : De l'absence!
GALATHÉE, *avec humeur*. — Ah! vous êtes toujours le même... *(A Dardenbœuf.)* A propos, vous n'avez pas eu froid, cette nuit ?... Vous a-t-on fait du feu ?
DARDENBŒUF. — Oh! je ne suis pas frileux... pourvu que j'aie la tête couverte...
GALATHÉE, *riant*. — Ah! oui... nous savons...
ISMÉNIE. — C'est égal... Pour un jeune homme, c'est une bien vilaine coiffure...
DARDENBŒUF. — Quoi ?
GALATHÉE. — Un bonnet de coton!... fi!
DARDENBŒUF. — Moi ?... je ne porte que des madras!...
ISMÉNIE. — Ah bah!
GALATHÉE, *regardant Vancouver*. — Mais, on nous avait dit...
VANCOUVER. — C'est Chiquette! c'est Chiquette! *(A part.)* Pincé! *Pinçatus sum!* Gredin!
GALATHÉE, *à Dardenbœuf*. — Vous devez avoir faim ? nous allons presser le déjeuner.

DARDENBŒUF. — Ne vous gênez pas pour moi... je resterai avec cet excellent M. Vancouver...

VANCOUVER, *très froidement.* — Non, monsieur : nous sommes obligés, ma fille et moi, de descendre à la cave... nous nous reverrons tout à l'heure... tout à l'heure !

CHŒUR

AIR de *Mon Tricoti*
(valse d'Emile Viallet).

VANCOUVER, GALATHÉE, ISMÉNIE

Pour vous point de cérémonie,
Nous vous traitons comme un ami.
Ainsi que chez vous, je vous prie,
Veuillez, monsieur, agir ici.

DARDENBŒUF

Pour moi point de cérémonie,
Veuillez me traiter en ami ;
Ne vous gênez pas, je vous prie,
Sur l'honneur, j'en serais marri.

Vancouver et Isménie sortent par le fond ; Galathée, par la salle à manger.

SCÈNE VI

DARDENBŒUF, *seul.*

Allons ! me voilà installé... Je ne sais pas si je me trompe... mais ce père ne paraît pas me porter très avant dans son cœur... Dès que je lâche un mot, crac ! il l'a lu dans l'almanach... et j'ai l'air d'un imbécile... ce qui est complètement faux... Quant à la fille, elle est charmante !... Quelle santé ! quel coloris ! *(Mettant avec fatuité les deux mains dans les poches de son gilet.)* Ah ! je ne crois pas que nos enfants soient réformés pour vice de constitution. *(Tirant un médaillon de sa poche.)* Tiens !... qu'est-ce que c'est que ça ?... Ah ! j'y suis !... Un médaillon... que je compte offrir à ma prétendue... Je l'ai acheté neuf francs chez un bric-à-brac... C'est le portrait de la belle Gabrielle... une farceuse du temps d'Henri IV... Je leur donnerai ça comme une allégorie représentant l'Amour

contenu par l'Education!... Ça fera bien... ça me
posera!... C'est qu'il s'agit de jouer serré : un prétendu
doit boutonner ses petits défauts... A vrai dire, je ne
m'en connais que deux... Je suis... *(hésitant)* je ne sais
comment dire cela... je suis d'une faiblesse extrême avec
le beau sexe... Oui, dès qu'une femme me regarde d'une
certaine façon, en m'appelant : Eusèbe!... je cesse d'être
un homme... je deviens un feu d'artifice!... j'ai du Ruggieri [2] dans les veines!... Quant à mon second défaut,
j'en demande pardon aux dames... mais je prise... j'aime
à me fourrer du tabac dans le nez. *(Tirant mystérieusement une tabatière.)* Voilà l'objet!... Pendant que je suis
seul... j'ai bien envie...

> *Il ouvre la tabatière et y plonge les doigts.*

SCÈNE VII

Dardenbœuf, Vancouver

*Vancouver paraît au fond avec un panier à bouteilles et une
chandelle allumée.*

Dardenbœuf, *l'apercevant.* — Oh!

> *Il cache sa tabatière et laisse tomber sa prise.*

Vancouver, *s'approchant et montrant le tabac qui est
à terre.* — Qu'est-ce que c'est que ça ?

Dardenbœuf, *jouant l'étonnement.* — Ça ?... Quoi
donc ? *(Vancouver se baisse avec sa chandelle pour examiner. — Se baissant aussi.)* Vous avez perdu quelque
chose ?

Vancouver, *se relevant.* — Du tabac!

Dardenbœuf. — Oui... c'est du tabac... c'est mademoiselle votre sœur qui aura renversé sa tabatière.

Vancouver. — Ah! c'est possible... *(A part, reportant
son panier et sa chandelle.)* Il est malin, mais je le repincerai.

---

2. La maison Ruggieri fut fondée en 1739 par cinq frères d'origine italienne. Ils se firent d'abord connaître en exécutant des feux
pour la comédie italienne de Paris, puis développèrent leur art à la
cour et à la ville. Louis XV leur donna le Château de Porcherons
situé dans le quartier Saint-Georges, aujourd'hui rue Ballu — où se
trouve encore l'hôtel particulier, siège social des Etablissements
Ruggieri.

Dardenbœuf, *à part.* — J'ai paré quarte... zing!

Vancouver, *à part, revenant.* — Approfondissons l'animal... Grattons le salsifis!

Dardenbœuf, *à part.* — Je crois que nous allons faire assaut... C'est le moment de mettre les masques.

Vancouver, *d'un air bonhomme.* — Mon cher monsieur Dardenbœuf... je suis heureux... mais bien heureux de vous voir dans mes pénates.

Dardenbœuf. — Mon cher monsieur Vancouver... je suis heureux... mais bien heureux... de me voir dans vos pénates. *(A part.)* Comme ça, je ne me compromets pas.

Vancouver. — Ma sœur m'a fait part du but de votre visite... Je l'approuve... *(Lui serrant la main.)* Touchez là!... vous êtes mon gendre!

Dardenbœuf, *à part.* — Il m'a dit ça d'un drôle d'air! *(Haut.)* Votre sœur vous a fait part du but de ma visite... vous l'approuvez... *(Lui serrant la main.)* Je touche là!... je suis votre gendre!

Vancouver, *à part.* — Ah çà! mais c'est un perroquet. *(Haut.)* Je ne vous cacherai pas que, dans le principe, je vous ai été hostile... très hostile!

Dardenbœuf. — Vraiment ?

Vancouver. — Oui! les renseignements n'étaient pas tout à fait... Ah! vous avez eu une jeunesse orageuse, mon gaillard

Dardenbœuf. — Oh! oh! *(A part.)* Gros malin! tu veux me faire jaser.

Vancouver. — Votre dernière intrigue surtout avec la petite... la petite... vous l'appelez ?

Dardenbœuf. — Qu'importe le nom!

Vancouver. — En avez-vous fait des folies pour cette créature-là ?

Dardenbœuf. — Oh! oh!

Vancouver. — Et des dettes donc! Combien ?

Dardenbœuf. — Oh! oh!

Vancouver. — Ah çà! j'espère que vous avez rompu ?... *(Le prenant sous le bras.)* Voyons, contez-moi ça, mauvais sujet.

Dardenbœuf, *d'un ton pénétré.* — Monsieur Vancouver... au moment d'entrer dans votre famille, je serais un grand gueux si je vous cachais quelque chose... Je vais donc vous faire ma confession tout entière.

Vancouver, *avec bonhomie.* — Allez donc! je suis un ancien bandit!

Dardenbœuf. — Dans ma vie... j'ai aimé deux femmes...

Il remonte comme pour s'assurer que personne n'écoute.

VANCOUVER, *à part.* — Je le tiens!

DARDENBŒUF, *confidentiellement.* — J'ai aimé maman... et ma nourrice!

VANCOUVER, *désappointé.* — Comment! voilà tout ?

DARDENBŒUF. — Exactement!

VANCOUVER, *à part.* — Je ne le tiens pas!... Il est très fort, cet animal-là! *(Haut, tirant une tabatière de sa poche.)* Moi, c'est différent... j'en ai adoré trente-neuf, non compris ma nourrice; la première était une Alsacienne...

DARDENBŒUF. — Qui vendait des petits balais...

VANCOUVER. — Oui, qui vendait des petits balais... *(Lui offrant une prise négligemment.)* Vous en prenez, je crois ?

DARDENBŒUF, *s'oubliant et avançant la main.* — Pardon... *(Se ravisant.)* Merci!... j'ai horreur du tabac!

VANCOUVER, *à part.* — Très fort! très fort! mais je le repincerai! *(Haut avec effusion.)* Tenez, Dardenbœuf... excusez cet épanchement prématuré... mais vous me plaisez!... vous avez un air de franchise! Ah! vous êtes bien le mari que j'ai rêvé pour ma fille... *(Avec intention.)* Parce qu'avec son caractère...

DARDENBŒUF. — Quel caractère ?

VANCOUVER. — Oh! charmant! charmant! c'est un ange; mais elle est parfois un peu lunatique... Oui, quand on dit *blanc*, elle dit *noir*, cette chère enfant!

DARDENBŒUF, *inquiet.* — Ah!

VANCOUVER. — Et d'un entêtement! Elle tient de la mule, cette chère enfant!

DARDENBŒUF, *à part.* — Un père qui dit du mal de sa fille... je ne gobe pas ça.

VANCOUVER. — Il vaut mieux tout de suite se dire ses petits défauts, n'est-ce pas ?

DARDENBŒUF. — Certainement!... La franchise avant tout! Si j'en avais, je vous en ferais part.

VANCOUVER. — Je ne sais si je dois vous dire... elle est boudeuse... maussade... bavarde... dépensière... acariâtre...

DARDENBŒUF, *avec le plus grand sérieux.* — C'est extraordinaire! voilà précisément les qualités essentielles que je recherche dans une demoiselle!

VANCOUVER, *stupéfait.* — Ah ?

DARDENBŒUF. — Oui, monsieur.

VANCOUVER. — Enchanté! enchanté! *(Ils se serrent les mains avec effusion. — A part.)* Ce Chinois-là arrive en droite ligne du congrès de Vienne!

DARDENBŒUF, *à part.* — Ça t'apprendra à faire joujou avec un avoué!

VANCOUVER, *avec effusion.* — Adieu, mon cher Dardenbœuf.

DARDENBŒUF, *de même.* — Adieu, mon cher Vancouver...

VANCOUVER, *à part, se dirigeant vers le fond.* — Je vais le pincer, méfiez-vous! *(Tout à coup, tâtant ses poches.)* Ah! sapristi!... sapristi!

DARDENBŒUF. — Quoi donc?

VANCOUVER. — J'ai oublié mon étui... donnez-moi donc un cigare? *(Dardenbœuf fouille vivement à sa poche. — A part.)* Je le tiens! *(Dardenbœuf tire lentement son mouchoir et se mouche. — A part.)* Je ne le tiens pas! *(Tristement.)* Pincé!... Pinçatus sum!... Décidément, il est trop fort!... Je vais écrire au jeune Buzenval, un petit être cagneux et sans malice. *(Haut.)* Je vais m'occuper du contrat... Adieu, bon!

DARDENBŒUF. — Adieu, cher!

AIR : *Polka* d'Hervé.

VANCOUVER

Comptez sur mon consentement,
　　Gendre charmant.

A part.

Comme je le raille
　Et le gouaille!

Haut.

Car la nature, en vérité,
　　Vous a doté
D'esprit, de grâce et de beauté.

DARDENBŒUF

Comptez sur mon attachement,
　　Papa charmant.

A part.

Il me raille,
Mais je le gouaille.

Haut.

Vous me comblez, en vérité,
D'aménité,
De bienveillance et de bonté.

Vancouver sort.

SCÈNE VIII

DARDENBŒUF ; *puis* ISMÉNIE

DARDENBŒUF, *seul.* — Roulé, le beau-père !... En voilà
un assaut !... Je n'ai fait qu'une faute... c'est quand il a
ouvert sa tabatière... Là, j'ai été médiocre... je me suis
trop fendu !... mais c'est si bon une prise... surtout quand
le nez vous picote... Dans ce moment, par exemple...
cristi ! *(Regardant autour de lui.)* Personne ! savourons
mon second défaut... le numéro deux !...

Il ouvre sa tabatière et y puise.

ISMÉNIE, *par le fond apportant un bouquet, entrant et
s'adressant à la cantonade.* — Tout de suite, ma tante.

DARDENBŒUF, *à part, laissant tomber sa prise à terre.*
— Mâtin !... il n'a pas de chance, le numéro deux !

ISMÉNIE. — Ah ! vous voilà, monsieur...

Elle place les fleurs dans un vase à gauche.

DARDENBŒUF, *à part, l'admirant.* — Quel coloris !... La
palette de Rubens !... allons !... conversation Ruggieri !
(Haut, avec passion.) Ah ! mademoiselle !... non, ce n'est
pas du feu... c'est de la lave !

ISMÉNIE. — Pardon... vous avez causé avec mon
père ?

DARDENBŒUF. — Oui... nous sommes d'accord... il
est plein de rondeur... *(Reprenant avec feu.)* Mademoiselle... *(A part.)* C'est peut-être le moment de lui offrir
le médaillon... la belle Gabrielle.

ISMÉNIE. — Il ne vous a rien dit relativement à votre
départ ?

DARDENBŒUF, *étonné.* — Mon départ ?... Rien.

ISMÉNIE, *à part.* — Ce sera pour demain...

DARDENBŒUF. — Dans ce moment, il s'occupe du
contrat.

ISMÉNIE. — Déjà ?

DARDENBŒUF. — Ah ! voilà un mot qui n'est pas...

gentil !... mais, quand vous me connaîtrez mieux... j'ai des défauts sans doute, je suis...

ISMÉNIE, *vivement*. — Chut ! on ne vous les demande pas, vos défauts.

DARDENBŒUF. — Comment ?

ISMÉNIE. — Cachez-les ! Un prétendu... c'est son état !

DARDENBŒUF, *étonné*. — Ah bah !... mais à vous...

ISMÉNIE. — A moi ni à personne !... Je ne vous dis pas les miens, ainsi...

DARDENBŒUF. — Oh ! c'est inutile... M. votre père a eu l'obligeance de m'en donner la note détaillée...

ISMÉNIE. — Comment ?

DARDENBŒUF, *souriant*. — Oui, maussade, bavarde, dépensière, acariâtre...

ISMÉNIE. — Par exemple !... mais ce n'est pas vrai, monsieur !... ce n'est pas vrai !

DARDENBŒUF. — Soyez donc tranquille... je connais assez la botanique pour distinguer une rose... d'un chardon.

ISMÉNIE, *le remerciant*. — Ah ! monsieur !

DARDENBŒUF, *triomphant, à part*. — Je ne crois pas qu'on l'ait lu dans l'almanach, celui-là.

ISMÉNIE. — Ainsi vous n'avez pas cru ?...

DARDENBŒUF. — Moi, mademoiselle ?... J'ai cru que vous étiez belle, douce, charmante.

ISMÉNIE, *avec reconnaissance*. — Merci ! monsieur Eusèbe, merci !

DARDENBŒUF, *à part*. — Elle m'appelle Eusèbe !... Cristi... j'ai des pétards dans les veines ! *(Haut, avec passion.)* Mademoiselle... non !... ce n'est pas du feu... non ! ce n'est pas de la lave !... non, ce n'est pas... permettez !... voilà ce que c'est...

Il lui embrasse la main à plusieurs reprises.

SCÈNE IX

LES MÊMES, VANCOUVER

VANCOUVER, *entrant par le fond et voyant Dardenbœuf embrasser la main de sa fille*. — Ciel !... ma fille. *(S'avançant sur Dardenbœuf, furieux.)* Monsieur... c'est une lâcheté !... c'est un vol... c'est... Vos armes ? vos armes ?...

DARDENBŒUF. — Plaît-il ?

ISMÉNIE. — Mon père !

VANCOUVER, *étreignant sa fille.* — Mon Isménie!... ma fleur ! *(Prenant la main d'Isménie et essuyant la place des baisers avec sa manche.)* Un cloporte s'est promené sur ma fleur !

DARDENBŒUF, *à part, le regardant.* — Qu'est-ce qu'il fait là ?

VANCOUVER, *à Isménie.* — Ta pauvre âme a dû bien souffrir ?

ISMÉNIE. — Mais non, papa!

DARDENBŒUF. — Puisque je dois l'épouser !

VANCOUVER, *éclatant.* — Toi! gros Limousin! gros paquet de procédure !

DARDENBŒUF, *offensé.* — Ah! mais, monsieur Vancouver...

VANCOUVER. — Sors de mes yeux!... Je te chasse... Ma fille te déteste !

ISMÉNIE, *voulant protester.* — Mais, papa...

VANCOUVER, *à Dardenbœuf.* — Tu l'entends... elle te déteste!... Va faire ta valise...

DARDENBŒUF. — Mais...

VANCOUVER. — Va prendre tes haillons, mendiant !

DARDENBŒUF, *perdant patience.* — Ah!... fichtre! monsieur... fichtrrre!

CHŒUR

AIR : *C'est assez de retard.*
(Coulisses, acte deuxième).

VANCOUVER

Va-t'en! sors de ces lieux,
Monstre d'incandescence!
Porte ailleurs ta présence
Et tes écarts fougueux!

DARDENBŒUF

C'en est trop! je ne peux
Digérer cette offense!
Assez de violence!
Recevez mes adieux!

ISMÉNIE

C'en est trop! et je veux
Prendre ici sa défense!
Il n'a rien fait, je pense,
De coupable à mes yeux.

Dardenbœuf entre dans sa chambre.

SCÈNE X

VANCOUVER, ISMÉNIE, GALATHÉE

GALATHÉE, *paraissant par la salle à manger*. — Bon Dieu! quel tapage!

ISMÉNIE, *pleurant*. — C'est papa qui vient de congédier M. Dardenbœuf...

GALATHÉE, *à Vancouver*. — Comment! monsieur... Mon protégé?

VANCOUVER. — C'est un polisson! un être sans moralité! Ne pleure pas... j'en ai un autre... plus cagneux. *(Se reprenant.)* C'est-à-dire... non!...

GALATHÉE. — Qu'a-t-il fait?

VANCOUVER. — Ce qu'il a fait?... Non! ça ne peut pas se dire devant des dames... Il s'est permis...

GALATHÉE. — Et bien?

VANCOUVER. — Il s'est permis d'embrasser la main d'Isménie... sans gants!... sans gants!...

ISMÉNIE, *vivement*. — Il en avait, papa...

VANCOUVER. — Oui, mais tu n'en avais pas, toi!... et son souffle impur...

GALATHÉE. — Ah çà! où est le mal?

VANCOUVER. — Comment! *(A part.)* Je ne connais rien d'indécent comme les vieilles filles! *(Haut.)* Une main que je préserve depuis vingt-quatre ans!... et le butor a osé!... Non! je lui ai dit de partir, il partira...

GALATHÉE, *se montant*. — Ah! c'est comme ça?... on n'a pas plus de procédés pour moi?... Eh bien, moi aussi, je partirai... Il fait sa valise! je vais faire mes malles!... Nous sortirons ensemble.

Elle remonte.

VANCOUVER. — Ma sœur!

ISMÉNIE. — Ma tante!

GALATHÉE. — Je n'écoute rien!... et quant à ma fortune... je suis capable... de me marier!...

VANCOUVER, *saisi.* — Oh!

GALATHÉE, *marchant sur Vancouver.* — Et d'avoir des héritiers!

VANCOUVER, *vivement, et d'un ton caressant.* — Tu ne feras pas cela... Galathée!...

GALATHÉE. — Laissez-moi!

VANCOUVER, *câlinant.* — Méchante seu-sœur!... qui veut quitter son petit n'Octave...

ISMÉNIE. — Ah! ma petite tante!

GALATHÉE, *faiblissant.* — Etes-vous câlins!

ISMÉNIE. — Vous restez ? Ah!

GALATHÉE. — Oui, mais à deux conditions!... La première... M. Dardenbœuf ne s'en ira pas.

VANCOUVER, *à part.* — Cristi!

ISMÉNIE. — C'est trop juste...

GALATHÉE. — La seconde... vous lui devez des excuses, vous les lui ferez.

VANCOUVER. — Moi ?... Que le tonnerre m'écrase!...

GALATHÉE. — Très bien!... Je vais faire mes paquets!

VANCOUVER, *l'arrêtant.* — Un instant, que diable!

ISMÉNIE. — Le voici! Il sort de sa chambre.

GALATHÉE, *à Vancouver.* — Des excuses... ou je pars...

SCÈNE XI

VANCOUVER, GALATHÉE,
ISMÉNIE, DARDENBŒUF; *puis* CHIQUETTE

DARDENBŒUF, *sort de sa chambre avec sa valise sous le bras.* — Mesdames... (*A Vancouver, avec dignité.*) Monsieur... je vous prie d'agréer l'assurance de ma considération la plus... réservée!

VANCOUVER, *sèchement.* — Monsieur, je suis le vôtre!...

GALATHÉE. — Voilà tout ? (*A la cantonade.*) Chiquette!

ISMÉNIE. — Papa!

VANCOUVER, *vivement.* — Monsieur Dardenbœuf!... j'aurais quelques mots à vous dire!

DARDENBŒUF, *froidement.* — Je vous écoute, monsieur!

VANCOUVER, *à part.* — Galopin! *(Haut.)* Eh quoi! vous nous quittez si tôt ? Asseyez-vous donc! Le chemin de fer ne part que dans trente-cinq minutes...

DARDENBŒUF, *froidement.* — Merci, monsieur!... Il y a des circonstances où la dignité de l'homme... lui fait un devoir d'attendre à l'embarcadère!

VANCOUVER. — Vous le voulez!... Je n'insisterai pas davantage...

Dardenbœuf remonte.

GALATHÉE. — Ah! vous n'insistez pas... *(Elle remonte.)* Partons!

VANCOUVER, *à part.* — Crédié! *(Haut.)* Monsieur Dardenbœuf!... J'aurais encore quelques mots à vous dire!

DARDENBŒUF, *froidement.* — Je vous écoute, monsieur!

VANCOUVER, *lui donnant une petite tape sur la joue.* — Eh! eh! petit méchant... nous ne voulons donc pas prendre le café avec papa Vancouver ?

DARDENBŒUF. — Non, monsieur... vous m'avez appelé Limousin...

VANCOUVER. — Je vous croyais de Limoges, vrai!

DARDENBŒUF, *avec fierté.* — De Courbevoie, monsieur!

VANCOUVER. — Oh! c'est bien différent... Vous êtes Courbevoisien... *(A sa sœur.)* Monsieur est Courbevoisien!... *(A Dardenbœuf.)* Alors, veuillez agréer mes... mes regrets, pour cette erreur... purement géographique! *(Prenant la valise de Dardenbœuf.)* Permettez que je vous dévalise...

Il va la poser au fond.

GALATHÉE. — A la bonne heure!

ISMÉNIE. — Bravo!

GALATHÉE, *à Dardenbœuf.* — Pour sceller la réconciliation... je veux qu'il embrasse ma nièce!

DARDENBŒUF. — Avec fougue!

VANCOUVER. — Non!... monsieur!... Ma fille! *(Dardenbœuf embrasse Isménie.)* Ça y est! oh!...

Il prend une chaise et la jette par terre.

GALATHÉE. — Eh bien, qu'est-ce que vous faites donc ?

VANCOUVER. — Moi ? rien!... C'est cette bête de chaise... Je savoure ce tableau de famille!... *(A part.)* Je voudrais être enragé pour mordre cet animal-là!

CHIQUETTE, *entrant*. — Monsieur, le déjeuner est servi !

Elle sort.

GALATHÉE, *à Dardenbœuf*. — Allons, monsieur, le bras à ma nièce. *(A Vancouver.)* Venez-vous ?

CHŒUR

AIR : *Valse allemande.*

VANCOUVER et DARDENBŒUF

Il n'est rien qui réconcilie
Comme la table et le bon vin,
Que la plus douce sympathie
Nous rende à tous un front serein.

GALATHÉE et ISMÉNIE

Allons ! à table ! et qu'on oublie
Un léger instant de chagrin :
Que la plus douce sympathie
Prenne sa place à ce festin.

Dardenbœuf, Isménie et Galathée passent dans la salle à manger.

SCÈNE XII

VANCOUVER ; *puis* CHIQUETTE

VANCOUVER, *à lui-même*. — Ça va mal ! Si je le laisse faire... cet ostrogoth est capable d'épouser ma fille... Il marche, il s'avance sur Isménie... comme autrefois les barbares sur l'Empire romain !

CHIQUETTE, *rentrant*. — Monsieur ne déjeune pas ?

VANCOUVER. — Non !... tu m'ennuies !... je n'ai pas faim !... je fais de l'histoire !... Comment arrêter cet Alaric ?... *(Tout à coup.)* Chiquette !

CHIQUETTE. — Monsieur ?

VANCOUVER, *lui indiquant la salle à manger*. — Tu vois bien ce Burgonde qui déjeune là-bas ?

CHIQUETTE. — Le prétendu de Mademoiselle ?

VANCOUVER. — Tais-toi !... Je te défends de prononcer ce nom-là !... Il faut que tu te fasses embrasser par lui...

CHIQUETTE. — Moi... monsieur ? Oh! pas aujour-
d'hui!... Je m'ai mis sur les rangs pour être rosière.

VANCOUVER. — Qu'est-ce que ça fait ? Qu'elle est
bête!... Voilà quarante francs...

CHIQUETTE. — Mais, monsieur...

VANCOUVER. — S'il ne t'embrasse pas, je te chasse!...

CHIQUETTE, *prenant la pièce.* — Ah! alors!...

VANCOUVER. — Va, accroche-toi à lui, ne le lâche
pas!...

CHIQUETTE, *regardant la pièce d'or que lui a donnée
Vancouver.* — Monsieur... elle est bonne au moins ?

VANCOUVER. — Oui... fille des champs! Va!

CHIQUETTE, *à part, sortant.* — En voilà une commission!

SCÈNE XIII

VANCOUVER, GALATHÉE

GALATHÉE. — Ah çà! mon frère, avez-vous perdu la
tête ?

VANCOUVER. — Quoi donc ?

GALATHÉE. — Et le déjeuner ? nous laisser seules avec
ce jeune homme!

VANCOUVER, *la prenant par la main et l'amenant.* — Je
viens de faire une découverte horrible!... Ça m'a coupé
l'appétit.

GALATHÉE, *effrayée.* — Ah! mon Dieu!

VANCOUVER. — M. Dardenbœuf est un être complètement... dévergondé!...

GALATHÉE. — Ah! encore...

VANCOUVER. — Primo : il a l'œil d'un satyre... secundo :
il en conte à Chiquette!... Une fille de la plus basse
extraction.

GALATHÉE. — Ce n'est pas possible!

VANCOUVER. — Elle-même vient de m'en faire l'aveu...
Ce matin, il lui a donné quarante francs pour se faire
mettre sa cravate.

GALATHÉE. — Ça prouve qu'il est généreux!

VANCOUVER. — Et il l'embrasse dans tous les coins de
la maison!... Est-ce de la générosité, ça ?

GALATHÉE. — Monsieur Vancouver, si vous me faites
voir cela!...

VANCOUVER. — Eh bien ?

GALATHÉE. — J'abandonne M. Dardenbœuf!

DARDENBŒUF, *en dehors*. — Ah! ah!... gaillarde!...

VANCOUVER, *remontant*. — Chut!... il vient de ce côté...
Chiquette rôde autour de lui... entrons là...

Il indique la terrasse.

GALATHÉE. — Comment! un espionnage ?

VANCOUVER. — Montesquieu l'a dit!... « C'est souvent
« derrière les portes des hommes qu'on apprend l'his-
« toire de leurs passions. »

AIR du *Neveu du mercier.*

ENSEMBLE

Là, de cette embuscade,
Guettons, surveillons ce luron;
Après cette incartade,
Point de rémission!

GALATHÉE

Si l'on me persuade,
Il sortira de la maison :
Après cette incartade,
Point de rémission.

Ils entrent sur la terrasse et referment la porte vitrée.

SCÈNE XIV

DARDENBŒUF; *puis* CHIQUETTE;
puis VANCOUVER et GALATHÉE

CHIQUETTE, *en dehors*. — Monsieur n'achève pas la
bouteille ?

DARDENBŒUF, *de même*. — Comment donc!...

Il entre, un verre à champagne à la main; Chiquette le suit.

SUITE DE L'AIR

ENSEMBLE

Verse, verse rasade,
Gente soubrette à l'œil fripon!
Le beau-père est maussade,
Mais son champagne est bon!

CHIQUETTE, *versant à part.*

Encore une rasade !
Et si j'en crois son œil fripon,
Bientôt le camarade
M'embrass'ra sans façon.

DARDENBŒUF, *un peu animé, à part.* — Elle a un drôle de petit nez, la soubrette ! *(Haut.)* Est-ce qu'il a été fabriqué dans ce pays-ci ?

CHIQUETTE. — Le champagne ?

DARDENBŒUF. — Non... ton nez... Tu es de Châteauroux ?...

CHIQUETTE. — De La Châtre...

DARDENBŒUF. — Ah ? tu es de La Châtre ?... Gaillarde !... *(Tendant son verre et chantant.)* Verse, verse, rasade ! *(A part.)* Drôle de petit museau !

CHIQUETTE, *à part.* — On dirait qu'il me reluque !

DARDENBŒUF. — Quel âge as-tu ?

CHIQUETTE. — J'aurai dix-neuf ans aux noisettes.

DARDENBŒUF. — Eh ! eh !... j'aimerais à t'y accompagner... aux noisettes !

Il lui rend le verre.

CHIQUETTE. — Vous les aimez ?

Elle se verse à boire dans le verre que lui a rendu Dardenbœuf.

DARDENBŒUF. — Enormément !... Et à quoi te destines-tu ?

CHIQUETTE. — Dans ce moment, je me destine à être rosière.

Elle boit.

DARDENBŒUF. — Ah ! tu te destines... à être ?... *(La voyant boire.)* Gaillarde !

CHIQUETTE. — Tiens, on a une timbale et un couvert d'argent !

Elle pose à gauche la bouteille et le verre.

DARDENBŒUF. — Comme au mât de cocagne !... mais c'est plus difficile...

CHIQUETTE, *revenant à lui.* — Ensuite on est embrassée par M. le maire...

DARDENBŒUF, *avec indifférence.* — Oh ! çà !... j'aimerais mieux la timbale... Est-il un peu joli, ton maire ?...

CHIQUETTE. — Ah ! je vous en réponds !... il vous ressemble !

DARDENBŒUF, *à part.* — Fichtre!... mais c'est une
déclaration! *(Haut.)* Ah çà! tu me trouves donc pas-
sable ?

CHIQUETTE, *baissant les yeux.* — Je ne m'y connais
pas... mais, dès que je vous ai vu... ça m'a donné un
coup de poing dans l'estomac!

DARDENBŒUF, *à part.* — Nom d'un petit Ruggieri!...
Si j'étais sûr de ne pas être vu ?

       Il remonte et regarde vers la salle à manger.

CHIQUETTE, *à part.* — Eh bien, il s'en va!

DARDENBŒUF, *revenant à Chiquette.* — Ah! ça t'a
donné un coup de poing dans l'estomac! *(Au moment où
il va l'embrasser, il aperçoit la tête de Vancouver qui paraît
à la porte de la terrasse et disparaît aussitôt. — A part.)*
Oh!... Vancouver!... un piège! *(Prenant gravement la
main de Chiquette et descendant la scène avec elle.)* Ma
fille, écoutez-moi!...

*Vancouver et Galathée sortent de la terrasse et écoutent au
fond.*

CHIQUETTE, *à part.* — Il va m'embrasser!

DARDENBŒUF, *sentencieusement.* — De tout temps, la
vertu fut honorée chez les anciens!... Les Romains avaient
élevé un temple à la chasteté.

CHIQUETTE, *étonnée.* — Oui, monsieur...

DARDENBŒUF. — Les Egyptiens la consacraient dans
leurs mystères...

CHIQUETTE, *abasourdie.* — Oui, monsieur...

DARDENBŒUF, *avec force.* — Et les Hébreux avaient
coutume de dire qu'une femme sans retenue... était une
noisette sans amande!

SCÈNE XV

DARDENBŒUF, CHIQUETTE, GALATHÉE,
VANCOUVER; *puis* ISMÉNIE

GALATHÉE, *avec éclat.* — Ah! que c'est bien!... ah que
c'est joli!... Une noisette sans amande!...

VANCOUVER, *ahuri.* — Oui... je l'ai encore lu dans l'al-
ma... *(A part.)* Gredin! gredin! gredin!

GALATHÉE. — Et vous avez pu l'accuser ?

VANCOUVER. — Moi ?... c'est Chiquette!... *(Bas à Chiquette.)* Petite idiote!... rends-moi mes quarante francs!

CHIQUETTE. — Tiens!... c'est pas ma faute!...

Elle sort par la gauche.

GALATHÉE, *à Dardenbœuf.* — Ah! vous êtes un ange!... *(A Vancouver.)* N'est-ce pas, mon frère ?

VANCOUVER. — Sans doute!... sans doute!... *(Bas.)* Mais j'ai une inquiétude...

GALATHÉE. — Laquelle ?

VANCOUVER. — Je crains qu'il ne soit froid.

GALATHÉE. — Ah! voilà autre chose! *(A Isménie qui entre par la gauche.)* Arrive donc, mon enfant!... Si tu avais entendu parler ton prétendu...

ISMÉNIE. — Sur quoi ?

VANCOUVER, *raillant.* — Sur les Hébreux!... et les noisettes!... C'est charmant... Voici ma fille... Reparlez-nous des Hébreux!... Encore les noisettes!... encore les Hébreux!

DARDENBŒUF. — Avec plaisir... Chez ce peuple, vraiment sage, il existait une coutume...

VANCOUVER, *ironiquement à sa fille.* — Tu vas voir... il est plein d'érudition!

DARDENBŒUF, *continuant.* — Quand un jeune homme demandait une demoiselle en mariage...

VANCOUVER. — Hein ?...

DARDENBŒUF. — L'usage était de fixer incontinent le jour des noces.

GALATHÉE. — Mais il a raison!

VANCOUVER. — Permettez!... permettez!...

GALATHÉE. — Voyons, fixons le jour des noces!...

VANCOUVER. — Cependant...

GALATHÉE. — Trois mois ?

VANCOUVER. — Jamais!

DARDENBŒUF. — Deux ?

VANCOUVER. — Encore moins!

DARDENBŒUF. — Encore moins ?... un ?...

VANCOUVER. — Pourquoi pas ce soir ?

GALATHÉE. — Alors, fixez vous-même...

VANCOUVER. — Eh bien... dans dix-huit mois!

DARDENBŒUF, *se récriant.* — Dix-huit mois!...

GALATHÉE. — Pourquoi ça ?

VANCOUVER. — Je n'ai pas d'habit noir.

GALATHÉE, *avec solennité.* — Octave... écoute-moi...

VANCOUVER. — Oui, Galathée...

GALATHÉE. — Je jouis d'une belle fortune, vous le savez...

VANCOUVER, *à part.* — Cristi! qu'elle est embêtante! Allons!... dix mois!... n'en parlons plus!... *(A part).* D'ici là...

TOUS. — Dix mois!...

GALATHÉE, *outrée.* — Dix mois!... c'est une mauvaise plaisanterie!... Venez, ma nièce. *(Les deux femmes remontent; à Vancouver.)* Réfléchissez-y bien!... Songez à ce que vous allez faire!...

Elles sortent.

SCÈNE XVI

DARDENBŒUF, VANCOUVER

DARDENBŒUF, *à Vancouver, lui tapant sur le ventre.* — Voyons, beau-père... dix mois, c'est l'éternité!... c'est presque jamais!

VANCOUVER, *froidement.* — Monsieur... je vous offre une partie de billard, c'est tout ce que je peux faire pour vous.

DARDENBŒUF, *avec impatience.* — Ah! le billard!... *(Frappé d'une idée.)* Tiens!... j'accepte... à une condition.

VANCOUVER. — Laquelle?

DARDENBŒUF. — Je vous joue huit mois en dix points!...

VANCOUVER, *à part.* — Cristi!... si je pouvais le gagner!

DARDENBŒUF, *à part.* — Il a l'air assez galette, le beau-père! *(Haut.)* Vous acceptez?

VANCOUVER. — Non... *(A part.)* Il me l'offre, donc il est fort! *(Haut.)* Un autre jeu moins aléatoire.

DARDENBŒUF. — Lequel?

VANCOUVER. — Pair ou impair!...

DARDENBŒUF. — Ça va!

VANCOUVER. — Je fais! *(Il plonge la main dans sa poche et la retire. — A part.)* — Si je pouvais gagner... Huit et dix... dix-huit mois! *(Tendant sa main fermée.)* Qu'est-il?

DARDENBŒUF, *à part.* — Je joue de trac!... *(Haut.)* Pair! *(Vancouver ouvre la main. — Prenant les pièces et les montrant.)* Deux pièces!... J'ai gagné!

VANCOUVER, *les reprenant et les montrant.* — Vingt et un sous... vous avez perdu!

DARDENBŒUF. — Deux pièces, c'est pair!

VANCOUVER. — Non ! vingt et un sous, c'est impair !

DARDENBŒUF. — Non, monsieur !...

VANCOUVER. — Si, monsieur !...

DARDENBŒUF. — Non, monsieur !

VANCOUVER. — Alors, coup nul !

DARDENBŒUF, *plongeant ses deux mains dans ses poches, à part.* — Coup nul, coup nul !... Attends, attends ! *(Haut.)* A moi de faire. *(Il présente sa main droite.)* Qu'est-il ?

VANCOUVER, *après avoir hésité.* — Impair !

DARDENBŒUF, *mettant sa main droite dans sa poche et ouvrant la gauche.* — Il est pair !

VANCOUVER. — Monsieur !... c'est l'autre main !

DARDENBŒUF. — Non, monsieur.

VANCOUVER. — Si, monsieur.

DARDENBŒUF. — Non, monsieur.

VANCOUVER. — Si, monsieur !

DARDENBŒUF. — Alors, coup nul !

VANCOUVER, *à part.* — Nous n'en sortirons pas ! *(Haut.)* Monsieur, un autre jeu encore beaucoup moins aléatoire.

DARDENBŒUF. — Je fais !

VANCOUVER. — Non, monsieur ! Je vous joue au premier fiacre qui passera... ils ont des numéros... Pair ou impair ?

DARDENBŒUF. — Ça va !... Pair !

VANCOUVER. — Impair !

Ils remontent près de la fenêtre, l'ouvrent et regardent dans la rue avec des lorgnons.

DARDENBŒUF. — En voici un !... 44 ! j'ai gagné !

VANCOUVER, *criant.* — Alors, coup nul ! *(Tombant sur une chaise au fond.)* Ruiné ! anéanti ! démoli !

SCÈNE XVII

LES MÊMES, ISMÉNIE, GALATHÉE

DARDENBŒUF, *allant au-devant des dames.* — Venez, mesdames... Je viens d'obtenir de ce bon M. Vancouver que le mariage se ferait dans deux mois.

GALATHÉE, *avec joie.* — Deux mois ! c'est à peine si nous avons le temps d'acheter le trousseau, de préparer nos toilettes.

VANCOUVER, *à part, se levant.* — Je roule dans un torrent!

GALATHÉE. — Vite! nos chapeaux!... Nous allons commencer nos acquisitions.

ISMÉNIE. — Tout de suite!

DARDENBŒUF. — Moi, je cours à la mairie, pour les publications.

VANCOUVER, *à part.* — Il va publier ma fille! *(A Galathée.)* Ma sœur, il faut que je vous parle seul à seule.

GALATHÉE. — Ah! mon Dieu! quelle figure!

CHŒUR

AIR de *La Fille bien gardée.*

VANCOUVER, *à part.*

J'ai, pour saper dans le vif
Cette chaîne
Qui me peine,
Un moyen superlatif!
Mais positif.

DARDENBŒUF, GALATHÉE, ISMÉNIE

A plus d'un préparatif
Cette chaîne
Nous entraîne,
Soyons tous, pour ce motif,
Expéditifs!

Isménie entre à gauche. Dardenbœuf sort par le fond.

SCÈNE XVIII

VANCOUVER, GALATHÉE

(Trémolo à l'orchestre jusqu'au mot seu-sœur.)

GALATHÉE. — Mon frère, je vous écoute.

VANCOUVER, *très mystérieusement.* — Chut!... Assurons-nous d'abord que personne ne peut nous entendre.

Il remonte et regarde aux portes.

GALATHÉE, *à part.* — Quel est ce mystère?

Vancouver, *à part.* — Voudra-t-elle avaler un aussi gros morceau ?

Galathée. — Eh bien ?

Vancouver. — Chut! *(Il la prend par la main et l'amène sur l'avant-scène.)* Seu-sœur, ce mariage est devenu... imperpétrable!

Galathée. — Pourquoi ?

Vancouver. — L'homme a des faiblesses!... Nous étions en Espagne...

Galathée. — Vous ?... Vous n'avez jamais fait qu'un voyage... à Melun.

Vancouver. — Chut!... Je t'ai dit que j'allais à Melun, mais nous étions en Espagne... C'est un raffinement!

Galathée, *sans comprendre.* — Eh bien ?...

Vancouver, *à part.* — Elle avale! *(Haut.)* Nous habitions la petite ferme de las Badayos don Caramente y Fuentes... *(A part.)* C'est plein de couleur locale... *(Haut.)* Sur les bords fleuris de la Bidassoa... où elle était venue pour prendre les eaux...

Galathée, *étonnée.* — Elle!... qui ?

Vancouver. — Tout à coup, un incendie se déclare!...

Galathée. — Où ça ?

Vancouver. — Dans la Bidassoa... non! dans la petite ferme de las Badayos don Caramente... et cætera!... et cætera!... Quelle nuit!... Les éclairs déchiraient la nue aux franges d'argent... le tonnerre grondait...

Galathée, *frémissant.* — Ah!...

Vancouver. — Un tonnerre d'Espagne!... Sais-tu ce que c'est qu'un tonnerre d'Espagne ?...

Galathée, *avec terreur.* — Oh!... ça doit être horrible!

Vancouver, *poétiquement.* — J'étais jeune... elle était belle... belle!... comme une grenade en fleur!... Que te dirai-je ?

Galathée. — Assez!...

Vancouver. — C'est juste!... Tu es demoiselle!... Et voilà... voilà comment ce jeune homme... est mon fils.

Galathée. — M. Dardenbœuf ?

Vancouver. — Totalement!

Galathée. — Ah! mon Dieu!

Vancouver, *à part.* — Elle avale parfaitement!

Galathée. — Mais comment as-tu pu découvrir cet étrange mystère ?

Vancouver. — Tout à l'heure... à pair ou non... en voyant passer un fiacre. Et maintenant, je te le demande...

pouvons-nous marier le frère avec la sœur ?... Le pouvons-nous ?

GALATHÉE. — Oh! non!... jamais!

VANCOUVER, *s'oubliant.* — Alors, campons-le à la
porte... et gaiement!

GALATHÉE. — C'est votre fils!...

VANCOUVER. — C'est juste! *(Avec sentiment.)* Ah!
Galathée! le voir, et ne pouvoir l'embrasser!

GALATHÉE. — Pauvre frère!... Mais nous aurons soin
de lui... car, après tout, il est mon neveu.

VANCOUVER. — C'est mon fils!

GALATHÉE. — Il a droit à la moitié de ma fortune.

VANCOUVER, *vivement.* — Ah! diable! Non! non!

GALATHÉE. — Pourquoi ?...

VANCOUVER. — Parce que... *(A part.)* Elle avale trop!
(Haut.) Nos bienfaits pourraient lui donner des soupçons... Il ne faut pas qu'il pénètre le secret de sa naissance.

GALATHÉE. — Oh! non!... Pour lui!... pour sa mère!

VANCOUVER. — La malheureuse!... Galathée! tu me
jures de ne révéler à personne cette mystérieuse épopée ?

GALATHÉE. — Je te le jure!

VANCOUVER. — Très bien! *(A part, gaiement.)* Main-
nant, je suis tranquille.

SCÈNE XIX

GALATHÉE, VANCOUVER, ISMÉNIE
puis DARDENBŒUF

ISMÉNIE, *entrant.* — Ma tante, voilà votre chapeau.

GALATHÉE, *à part.* — Ah! mon Dieu! pauvre enfant!
(Haut.) C'est inutile... je ne sors plus.

Elle s'assied.

ISMÉNIE. — Comment ?

VANCOUVER. — Une crampe dans le pied gauche!...
c'est signe de pluie.

DARDENBŒUF, *rentrant vivement et joyeux.* — C'est
fait!... Je viens de la mairie!

VANCOUVER, *à part.* — Attends! je vais t'en donner de
la mairie! *(Haut.)* Dardenbœuf, mon ami... ta main!
(Se reprenant.) Votre main!

GALATHÉE, *à part, se levant.* — Il va se trahir!

DARDENBŒUF, *donnant sa main à Vancouver.* — La voici !

VANCOUVER, *la serrant avec transport.* — Oh ! merci ! oh ! merci !

DARDENBŒUF, *à part.* — Qu'est-ce qu'il a ?

VANCOUVER, *lui rendant sa main.* — Ça suffit !... Ma sœur aurait une petite communication à vous faire.

DARDENBŒUF. — A moi ?

GALATHÉE. — Oui, monsieur. *(A part.)* C'est étonnant comme il lui ressemble. *(Haut, avec émotion.)* Monsieur Dardenbœuf... mon ami... le ciel m'est témoin que je ne vous veux pas de mal..: au contraire... parce que... si vous pouviez savoir...

VANCOUVER, *toussant.* — Hum ! hum !

DARDENBŒUF, *à part.* — Le vieux tousse... il y a encore quelque chose !

GALATHÉE. — Enfin, ce mariage... qui devait faire notre bonheur... est devenu tout à fait impossible !

DARDENBŒUF, *à part.* — V'lan ! j'allais le dire !

ISMÉNIE. — Impossible !... Comment... ma tante !... et c'est vous !...

VANCOUVER, *à Isménie.* — Laisse-nous... laisse-nous... Va ôter ton chapeau.

ISMÉNIE. — Non ! c'est trop fort, à la fin !... Si vous ne voulez pas me marier, dites-le !

VANCOUVER. — Ma fille ! ma fille !... je t'ordonne d'aller ôter ton chapeau.

ISMÉNIE. — Oh ! j'en mourrai !... et ça sera bien fait !

Elle sort vivement par la gauche.

SCÈNE XX

GALATHÉE, DARDENBŒUF, VANCOUVER ;
puis ISMÉNIE

DARDENBŒUF, *à part.* — A nous trois, maintenant !

GALATHÉE, *le saluant.* — Monsieur !...

VANCOUVER. — Serviteur !...

DARDENBŒUF, *les ramenant tous deux par la main.* — Oh ! pardon ! pardon ! ça ne peut pas finir comme ça.

VANCOUVER. — Que demandez-vous ?

DARDENBŒUF. — Je demande le mot !... Ordinairement

quand on met les gens à la porte, l'usage est de leur dire pourquoi.

GALATHÉE. — Adressez-vous à mon frère.

VANCOUVER. — Non... à ma sœur !

DARDENBŒUF, *à Galathée.* — Madame...

GALATHÉE. — Ne m'interrogez pas !

DARDENBŒUF, *à Vancouver.* — Monsieur...

VANCOUVER. — Moi non plus !

DARDENBŒUF, *à part.* — C'est une partie de volant. *(Haut à Galathée.)* Est-ce que les renseignements ne sont pas bons ?

GALATHÉE. — Oh ! si !

DARDENBŒUF, *à Vancouver.* — Aurais-je eu le malheur de vous déplaire !

VANCOUVER. — Oh non !

DARDENBŒUF. — Eh bien ?

GALATHÉE. — Ne m'interrogez pas !

VANCOUVER. — Moi non plus !

DARDENBŒUF, *s'emportant.* — Ah !... je perds patience à la fin !... On ne berne pas un prétendu comme ça ! sacrebleu !

VANCOUVER. — Monsieur !...

GALATHÉE. — Jeune homme !...

DARDENBŒUF, *s'exaspérant.* — Non ! non ! non !... Il me faut un éclaircissement !... et je l'aurai !

VANCOUVER. — Jamais !

DARDENBŒUF, *le menaçant.* — Quand je devrais vous en demander raison !... *(Le prenant au collet.)* Quand je devrais...

GALATHÉE, *éperdue.* — Malheureux !... c'est ton père !

DARDENBŒUF. — Qui ça ?... Lui !!!!

VANCOUVER, *à part.* — Patatras !... je vais prendre un bain !

Il remonte.

DARDENBŒUF. — Un instant !... Ah ! c'est vous qui êtes mon papa ?

VANCOUVER, *très troublé.* — Oui... oui... oui... en grande partie...

GALATHÉE. — Souvenez-vous de la ferme de Badayos !...

DARDENBŒUF. — La ferme de Blaguayos ?...

VANCOUVER, *barbotant.* — Don Caramente... y Fuentes...

GALATHÉE. — Donc, le mariage est impossible !

DARDENBŒUF. — Minute ! *(Il tire le médaillon de sa*

poche, *le baise avec émotion, puis, le présentant à Vancou-*
ver :) La reconnaissez-vous ?

VANCOUVER, *s'attendrissant sur la miniature.* — Oh
oui !... oh oui !... pauvre amie !... voilà bien ses traits
chéris !... C'est bien ma grenade en fleur... je sens un
pleur.

DARDENBŒUF. — Vieux farceur !... C'est la belle
Gabrielle !

VANCOUVER. — Crédié !...

GALATHÉE. — Vertuchou !...

DARDENBŒUF, *gouaillant.* — Pourvu que ça n'arrive
pas aux oreilles d'Henri IV !...

GALATHÉE, *indignée.* — Ah !... mon frère !... un pareil
subterfuge !...

Elle le pince avec colère.

VANCOUVER, *à part, se frottant le bras.* — Pincé... *Pin-*
çatus sum !...

GALATHÉE, *à Isménie qui entre.* — Ma nièce, voici ton
mari... la noce se fera dans deux mois.

ISMÉNIE, *joyeuse.* — Est-il possible !...

VANCOUVER, *à part, tristement.* — C'en est fait de l'Empire romain !... Je n'ai pas assez gratté le salsifis !...

CHŒUR FINAL

AIR d'*Hervé.*

VANCOUVER

Chantons cet hymen déplorable
Qui, par un troc malencontreux,
M'enlève une fille adorable
Et me donne un gendre odieux.

GALATHÉE et DARDENBŒUF

Chantons en ce jour mémorable
Ce doux hymen qui rend heureux
La future la plus aimable,
Le futur le plus amoureux.

ISMÉNIE

Notre bonheur sera durable
Oui, cet hymen doit être heureux,
Car j'ai, par un choix favorable,
Le futur le plus amoureux.

FIN DE MON ISMÉNIE !

UN AMI ACHARNÉ

COMÉDIE-VAUDEVILLE EN UN ACTE
PAR EUGÈNE LABICHE ET ALPHONSE JOLLY

représentée pour la première fois, à Paris, sur le Théâtre des Variétés, le 19 janvier 1853

ACTEURS qui ont créé les rôles.

DUMONCEL, associé de Lefèvre	M. NUMA
LEFÈVRE, banquier.	M. HENRY ALIX
JULES DE LUCENAY.	M. DANTERNY
LUCIE, fille de Lefèvre. . .	Mlle VIRGINIE DUCLAY
JOSEPH, domestique de Dumoncel.	M. DELIÈRE

La scène est à Paris, chez Lefèvre.

Un intérieur élégant. — Porte au fond. — Deux autres portes à droite et à gauche du troisième plan. — A droite, sur le devant, une cheminée. — A gauche, en face de la cheminée, une bibliothèque. Au fond, de chaque côté de la porte d'entrée, deux consoles de Boule avec vases du Japon. — A gauche, une table riche sur laquelle il y a une corbeille à ouvrage, des lettres et des journaux. — Tableaux. — Portières aux portes. — Fauteuils. — Ameublement riche. — Au-dessus de la porte du fond, on voit une sonnette.

SCÈNE PREMIÈRE

LEFÈVRE; *puis* DUMONCEL

LEFÈVRE, *seul, assis devant la table.* — Voyons mon courrier... C'est par là que nous commençons la journée, nous autres banquiers. (*Il ouvre plusieurs lettres.*)

DUMONCEL, *en paletot noisette, entrant par le fond, un bouquet à la main. Ce bouquet est formé de violettes de Parme, entourées de roses pompon.* — Encore un... Ça fait huit! c'est trop fort!

LEFÈVRE, *sans se déranger.* — Ah! c'est toi, Dumoncel?

DUMONCEL, *préoccupé.* — Oui... bonjour!... bonjour! (*A part.*) Qui diable peut envoyer des bouquets à ma femme?

LEFÈVRE. — C'est une lettre de notre correspondant de New York.

DUMONCEL, *distrait.* — De New York... Sois tranquille... je vais y envoyer...

LEFÈVRE. — Plaît-il ?

DUMONCEL, *à part, examinant son bouquet.* — Des roses pompon... de la violette de Parme... affreuses petites fleurs ! *(Il veut le jeter et se ravise.)* Non ! voyons si par hasard il n'y aurait pas un billet... *(Il fouille le bouquet.)*

LEFÈVRE. — Il nous avise une traite sur Cadix.

DUMONCEL, *se piquant les doigts.* — Aïe !

LEFÈVRE. — Quoi ?

DUMONCEL. — Rien !... j'écoute... une traite !... La traite des Noirs... c'est un crime !

LEFÈVRE. — En vérité, mon cher associé, je crois que tu perds la tête.

DUMONCEL, *jetant le bouquet dans la cheminée.* — Eh bien ! c'est vrai, je ne dis pas le contraire ! *(Il passe à gauche de l'autre côté de la table.)* Mais qui diable peut envoyer des bouquets à ma femme ? *(D'un ton menaçant.)* Ce n'est pas toi, Lefèvre ?...

LEFÈVRE. — Non !... je t'avoue...

DUMONCEL. — Je ne t'en veux pas !... au contraire... Figure-toi, mon ami, que depuis huit jours mes cheminées, mes vases, mes étagères... enfin... tout, chez moi, est encombré, empesté de roses pompon et de violettes de Parme !

LEFÈVRE. — Tu ne les aimes pas ?

DUMONCEL, *avec fureur.* — Moi ?

AIR : *J'ai vu le Parnasse des dames.*

> Du tout, les fleurs, je les déteste !...
> Toujours aux maris les bouquets,
> Faisant une guerre funeste,
> Des amants servent les projets.
> La lutte devient difficile !
> Et quand on pense qu'à Paris,
> Chaque jour il s'en vend dix mille,
> C'est bien triste pour les maris...
> C'est effrayant pour les maris !

Mais d'où peuvent-elles venir, ces fleurs ?...

LEFÈVRE. — L'as-tu demandé à ta femme ?

DUMONCEL. — Oui... Sais-tu ce qu'elle m'a répondu ?... Oh !... elle m'a répondu que c'était elle...

LEFÈVRE. — Eh bien !

DUMONCEL. — Comme c'est vraisemblable !... Voilà quarante-six ans que je me connais et il ne m'est jamais venu à l'idée de m'envoyer le moindre bouquet !... Vois-tu... il y a quelque chose là-dessous... Ces fleurs cachent un précipice... comme toutes les fleurs!

LEFÈVRE, *se levant et gagnant la droite*. — Tu n'y penses pas... accuser ta femme!

DUMONCEL, *le suivant*. — Je ne l'accuse pas, oh! Dieu!

LEFÈVRE. — A la bonne heure!

DUMONCEL. — Je la soupçonne.

LEFÈVRE. — Tu as tort.

DUMONCEL. — Mon ami, c'est entre nous... mais j'ai peur d'avoir fait une boulette en me mariant!...

LEFÈVRE. — Allons donc!

DUMONCEL. — A quarante-six ans... épouser une demoiselle de dix-neuf... pristi!... et qui a passé par le Conservatoire encore!

LEFÈVRE. — Le Conservatoire est une institution nationale... d'où sortent presque tous nos premiers talents...

DUMONCEL. — Oui, mais sans garantie du gouvernement!... sans garantie!...

LEFÈVRE. — Ah! tu es fou!... et je rougirais à ta place...

DUMONCEL. — Mais je ne fais que répéter ce que tu me disais avant mon mariage... Pourquoi ne me le dis-tu plus ?... Ah!

LEFÈVRE. — Mais dame!... parce que...

DUMONCEL. — Parce que le mal est fait!

LEFÈVRE. — Du tout!... Parce que madame Dumoncel est une femme que je respecte... que j'estime.

DUMONCEL. — Tu me dis ça d'un air narquois.

LEFÈVRE. — Moi ? tu rêves!...

DUMONCEL. — Si! si!... je t'assure que tu me l'as dit d'un air narquois.

LEFÈVRE, *impatienté*. — Ah! comme tu voudras! (*Il va se rasseoir près de la table.*)

DUMONCEL, *après un temps, allant à lui*. — Dis donc... Lefèvre ?

LEFÈVRE. — Hein ?

DUMONCEL. — S'il y avait quelque chose... tu me le dirais, n'est-ce pas ?

LEFÈVRE, *prenant un journal*. — Mais oui... sois donc tranquille.

DUMONCEL. — Vois-tu... c'est la musique qui est cause de tout... Sans elle, je serais encore garçon!

LEFÈVRE. — Comment ça ?

DUMONCEL. — C'est plus fort que moi... quand j'entends de la musique, je tombe en extase... c'est comme un courant magnétique qui me prend depuis la racine des cheveux... enfin, je suis organisé!... j'ai le malheur d'être organisé!... Avant mon mariage, je passais tous mes dimanches à te jouer du flageolet... te rappelles-tu ?

LEFÈVRE, *vivement.* — Oh! oui! *(Il se lève, son journal à la main.)*

DUMONCEL. — Même que tu me disais toujours : Dumoncel, pourquoi ne vas-tu pas à la campagne ?... Mais va donc à la campagne!...

LEFÈVRE. — Ça m'aurait fait plaisir.

DUMONCEL. — J'aurais dû t'écouter... *(Tristement.)* Mais je suis allé au Conservatoire!... Ce jour-là, il y avait un concours, pour piano... je tombai au milieu d'un essaim de jeunes demoiselles... quand je dis demoiselles... toujours sans garantie du gouvernement!... J'en entendis une, deux, trois... médiocres. Enfin, Eugénie parut! ma femme!... Ah! mon ami!... quel talent! quelle vigueur! et quel morceau!

AIR : *Un homme pour faire un tableau.*

Je fus ébloui, fasciné!
Que veux-tu ? maintenant encore,
Je sens tout mon être entraîné,
Quand j'entends cet air que j'adore!
La Sirène ainsi me charma,
Et sur moi sachant son empire,
Choisit toujours ce morceau-là
Quand elle veut un cachemire!

Je n'ai pas besoin de te dire qu'elle emporta le prix d'emblée!... Dans mon enthousiasme, je me fis présenter chez sa mère... une femme âgée... qui plus tard s'est trouvée être sa tante... Oui, nous lui faisons quarante francs par mois... et des politesses au jour de l'an... des oranges... une voie de bois... des bêtises... Bref! je fus reçu dans la maison... on m'invita à dîner, on me pria d'apporter mon flageolet... Je l'apportai!... et à force de faire des croches et des doubles croches... un beau jour, je me trouvai accroché.

LEFÈVRE. — Marié!

DUMONCEL. — Accroché!... marié!... c'est ce que je voulais dire.

LEFÈVRE. — Tu n'as pas le sens commun! Madame

Dumoncel est une femme remplie d'attachement à ses devoirs...

DUMONCEL. — Tu vois bien... Tu me dis encore ça d'un air narquois.

LEFÈVRE. — Mais non!

DUMONCEL. — Si! si!... je te demande pardon!

LEFÈVRE. — Ah! au diable! (*Il va s'asseoir devant la cheminée et lit son journal.*)

DUMONCEL, *à part, regardant Lefèvre qui lui tourne le dos.* — Il a beau dire!... il s'est assis d'un air narquois.

SCÈNE II

DUMONCEL, JOSEPH, LEFÈVRE

JOSEPH, *entrant par le fond avec une tasse de tisane sur un plateau.* — A Dumoncel. — Monsieur ?

DUMONCEL. — Ah! Joseph!

JOSEPH. — Voilà ce que Madame vous envoie... pour votre migraine... de la violette...

DUMONCEL. — De Parme!... je n'en veux pas!... Je prends du chiendent! je veux mon chiendent!

JOSEPH. — Madame a dit comme ça... que la violette c'était meilleur pour votre tête.

DUMONCEL, *à part, et très lentement, en prenant la tasse.* — Elle a dit que la violette était meilleure pour ma tête... (*Joseph remonte.*) Amère dérision!... (*Il avale sa tisane. — Bas et mystérieusement.*) Joseph!...

JOSEPH, *redescendant à gauche.* — Monsieur ?

DUMONCEL, *remettant la tasse sur le plateau.* — Il viendra sans doute un jeune homme... aujourd'hui... ou demain... ou après-demain... ou un autre jour... avec un bouquet... Il te demandera : M. Dumoncel ? Tu répondras : Il est en voyage. Alors il te demandera : Madame Dumoncel... et tu le feras entrer.

JOSEPH, *voulant s'en aller.* — Bien, monsieur!...

DUMONCEL. — Attends donc!... Dès qu'il sera entré... tu tireras le cordon de la sonnette qui communique de chez moi ici...

JOSEPH, *montrant la sonnette au-dessus de la porte du fond.* — Celle-là ?

DUMONCEL. — Juste!... Va... (*Joseph remonte.*) Ah!...

(Joseph redescend au milieu.) Je te défends de sortir de trois jours.

JOSEPH. — Ah! bah!... et si Madame me donne une commission ?

DUMONCEL. — Tu me l'apporteras... je la ferai.

JOSEPH. — Pour lors, monsieur, voulez-vous aller tout de suite chercher six sous de mou pour le chat à Madame!

DUMONCEL. — Imbécile!... donne quinze sous à un commissionnaire, il ira pour toi!

JOSEPH. — Oui, monsieur. *(A part.)* Quinze et six, vingt et un... Ah! ben! il sera salé ce mou-là! *(Il sort par le fond.)*

SCÈNE III

DUMONCEL, LEFÈVRE

DUMONCEL, *à part, s'asseyant près de la table.* — Maintenant, je suis plus tranquille. J'ai placé un œil là-haut!...

LEFÈVRE, *toujours assis près de la cheminée.* — Ah! à propos, Dumoncel... as-tu fait porter au compte de M. Jules de Lucenay les cinquante-huit mille francs qu'il nous a versés hier...

DUMONCEL, *se levant.* — Oui... c'est fait. *(Soupçonneux.)* Mais, dis-moi donc... ce M. Jules de Lucenay, il vient bien souvent ici...

LEFÈVRE. — Dame! un client...

DUMONCEL. — Ça n'est pas clair... Je ne lui ai jamais parlé... mais je lui trouve comme un parfum de violette de Parme!

LEFÈVRE, *se levant.* — Allons! Ne vas-tu pas le soupçonner ?...

DUMONCEL. — Lefèvre... s'il y avait quelque chose, tu me le dirais, n'est-ce pas ?

LEFÈVRE. — Mais oui!... je te le promets!

DUMONCEL, *à part tristement.* — C'est égal... je suis sûr qu'il ne me le dirait pas! *(On entend un air de piano. — Haut.)* Chut!... écoute! *(En extase.)* C'est ma femme!... c'est Eugénie... au-dessus! ah! brava! ah! diva! son morceau!... son prix du Conservatoire! *(Il accompagne de la voix.)* Je n'y tiens plus... le courant magnétique!... tu sais... *(Reculant vers la porte du fond.)* C'est

plus fort que moi... On dit qu'Orphée attirait les bêtes...
je comprends ça... Je vais revenir... un bécarre!... ah!
brava! diva! *(Il sort vivement par le fond.)*

SCÈNE IV

LEFÈVRE; *puis* LUCIE

LEFÈVRE, *seul.* — Ce pauvre Dumoncel!... il perd la
tête!... Où diable a-t-il été prendre ces sottes idées de
jalousie?... Un peu plus il allait soupçonner M. de
Lucenay... le prétendu de ma fille! *(Le piano s'arrête.)*

LUCIE, *entrant par le fond.* — Bonjour, papa.

LEFÈVRE. — Ah! te voilà, mon enfant... tu es bien
matinale... Après ça, un jour comme celui-ci...

LUCIE. — Quoi donc?

LEFÈVRE. — N'est-ce pas aujourd'hui que M. de Lucenay doit me faire sa demande?... A propos, il faut que je
te gronde... en vérité tu n'es pas charitable... Ce pauvre
jeune homme s'épuise en frais de conversation, de politesse, de galanteries... et tu ne sais lui répondre qu'une
chose! *oui, monsieur... non, monsieur...* tu as pourtant
une bonne petite langue, quand tu veux!

LUCIE. — Dame! papa... moi, je ne le connais pas, ce
monsieur!

LEFÈVRE. — Est-ce qu'il te déplaît... ce monsieur?

LUCIE, *vivement.* — Mais je n'ai pas dit cela!

LEFÈVRE. — Ah!

LUCIE. — Il a l'air très bon, très doux... Par exemple,
je trouve qu'il me regarde trop... ça m'embarrasse!

LEFÈVRE. — Si tu n'as que ce reproche à lui adresser...
De mon côté, les renseignements que j'ai pris sont
excellents.

LUCIE. — Ah! tu as pris des... *(Etourdiment.)* Sait-il
valser à deux temps?

LEFÈVRE. — Ça, je l'ignore...

LUCIE. — Ah! c'est le plus important!...

LEFÈVRE. — Tu le lui demanderas toi-même... Adieu,
je vais passer un moment dans mes bureaux.

LUCIE, *effrayée.* — Comment! tu me laisses toute
seule?

LEFÈVRE. — De quoi as-tu peur?

LUCIE. — Si ce monsieur venait.

LEFÈVRE. — Eh bien! tu le recevrais... ce monsieur!

LUCIE. — Mais s'il me parle ?

LEFÈVRE. — Tu lui répondras.

LUCIE. — Non... je n'oserai jamais.

LEFÈVRE. — Et dire que je lui ai donné trois professeurs de langues! Voilà de l'argent bien employé! Mais si tu continues, sais-tu ce qu'il pensera de toi, M. de Lucenay ? que tu es sotte, sans esprit...

LUCIE, *vivement*. — Par exemple!... ah! mais je vais parler, papa!... je vais parler!...

LEFÈVRE. — C'est ça! parle! étourdis-le!

ENSEMBLE

AIR du galop de *La Tentation*.

LEFÈVRE

Il va venir, je t'autorise,
Enfant, à le bien accueillir.
A mes désirs toujours soumise,
Sans peine tu peux m'obéir.

LUCIE

Puisque mon père l'autorise,
Ici je dois bien l'accueillir,
A ses désirs toujours soumise,
Sans peine je vais obéir.

Lucenay entre à gauche.

SCÈNE V

LUCIE, *seule; puis* LUCENAY

LUCIE, *seule*. — Certainement, je vais parler... et beaucoup! D'abord je ne veux pas qu'il me prenne pour une sotte, et puis il faut que je le questionne, que je l'interroge... Il croit peut-être avoir affaire à une petite fille...

Lucenay est entré par le fond, un bouquet à la main; il salue Lucie qui lui tourne le dos.

Lucenay. — Mademoiselle... permettez-moi...

Lucie, *se retourne, pousse un cri et se sauve par la droite.* — Ah!...

SCÈNE VI

Lucenay, *seul.*

Son bouquet est pareil à celui qu'avait Dumoncel.

Voilà ce qu'on appelle faire sa cour!... Ça dure trois mois... et je n'en suis encore qu'à la demande... C'est égal, j'irai jusqu'au bout; Lucie est charmante... Je ne crains qu'une chose... c'est qu'elle ne soit musicienne... Ah! dame!... quand on a été comme moi le très humble serviteur d'une jeune pianiste, élève du Conservatoire... Six mois de piano forcé!... entendre tous les jours mâcher le même morceau sur le même instrument!...

AIR de *Lantara.*

C'était à vous donner la rage!
Un beau jour je pris mon chapeau
Et sans attendre davantage
Je fis choix d'un sujet nouveau...
Je voulais un sujet nouveau.
Où trouver une Iphigénie ?
Or mon amour s'aventura,
Voulant rompre avec l'harmonie,
Dans les chœurs du grand opéra...
C'est en haine de l'harmonie
Que je fis choix de l'opéra!

Et je n'eus pas à m'en plaindre... Mais... *(Déclamant.)* Le temps de la morale est à la fin venu!... et ce matin, chez moi, grand autodafé de petits billets roses... sans orthographe... signés Flanquine, Risette, ou Caboche... On appelle ça ratisser son jardin et brûler les mauvaises herbes... Pauvres filles! ça m'a fait de la peine... pour Caboche surtout... ma dernière!... une petite... qui demeure ici tout près... rue de Navarin... mais quand le cœur est pris... C'est vrai... j'en suis déjà aux distractions... Tout à l'heure, n'ai-je pas été sonner à l'étage supérieur avec mon bouquet... il paraît que mes bouquets sont destinés à faire fausse route... Cet imbécile de fleuriste vient de m'avouer que lui aussi, depuis huit jours, s'était trompé de porte... *(Il va se chauffer à la cheminée, en tournant le dos à la porte du fond, et mettant derrière lui la main qui tient le bouquet.)*

SCÈNE VII

DUMONCEL, LUCENAY

DUMONCEL, *entrant par le fond. — A part, voyant le bouquet.* — C'est lui!... l'homme aux bouquets!... j'en étais sûr!... Voyons de quel œil il soutiendra mon regard. *(Haut, et se plaçant au milieu du théâtre, les bras croisés.)* Hum! hum!... monsieur... je vous présente mes hommages!...

LUCENAY, *se retournant et saluant.* — Monsieur... *(A part.)* Qu'est-ce que c'est que cet original?

DUMONCEL. — Monsieur... je me suis promis d'être calme... Qu'avez-vous à me dire?... J'attends...

LUCENAY. — Moi?... je n'ai rien à vous dire.

DUMONCEL. — La feinte est inutile... Le pot aux roses... pompon!... est découvert... *(Avec dignité.)* Et j'attends!

LUCENAY, *après l'avoir considéré un moment.* — Serviteur, monsieur! *(Fausse sortie.)*

DUMONCEL, *lui barrant le passage.* — Un instant, jeune homme!... Puisque vous refusez de parler, c'est moi qui vais m'expliquer...

LUCENAY. — Ça me fera plaisir...

DUMONCEL, *avec une ironie qu'il cherche à rendre cruelle.* — En vérité, vous avez là un bien charmant bouquet.

LUCENAY, *à part.* — Qu'est-ce que ça lui fait...

DUMONCEL. — Vous aimez les roses pompon et la violette de Parme, à ce qu'il paraît?

LUCENAY. — Beaucoup... Et vous?

DUMONCEL. — Moi, monsieur? *(Appuyant.)* Quand par hasard il en entre chez moi... j'en fais présent à ma cuisinière!

LUCENAY. — Votre cuisinière!... Ça ne me regarde pas... mais vous avez là un drôle de goût!

DUMONCEL, *à part.* — Hein?... il n'a pas compris...

il est bête!... *(Haut.)* Pour en revenir à ce bouquet... je suis sûr qu'*elle* le trouvera délicieux.

LUCENAY, *à part.* — Ah! çà! mais de quoi se mêle-t-il ?

DUMONCEL. — Je dis *elle*... parce que c'est sans doute pour...

LUCENAY, *vivement.* — C'est pour moi, monsieur... J'aime à m'offrir des fleurs. *(Il remonte à gauche.)*

DUMONCEL, *à part, passant à droite.* — Comme ma femme!... Ils se sont donné le mot! *(Haut.)* Pourtant, monsieur...

LUCENAY, *qui a déposé son bouquet sur la table.* — Pardon... à qui ai-je l'honneur de parler ?

DUMONCEL. — Vous le savez bien, monsieur!

LUCENAY. — Ah!... Eh bien! faites comme si je ne le savais pas.

DUMONCEL, *avec majesté.* — Jules Dumoncel, associé de la maison Lefèvre et compagnie.

LUCENAY, *à part.* — Diable! un ami de la famille... *(Haut, très aimable.)* Je suis charmé, monsieur, de faire votre connaissance... on m'a dit de vous un bien!... *(Il lui tend la main.)*

DUMONCEL, *à part, retirant la sienne.* — Eugénie lui a dit du bien de moi... elle n'est peut-être qu'égarée!

LUCENAY. — Voyons, monsieur, que désirez-vous de moi ?... car jusqu'à présent je ne comprends pas...

DUMONCEL. — Je vais lui mettre les points sur les *i*... *(Haut.)* Monsieur, je suis venu pour vous demander un conseil... J'ai un de mes amis intimes... très intimes... un autre moi-même... *(A part.)* Mettons-lui bien les points sur les *i*! *(Haut.)* ...qui est marié!

LUCENAY. — Oui.

DUMONCEL. — Et jaloux, très jaloux!

LUCENAY. — Ah!

DUMONCEL. — Il a des raisons suffisantes de croire qu'un jeune homme, un lion... un gant jaune!... *(A part.)* Mettons-lui toujours les points sur les *i*! *(Haut.)* ...fait la cour à ma femme. *(Se reprenant.)* A sa femme!

LUCENAY. — Très bien.

DUMONCEL. — Comment! très bien!

LUCENAY. — Non, continuez...

DUMONCEL. — Or, mon ami, cet autre moi-même... cherche un moyen de se débarrasser de ce jeune fat! *(A part.)* Il n'a pas l'air brave! *(Haut.)* De ce... polisson! vous comprenez!

LUCENAY. — Parfaitement... mais que puis-je faire à cela ?

DUMONCEL. — J'ai pensé que vous... qui êtes un jeune homme à la mode... lancé dans ces sortes d'aventures...

LUCENAY, *s'en défendant.* — Oh!

DUMONCEL. — Si! vous y êtes lancé!... J'ai pensé que vous pourriez me donner un bon conseil... pour mon ami.

LUCENAY. — Voilà une singulière consultation... Enfin!... Tenez, je vais, pour un moment, me mettre à la place de l'amoureux...

DUMONCEL. — Du fat!... j'ai dit le fat! le polisson!

LUCENAY, *souriant.* — Soit!

DUMONCEL, *à part.* — Il n'a pas l'air brave... J'ai envie de le massacrer!

LUCENAY. — Il m'est arrivé une fois dans ma vie de garçon d'être amoureux d'une femme mariée... que je ne nommerai pas...

DUMONCEL. — C'est inutile... *(A part.)* Eugénie!

LUCENAY. — Elle avait pour mari un être assez désagréable...

DUMONCEL. — Comment! un être!

LUCENAY. — Aussi, en peu de temps, je fis des progrès sensibles sur le cœur de la dame... Mes bouquets étaient bien reçus, mes visites ne déplaisaient pas...

DUMONCEL, *à part.* — Il me conte ça tranquillement... J'ai envie de le massacrer!

LUCENAY. — Que vous dirai-je ?... j'allais être heureux...

DUMONCEL, *à part.* — J'ai la chair de poule!

LUCENAY. — Lorsque, bien malgré moi, et je ne sais pour quel motif, je me trouvai forcé de dîner chez le mari.

DUMONCEL, *presque à lui-même.* — Comment!... qu'est-ce qu'il dit ?...

LUCENAY. — Vous allez vous moquer de moi... mais à la vue de cet intérieur calme, honnête... de ces petits enfants qui embrassaient leur mère, de ce mari... qui me serrait les mains avec confiance... je me sentis ému, glacé... Il me sembla que j'étais sur le seuil d'une mauvaise action... et je m'arrêtai, je reculai... je m'enfuis pour rester honnête homme!

DUMONCEL, *à part.* — Ah! çà, est-ce qu'il se figure que je vais l'inviter à dîner... C'est un pique-assiette!

LUCENAY. — Voilà, monsieur, comment un accueil franc et cordial...

DUMONCEL. — Ta ta ta!... Tout ça c'est très joli... mais je ne donne pas là-dedans!... Je ne donne pas à dîner, moi!... je suis pour les moyens violents, moi! *(D'un air terrible.)* Je suis brutal, moi!

LUCENAY. — Ah! je comprends... un éclat... un duel...

DUMONCEL. — C'est possible! *(A part.)* Il pâlit! *(Haut.)* Vous n'avez peut-être jamais eu de duel, jeune homme ?

LUCENAY. — Un seul... malheureux!

DUMONCEL. — Vous fûtes blessé ?

LUCENAY. — Non...

DUMONCEL, *sans réfléchir.* — Tué ?... *(Vivement.)* Non... c'est une bêtise...

LUCENAY. — J'ai cassé le bras de mon adversaire.

DUMONCEL, *à part.* — Diable! Il a cassé le bras de son adversaire... ça change la thèse... *(Haut.)* Vous me disiez donc qu'un accueil franc et cordial ?...

LUCENAY. — Suffit presque toujours pour ramener un homme d'honneur... car tromper celui qui vous a serré les mains, qui vous a fait asseoir à son foyer... c'est plus qu'une trahison, c'est une lâcheté! *(Il descend la scène à gauche.)*

DUMONCEL. — Bien, jeune homme! *(A part.)* Il paraît que, quand une fois, il a serré les mains... Toute réflexion faite... j'ai envie de l'inviter à dîner! *(Haut, allant vers Lucenay.)* Eh! eh!... ce cher ami!...

LUCENAY, *étonné.* — Monsieur ?...

DUMONCEL. — Voulez-vous me faire le plaisir de venir sans façon...

LUCENAY, *quittant brusquement Dumoncel.* — Ah! mademoiselle Lucie!... *(Il a repris son bouquet et va au-devant de Lucie qui entre par la droite.)*

SCÈNE VIII

DUMONCEL, LUCENAY, LUCIE

LUCIE, *à Lucenay.* — Pardonnez-moi de vous avoir quitté un peu brusquement tout à l'heure... c'était pour prévenir mon père de votre arrivée... Il va venir.

LUCENAY. — Vous êtes trop bonne... il ne fallait pas le déranger.

DUMONCEL, *venant près de Lucenay*. — Mon cher ami, voulez-vous me faire le plaisir de venir sans façon...

LUCENAY, *offrant le bouquet à Lucie*. — Mademoiselle... permettez-moi ?...

DUMONCEL, *à part*. — Voilà le bouquet placé!... il veut me donner le change... c'est très adroit... *(Résolument.)* Il faut absolument qu'il me serre les mains!... là est mon salut!

LUCIE, *tenant le bouquet*. — Ces fleurs sont charmantes, et vous êtes trop aimable...

DUMONCEL, *intervenant*. — Comment! s'il est aimable! ... mais c'est un cœur d'or! et un esprit... d'or! *(Lucie va porter le bouquet sur la cheminée.)*

LUCENAY. — Monsieur...

DUMONCEL. — Un ami enfin!... car vous êtes mon ami! *(Lucie s'assied contre la cheminée, tire une broderie de sa poche, et travaille.)*

LUCENAY, *s'inclinant*. — C'est trop de bontés!... je suis confus...

DUMONCEL, *tendant les mains à Lucenay*. — Ce cher Lucenay!... ce brave Lucenay!... *(Lucenay, sans faire attention à lui, va près de Lucie. — A part.)* Il ne veut pas!... il a son projet, c'est évident!

LUCIE, *à Lucenay*. — Vous connaissez depuis lontemps M. Dumoncel ?

LUCENAY. — Mais depuis cinq minutes.

DUMONCEL. — Qu'importe! une seule suffit pour s'apprécier, s'estimer, se... *(Lui tendant les mains.)* Ce cher Lucenay!... ce brave Lucenay!

LUCENAY, *s'inclinant, sans avancer la main*. — Monsieur... *(A part.)* Il est insupportable!

DUMONCEL, *à part*. — Il ne veut toujours pas!... mais j'y mettrai de l'obstination... je l'accablerai de petits soins!

LUCENAY, *à part*. — Est-ce qu'il ne va pas s'en aller ?

DUMONCEL, *à Lucenay qu'il attire par le bras près de lui*. — Ah çà! j'entends que nous passions la journée ensemble!...

LUCENAY. — Permettez...

DUMONCEL. — Vous dînez avec moi... sans façon...

LUCENAY, *vivement*. — Impossible! *(Lucie se lève, emportant sa broderie. Elle va à la table, et prend quelque chose dans la corbeille à ouvrage.)*

DUMONCEL. — Pourquoi ?

LUCENAY. — Parce que je suis de garde!

DUMONCEL. — Où ça ?

LUCENAY. — Mais... à l'Entrepôt! J'ai une faction de quatre à six!

DUMONCEL. — Très bien! *(A part.)* Il me vient une idée magistrale! *(Haut et arrêtant Lucenay qui veut aller retrouver Lucie.)* Et après votre faction ?...

LUCENAY. — J'ai un rendez-vous chez mon notaire!

DUMONCEL. — Et après votre notaire ?

LUCENAY, *à part.* — Ah! çà, est-ce qu'il compte marcher sur mes talons toute la journée ?

DUMONCEL. — Eh bien ?

LUCENAY. — Je retourne au poste.

DUMONCEL. — Non.

LUCENAY. — Comment!

DUMONCEL. — Vous allez aux Français voir la rentrée de Rachel [1]. J'y vais.

LUCENAY, *vivement.* — Merci!

LUCIE. — Mon père a promis de m'y conduire.

LUCENAY, *allant près de Lucie.* — Ah!... c'est différent! c'est que je n'ai pas de places retenues... *(Lucie s'assied près de la table et reprend son ouvrage.)*

DUMONCEL, *attirant de nouveau Lucenay à lui.* — Soyez tranquille!... je m'en charge... Ces dames dans une loge, et nous deux... à l'orchestre!

LUCENAY. — J'aurais préféré...

DUMONCEL. — Deux stalles, à côté l'une de l'autre... nous ne nous quitterons pas...

LUCENAY. — Certainement... je suis flatté...

DUMONCEL, *lui tendant les mains.* — Ce cher Lucenay!... ce brave Lucenay!...

LUCENAY, *à part.* — Il est assommant! *(Il retourne près de Lucie.)*

DUMONCEL, *à part.* — Il ne veut toujours pas!

LUCENAY, *regardant l'ouvrage de Lucie.* — Voilà une délicieuse broderie...

LUCIE, *étourdiment.* — C'est pour le mariage!...

LUCENAY. — Ah!

LUCIE, *se reprenant.* — D'une de mes amies...

LUCENAY, *finement.* — D'une amie... bien intime ?

DUMONCEL, *venant entre eux deux, prendre le bras de Lucenay et le conduisant au milieu de la scène.* — Dites donc... je voulais vous demander...

1. La grande actrice (1821-1858) fit presque toute sa brève carrière à la Comédie-Française où elle débuta en 1838.

LUCENAY, *à part*. — Sapristi! en voilà un qui m'ennuie!

DUMONCEL. — Porte-t-on le sac dans votre compagnie?

LUCENAY, *avec impatience*. — Eh! je ne sais pas! *(Il retourne près de Lucie.)*

DUMONCEL, *à part, le regardant s'éloigner*. — Il est froid! *(Retournant vers Lucenay qui cause bas avec Lucie.)* Dites donc, Lucenay? *(Il le reprend par le bras et le ramène au milieu.)*

LUCENAY. — Quoi? *(A part.)* C'est un crampon!

DUMONCEL. — Je voulais vous demander...

LUCENAY, *tout à coup*. — Voulez-vous me rendre un service?

DUMONCEL, *joyeux*. — Un service! dix! vingt! trente!...

LUCENAY, *à part*. — Je vais lui donner une course!... *(Fouillant dans sa poche et en tirant des papiers pêle-mêle.)* J'ai là des valeurs sur Londres que je désirerais faire escompter...

DUMONCEL. — Tout de suite, mon ami, tout de suite!... Vous n'avez pas autre chose? des commissions? je suis prêt! me voilà!

LUCENAY. — Merci...

DUMONCEL, *lui tendant les mains*. — Ce cher Lucenay... ce brave Lucenay...

LUCENAY, *lui donnant les papiers*. — C'est pressé...

DUMONCEL. — Oui... j'y cours! *(Il remonte.)*

Lucie se lève et vient près de Lucenay. Dumoncel redescend entre eux deux.

Adieu... Jules!... adieu... mon bon Jules!

LUCENAY, *impatienté*. — Serviteur!

DUMONCEL, *à part*. — Il faudra bien qu'il y vienne!

ENSEMBLE

AIR : *La Dernière Rose* (polka de M. Heintz).

DUMONCEL

Je ne veux pas vous faire attendre
Et dans les bureaux à l'instant
Pour vous servir je vais me rendre...
Un ami doit être obligeant.

LUCENAY, *à part*.

Il nous fait bien longtemps attendre...

Haut.

Allez, et sans perdre un instant.
C'est un vrai service à me rendre,
Et j'en serai reconnaissant.

LUCIE, *à part.*

Dans les bureaux il va se rendre,
Et nous laisser seuls à l'instant.
Je n'ose le prier d'attendre :
Un ami doit être obligeant.

*Dumoncel sort par le fond, après avoir de nouveau tendu
les mains à Lucenay inutilement.*

SCÈNE IX

LUCIE, LUCENAY

LUCENAY, *à part.* — Enfin! il est parti!...
LUCIE, *à part.* — Voilà la peur qui me reprend!
LUCENAY. — Ah! mademoiselle... combien je suis heureux de me trouver un moment seul avec vous...
LUCIE, *intimidée.* — Oui, monsieur... Mon père va revenir... Ça ne peut pas être bien long.
LUCENAY. — Tenez, franchement mademoiselle... Avouez que je vous fais un peu peur...
LUCIE. — Mais pas du tout, monsieur, pas du tout! *(A part.)* Ça se voit... Comment faire ?
LUCENAY. — Ne vous en défendez pas... car de mon côté... ce n'est pas sans trembler un peu...
LUCIE. — Ah! bah!...
LUCENAY. — Et quand on est deux à trembler... on est bien près d'avoir du courage.
LUCIE, *à part.* — Le fait est que j'ai moins peur!
LUCENAY. — D'ailleurs, au point où nous en sommes... il faut se connaître, s'étudier, s'assurer qu'on a les mêmes goûts...
LUCIE. — Certainement!...
LUCENAY. — Je suis sûr que vous avez une quantité de questions à m'adresser ?
LUCIE. — Oh! oui!... C'est-à-dire...
LUCENAY. — Voyons, parlez, mademoiselle... je suis prêt à passer mon examen de prétendu!

LUCIE. — Non... commencez, vous!

LUCENAY. — Oh! moi, ça ne sera pas long... Mademoiselle, le premier jour où je vous ai vue, je vous ai aimée... J'ai admiré votre esprit, votre grâce, votre enjouement...

LUCIE. — Mais ce n'est pas un examen, cela!

LUCENAY. — Enfin, pour me résumer, mademoiselle, je ne vois que vous, je ne rêve que de vous!

LUCIE. — Mais, monsieur...

LUCENAY. — A votre tour, maintenant, mademoiselle, à votre tour!

LUCIE, *à part.* — S'il croit que je vais lui répondre sur le même ton!

AIR : *Ma belle est la belle des belles.*

LUCENAY

Parlez, parlez, mademoiselle!

LUCIE

De vous je voudrais obtenir
Une confidence...

LUCENAY

Laquelle ?

LUCIE

Mais surtout n'allez pas mentir!
Aux maris, nos mentors, nos guides,
Trop souvent légers, inconstants,
Il faut des qualités solides...
Savez-vous valser à deux temps ?

LUCENAY. — Certainement, mademoiselle!

LUCIE. — Bien vrai ?

LUCENAY. — Voulez-vous en faire l'essai ?

LUCIE. — Oh! non!

LUCENAY, *avec conviction.* — C'est qu'il y a des prétendus qui se donnent des qualités qu'ils n'ont pas... *(Lui prenant la taille pour valser.)* Et je tiens à vous prouver...

LUCIE, *s'en défendant.* — Je vous crois... c'est inutile!

LUCENAY, *insistant.* — Si, mademoiselle, pour moi... pour ma propre satisfaction... je vous en prie... *(Ils se mettent en position.)*

LUCIE, *résistant un peu.* — Valser en plein jour... nous aurons l'air de deux fous...

LUCENAY. — Il faut bien s'étudier!... Après, nous passerons à une autre question.

AIR : *Buvons au sultan Misapouf (L'Ambassadrice).*

Commençons...

LUCIE

Mais valser tous deux!

LUCENAY

C'est un examen sérieux. *(Ils valsent.)*

LUCIE

A deux temps c'est mieux!

LUCENAY. — Quelle grâce légère!

LUCIE

C'est folie... si l'on nous voyait...

LUCENAY

Eh bien! qui donc nous blâmerait ?
C'est charmant, parfait!
Quel moment plein d'attrait!

Ils s'arrêtent un moment.

LUCIE

Courage! à vous je puis le dire,
Valser ainsi, mais c'est très bien.

LUCENAY

Avec succès, moi, je désire
Passer ici mon examen.

Ils recommencent à valser sur la reprise, que l'orchestre joue seul; quand ils ont fait quelques tours, Lefèvre entre.

SCÈNE X

LUCENAY, LEFÈVRE, LUCIE

LEFÈVRE, *entrant par le fond, voyant sa fille valser avec Lucenay.* — Eh bien!... eh bien!... qu'est-ce que vous faites donc ?

LUCIE et LUCENAY, *se séparant.* — Oh!... *(Lucie est tout intimidée.)*

LEFÈVRE. — Comment! mademoiselle... vous que je laisse si timide... Qu'est-ce que cela signifie ?...

LUCIE, *baissant les yeux.* — Dame! papa... tu vois... je... je prenais des informations!

LUCENAY. — Oui, nous prenions des...

LEFÈVRE. — En valsant ?

LUCIE, *bas à son père.* — Dis donc, je n'ai plus peur!

LEFÈVRE. — Je le vois bien!... Monsieur de Lucenay, je crois qu'il est temps que vous me fassiez votre demande...

LUCENAY. — C'est mon plus vif désir.

LEFÈVRE, *désignant la gauche.* — Eh bien! passons dans mon cabinet... et nous causerons sérieusement... sans accompagnement de valse!

LUCIE, *à part.* — C'était pourtant bien gentil!

ENSEMBLE

AIR : *La Dernière Rose* (polka de M. Heintz).

LEFÈVRE, *à part.*

De ce futur j'aime le caractère;
    Oui, je l'espère,
    Il saura plaire.
Il est charmant, et je ne pouvais faire
    Pour ma fille, je crois,
    Un meilleur choix.

LUCIE, *à part.*

De mon futur, j'aime le caractère;
    Oui, je l'espère,

Il saura plaire.
Il est charmant, et je ne pouvais faire
Pour un mari, je crois,
Un meilleur choix.

LUCENAY, *à part.*

Elle est charmante!... et quel doux caractère!
Oui, je l'espère,
Je saurai plaire.
C'est du bonheur! car je ne pouvais faire
Pour mon hymen, je crois,
Un meilleur choix.

Lefèvre et Lucenay sortent par la gauche.

SCÈNE XI

LUCIE, *seule; puis* DUMONCEL

LUCIE, *regardant la porte à gauche qui s'est refermée.* — Ils sont là... M. de Lucenay fait sa demande... Il est très bien, ce jeune homme... et comme il valse!... A la bonne heure!... voilà un mari!... *(S'approchant de la porte à gauche.)* Je voudrais bien entendre... Oh! non! c'est indiscret!... mais on peut regarder. *(Elle se penche et regarde par le trou de la serrure.)*
DUMONCEL, *entrant par le fond; il est en habit de garde national, le sac sur le dos, sans fusil.* — Là... me voilà équipé!
LUCIE, *se relevant vivement.* — M. Dumoncel!... *(Surprise de le voir en garde national.)* Ah!...
DUMONCEL, *mystérieusement.* — Chut!... il ne faut pas le dire... c'est une surprise!
LUCIE. — Vous êtes de garde?
DUMONCEL. — Non!... pas moi... Lucenay... mon ami Lucenay!
LUCIE. — Eh bien! alors?
DUMONCEL. — Chut!... c'est une surprise! J'ai eu l'heureuse idée de prendre sa place... Diable de sac!... ça me gêne! et quand il arrivera au poste... à l'Entrepôt... il me trouvera là, en faction... je lui tendrai la main... je lui dirai : Ce cher Lucenay! ce brave Lucenay!...

Nous échangerons une poignée de main... mais là...
vigoureuse!... et je suis sauvé!

LUCIE. — Sauvé... de quoi ?

DUMONCEL. — Ah! c'est que vous ne savez pas; ma
femme... *(S'arrêtant.)* Non! rien!... je monte la garde
pour mon agrément... une débauche militaire!... *(A
part.)* Diable de sac! ça me gêne!

LUCIE, *riant.* — Vous êtes bien drôle là-dessous!

DUMONCEL. — Où est Lucenay ?

LUCIE. — Dans le cabinet de mon père... *(Vivement.)*
Mais on n'entre pas!

DUMONCEL. — Je ne veux pas entrer non plus... S'il
me voyait, il n'y aurait pas de surprise. *(Tirant des
papiers.)* Tenez, faites-moi le plaisir de lui rendre ces
papiers... ce sont ses valeurs sur Londres; il n'a oublié
qu'une chose, c'est de les acquitter... il faut qu'il les
acquitte.

LUCIE, *prenant les papiers.* — Il est un peu distrait
dans ce moment.

DUMONCEL. — Oui... je sais pourquoi.

LUCIE. — Ah! *(Elle va poser les papiers sur la table.)*

DUMONCEL, *à part.* — C'est ma femme... *(Haut, avec
énergie.)* Mais je le forcerai bien à me les serrer!

LUCIE, *revenant à Dumoncel.* — Quoi ?

DUMONCEL. — Rien!... Diable de sac!... Je vous laisse...
il faut que je passe au Théâtre-Français pour les places...
et ma faction... c'est-à-dire sa faction... enfin notre faction est de quatre à six... *(Il remonte.)*

LUCIE. — Bien du plaisir! *(Elle passe à droite.)*

DUMONCEL, *du fond.* — Merci... *(Redescendant.)* A
propos, vous ne savez pas si on porte le sac dans sa compagnie ?...

LUCIE. — Non.

DUMONCEL. — J'aurais voulu le savoir parce que...
(A part.) Diable de sac!... *(Haut.)* Oh! je le forcerai
bien à me les serrer! *(Il sort par le fond.)*

SCÈNE XII

LUCIE, *seule.*

Ce bon M. Dumoncel!... il a l'air de bien aimer
M. de Lucenay... *(Par réflexion.)* Est-ce *de* Lucenay...

ou Lucenay tout court ?... Oh! ça doit être *de* Lucenay...
ce n'est pas que j'y tienne au moins... pourtant je ne
serais pas fâchée de savoir... Ah! ces papiers... *(Elle va
à la table et lit un papier.)* « Il vous plaira payer à vue... »
(Parlé.) Pas de nom! *(Prenant un autre papier.)*
Celui-ci... *(Elle le parcourt et revient au milieu.)* Qu'est-ce
que c'est que ça ? *(Lisant.)* « Mon Jules adoré! Je ne
« t'ai pas vu depuis quinze jours... et tu étais sorti pour
« aller me chercher des billets d'Ambigu... Après tes
« serments, c'est bien mal! Si nous ne devons plus nous
« revoir, envoie chercher ton paletot noisette qui est
« resté dans mon antichambre : ça pourrait me faire du
« tort. Mon vœu le plus ardent serait de finir ma vie
« près de toi dans un désert!... *Post-Scriptum.* Apporte-
« moi des marrons glacés. Ton inconsolable Nini
« Caboche. » Oh! c'est affreux!... une pareille lettre!...
lui qui me jurait tout à l'heure de n'aimer que moi!...
Oh! il peut aller retrouver mademoiselle Caboche... dans
un désert!... Quant à moi... tout est fini!... bien fini!...

SCÈNE XIII

Lucie, Lefèvre, Lucenay

Lefèvre, *entrant avec Lucenay par la gauche.* — Touchez là, monsieur!... vous êtes mon gendre... *(Il descend
à la gauche de Lucie.)*

Lucenay, *à Lucie.* — Ah! mademoiselle, que je suis
heureux!

Lucie, *le saluant froidement.* — Monsieur...

Lucenay. — Qu'avez-vous donc ?... cet accueil sévère...

Lefèvre. — En effet, qu'y a-t-il ?

Lucie. — Il y a, mon père, que je suis très honorée
de la recherche de Monsieur... mais je ne veux plus me
marier.

Lefèvre. — Allons donc!

Lucenay. — C'est impossible! un changement si
prompt!...

Lefèvre. — Mais il faut des motifs... des raisons bien
graves ?...

Lucie, *remettant la lettre à son père.* — Lisez... mon
père.

LUCENAY, *à part.* — Qu'est-ce que c'est que ça ?

LEFÈVRE, *lisant.* — « Mon Jules adoré... » *(A part.)*
Aïe !

LUCENAY, *à part.* — Sapristi !... une lettre de
Caboche !... je croyais les avoir brûlées !...

LEFÈVRE, *achevant de lire.* — « *Post-Scriptum.* Apporte-
« moi des marrons glacés. »

LUCIE, *reprenant la lettre et montrant la signature à
Lucenay.* — Signé... Nini Caboche !

LUCENAY, *vivement et avec aplomb.* — Connais pas !...
cette lettre n'est pas à moi !

LUCIE. — Oh ! c'est trop fort !

LUCENAY. — Pardon, mademoiselle... permettez-moi
de me justifier... De qui tenez-vous ce billet ?

LUCIE. — De votre ami... M. Dumoncel !

LUCENAY, *à part.* — Lui ! oh ! il me le paiera.

LUCIE. — Il se trouvait parmi les valeurs que vous lui
avez remises... et que vous avez oublié d'acquitter...
(Elle lui montre les papiers sur la table.)

LUCENAY, *reprenant les papiers.* — Ah ! je comprends !...
tout s'explique !... ces papiers ont couru dans les bureaux...
et un de vos commis y aura laissé tomber par mégarde
sa correspondance... Voilà !

LEFÈVRE. — Voilà !

LUCIE. — Malheureusement ce billet porte votre
nom...

LEFÈVRE. — Jules !

LUCENAY. — Qu'est-ce que cela prouve ?... Il y a
quarante mille Jules à Paris...

LUCIE. — Et votre paletot noisette ?

LUCENAY. — Tous les Jules peuvent en porter.

LEFÈVRE. — Ça ferait quarante mille paletots noisette... Mazette !... *(Il remonte un peu et se tient au
deuxième plan, d'où il observe.)*

LUCENAY. — Remettez-moi cette lettre, mademoiselle,
et je me fais fort de vous démontrer...

LUCIE, *serrant la lettre.* — Permettez... Je ne la rendrai
qu'à son véritable propriétaire... si j'ai le bonheur de le
rencontrer... Vous avez de l'adresse, beaucoup de res-
sources dans l'esprit... il vous sera sans doute facile de le
découvrir, de me l'amener... car je serais bien aise de le
voir... Jusque-là permettez-moi de ne pas soutenir la
concurrence avec mademoiselle Caboche !... *(Elle le salue
et remonte vers la porte à droite.)*

LUCENAY, *la suivant.* — Mais, mademoiselle...

LUCIE, *près de la porte à droite.* — Justifiez-vous, monsieur... justifiez-vous. *(Elle entre à droite.)*

LUCENAY, *à part, redescendant à gauche.* — Patatras!... me voilà bien. *(Haut à Lefèvre.)* Mais, vous, monsieur... vous daignerez m'écouter...

LEFÈVRE. — Que diable! mon cher... que voulez-vous que je vous dise?... ma fille n'a pas tout à fait tort!... Pourquoi laissez-vous traîner ces choses-là ici?... *(Il remonte à droite.)*

LUCENAY. — Mais je vous assure...

LEFÈVRE, *près de la porte à droite.* — Justifiez-vous, monsieur, justifiez-vous! *(Il entre à droite à la suite de sa fille.)*

SCÈNE XIV

LUCENAY, *seul.*

Justifiez-vous!... Il croit que c'est commode!... Où trouver un Jules... tout de suite... qui veuille bien endosser mon paletot... et mademoiselle Caboche par-dessus le marché! *(Avec rage.)* Et c'est à ce gredin de Dumoncel que je dois ça!... l'imbécile!... l'animal! je ne l'aimais pas!... je dois me rendre cette justice... mais maintenant... je le déteste! je l'exècre!

SCÈNE XV

DUMONCEL, LUCENAY

DUMONCEL, *entrant par le fond, très essoufflé et toujours en garde national, avec son fusil.* — Ouf!... je suis en nage!... diable de sac! *(Il pose son fusil dans le coin de la cheminée du côté de la porte.)*

LUCENAY. — Ah!...

DUMONCEL, *se retournant.* — Ah!...

LUCENAY. — Je suis bien aise de vous voir!

DUMONCEL. — Moi aussi!... Dites donc, farceur... je viens de l'Entrepôt...

LUCENAY. — Eh bien! après?

DUMONCEL. — C'est la ligne qui tient le poste...
Quand j'ai voulu entrer avec mon fusil... le caporal m'a
ri au nez...

LUCENAY. — Qu'est-ce que ça me fait ?... Pourquoi
allez-vous à l'Entrepôt ?

DUMONCEL, *tendrement*. — Tu me le demandes,
ingrat!

LUCENAY. — Je vous prie de ne pas me tutoyer.

DUMONCEL, *s'approchant de lui*. — Pardon... c'est un
élan!... je suis allé à l'Entrepôt pour vous épargner une
corvée... cruel!... pour monter votre garde...

LUCENAY, *brusquement*. — Moi ? je ne suis pas de
garde!

DUMONCEL. — Ah! bah!... cependant vous m'aviez
dit...

LUCENAY. — Eh! pour me débarrasser de vous!

DUMONCEL. — Comment! pour vous débarrasser!...
J'ai eu la bêtise de mettre mon sac!... savez-vous, monsieur, que je trouve cette plaisanterie...

LUCENAY, *sèchement et venant à lui*. — Plaît-il ?

DUMONCEL, *redevenant aimable*. — Charmante!... je
la trouve charmante! *(Lui tendant les mains.)* Ce cher
Lucenay!... ce brave Lucenay!... *(Lucenay remonte et
passe à droite. Dumoncel le suit, en lui tendant toujours les
mains.)* Cet excellent Lucenay!...

LUCENAY, *à part, lui tournant le dos*. — Ah! c'est une
infirmité!...

DUMONCEL, *à part*. — Il ne veut toujours pas!...
(Menaçant.) Petit croquant! petit fat!...

LUCENAY, *se retournant*. — Hein ?

DUMONCEL. — Rien! mais puisque vous n'êtes pas de
garde, vous dînez avec moi... j'ai un gigot de chevreuil.

LUCENAY. — Je n'aime pas le chevreuil!

DUMONCEL. — Ah, le chevreuil ne vous ?... Alors
qu'est-ce que vous aimez ?

LUCENAY. — J'aime... j'aime à dîner seul! je n'aime
pas qu'on m'assomme! qu'on me persécute! Voilà. *(Il
s'assied près de la cheminée.)*

DUMONCEL. — C'est bien, monsieur! ne vous fâchez
pas! *(Il remonte, puis redescend près de Lucenay.)* A quelle
heure faudra-t-il vous prendre ?

LUCENAY, *se levant et traversant*. — Ah!...

DUMONCEL. — A quelle heure faudra-t-il vous
prendre ?

LUCENAY. — Me prendre! Pour quoi faire ?

DUMONCEL. — Eh bien! pour aller au Théâtre-Français... On donne *Phèdre* et *La Famille Poisson*[2]... J'ai les billets...

LUCENAY. — C'est inutile... je n'irai pas!

DUMONCEL. — Comment!... mais on donne *Phèdre* et *La Famille*...

LUCENAY. — Ça m'est bien égal!

DUMONCEL, *à part*. — Ah! çà, mais il est plein de caprices!

LUCENAY, *à part*. — Quand je pense que sans cet imbécile-là!... oh! je ne peux pas le voir!

DUMONCEL, *à part*. — Qu'est-ce que je vais faire de mes deux stalles... et de mon gigot de chevreuil? *(Haut, tendrement.)* Lucenay?

LUCENAY. — Quoi?...

DUMONCEL, *avec douceur*. — Vous ne voulez donc pas m'aimer?

LUCENAY, *éclatant et venant à lui*. — Vous! après votre maladresse! après le mal que vous m'avez fait!

DUMONCEL. — Moi?... quoi?...

LUCENAY. — Rien!... laissez-moi tranquille!... vous avez la rage de vous faufiler dans mes affaires!

DUMONCEL. — Qu'est-ce que je lui ai fait?... je vous le demande!...

LUCENAY. — Et maintenant il faut que j'improvise un Jules de bonne volonté!... et au lieu de m'aider... vous êtes là à me parler de gigots, de poissons!...

DUMONCEL. — *La Famille Poisson*...

LUCENAY. — Vous n'avez pas un Jules dans vos bureaux?

DUMONCEL, *sans comprendre*. — Un Jules?...

LUCENAY. — Oui... je le paierai ce qu'il faudra!

DUMONCEL. — Il n'y a ici que moi de ce nom...

LUCENAY. — Vous?... vous vous appelez Jules?

DUMONCEL, *tendrement*. — Oui... comme vous!... Deux Jules qui pourraient se donner la main. *(Il lui tend les mains.)*

LUCENAY. — Ah! bah! ah! sapristi!

DUMONCEL, *à part*. — Qu'est-ce qu'il y a?

LUCENAY, *à part*. — Il est un peu mûr pour un Jules... mais je n'ai pas le choix... D'ailleurs, il a un paletot

---

2. *La Famille Poisson ou les trois Crispins*, comédie en un acte de l'acteur Joseph Samson (1793-1871), créée à la Comédie-Française en 1845.

noisette... Quelle chance! *(Haut à Dumoncel.)* Où est votre paletot ?

DUMONCEL. — Comment! mon paletot ? *(A part.)* Il a une conversation décousue...

LUCENAY. — Vous en aviez un ?...

DUMONCEL. — Il est chez moi... là-haut... Pourquoi ?

LUCENAY, *à part.* — Pourvu que Caboche consente... Je vais lui écrire un mot... elle est bonne fille... *(Haut, se rapprochant de Dumoncel et riant en le regardant.)* Hé! hé! hé!

DUMONCEL, *riant aussi.* — Hé! hé! hé!... *(A part.)* Je l'aime mieux comme ça!

LUCENAY, *riant toujours.* — Hé! hé! ce cher Dumoncel!...

DUMONCEL, *à part.* — Il m'appelle son cher!... C'est peut-être le moment! *(Haut, lui tendant les mains.)* Ah! Lucenay!...

LUCENAY. — Où pourrai-je trouver ?...

DUMONCEL, *avec empressement.* — Vous souhaitez quelque chose ? Tout de suite... parlez!

LUCENAY. — Ce qu'il faut pour écrire ?

DUMONCEL, *courant.* — Vite!... du papier! une plume!... de l'encre!... *(Ne trouvant pas ce qu'il cherche.)* Non! par là! *(Il entre vivement à gauche.)*

LUCENAY, *seul.* — Ecrire ? c'est long! c'est compromettant... il vaut mieux que j'aille moi-même rue de Navarin... c'est à deux pas... Oui, mais son paletot... qui est là-haut... Bah! essayons! *(Il sort vivemet par le fond.)*

SCÈNE XVI

DUMONCEL; *puis* JOSEPH

DUMONCEL, *rentrant avec ce qu'il faut pour écrire.* — Voilà!... et du papier glacé!... *(Il pose le tout sur la table et prépare le fauteuil.)* Il n'y a rien de trop bon pour vous... *(Offrant ses mains avec effusion.)* Ce cher Lucenay! ce brave Lucenay!... *(Regardant autour de lui.)* Eh bien ? où est-il donc ?... Parti!... Mais il est criblé de lubies, cet animal-là! il me fait aller comme un caniche!... Comment! il me demande une plume, du papier... je cours!... et il s'en va!... Il désire aller au théâtre... je pars, je

reviens, je suis en nage... crac!... Monsieur a changé
d'idée!... Ça n'est pas tenable!... voilà deux heures que je
m'essouffle à courir après cette amitié-là... et le sac sur le
dos encore!... Que je suis bête! je vais l'ôter. (*Il ôte son
sac et son ceinturon, qu'il pose sur la console à droite.*)
Encore, si j'y tenais à ce monsieur!... mais je le déteste!

AIR du Premier Prix.

> C'est pourtant vrai! l'ami qu'on aime,
> On peut, sans qu'il en coûte rien,
> Le négliger, l'oublier même...
> Tous les jours ça se fait très bien;
> Et nous nous donnons, au contraire,
> Beaucoup de soins et d'embarras,
> Beaucoup de peine, pour nous faire
> Des amis que nous n'aimons pas.

Celui-ci surtout!... un fat!... un freluquet!... Tout à
l'heure j'ai prononcé son nom devant ma femme... elle a
tressailli!... Un prix de piano qui tressaille! c'est extrêmement dangereux!... Diable de sac!... Ah! je ne l'ai
plus!... Mais où est-il ce polisson-là ? (*La sonnette au-
dessus de la porte du fond s'agite avec violence.*) Entrez!...
Il faut que je trouve un moyen de le subjuguer... (*La
sonnette s'agite.*) Entrez!... C'est qu'il y met de la coquet-
terie... le paltoquet! (*La sonnette s'agite plus fort.*) Mais
entrez donc!... Ah! fichtre! la sonnette de ma femme!...
il est là-haut!... c'est Joseph qui me prévient!... Cou-
rons!... (*Il remonte vivement vers la porte et redescend en
disant :*) Non! mon fusil... (*Il le prend.*) Il n'est pas
chargé... mais ça sera terrible.
    JOSEPH, *entrant par le fond.* — Eh! monsieur,
qu'est-ce que vous faites donc ?
    DUMONCEL. — Je prends les armes, Joseph!
    JOSEPH. — C'est inutile... il vient de partir.
    DUMONCEL. — A-t-il vu ma femme ?
    JOSEPH. — Non, il a causé avec la femme de chambre...
Il lui a donné quarante francs...
    DUMONCEL. — Pitié!
    JOSEPH. — Et en échange elle lui a remis...
    DUMONCEL. — Un billet ?...
    JOSEPH. — Non... je ne sais pas quoi... c'était enve-
loppé... (*Il désigne un objet assez volumineux.*)
    DUMONCEL, *à part, passant à gauche.* — Son portrait!...

oh! perfide Eugénie! *(Haut, avec emportement, voulant remonter.)* Laisse-moi passer!

JOSEPH, *l'arrêtant.* — Où allez-vous ?

DUMONCEL. — Je vais massacrer ma femme!

JOSEPH, *effrayé.* — Oh!

DUMONCEL, *se calmant.* — Non!... c'est une bêtise!

JOSEPH. — Oui, monsieur.

DUMONCEL. — Oui... la loi exige le flagrant délit... *(Mettant l'arme au bras.)* Eh bien, je l'attendrai le flagrant délit! *(Se promenant.)* Je l'attends! mais il ne viendra pas, le lâche!... Viens-y donc!

JOSEPH, *venant tout près de Dumoncel.* — Monsieur, je peux-t-y faire une course ?

DUMONCEL. — Moins que jamais!... Remonte et veille toujours!

JOSEPH, *lui remettant de l'argent.* — Pour lors voilà vingt sous... vous allez courir chez mon cordonnier...

DUMONCEL, *prenant les vingt sous et les mettant dans sa poche.* — Bien!

JOSEPH. — Vous lui direz que mes vieux souliers ont besoin d'un becquet...

DUMONCEL, *sans l'écouter.* — Oui...

JOSEPH. — Et puis, il y a l'empeigne qui est crevée.

DUMONCEL, *de même.* — Oui... Va-t'en au diable! tu m'ennuies! tu m'agaces! *(Joseph se sauve par le fond.)*

SCÈNE XVII

DUMONCEL; *puis* LEFÈVRE

DUMONCEL, *seul.* — Ah! je comprends maintenant pourquoi il ne voulait pas me les serrer! mais je me vengerai! je lui ferai voir que j'ai du sang dans les veines... et s'il le faut... *(il fait mine de croiser la baïonnette et se ravise)* je le traînerai devant les tribunaux!...

LEFÈVRE, *entrant par le fond, à part.* — Impossible de faire entendre raison à Lucie... Ces petites filles... *(Haut, en voyant Dumoncel qui se promène devant la cheminée, l'arme au bras.)* Dumoncel en faction!... Est-ce que tu es de garde ?

DUMONCEL. — Oui... non... oui... une débauche militaire!...

LEFÈVRE. — Tu n'es pas à la Bourse ?

DUMONCEL, *mystérieusement*. — Non!... je ne suis pas à la Bourse!

LEFÈVRE. — Mais les Espagnols baissent... Y as-tu pensé ?...

DUMONCEL. — Il me demande si j'ai pensé aux Espagnols!

LEFÈVRE. — Cette figure bouleversée... Qu'as-tu ?

DUMONCEL, *allant vivement poser son fusil dans le coin de la cheminée sur le devant et revenant à Lefèvre qu'il prend par le bras*. — J'ai... j'ai que ton M. Lucenay est un polisson, un débauché!

LEFÈVRE. — Comment ? tu as appris ?...

DUMONCEL, *vivement*. — Quoi! il y a donc quelque chose ?

LEFÈVRE. — Non! rien!

DUMONCEL, *secouant Lefèvre*. — S'il y a quelque chose! Je savais bien que tu ne me le dirais pas!

LEFÈVRE. — Peu de chose... un enfantillage!

DUMONCEL. — Justement, un...

LEFÈVRE. — Une lettre!...

DUMONCEL. — Une lettre!... *(A part, avec rage.)* Ils s'écrivent!

LEFÈVRE. — Signé : Nini...

DUMONCEL, *à part*. — C'est bien ça! Eugénie... Nini! c'est fini! *(Il tombe accablé sur le fauteuil près de la cheminée.)*

SCÈNE XVIII

LEFÈVRE, LUCENAY, DUMONCEL

Lucenay entre par le fond.

LUCENAY, *saluant*. — Messieurs, j'ai bien l'honneur...

DUMONCEL, *se levant et allant vivement à Lucenay*. — Ah! il ne s'agit pas de salutations, monsieur!... Cette lettre... il me la faut! je la veux!... je la veux!

LUCENAY. — Quelle lettre ?

LEFÈVRE. — Mais il ne l'a pas!

DUMONCEL. — Ah bah!... Qui donc ?

LEFÈVRE. — C'est ma fille!... impossible de la lui arracher!

DUMONCEL. — Lucie! où est-elle ?... Je cours... *(Il remonte. Lucie entre par la droite. Il va à elle.)*

SCÈNE XIX

LUCENAY, LEFÈVRE, DUMONCEL, LUCIE

DUMONCEL, *à Lucie.* — Mademoiselle, je vous en prie! je vous en supplie... rendez-moi ce billet! *(Lefèvre remonte et passe à droite près de sa fille.)*

LUCIE. — Quel billet ?

DUMONCEL. — Celui de Nini.

LUCIE. — Impossible... j'ai juré de ne le remettre qu'à la personne à laquelle il a été adressé...

DUMONCEL. — Je ne veux pas!

LUCIE. — Un certain Jules qui est bien difficile à trouver à ce qu'il paraît.

DUMONCEL, *à part.* — Jules! quelle idée! *(Bas et vivement à Lucenay qui va parler.)* Pas un mot ou je vous traîne devant les tribunaux!

LUCENAY. — Plaît-il ?

DUMONCEL, *à Lucie.* — Eh bien! mademoiselle... puisqu'il faut l'avouer... la personne à laquelle ce billet a été adressé... ce Jules si difficile à trouver... le voilà! c'est moi!

LUCIE et LEFÈVRE. — Comment!

LUCENAY, *à part.* — Bravo!

DUMONCEL, *bas à Lucenay.* — Pas un mot ou je vous traîne!

LUCIE. — Vous!

LEFÈVRE. — Ce n'est pas possible... un banquier!

LUCIE. — Marié!

DUMONCEL, *à part.* — Qu'est-ce qu'ils ont ?

LUCENAY. — Puisque M. Dumoncel avoue...

DUMONCEL, *sans comprendre.* — Tout!

LUCIE. — Je n'ai plus rien à dire... voici votre lettre, monsieur. *(Elle la lui remet.)*

DUMONCEL, *à part.* — Enfin, je la tiens! *(Avant d'ouvrir la lettre.)* Ô mon sang, calme-toi! *(Regardant la lettre.)* Qu'est-ce que c'est que ça ?... Nini Caboche... Je ne connais pas cette créature!

LEFÈVRE et LUCIE. — Comment!

LUCENAY, *à part.* — Aïe!

LEFÈVRE. — Je disais aussi... un banquier!...

LUCIE. — Marié!... Mais alors, cette lettre ?...

DUMONCEL, *montrant Lucenay.* — Parbleu! c'est à Monsieur!

LUCENAY. — Du tout, à vous! *(Il s'éloigne de lui, à gauche.)*

DUMONCEL. — A moi! Ah! mais, gardez vos Caboche, s'il vous plaît. *(Mettant la lettre à terre entre Lucenay et lui.)* Tenez... je la mets là.

SCÈNE XX

LES MÊMES, JOSEPH, *entrant par le fond avec un paquet et une lettre.*

JOSEPH, *à Dumoncel.* — Monsieur!

DUMONCEL. — Quoi!

JOSEPH, *lui donnant la lettre.* — Une lettre pour vous avec un paquet. *(Il pose le paquet sur le fauteuil près de la cheminée.)*

LUCENAY, *à part, avec joie.* — Ah!

JOSEPH, *s'approchant de Dumoncel.* — Monsieur, qu'est-ce qu'il a dit ?

DUMONCEL. — Quoi ?... qui ?

JOSEPH. — Le cordonnier...

DUMONCEL, *criant.* — Hein!

JOSEPH. — Mes souliers prennent l'eau!

DUMONCEL, *criant plus fort.* — Ah çà!... qu'est-ce qu'il me chante! Va-t'en *(Joseph sort par le fond.)* Voyons! *(Il ouvre la lettre et lit.)* « Mon gros bêtâ!... »

TOUS. — Hein ?

DUMONCEL. — « Gros bêtâ! » Qu'est-ce qui se permet ? *(lisant).* — « Tu n'es pas assez joli pour faire ta tête... « Je te renvoie ton paletot... Ton inconsolable, NINI « CABOCHE. »

LEFÈVRE. — Encore cette femme!

DUMONCEL. — Ah! J'y suis! « Gros bêtâ. » *(Tendant la lettre à Lucenay.)* C'est toujours pour vous.

LUCENAY. — Pour vous!

LEFÈVRE, *passant près de Dumoncel.* — Voyons l'adresse ?

DUMONTEL. — C'est juste... nous allons le confondre... *(Lisant.)* « A monsieur Jules... »

LUCENAY, *achevant de lire.* — « ...Dumoncel... » en toutes lettres !

DUMONCEL, *stupéfait.* — Tiens !

LUCIE. — Il n'y a pas moyen de nier...

LEFÈVRE, *à Dumoncel.* — Ah ! fi ! fi ! *(Il remonte.)*

LUCENAY. — Ah ! fi ! fi !

LUCIE, *passant près de Dumoncel.* — Ah ! fi ! fi ! *(Elle regagne la droite.)*

DUMONCEL. — Mais sapristi ! je ne connais pas cette danseuse !

LUCENAY, *vivement.* — C'est une danseuse !... il l'avoue !

DUMONCEL. — Du tout ! je nie !

LEFÈVRE, *indiquant le paquet.* — Mais ton paletot, malheureux ! *(Il va le prendre et l'apporte.)*

DUMONCEL. — Ça ! ce n'est pas à moi ! mon paletot est chez moi !... *(Ouvrant le paquet.)* Vous allez voir ! Ah ! voilà une preuve ! *(Dépliant le paletot.)* Tiens ! il ressemble au mien.

TOUS. — Il est noisette !...

LEFÈVRE, *à Dumoncel.* — Hein ?...

DUMONCEL, *furieux.* — Mais quand je te dis qu'il est chez moi... Celui-ci est quatre fois trop large... *(Il ôte vivement sa tunique et passe le paletot.)* Tu vas voir !... Fichtre !... il me va !

LEFÈVRE, *vivement.* — Et la tache d'encre que tu as au coude !

TOUS. — Oh !!!

DUMONCEL, *stupéfait.* — C'est bien extraordinaire ! *(Il fouille dans la poche du paletot et en tire un bonnet grec.)*

LUCENAY, *vivement.* — Son bonnet !

LEFÈVRE, *vivement avec pudeur.* — Cachez ça, monsieur, cachez ça !

DUMONCEL, *vivement.* — Mais ce n'est pas le mien !... ce n'est pas... *(Il le met sur sa tête.)* Ah !... il entre !

TOUS. — Oh !!!

DUMONCEL, *ôtant le bonnet et l'examinant.* — C'est bien extraordinaire... *(Il le remet dans sa poche.)*

LUCIE, *passant près de Dumoncel.* — Ah ! si madame Dumoncel le savait ! *(Elle remonte et passe à gauche près de la table.)*

LUCENAY. — Et elle le saura !

DUMONCEL. — Pristi !... monsieur, je vous en supplie.

LEFÈVRE, *l'emmenant à droite.* — *Lucenay les suit. Ils parlent bas.* — Alors promets-nous de rompre avec cette Caboche... *(Lucie s'assied près de la table.)*

DUMONCEL. — Mais non!...

LUCENAY. — Il ne veut pas! il ne veut pas!

DUMONCEL. — Eh bien! oui, là... je romprai... pour avoir la paix!... Je romprai... brutalement!

LEFÈVRE. Oh! non!... pas d'éclat! Je me charge d'arranger l'affaire avec quelques billets de mille francs.

DUMONCEL. — Ah! c'est bien!...

LEFÈVRE. — Que je porterai à ton compte...

DUMONCEL. — Hein?... comment! il faut que je donne des billets de mille francs?

LUCENAY. — C'est l'usage...

DUMONCEL, *ahuri.* — Ah!

LEFÈVRE. — Tu ne peux pas te conduire comme un étudiant.

DUMONCEL, *ahuri.* — Non...

LUCENAY. — D'ailleurs il faut savoir payer ses fautes... mauvais sujet!...

DUMONCEL. — Mais sacrebleu!...

LEFÈVRE. — Tu refuses?

DUMONCEL, *criant.* — Non!...

LEFÈVRE, *bas et désignant sa fille.* — Chut!...

DUMONCEL. — Ah! oui!... *(Plus bas.)* Non!... tout ce que vous voudrez!... mais surtout ne le dites pas à ma femme!...

LUCENAY. — Soyez tranquille. *(Il remonte à droite.)*

DUMONCEL, *à part, s'essuyant le front avec le bonnet grec.* — C'est égal, c'est bien extraordinaire!

LEFÈVRE, *vivement.* — Cachez ça, monsieur, cachez ça. *(Il va à sa fille.)*

DUMONCEL. — Ah oui! *(Il le remet dans sa poche. — A part.)* — Est-ce que j'aurais vraiment trompé ma femme?...

On entend jouer du piano au-dessus. Même motif qu'à la troisième scène.

DUMONCEL, *tombant en extase.* — Oh!... oh!... un bémol!

LUCENAY, *agacé.* — Aïe... aïe!... je connais ça!

DUMONCEL, *à Lucenay.* — Son morceau!... son prix du Conservatoire!... c'est ma femme!

LUCENAY. — Comment!

DUMONCEL. — Eugénie...

LUCENAY. — Juste!... *(A Dumoncel en lui serrant les mains)*. Ah! ce pauvre Dumoncel!

DUMONCEL, *se laissant serrer les mains.* — Ah! vous y venez donc ?... capricieux!

LUCENAY. — Ce cher ami!...

DUMONCEL, *lui tendant les bras.* — Eh bien ?... *(Lucenay s'y précipite; ils s'embrassent. (A part.)* — Maintenant, je suis sûr de mon affaire!

CHŒUR FINAL

AIR final de *Mon Isménie!* (Hervé).

Plus de souci! plus de nuage!
Rien ne pourra nous désunir;
Et n'empruntons, c'est le plus sage,
Rien au passé pour l'avenir.

FIN D'UN AMI ACHARNÉ

ON DIRA DES BÊTISES

VAUDEVILLE EN UN ACTE
PAR E. LABICHE, A. DELACOUR ET R. DESLANDES

*représenté pour la première fois, à Paris,
sur le Théâtre des Variétés, le 11 février 1853*

ACTEURS qui ont créé les rôles.

DUBOUQUET, riche provincial	M. NUMA
PAUL DUBOUQUET, son neveu	M. DUVERNOY
BIGARO, ami de Dubouquet.	M. KOPP
BEAUREGARD, propriétaire.	M. CHARIER
PLANTIN, neveu de Beauregard . . .	M. OCTAVE
LE GÉNÉRAL	M. DELIÈRE
ADOLPHE	M. RHÉAL
UN HENRI (le sourd)	M. EDOUARD
UN PIERROT	M. BARBIER
UN DOMESTIQUE	M. PELLERIN
MADAME DE PRÉVANNES	Mlle GABRIELLE
FANNY, sa nièce	Mlle BLANCHE
FLORENTINE	Mlle FRÉNEIX
TOINETTE, servante.	Mlle ESTHER

INVITÉS DES DEUX SEXES, DEUX HENRI,
    CINQ ARTHUR, PIERROTS, PIERRETTES
    ET DÉBARDEURS.

La scène est à Paris, chez Mme de Prévannes.

Le théâtre représente un salon éclairé et disposé pour une soirée ; trois portes au fond, donnant sur une espèce de couloir ; une fenêtre donnant sur un balcon à droite ; troisième plan, deux portes latérales ; à droite et à gauche, au premier plan, une grande armoire, à gauche ; au troisième plan, à droite, entre la porte et la fenêtre, un guéridon ; au fond, dans le couloir, des banquettes et une table ; à gauche, sur le devant, adossé au mur, un petit guéridon.

SCÈNE PREMIÈRE

PAUL, BEAUREGARD, PLANTIN,
FANNY, INVITÉS ; *puis* MADAME DE PRÉVANNES

Au lever de la toile on achève un quadrille, dans lequel figurent, au premier plan, Paul avec Fanny, Beauregard avec une invitée, etc. Plantin ne danse pas et se tient à l'écart, assis à droite ; à la fin de la contredanse, il éternue.

MADAME DE PRÉVANNES, *entrant par le fond du milieu.*
— Comment ! un quadrille ici, dans ce salon, mais vous devez étouffer ! *(Plantin se lève.)*

FANNY. — Non, ma tante ! la danse ça rafraîchit.

MADAME DE PRÉVANNES. — Ah ! monsieur de Beauregard ! c'est très aimable à vous d'être venu...

BEAUREGARD, *saluant.* — Madame !

PAUL, *bas à Fanny.* — Quel est donc ce M. de Beauregard ?

FANNY, *de même.* — Le propriétaire... un vieil ami de la maison.

BEAUREGARD. — Permettez-moi, madame, de vous présenter mon neveu, *(montrant Plantin qui se mouche)* Ernest Plantin, que j'ai pris la liberté d'amener. *(Bas à Plantin.)* La petite te regarde... De la tenue!...

MADAME DE PRÉVANNES. — Et vous avez bien fait, monsieur, on n'a jamais trop de danseurs, car je présume que Monsieur danse ?

BEAUREGARD. — Certainement. *(Bas à Plantin.)* Réponds quelque chose de gracieux. *(Il le fait passer près de madame de Prévannes.)*

PLANTIN. — Figurez-vous, madame... *(Il éternue.)*

BEAUREGARD, *revenant près de madame de Prévannes.* — Assez! *(A Mme de Prévannes.)* Je vous demanderai grâce pour lui... Ce pauvre Plantin est affligé d'un rhume de cerveau. *(Ritournelle de l'air suivant.)*

MADAME DE PRÉVANNES, *aux invités.* — Ah!... j'entends l'orchestre... Mesdames, si vous vouliez passer dans le grand salon...

ENSEMBLE

AIR : polka de *Pas de fumée sans feu.*

> C'est une polka qui commence,
> Quels accords enivrants et doux!
> L'appel de sa vive cadence
>
> Ce soir doit $\left\{ \begin{array}{l} \text{nous} \\ \text{vous} \end{array} \right\}$ rallier tous.

Plantin fait sa partie en se mouchant, Beauregard, Plantin et les invités sortent par le fond. Pendant que Mme de Prévannes reconduit ses invités, Paul parle bas à Fanny.

SCÈNE II

PAUL, MADAME DE PRÉVANNES, FANNY

MADAME DE PRÉVANNES, *redescendant, à Paul.* — Eh bien, vous ne suivez pas ces dames ?

FANNY. — Oh!... grondez-le bien fort, ma tante... Monsieur veut nous quitter...

MADAME DE PRÉVANNES. — Déjà!... mais le bal est à peine commencé.

PAUL. — Pour une heure seulement... un rendez-vous

indispensable... avec l'avoué qui doit me céder son
étude... je reviendrai... *(Il remonte, et redescend au milieu.)*
Ah! une nouvelle! une grande nouvelle!... mon oncle est
arrivé.

MADAME DE PRÉVANNES. — M. Dubouquet?

PAUL. — Lui-même!

MADAME DE PRÉVANNES. — Et que vient-il faire à
Paris?

PAUL. — Vous ne devineriez jamais... il vient chercher
la croix... Il prétend qu'on la lui doit... mais une chose
dont vous ne vous doutez pas, c'est que vous êtes compromise...

MADAME DE PRÉVANNES. — Moi?

PAUL. — J'ai eu l'imprudence de lui parler de votre
parenté avec un ami du secrétaire du ministre... il compte
sur votre protection... Il viendra vous voir demain en
habit noir.

FANNY. — Oh! ma tante... vous la lui ferez donner?...

MADAME DE PRÉVANNES. — Mais, ma chère enfant, je
ne dispose pas comme cela... *(A Paul.)* Et pourquoi ne
l'avez-vous pas amené?

PAUL. — La fatigue du voyage... je l'ai laissé en tête à
tête avec un M. Bigaro, qu'il a conduit à Paris... un de
ses concurrents dans l'art de fabriquer la pommade.

FANNY. — Et lui avez-vous parlé?

PAUL. — De notre prochain mariage?... Pas encore...
Comme je compte lui emprunter cent mille francs pour
payer mon étude... Il faut attendre le bon moment.

MADAME DE PRÉVANNES. — Quel malheur qu'il ne
soit pas ici... je l'aurais présenté à mon cousin, l'ami du
secrétaire du ministre.

PAUL. — Vous attendez beaucoup de monde... Oh!
mais votre bal sera superbe! *(Il remonte.)*

MADAME DE PRÉVANNES, *passant près de Fanny.* —
Mais... je l'espère.

FANNY. — Avez-vous vu madame de Villers?

PAUL, *redescendant.* — Madame de Villers?

MADAME DE PRÉVANNES. — Une femme charmante,
entrée depuis cinq minutes et qui a déjà fait l'admiration
du salon.

PAUL. — C'est la première fois que je vous entends
nommer cette dame.

FANNY. — Je crois bien, nous ne la connaissons que
depuis hier.

PAUL. — Et vous la recevez?

MADAME DE PRÉVANNES. — C'est bien le moins... Il y a deux jours... à la sortie du concert, il faisait un temps affreux... cette dame eut l'obligeance de nous offrir sa voiture... Aussi, ai-je cru devoir lui adresser une invitation... Du reste, elle est fort bien... un ton charmant!...

FANNY. — Et une façon de danser qui a quelque chose de piquant... Elle se balance.

MADAME DE PRÉVANNES, *voyant Florentine qui arrive par le fond à droite.* — Chut!... la voici!...

SCÈNE III

LES MÊMES, FLORENTINE

FLORENTINE. — Pardon!... je vous dérange peut-être ?

MADAME DE PRÉVANNES. — Du tout!... nous parlions de vous... Permettez-moi de vous présenter monsieur Paul, un de nos meilleurs amis.

PAUL, *saluant.* — Madame... *(Apercevant Florentine, à part.)* Oh!

FLORENTINE, *de même.* — Ah!

MADAME DE PRÉVANNES. — Quoi donc ? vous connaissez Madame ?

PAUL. — Oui... je crois... j'ai eu l'honneur de rencontrer Madame chez l'ambassadeur...

FLORENTINE, *vivement.* — Turc!

PAUL, *de même.* — Turc!... précisément!

FLORENTINE. — Un bal charmant!... moins joli que le vôtre pourtant... Vos invités arrivent en foule.

MADAME DE PRÉVANNES. — Et nous ne sommes pas là pour les recevoir. *(Saluant Florentine.)* Vous permettez ? *(Elle remonte.)*

FANNY. — A bientôt, monsieur Paul... *(Elle remonte près de sa tante, Florentine passe à droite.)*

ENSEMBLE

PAUL, *à part.*

O rencontre maudite!
En croirai-je mes yeux!
Mais je dois au plus vite
L'éloigner de ces lieux!

FLORENTINE

Ma présence l'irrite,
Il semble soucieux,
Pourquoi donc aussi vite
S'éloigner de ces lieux ?

FANNY et MADAME DE PRÉVANNES

Ce départ-là $\left\{ \begin{matrix} m' \\ t' \end{matrix} \right\}$ irrite

$\left. \begin{matrix} Mon \\ Ton \end{matrix} \right\}$ cœur est soucieux.

Faut-il quitter si vite
Un bal délicieux ?

Fanny et Mme de Prévannes sortent par le fond à gauche ; Paul se dirige vers le fond à droite ; mais dès que ces dames se sont éloignées il revient vivement vers Florentine.

SCÈNE IV

PAUL, FLORENTINE ; *puis* TOINETTE

PAUL, *se plaçant en face de Florentine*. — Vous ici, Florentine !... c'est du joli !

FLORENTINE. — Tiens ! j'ai reçu une invitation.

PAUL. — Une invitation ! mais, vous auriez dû comprendre, ma chère, que votre position... votre éducation... une fleuriste !...

FLORENTINE. — Hein ?

PAUL. — Vous interdisaient l'entrée d'un certain monde.

FLORENTINE. — Ah çà, petit jeune homme... mêlez-vous de vos affaires !

PAUL. — J'espère que vous n'allez pas rester ici ?

FLORENTINE. — Tiens ! on dit qu'il y a un souper.

PAUL. — Voyons, ne plaisantons pas... Prétextez une migraine... une indisposition... Je vais vous faire avancer une voiture. *(Il remonte.)*

FLORENTINE, *fredonnant*. — Larifla fla, fla !... Larifla ! fla, fla !...

PAUL, *avec colère, redescendant*. — Florentine !

FLORENTINE. — Je vous gêne, n'est-ce pas ! et je sais

bien pourquoi... Vous voulez épouser la nièce ?... Mais
il y a un petit malheur.

PAUL. — Lequel ?

FLORENTINE. — Je ne donne pas mon consentement.

PAUL. — Vraiment ? Eh bien... je m'en passerai.

FLORENTINE. — Je ne crois pas.

PAUL. — Et pourquoi ?

FLORENTINE. — Parce que je puis parler... J'ai de vous
des lettres brûlantes.

PAUL. — Et vous oseriez ?

FLORENTINE. — Tiens, pourquoi pas ? C'est drôle, en
voyant ce monde élégant, ces femmes qui ont des maris,
il m'est venu une idée.

PAUL. — Laquelle ?

FLORENTINE. — C'est d'en avoir un aussi...

PAUL. — Ah! par exemple!

FLORENTINE. — Oui, je suis lasse de rester garçon, et
j'ai songé à vous.

PAUL. — Vous êtes trop bonne.

FLORENTINE. — Paul, je vous autorise à demander ma
main à ma famille.

PAUL. — Eh! vous n'en avez pas, de famille.

FLORENTINE. — Je la représente, monsieur.

PAUL. — C'est bien flatteur pour elle... D'ailleurs, c'est
une folie... Vous savez bien que mon oncle Dubouquet
ne consentirait jamais.

FLORENTINE. — J'embrasserai ses genoux... Où est-il ?

PAUL. — Lui... il est... il est à Buenos-Ayres.

FLORENTINE, *remontant*. — Prenons l'omnibus.

PAUL. — Il est complet.

FLORENTINE, *redescendant*. — Très bien... Ainsi, vous
refusez ma main ?

PAUL. — Avec ivresse!

FLORENTINE. — Flattée!... mais prenez-y garde... je
suis femme à faire un coup de tête.

PAUL. — Florentine!

FLORENTINE. — Oui ou non, m'avez-vous promis de
m'épouser ?

PAUL. — Oh! je vous ai promis... c'était dans le carnaval.

FLORENTINE. — Je comprends... une promesse avec un
faux nez.

PAUL. — Voilà.

FLORENTINE. — Ecoutez, je suis bonne personne... je
ne tiens pas essentiellement à épouser... un avoué... je

n'aime pas cet état-là, mais trouvez-moi un autre parti.

PAUL. — Vous êtes folle!

FLORENTINE. — Possible! mais il ne fallait pas me promettre! Et si à minuit précis, vous entendez, minuit! vous ne m'avez pas présenté un autre futur... sans faux nez, j'éclate! Je montre vos lettres à madame de Prévannes.

PAUL, *avec menace.* — Ah! si vous faites cela!

TOINETTE, *entrant étourdiment par le fond-milieu.* — Madame, voici des cartes.

FLORENTINE, *à part.* — Quelqu'un!... *(Haut.)* Désolé, monsieur, je suis engagée pour seize contredanses.

TOINETTE. — Tiens! je croyais que Madame était là. *(Elle va poser ses cartes sur un petit guéridon à gauche.)*

FLORENTINE, *passant devant Paul, en se donnant des airs, bas.* — Hein?... quel chic!...

PAUL, *bas.* — Voyons, Florentine... c'est une plaisanterie.

FLORENTINE, *bas.* — A minuit, ou j'éclate!

PAUL, *à part.* — Et l'heure de mon rendez-vous! comment faire?

FLORENTINE, *voyant que Toinette les observe et saluant cérémonieusement.* — Monsieur!

PAUL, *de même.* — Madame... *(A part.)* Que le diable l'emporte! *(Il sort brusquement par le fond à droite.)*

SCÈNE V

TOINETTE, FLORENTINE; *puis* BEAUREGARD

FLORENTINE, *voyant Toinette disposer les cartes sur le guéridon.* — Tiens! on va jouer ici?

TOINETTE. — Oui, madame.

FLORENTINE. — Le lansquen... ou le baccar[1]?...

TOINETTE. — Plaît-il?

FLORENTINE. — Non... rien! un jeu grec!... *(A part.)* Fichus mots!...

TOINETTE. — On joue petit jeu ici... c'est pas comme

---

1. Pour lansquenet et baccara (le dernier mot date de 1855) : jeux de cartes. — Plus loin *rup* est évidemment là pour rupin qui vient de l'anglais (argot) *ripping*.

là-haut, chez madame de Saint-Léon... à l'étage au-dessus... ils engraissent joliment la cagnotte... et quelle société!... en voilà une de société.

FLORENTINE, *s'éventant*. — C'est *rup ?*...

TOINETTE. — Plaît-il ?

FLORENTINE. — Encore un mot grec... *(A part.)* Je possède trop le grec!

TOINETTE. — Les dames surtout! voilà qu'est calé!... madame de Saint-Ernest... madame de Saint-Victor... madame de Saint-Alphonse... elles ont toutes des saints... devant leurs noms.

FLORENTINE. — C'est du faux... je connais ça!

TOINETTE. — Et ces messieurs!... ce soir, ils sont déguisés... et ils dansent en se tortillant!... on dirait une compote de grenouilles!... Tenez, v'là comme ils font... *(Elle essaie de danser.)*

FLORENTINE, *s'oubliant et dansant aussi*. — Mais non... tu n'y es pas... tiens... voilà!...

BEAUREGARD, *entrant par le fond-milieu, à Florentine.* — Madame. *(Air de danse à l'orchestre.)*

TOINETTE et FLORENTINE, *s'arrêtant*. — Oh!

BEAUREGARD, *gracieusement*. — L'orchestre nous invite... Me sera-t-il permis de réclamer ma contre-danse ?

FLORENTINE. — Avec plaisir... vous voyez... j'étais en train...

TOINETTE. — De répéter un pas.

FLORENTINE. — Espagnol.

BEAUREGARD. — Un boléro... Je l'avais reconnu.

FLORENTINE. — Ah! vous l'aviez... Monsieur est étranger ?

BEAUREGARD. — Oui, madame... je suis de Mâcon. *(Respectueusement.)* Madame, voulez-vous me faire l'honneur d'accepter mon bras ?

FLORENTINE, *lui donnant le bras*. — Mille pardons... je suis confuse...

BEAUREGARD. — Oh! charmante!... charmante!... charmante!... *(Il sort avec Florentine par le fond-milieu, et ils disparaissent par la droite.)*

SCÈNE VI

TOINETTE; *puis* DUBOUQUET et BIGARO

TOINETTE, *regardant sortir Florentine*. — Parlez-moi de celle-là, au moins... Toute grande dame qu'elle est, on peut causer avec elle... *(Dubouquet et Bigaro paraissent au fond en dansant, venant de la gauche.)* Tiens!... v'là encore des messieurs qui arrivent... quelle drôle de tête!... *(Dubouquet et Bigaro cessent de danser. Ils portent un costume exactement semblable. Un long cache-nez leur monte par-dessus le menton.)*

DUBOUQUET, *au fond*. — Des lampions dans la cour... de la verdure dans l'escalier... des salons illuminés... c'est ici... *(Ils entrent dans le salon.)* J'ôte mon cache-nez.

BIGARO. — Moi aussi, j'ôte mon cache-nez.

DUBOUQUET, *apercevant Toinette*. — Ah! voilà la bonne! *(Il l'embrasse.)* Bonjour, la bonne.

TOINETTE, *passant au milieu*. — Eh ben! eh ben! ne vous gênez pas!

BIGARO, *l'embrassant aussi*. — Tiens! voilà la bonne! Bonjour, la bonne!

TOINETTE, *se réfugiant près de Dubouquet*. — L'autre aussi!... si Madame vous voyait!

DUBOUQUET, *cherchant à lui prendre la taille*. — Baste! *(Elle se sauve près de Bigaro.)*

BIGARO, *imitant Dubouquet*. — Baste!

TOINETTE, *se débattant*. — Mais finissez donc! *(Dubouquet et Bigaro mettent leur cache-nez autour du cou de Toinette, leur paletot sur ses bras, et leurs chapeaux sur ses mains comme sur deux champignons. — A part.)* En v'là des pas gênés!... *(Elle sort par le fond, à droite, Bigaro la suit en l'agaçant.)*

SCÈNE VII

DUBOUQUET, BIGARO; *puis* UN DOMESTIQUE

DUBOUQUET, *se croisant les bras*. — Mais finiras-tu, Bigaro, finiras-tu?

BIGARO. — Tiens! vous l'embrassez... je l'embrasse!

DUBOUQUET. — Mais quand donc perdras-tu ta déplorable habitude de me copier servilement ?

BIGARO. — Je vous copie, moi!... Si on peut dire!...

DUBOUQUET. — Je dis et je prouve! A Grasse, ta patrie et la mienne, mes vertus civiques me font élire président du conseil de salubrité; les tiennes... tes vertus civiques... ne te valent que le titre de secrétaire... Crac! tu intrigues, tu conspires pour te faire nommer à ma place.

BIGARO. — Mais non!

DUBOUQUET. — Je ne t'en veux pas... dans le Midi ça se fait... Autre exemple : Je sollicite la croix... crac... tu la demandes aussitôt... Je me décide à venir à Paris pour appuyer mes titres... crac! tu t'y décides aussi... Je retiens la première place du coupé... crac! tu te cramponnes à la seconde... Je m'enrhume du cerveau... crac! tu te mouches. Enfin, tout à l'heure, en montant l'escalier, je glisse... crac! tu dégringoles... Et ce n'est pas là de la copie, de l'imitation, du décalque ? Mais c'est-à-dire que je suis la France et que tu es ma Belgique!...

BIGARO. — Mais, permettez!

DUBOUQUET. — Je prouve encore! Pourquoi es-tu ici ?... Parce qu'ayant eu l'imprudence de dire que j'allais passer ma soirée dans une maison charmante, tu t'es attaché à moi comme la ronce... au tombeau de Virgile!... Enfin, je mets un pantalon noisette, vois le tien! Un habit bleu barbeau; regarde ton habit! Des boutons ciselés, regarde tes boutons!... C'est déplorable!

BIGARO. — Eh bien, oui, je ne m'en cache pas... j'ai la faiblesse de vous adopter pour mon chef de file.

DUBOUQUET. — Ah! tu en conviens!... Alors tu abdiques ta dignité d'homme pour te ravaler à la condition du singe... Affreux jocko[2]!... *(Apercevant un domestique qui entre par la droite avec un plateau chargé de glaces.)* Heureusement voici des glaces. Garçon! une pistache! *(Il prend une glace sur le plateau.)*

LE DOMESTIQUE, *offrant à Bigaro.* — Et Monsieur ?

BIGARO. — Garçon! une pistache, comme Monsieur!

LE DOMESTIQUE. — Il n'y a plus que des vanilles.

DUBOUQUET, *à part.* — C'est bien fait!

---

2. Jocko, personnage de singe mis au théâtre en 1825 dans *Jocko ou le singe du Brésil*, drame en deux actes de Gabriel et Rochefort — et joué par le comédien Mazurier (1798-1828), acrobate et danseur. De nombreuses pièces reprirent avec plus ou moins de bonheur le personnage de Jocko.

BIGARO. — Ah! j'aurais voulu une pistache... Merci.

LE DOMESTIQUE. — Il n'y a pas de quoi, monsieur. *(Il sort par le fond à gauche.)*

BIGARO. — Voyez-vous, monsieur Dubouquet, ce qui me fascine, ce qui me subjugue... c'est votre aplomb; car, enfin, vous êtes là, vous mangez tranquillement des glaces, et vous ne savez seulement pas où nous sommes... Voyons, où sommes-nous ?

DUBOUQUET. — Nous sommes rue de Bréda, 14 *bis*.

BIGARO. — Oui, mais chez qui ?

DUBOUQUET. — Ah! ceci va nécessiter l'emploi d'un récit... c'est toi qui l'auras voulu... Approche-moi un siège, Bigaro.

BIGARO. — Avec plaisir! *(Il approche un siège, qu'il prend à droite, et passe à gauche.)*

DUBOUQUET, *apercevant le domestique, qui rentre par le fond à gauche, avec un autre plateau.* — Garçon! une vanille!

LE DOMESTIQUE. — Voilà... *(Dubouquet remet sur le plateau sa coquille vide et prend une autre glace. — A Bigaro.)* — Et Monsieur ?

BIGARO. — Garçon! une vanille!... comme Monsieur.

LE DOMESTIQUE. — Il n'y a plus que des pistaches.

BIGARO. — Ah! j'aurais voulu une vanille... Merci.

LE DOMESTIQUE. — Il n'y a pas de quoi, monsieur. *(Dubouquet remet la seconde coquille sur le plateau. Le domestique sort par le fond à droite. Bigaro passe à gauche.)*

BIGARO, *à Dubouquet.* — Voyons, chez qui sommes-nous ?

DUBOUQUET, *s'asseyant.* — Bigaro, je me suis toujours considéré comme un homme folâtre... Je suis riche, je digère bien, je ne lis jamais de journaux... donc, je suis un homme folâtre.

BIGARO. — Mais cela ne me dit pas...

DUBOUQUET. — Silence!

BIGARO, *prenant une chaise à gauche, et venant s'asseoir près de Dubouquet.* — Allez!

DUBOUQUET. — Voilà encore que tu m'imites... Je me relève! *(Il se lève, Bigaro reste assis.)* Ce matin, je fus chez mon neveu, Paul Dubouquet... J'étais ennuyé, maussade... Je lui dis : Paul, qu'est-ce qu'un oncle très gai qui vient de déjeuner avec un ami très ennuyeux peut faire de sa soirée ?

BIGARO, *avec reproche.* — Nous venions de déjeuner ensemble.

DUBOUQUET. — Précisément!... je ne te flatte pas...

BIGARO. — Allez, continuez! *(Il se lève.)*

DUBOUQUET, *regardant Bigaro.* — Ah! *(Il s'assoit, Bigaro reste debout. Continuant.)* Paul me répond : J'ai pour ce soir une invitation de bal chez madame de Pré-vannes, une grande dame qui peut appuyer vos titres pour avoir la croix... Venez, je vous présenterai.

BIGARO. — Alors, nous sommes chez madame de Pré-vannes ?

DUBOUQUET. — Silence!

BIGARO. — Oui! *(Il s'assoit.)*

DUBOUQUET, *regardant Bigaro.* — Ah!... *(Bigaro reste assis.)* J'allais accepter cette invitation, lorsque mon odorat fut chatouillé par le parfum d'un billet qui s'éta-lait sur le secrétaire de mon neveu... En oncle discret, je m'en empare... Le voici. *(Il lit.)* « Madame de Saint-« Léon, rue de Bréda, 14 *bis*, prie M. Paul Dubouquet « de lui faire l'honneur de venir passer la soirée chez « elle, aujourd'hui, 7 mars... — *Post-Scriptum.* On dira « des bêtises! »

BIGARO, *se levant à part.* — Comment!

DUBOUQUET, *à part.* — Je m'y attendais... il est insup-portable!... *(Il retourne sa chaise, et se met à cheval dessus, en face de Bigaro, qui reste debout.)* Comprends-tu ? une femme qui s'appelle madame de Saint-Léon... qui demeure rue de Bréda... et qui vous écrit : *Post-Scriptum.* On dira des bêtises... c'est clair!

BIGARO. — Quoi! c'est clair ?

DUBOUQUET. — Nous sommes chez des figurantes... des farceuses, des rigoleuses!

BIGARO, *prenant une chaise, et s'asseyant exactement comme Dubouquet.* — Vraiment ? vous croyez!

DUBOUQUET, *le regardant faire, et très froidement.* — Bigaro!

BIGARO. — Monsieur Dubouquet ?

DUBOUQUET. — Mon ami, demain, au point du jour, je me jette du haut des tours Notre-Dame... je compte sur toi.

BIGARO, *étonné.* — Pourquoi me dites-vous cela ?

DUBOUQUET. — Parce que je suis las de manger, de me promener, de m'asseoir, et de me lever en partie double... Voilà. *(Il se lève, et remet sa chaise à droite.)*

BIGARO, *à part, se levant et remettant sa chaise à gauche.* — Quel fichu caractère!

DUBOUQUET. — Ah çà... je n'ai pas encore vu la Saint-Léon... Je brûle de lui dire des bêtises.

BIGARO. — Vous la connaissez ?

DUBOUQUET. — Moi, du tout! Je me présenterai de la part de mon neveu, et je te présenterai ensuite.

BIGARO. — De quelle part ?

DUBOUQUET, *remontant, Bigaro le suit.* — De la mienne! La maison paraît bien tenue... des tapis partout... un acajou nombreux... Ah! nous rirons follement! *(Il redescend avec Bigaro.)*

BIGARO, *riant.* — Oui, oui, oui, follement!

AIR de *L'Ecu de six francs.*

DUBOUQUET

Je me sens d'une gaîté folle,
Et sans alarmer ta pudeur,
Je veux par mainte gaudriole
Ce soir, nous mettre en bonne humeur,
Tu me verras en bonne humeur...

Il danse sur la ritournelle, Bigaro en fait autant.

Comme un autre, je te l'atteste,
Je sais pincer !e calembour;
Bref, quand je danse, je suis lourd,
Mais quand je parle, je suis leste.
Si dans ma danse je suis lourd,
Dans mes propos je suis très leste!

Avec ces dames, il faut ça... Hier je suis allé étudier le terrain.

BIGARO. — Où ça ?

DUBOUQUET. — A la salle Valentino[3]... un Italien qui donne à boire... et à danser... J'y ai remarqué une certaine sylphide, qui frétillait dans une robe abricot...

BIGARO, *avec amertume.* — Vous êtes allé sans moi! Oh! monsieur Dubouquet! *(Il lui prend le bras.)*

DUBOUQUET, *se dégageant.* — Mon ami, figure-toi un chien auquel on a attaché un bouchon de paille et qui parvient à s'en dépêtrer. *(Florentine paraît au fond avec deux messieurs. Ils viennent de la gauche.)*

BIGARO. — Vous me dites toujours des choses désagréables.

3. Le bal Valentino était situé rue Saint-Honoré. Il avait succédé aux *Concerts Valentino* où le violoniste (1785-1865) qui donna son nom à l'établissement, dirigea des concerts de musique classique jusqu'en 1841.

SCÈNE VIII

DUBOUQUET, FLORENTINE, BIGARO

FLORENTINE, *au fond, parlant aux deux messieurs.* —
Merci, messieurs... je ne danserai pas celle-ci. *(Les deux
messieurs disparaissent par le fond à droite.)*

DUBOUQUET. — Une dame! je me cartonne. *(Il met
un faux nez.)*

BIGARO, *l'imitant.* — Moi aussi!

FLORENTINE, *entrant dans le salon, et s'éventant.* —
Ah! quelle chaleur... j'étouffe...

DUBOUQUET, *apercevant Florentine.* — Ah! sapristi!

BIGARO. — Quoi donc ?

DUBOUQUET, *à part.* — Ma sylphide abricot!... *(Saluant
Florentine.)* Ah! madame, voilà une bonne fortune à
laquelle je ne m'attendais pas.

BIGARO, *de l'autre côté, saluant aussi.* — A laquelle
nous ne nous attendions pas.

FLORENTINE, *à part.* — Qu'est-ce que c'est que ça ?

DUBOUQUET. — J'espère, madame, que vous ne me
refuserez pas l'honneur de pincer la première contredanse avec moi ?

BIGARO. — Je m'inscris pour pincer la seconde.

FLORENTINE, *à part.* — Tiens! ils parlent grec! *(Haut.)*
Messieurs, je ne comprends pas.

DUBOUQUET. — J'ai eu l'honneur de vous apercevoir,
hier, au bal Valentino.

MADAME DE PRÉVANNES, *en dehors.* — Allons, messieurs, je vous recommande les dames.

FLORENTINE. — Taisez-vous donc!

DUBOUQUET. — Quoi ?

FLORENTINE, *regardant vers le fond, à gauche.* — La
maîtresse de la maison. *(Elle remonte.)*

DUBOUQUET, *à part.* — La Saint-Léon! je me décartonne. *(Il ôte son faux nez et époussette ses bottes avec son
mouchoir. Bigaro l'imite.)*

BIGARO. — Je me décartonne.

FLORENTINE, *à part.* — Je vais faire un tour au buffet.
(Elle sort vivement par le fond, à droite.)

DUBOUQUET, *à Bigaro.* — Allons, Bigaro, de l'élégance
et du vernis! *(Mme de Prévannes entre avec Fanny, par
le fond, à gauche.)*

SCÈNE IX

FANNY, MADAME DE PRÉVANNES,
DUBOUQUET, BIGARO

MADAME DE PRÉVANNES, *apercevant Dubouquet et Bigaro, et allant à eux.* — Ah! messieurs!...

DUBOUQUET, *bas à Bigaro.* — Femme très bien... ma foi!

BIGARO, *bas à Dubouquet.* — Vous allez me présenter ?

DUBOUQUET, *à Mme de Prévannes.* — Pardon, belle dame, si j'ose me présenter sans avoir l'honneur d'être connu de vous... *(Bas à Bigaro.)* Elle me fait l'effet d'une franche gaillarde. *(Haut.)* Jasmin Dubouquet.

MADAME DE PRÉVANNES, *avec empressement.* — Monsieur Dubouquet, propriétaire aux environs de Grasse ?

DUBOUQUET. — Département du Var.

FANNY, *vivement.* — Oncle de M. Paul!

DUBOUQUET, *bas à Bigaro.* — Ces farceuses-là sont à la piste de tous les étrangers!

BIGARO, *bas à Dubouquet.* — Présentez-moi...

DUBOUQUET, *bas.* — Tu m'ennuies!... *(Haut à Mme de Prévannes.)* Eh quoi! madame, je suis assez fortuné pour ne pas vous être complètement inconnu!

MADAME DE PRÉVANNES. — Comment donc ? mais M. Paul nous parle souvent de vous.

DUBOUQUET. — Vraiment!... *(A part.)* Il me met en avant pour les éblouir. *(Haut.)* Ah! vous voyez Paul ?

FANNY. — Tous les jours!

DUBOUQUET. — Tous les jours!... *(Bas à Bigaro.)* Il vient pour la petite.

BIGARO, *bas à Dubouquet.* — Présentez-moi...

DUBOUQUET, *bas.* — Tu m'ennuies. *(A part.)* Quelle scie!... *(Bas.)* Arrive... *(Haut à Mme de Prévannes.)* Mais j'oubliais un bétail... un détail! Oscar Bigaro... un homme charmant... plein de... enfin, il est très riche!... *(A Bigaro.)* Salue... Très bien! c'est fait!...

MADAME DE PRÉVANNES. — A mon tour, permettez-moi de vous présenter ma nièce...

DUBOUQUET, *à part.* — Une farceuse en herbe... *(Haut.)* La charmante enfant. *(Bas à Bigaro.)* Tu sais que ce n'est pas sa nièce du tout.

BIGARO. — Parbleu! *(Il remonte et passe à gauche.)*

DUBOUQUET, *à part.* — Elle est gentille! si je déposais un baiser ?... Bah! je dépose... *(Haut à Mme de Prévannes.)* Vous permettez ?... *(Il passe près de Fanny et l'embrasse.)*

MADAME DE PRÉVANNES, *à part.* — Oh! un futur oncle!

DUBOUQUET, *à part.* — Si je récidivais ?... Bah! je récidive. *(Il embrasse encore Fanny.)*

BIGARO, *à part.* — Comme il entend la femme, cet être-là!... *(S'approchant de Fanny.)* A mon tour!... *(Dubouquet passe près de lui et l'arrête.)*

FANNY, *allant à sa mère, bas.* — Quel excellent homme!

MADAME DE PRÉVANNES, *passant près de Dubouquet.* — Et maintenant, monsieur Dubouquet, n'oubliez pas une chose, c'est que mes soirées ne ressemblent en rien à celles du grand monde.

DUBOUQUET, *à part.* — Je m'en doute fichtre bien!

MADAME DE PRÉVANNES. — Ici, pas de gêne, d'étiquette...

DUBOUQUET. — Alors, j'ôte mes gants. *(Il les ôte.)*

MADAME DE PRÉVANNES. — Comment!

BIGARO, *ôtant aussi ses gants.* — A Grasse, nous les mettons dans l'escalier, et nous les ôtons dans l'antichambre.

DUBOUQUET. — Avant d'entrer, c'est l'usage du pays.

MADAME DE PRÉVANNES, *riant.* — A votre aise... Tout ce que j'exige, c'est de la gaieté... de l'entrain.

DUBOUQUET. — Nous connaissons le programme... moi, d'abord, j'aime à en dire...

MADAME DE PRÉVANNES. — De quoi ?

DUBOUQUET. — Des bêtises ! *(Riant.)* Hi! hi! hi!

BIGARO, *l'imitant.* — Hi! hi! hi!

DUBOUQUET, *bas à Bigaro.* — Tais-toi! tu me refroidis! *(A Mme de Prévannes.)* Car enfin, qu'est-ce que la vie ? une bêtise en une soixantaine de tableaux... quand la Parque inflexible n'y fait pas de coupures... mais prout! quittons ces sombres bords... et vive la folie!

MADAME DE PRÉVANNES, *bas à Fanny.* — L'oncle est d'une humeur charmante!

FANNY, *bas.* — Si vous lui parliez de notre mariage ?

MADAME DE PRÉVANNES, *bas.* — Ma foi, j'en ai envie. *(Air de danse à l'orchestre.)*

DUBOUQUET. — Ah j'entends grincer l'orchestre.

MADAME DE PRÉVANNES. — Monsieur Dubouquet.

DUBOUQUET. — Ma charmante.

MADAME DE PRÉVANNES, *bas*. — Restez!... j'ai à vous parler.

DUBOUQUET. — A moi ?... *(Bas à Bigaro.)* Emmène la petite. *(Il passe à gauche.)*

BIGARO, *offrant son bras à Fanny, qui vient à lui*. — Mademoiselle.

FANNY. — Volontiers, monsieur.

ENSEMBLE

AIR : polka du *Sopha*.

Entendez-vous c'est la polka,
La mazurka
Dont le gai signal $\left\{ {\text{nous} \atop \text{vous}} \right\}$ appelle,
La ritournelle
En ce moment *(bis)*.
Met tout le bal en mouvement.

Bigaro et Fanny sortent par le fond-milieu et disparaissent par la gauche, les trois portes du fond, qui jusqu'à présent sont restées ouvertes, se ferment à ce moment.

SCÈNE X

DUBOUQUET, MADAME DE PRÉVANNES; *puis* FANNY

DUBOUQUET, *à part, regardant Mme de Prévannes*. — Cette commère-là est très bien... Si je profitais du tête-à-tête...

MADAME DE PRÉVANNES, *s'asseyant à droite et invitant du geste Dubouquet à en faire autant*. — Monsieur...

DUBOUQUET, *venant s'appuyer sur la chaise à côté de Mme de Prévannes*. — Il paraît que nous allons rire ce soir ?

MADAME DE PRÉVANNES, *gracieusement*. — Nous ferons du moins tout notre possible pour vous empêcher de vous ennuyer.

DUBOUQUET. — Et vous réussirez sans peine... Parole d'honneur, vous m'allez.

MADAME DE PRÉVANNES, *étonnée*. — Ah!

DUBOUQUET, *à part*. — Cristi! les belles épaules! *(Haut,*

et s'asseyant à côté d'elle.) Vous m'allez même beaucoup, et moi suis-je dans vos cordes ? hein ? *(Il veut lui prendre la main.)*

MADAME DE PRÉVANNES, *étonnée, retirant sa main.* — Mais... monsieur.

DUBOUQUET, *à part, lui tournant le dos.* — Elle fait des manières... je deviens froid.

MADAME DE PRÉVANNES, *à part.* — C'est un original... mais je suis prévenue... *(Haut.)* Vous êtes sans doute pour quelque temps à Paris... j'espère que vous viendrez nous voir souvent!...

DUBOUQUET, *à part.* — Elle se repent... De la clémence... *(Haut, et se retournant vers elle.)* Tous les jours, belle dame, tous les jours!

MADAME DE PRÉVANNES. — M. Paul est de nos intimes.

DUBOUQUET. — La maison lui plaît... ou plutôt... avouez-le, ah! le drôle a du goût!...

MADAME DE PRÉVANNES. — Que voulez-vous dire ?

DUBOUQUET. — Est-ce que je ne me suis pas aperçu que la petite Fanny ?...

MADAME DE PRÉVANNES. — Au fait, pourquoi vous le cacherais-je ?

DUBOUQUET. — Parbleu! je suis bon prince!

MADAME DE PRÉVANNES. — Ils s'adorent!...

DUBOUQUET. — J'approuve... La petite a de l'œil!...

MADAME DE PRÉVANNES, *à part.* — Il a des expressions. *(Haut.)* Voilà deux mois qu'ils s'aiment.

DUBOUQUET. — Deux mois! Ça dure encore ?

MADAME DE PRÉVANNES. — Comment! encore ?... J'espère que ça durera toujours.

DUBOUQUET, *riant.* — Toujours!... ah! vous avez bien dit ça!

MADAME DE PRÉVANNES. — Paul est charmant avec elle... Toujours de nouvelles protestations, de nouvelles promesses!...

DUBOUQUET, *à part.* — Il les emberlificote, le petit gredin! Je lui lègue tout mon bien!

MADAME DE PRÉVANNES. — Ils ont formé des projets... Je ne sais si je dois vous raconter ça.

DUBOUQUET. — Allez donc!... *(Lui prenant la taille.)* Allons-y!...

MADAME DE PRÉVANNES, *étonnée, se levant.* — Monsieur!...

DUBOUQUET, *se levant aussi.* — Allons-y... Alonzo. *(A part.)* Je ne serais pas fâché de savoir comment ce

gaillard-là s'y prend pour embobiner les femmes... Moi,
je promets le mariage... Jusqu'à présent, ça m'a réussi.

Madame de Prévannes. — Voici donc leur plan...
Aussitôt après le mariage...

Dubouquet. — Hein ?

Madame de Prévannes. — Aussitôt après le mariage...

Dubouquet. — Ah! ah! ah! très bien! *(A part.)* Le
drôle m'a chipé mon procédé... je lui lègue tout mon bien.

Madame de Prévannes. — Est-ce que vous vous
opposeriez ?

Dubouquet. — Du tout! du tout! je donne ma béné-
diction d'avance... *(A part, passant derrière Mme de
Prévannes.)* Pristi!... les belles épaules!...

Madame de Prévannes, *à part, passant à gauche.* —
Il est bien disposé... Si je lui parlais de cet emprunt...
(Haut.) Et s'il devait vous en coûter...

Dubouquet. — M'en coûter ?... *(A part.)* Je flaire une
carotte, je redeviens froid.

Madame de Prévannes. — Votre neveu est sur le
point d'acheter une étude... mais pour que ces beaux
rêves puissent se réaliser... il faudrait...

Dubouquet, *à part.* — Hein! la carotte se développe!...
(Haut.) Il faudrait ?...

Madame de Prévannes. — Vous comprenez... dans
ce monde... on a besoin d'être aidé, secouru, épaulé...

Dubouquet, *vivement.* — Epaulé!... il serait à désirer,
madame, que tout le monde le fût aussi richement que
vous!...

Madame de Prévannes, *riant.* — Oh! décidément, je
vois que vous ne voulez pas causer sérieusement.

Dubouquet. — Au contraire...

Madame de Prévannes. — Et je laisse à votre neveu le
soin de vous parler d'un emprunt... *(Fanny entre tout
doucement par le fond-milieu, et écoute.)*

Dubouquet. — Un emprunt ?... *(A part.)* Nous y voilà!

Madame de Prévannes. — Ah! ce mot vous effraie ?

Dubouquet. — Nullement... et quel qu'en soit le
taux... je le soumissionne d'avance.

Madame de Prévannes. — Ah! prenez garde! il
s'agit de...

Dubouquet. — Qu'importe! *(A part.)* Il paraît que
c'est raide.

Madame de Prévannes. — Il s'agit de...

Dubouquet. — De ?...

Madame de Prévannes. — De cent mille francs!

Dubouquet, *à part*. — Bigre!... comme elle y va!...
(Haut.) Qu'est-ce que c'est que ça, cent mille francs ?...
Mettons deux cent mille francs... allez!... Ah bah! pour
voir ces chers enfants heureux!...

Fanny, *descendant vivement entre sa mère et Dubouquet*.
— Ah! que vous êtes bon!

Dubouquet, *à part*. — Haïgne!... l'enfant nous écou-
tait... Comme c'est dressé!...

Fanny. — Et pour vous remercier... tenez... je vais
vous embrasser.

Dubouquet. — De grand cœur! *(A part, l'embrassant.)*
On ne fait que ça ici... *(Il l'embrasse encore.)* Petite forêt
de Bondy! *(On entend l'orchestre.)* Ah! l'orchestre recommence à grincer... *(Il remonte et prend le milieu.)* Je vous
demanderai la permission de faire un tour dans le bal.

Madame de Prévannes, *très gracieuse*. — Comment
donc!... Au revoir, monsieur Dubouquet.

Fanny, *de même*. — Adieu, monsieur Dubouquet!

Dubouquet. — Mesdames... *(A part.)* Voilà de
franches gaillardes. *(Il sort par le fond-milieu, en tirant
son faux nez de sa poche.)*

SCÈNE XI

Madame de Prévannes, Fanny;
puis Beauregard et Plantin

Madame de Prévannes. — Ce M. Dubouquet est un
excellent homme... des manières un peu singulières...
un peu provinciales...

Fanny. — Mais je ne trouve pas, il est fort bien... pour
un oncle...

Madame de Prévannes. — Qui donne son consente-
tement. *(Elles causent bas.)*

Beauregard, *entrant avec Plantin par la porte du
fond, à gauche, bas*. — Elles sont seules... voici le moment
de faire ta demande.

Plantin. — Oui, mon oncle. *(Il éternue.)*

Madame de Prévannes. — Hein ? *(Se retournant en
souriant.)* Ah! je me doutais que Monsieur ne devait
pas être loin.

Beauregard. — Madame, c'est mon neveu... Il
désirerait avoir avec vous un moment d'entretien.

MADAME DE PRÉVANNES. — Avec moi!

FANNY. — Je me retire.

PLANTIN. — Non... Mademoiselle n'est pas de trop parce que... *(Il éternue.)*

BEAUREGARD. — Je vous laisse... il vous expliquera lui-même... *(Bas à Plantin.)* Allons! de l'éloquence... et mouche-toi avant de commencer. *(Saluant les dames, haut.)* Madame... Mademoiselle!... *(Il sort par la porte du fond-milieu.)*

SCÈNE XII

PLANTIN, MADAME DE PRÉVANNES, FANNY

MADAME DE PRÉVANNES, *bas à Fanny.* — Que peut nous vouloir ce monsieur? *(Haut à Plantin qui se mouche.)* Nous vous écoutons.

PLANTIN. — Madame... et vous aussi, mademoiselle... vous trouverez sans doute qu'il est bien téméraire à moi de... *(A part.)* Diable de nez!

MADAME DE PRÉVANNES. — Remettez-vous... vous paraissez ému.

PLANTIN. — C'est mon rhume, et la circonstance avec laquelle... *(Il fait des efforts pour éternuer mais il n'y parvient pas.)*

FANNY, *à part.* — C'est une calamité qu'un nez comme celui-là...

PLANTIN. — Madame... et vous aussi, mademoiselle... vous trouverez sans doute qu'il est bien téméraire à... à... à... *(Il éternue plusieurs fois avec fracas.)*

MADAME DE PRÉVANNES et FANNY, *riant à part,* — Ah!...

MADAME DE PRÉVANNES, *riant à demi.* — Plus tard, monsieur, je vois que vous n'êtes pas à votre aise...

PLANTIN. — Permettez, madame...

MADAME DE PRÉVANNES, *riant.* — Il faut vous soigner, monsieur. *(Elle remonte.)*

PLANTIN, *s'approchant de Fanny.* — Mademoiselle.

FANNY, *riant.* — Il faut vous soigner, monsieur. *(Elle remonte près de sa mère.)*

MADAME DE PRÉVANNES et FANNY, *riant.* — Adieu, monsieur. *(Elles sortent par la porte du fond-milieu.)*

PLANTIN. — Je ne sais pas si elles ont parfaitement saisi... Je vais les rejoindre.

Il sort en éternuant, par la même porte que les dames; cette porte se referme. Au même instant, s'ouvrent les deux portes du fond, à droite et à gauche; Dubouquet entre par celle de gauche, et Bigaro par celle de droite : tous deux ont leurs faux nez, ils ont l'air fort triste : ils arrivent sur le devant de la scène, face au public, et poussent un bâillement formidable; les portes se sont refermées.

SCÈNE XIII

DUBOUQUET, BIGARO; *puis* TOINETTE

DUBOUQUET, *se retournant, en face de Bigaro.* — Bigaro!

BIGARO, *en face de Dubouquet.* — M. Dubouquet!

DUBOUQUET. — Je m'embête! je dirai plus... je ne m'amuse pas!... Ils appellent ça un bal!... c'est laid, c'est triste, c'est maussade... Enfin, croirais-tu que je n'ai pas entendu la moindre bêtise?... *(Ils ôtent leurs faux nez.)*

BIGARO. — Ni moi non plus.

DUBOUQUET. — Et en fait de masques, je n'ai rencontré que mon nez qu'on regardait comme un événement.

BIGARO. — Avez-vous remarqué comme les hommes ont l'air jobard à Paris... J'en ai entendu un qui parlait du crédit foncier.

DUBOUQUET. — Et les femmes, donc? Elles baissent les yeux, elles pincent les lèvres... En entrant, j'aperçois une petite commère grassouillette... je me dis : Bon! voilà mon affaire! et je lui prends le coude... le coude seulement... Je crois qu'il n'y a pas de mal à ça!

BIGARO. — Tiens! parbleu!

DUBOUQUET. — Elle se lève... me lance un regard foudroyant et va se plaindre à une grosse paire de moustaches qui grisonnait dans un coin.

BIGARO. — Chipie!

DUBOUQUET. — C'était un général prussien. Ce choucroute vient me chercher querelle.

BIGARO. — Qu'avez-vous fait?

DUBOUQUET. — Moi ? je lui ai parlé du grand Frédéric... et il m'a prié d'agréer ses excuses... Veux-tu que je te dise ? ce raout manque de liqueurs fortes... il n'y a rien de tel qu'un verre de punch pour décolleter la situation... et j'attends le punch !...

BIGARO. — Moi aussi.

DUBOUQUET. — Nécessairement, puisque je l'attends. *(Toinette entre par la droite, et se dirige vers l'armoire à gauche.)*

TOINETTE, *entrant.* — Ah ben ! il n'y a plus de sucre !

DUBOUQUET, *l'arrêtant, au milieu du théâtre.* — Tiens !... la bonne !... Jeune Picarde !

TOINETTE. — Monsieur ?

DUBOUQUET. — Un renseignement ?... Est-ce qu'il ne serait pas vaguement question de faire circuler le punch ?

TOINETTE. — Le punch ?... il n'y en a pas. *(Elle va à l'armoire qu'elle ouvre.)*

DUBOUQUET. — Pas de punch !... Donne-moi mon paletot, je décampe !

BIGARO. — Nous décampons !

DUBOUQUET, *regardant dans l'armoire ouverte.* — Des bouteilles !... oh ! quelle idée !

BIGARO. — Quoi ?

DUBOUQUET. — Rien ! *(A Toinette, qu'il prend par la main.)* Petite, va me chercher un baquet, une marmite, une bassinoire.

TOINETTE, *étonnée.* — Une bassinoire ?

DUBOUQUET. — Ce que tu voudras, pourvu que ce soit grand et propre.

TOINETTE. — Mais, monsieur...

DUBOUQUET. — Va ! ou je te fais flanquer à la porte demain matin. *(Il la pousse dehors, par la porte à droite.)*

BIGARO, *à part, passant à gauche.* — Une bassinoire !... Est-ce qu'il serait indisposé ?

DUBOUQUET, *apportant au milieu du théâtre le guéridon de droite.* — Bigaro, donne-moi ce pain de sucre dans l'armoire.

BIGARO. — Ce pain de sucre ? Pour quoi faire ?

DUBOUQUET. — Tu le verras. *(Bigaro prend une chaise qu'il place devant l'armoire, monte dessus et prend le pain de sucre.)*

TOINETTE, *rentrant par là droite, avec un énorme chaudron.* — Monsieur... v'là un chaudron ! ça fait-y votre affaire ?

DUBOUQUET, *l'embrassant.* — Un chaudron ! tu es un

ange! *(Il prend le chaudron qu'il pose sur le guéridon.)*

BIGARO, *apportant le pain de sucre.* — Voilà le pain de sucre... *(Toinette remonte, et passe à gauche.)*

DUBOUQUET. — Donne!

BIGARO. — Mais qu'est-ce que vous allez faire ?...

DUBOUQUET. — Ne t'occupe pas de ça... Embrasse Toinette.

TOINETTE, *pendant que Bigaro l'embrasse.* — Sont-y drôles! sont-y drôles!

DUBOUQUET, *qui a dépouillé le pain de sucre, et le plaçant debout dans le chaudron.* — Là!... *(A Toinette.)* Maintenant, petite, donne-moi ces bouteilles.

TOINETTE. — Et si Madame me chasse ?

DUBOUQUET. — Je te prends à mon service, je suis garçon... Tu feras danser l'anse... Va!

TOINETTE. — Ma foi! *(Elle monte sur la chaise devant l'armoire.)*

DUBOUQUET. — Toi, Bigaro, fais la chaîne.

BIGARO, *à part.* — Mais qu'est-ce qu'il va faire ?...

TOINETTE, *donnant une bouteille à Bigaro.* — A vous! *(Elle lui passe à mesure toutes les bouteilles désignées, chaque bouteille a une étiquette.)*

BIGARO, *lisant l'étiquette.* — Rhum de la Jamaïque!... *(Passant la bouteille à Dubouquet.)* A vous! *(Dubouquet lui rend à mesure chaque bouteille, qu'il repasse à Toinette, en en reprenant une autre.)*

DUBOUQUET. — Rhum de la Jamaïque. *(Vidant la bouteille dans le chaudron.)* Bon pour le service!

BIGARO, *donnant une autre bouteille.* — Kirchwasser.

DUBOUQUET. — Kirchwasser... *(Vidant la bouteille.)* Ça ne peut pas nuire.

BIGARO, *même jeu.* — Anisette de Bordeaux!...

DUBOUQUET. — Anisette de Bordeaux!... *(Hésitant à verser.)* Diable! oh! ça sera peut-être bon! *(Il vide la bouteille.)*

BIGARO, *même jeu.* — Anisette de Hollande.

DUBOUQUET. — Anisette de Hollande! cristi!... ça va faire de l'anisette... Après ça, du moment que j'ai admis Bordeaux... la Hollande pourrait s'offenser! Ménageons ce peuple industrieux... *(Il vide la bouteille.)*

BIGARO, *qui est près du chaudron.* — Ménageons-le. *(Il va rendre la bouteille à Toinette et prend la dernière qu'il apporte à Dubouquet.)* Tenez, v'là de l'eau-de-vie.

DUBOUQUET, *prenant la bouteille.* — Qu'elle entre. *(Il verse, et garde la bouteille à la main.)*

TOINETTE, *descendant de dessus la chaise.* — C'est la dernière...

DUBOUQUET, *à Toinette.* — Maintenant, une cuillère... une bougie...

TOINETTE, *apportant une grande cuillère à Dubouquet.* — Voilà! *(Bigaro va prendre une bougie à une girandole à gauche.)*

BIGARO, *tenant sa bougie, et regardant Dubouquet qui tourne la cuillère dans le chaudron.* — Qu'est-ce qu'il va faire? qu'est-ce qu'il va faire?

DUBOUQUET, *s'arrêtant.* — Mâtin!... ça sent le camphre! *(Lisant l'étiquette de la bouteille qu'il tient.)* Ah! nom d'un petit bonhomme! Eau-de-vie camphrée! Bah! le feu purifie tout! *(Il rend la bouteille à Toinette, qui la reporte dans l'armoire qu'elle renferme en retirant la chaise; puis il allume un papier à la bougie que tient Bigaro et met le feu au punch.)*

BIGARO. — Ah! je comprends! c'est du punch! *(Il laisse tomber sa bougie dans le punch allumé.)* Ah! bigre! elle est tombée au fond! *(Toinette revient à droite.)*

DUBOUQUET. — Imbécile!

BIGARO. — Ah! de la bougie... ça fond!

DUBOUQUET. — Ce n'est pas pour la bougie... c'est la mèche. *(Regardant le punch.)* Ça flambe! c'est très joli! Ah! je les forcerai bien à s'amuser! Oh! il me pousse une idée!

BIGARO. — Laquelle?

DUBOUQUET, *donnant la cuillère à Bigaro.* — Non, tu me la volerais... Tourne toujours. *(Appelant.)* Toinette.

TOINETTE. — Monsieur? *(Il la prend à part.)*

DUBOUQUET. — Ecoute! *(Il lui parle à l'oreille.)*

TOINETTE. — Ah! c'te farce!

DUBOUQUET. — Va! Dès que ce sera prêt tu m'avertiras.

TOINETTE. — Je veux bien, moi! *(A part.)* En v'là un luron réjoui! *(Elle sort par la droite.)*

SCÈNE XIV

BIGARO, DUBOUQUET; *puis* UN DOMESTIQUE

BIGARO, *près du chaudron et tournant.* — Dites donc, je pense à une chose, moi.

DUBOUQUET, *revenant à gauche.* — Quoi ?

BIGARO. — Nous ne pourrons jamais boire ça à nous deux.

DUBOUQUET. — Tu crois ? *(Regardant l'intérieur du chaudron.)* Capon!... Au fait, si nous faisions des politesses... si nous invitions quelqu'un! C'est que je ne connais personne dans ce bal.

BIGARO. — Ni moi!

DUBOUQUET. — C'est égal... j'ai un moyen... Il doit y avoir un Adolphe dans la société... il y a toujours un Adolphe rue de Bréda... nous allons le faire demander...

BIGARO. — Faisons-le demander. *(Le domestique entre par la droite, en portant un autre plateau de glaces et se dirige vers le fond.)*

DUBOUQUET, *arrêtant le domestique.* — Mon ami, voulez-vous prier M. Adolphe de passer dans ce salon pour une affaire extrêmement importante ?

BIGARO. — Il y va de son avenir.

LE DOMESTIQUE. — Oui, monsieur... *(Il remonte vers le fond, à gauche.)*

BIGARO, *goûtant le punch avec la cuillère.* — Ça manque de citron.

DUBOUQUET, *arrêtant de nouveau le domestique et prenant une glace sur son plateau.* — Ah!... voici l'affaire... elle est au citron... *(Il la verse dans le chaudron; le domestique sort par le fond, à gauche.)* C'est égal, ça va faire un drôle de margouillis.

SCÈNE XV

LES MÊMES, ADOLPHE; *puis* PLANTIN; *puis* QUATRE HENRI,
dont LE GÉNÉRAL; *puis* CINQ ARTHUR; *puis* TOINETTE

ADOLPHE, *entrant vivement par le fond, à gauche.* — On me demande ?... Pour une affaire importante ?

DUBOUQUET, *le saluant.* — Monsieur Adolphe, n'est-ce pas ? *(Il se met devant le chaudron, pour le masquer.)*

ADOLPHE. — Adolphe de Clerembourg... oui, monsieur.

DUBOUQUET, *à part, après l'avoir salué plusieurs fois.* — Qu'est-ce que je vais lui dire ?... *(Haut.)* Permettez-moi de vous présenter M. Oscar Bigaro, secrétaire du conseil de salubrité... à Grasse... département du Var. (*Adolphe et Bigaro se saluent cérémonieusement, Dubouquet a passé à droite, et Bigaro s'est mis à son tour devant le chaudron.*)

ADOLPHE, *à part.* — Je ne le connais pas... Qu'est-ce que ce chaudron-là ?

DUBOUQUET, *à part.* — Trois, ce n'est pas assez. (*Haut*). Ce cher Adolphe... je vous ai dérangé... vous causiez avec votre ami... votre ami ?...

ADOLPHE. — Ernest !

DUBOUQUET. — C'est ça ! (*Au domestique qui reparaît à la porte du fond, à gauche.*) On demande M. Ernest !

BIGARO. — Il y va de son avenir. (*Le domestique rentre dans le bal à gauche.*)

ADOLPHE, *à Dubouquet.* — A la fin, monsieur, que me voulez-vous ?

DUBOUQUET. — Tout à l'heure... nous ne sommes pas en nombre.

PLANTIN, *entrant vivement par le fond, à gauche.* — Il y va de mon avenir !... mon mariage sans doute ?...

DUBOUQUET, *le saluant.* — Monsieur Ernest...

PLANTIN, *vivement.* — Je suis agréé ?

DUBOUQUET. — Charmante profession !

PLANTIN. — Mais non... je... (*Il éternue du côté du chaudron ; Bigaro étend ses mains sur le punch.*)

DUBOUQUET. — Dieu vous bénisse ! (*A part.*) Il est enrhumé... ça ne compte pas.

ADOLPHE, *s'impatientant.* — Voyons, monsieur, dépêchons-nous... j'ai promis à Henri de lui faire vis-à-vis.

DUBOUQUET. — Henri ?... Pardon, est-il enrhumé ?

ADOLPHE. — Non !

DUBOUQUET. — Très bien. (*Allant ouvrir la porte du fond-milieu, et parlant au domestique que l'on voit dans le couloir.*) On demande M. Henri. (*Le domestique disparaît à droite.*)

BIGARO, *allant aussi au fond, et criant.* — Il y va de son avenir ! (*Il revient au chaudron.*)

ADOLPHE, *à Plantin.* — Monsieur, savez-vous ce que tout cela signifie ?

PLANTIN. — Je crois qu'il s'agit de mon mariage, mais je ne m'explique pas ce chaudron.

LE DOMESTIQUE, *paraissant à la porte du milieu.* — Monsieur... Lequel Henri ?... ils sont quatre.

DUBOUQUET. — Tous ! (*Le domestique disparaît à droite.*) Vive Henri IV ! (*Criant.*) Chemin faisant, ramasse-moi tout ce que tu voudras d'Arthur, va !...

(S'adressant au premier Henri, qui entre par le fond, à droite.) Monsieur Henri... nous vous attendions. *(Bigaro a été prendre dans l'armoire un plateau garni de verres, qu'il donne à tenir à Plantin, et remplit les verres.)*

PREMIER HENRI. — Merci, je ne joue pas le whist.

DUBOUQUET. — Il n'est pas question de ça!...

PREMIER HENRI. — La bouillotte non plus.

DUBOUQUET, *à part.* — Ah! très bien!... il est sourd!

TROIS MESSIEURS, *dont le général, entrant par le fond, à droite.* — Qu'est-ce qui demande M. Henri ?

DUBOUQUET. — Enchanté, messieurs, ravi... *(S'adressant à une grosse moustache.)* Tiens!... c'est le général!... Madame ne se ressent pas de... son coude ?

LE GÉNÉRAL. — Vous m'avez fait demander ?

DUBOUQUET. — Oui... pour reparler du grand Frédéric.

LE GÉNÉRAL. — Je veux bien... Figurez-vous que ce grand homme...

DUBOUQUET. — Je n'ai pas le temps... *(Lui indiquant le sourd.)* Adressez-vous à Monsieur. *(Le général cause avec le sourd.)*

LE DOMESTIQUE, *annonçant par la porte du fond-milieu.* — MM. Arthur! *(Entrent cinq messieurs par le fond-milieu. Le domestique se retire. Les portes se referment.)*

DUBOUQUET, *aux nouveaux venus, qui garnissent le fond.* — Messieurs, donnez-vous la peine d'entrer.

BIGARO, *à part.* — Il va dépeupler tout le bal.

LE GÉNÉRAL, *au premier Henri.* — Voilà comment fut gagnée la bataille...

PREMIER HENRI. — Non, monsieur, ni la bouillotte non plus.

DUBOUQUET. — Maintenant que nous sommes au complet... je vais vous dire pourquoi je vous ai convoqués.

TOUS. — Ah! voyons, voyons!

BIGARO. — Silence!

DUBOUQUET. — Messieurs, voulez-vous me faire le plaisir d'accepter un verre de punch ?

TOUS. — Comment!...

ADOLPHE et PLANTIN. — C'est une plaisanterie!...

DUBOUQUET. — Bah! en carnaval! il faut rire... Bigaro, les verres!

TOUS. — Vive le punch! *(Bigaro distribue des verres à tout le monde et garde le plateau à la main.)*

DUBOUQUET. — Messieurs, je propose un toast au dimanche gras!

TOUS. — Au dimanche gras!

CHŒUR

AIR de *Clarisse Harlowe (Pairs d'Angleterre)*.

> Joyeux dimanche!
> Ta gaîté franche
> Au vrai plaisir donne l'essor,
> Reviens encor!
> Pas de contrainte!
> Buvons sans crainte,
> Car ce jour-là, mes bons amis,
> Tout est permis!

A la fin du chœur, tous boivent et font une grimace horrible.

TOUS. — Pouah!

LE GÉNÉRAL. — Cré nom!

DUBOUQUET. — Il est bon!... Vous le trouvez trop faible?...

ADOLPHE. — Non... on dirait qu'il sent le camphre.

PLANTIN. — Moi, je lui trouve un petit goût de suif... mais il n'est pas désagréable... (*Tirant une mèche de son verre.*) Qu'est-ce que c'est que ça?

DUBOUQUET, *bas à Bigaro.* — La mèche!

BIGARO, *à Plantin.* — Vous avez la fève, vous êtes le roi!

TOUS. — Le roi boit!

DUBOUQUET, *à part.* — J'aime cette gaieté. (*Haut.*) Messieurs... Je propose un toast au lundi gras!

TOUS. — Au lundi gras!

BIGARO. — Une idée... si nous faisions des crêpes?

DUBOUQUET. — A la flamme du punch! bravo!

TOUS. — Bravo!

PLANTIN, *dansant et très animé.* — Je vais chercher une poêle à la cuisine... drinn!... drinn!... drinn!... (*Il passe à droite.*)

BIGARO, *le suivant.* — Et de la pâte. (*Plantin sort par la droite, en bousculant le premier Henri qui tombe assis sur une chaise.*)

DUBOUQUET, *à part.* — Ça s'anime... ma petite fête devient charmante! (*Haut.*) Messieurs! je propose un toast au mardi gras! (*Il repasse à droite.*)

TOUS. — Oui! oui! (*Bigaro emplit les verres.*)

TOINETTE, *entrant par la droite, à Dubouquet.* — Monsieur!... Monsieur, c'est prêt... c'est là!

DUBOUQUET. — Quoi ?

TOINETTE, *bas*. — Ce que vous m'avez demandé... votre...

DUBOUQUET, *bas*. — Plus bas!... c'est une surprise... *(Toinette sort par la droite.)* Ah! ils ne s'amusent pas! nous allons voir!... *(Il sort par la droite.)*

SCÈNE XVI

LES MÊMES, *moins* DUBOUQUET; *puis* BEAUREGARD, MADAME DE PRÉVANNES, FANNY, FLORENTINE, DAMES; *puis* PLANTIN

BIGARO. — Messieurs, je propose un toast au mercredi gras.

TOUS. — Au mercredi gras!

REPRISE DU CHŒUR PRÉCÉDENT

Les portes du fond s'ouvrent : Beauregard, Mme de Pré-
vannes, Fanny, Florentine entrent suivis d'une foule de
dames.

BEAUREGARD, *entrant le premier*. — Messieurs, on demande des danseurs! *(Bigaro remet le plateau et les verres sur le chaudron et passe à droite. Les hommes se dis-persent en poussant un cri et démasquent le chaudron.)* Oh!

LES DAMES, *à la vue du chaudron*. — Ah!

MADAME DE PRÉVANNES, *arrivant par le milieu avec sa nièce et Florentine*. — Qu'est-ce que c'est que ça! qu'est-ce que je vois là ?

PLANTIN, *entrant brusquement par la droite, une poêle à la main*. — Voici la poêle! *(Stupéfait, il passe près de son oncle.)*

TOUS. — Ciel!

BEAUREGARD. — Mon neveu!

FLORENTINE, *à part*. — Il est pochard!

BEAUREGARD, *à Plantin, qui est resté tout interdit*. — Répondez, monsieur... une pareille conduite... dans votre position... *(Bas.)* Un fiancé!

MADAME DE PRÉVANNES. — Oui, monsieur, expliquez-vous.

PLANTIN. — Madame... voilà! c'est le gros qui m'a dit... *(il éternue)* que... *(il éternue)* je... *(Il éternue.)*

BEAUREGARD, *lui prenant la poêle des mains.* — Ah! au diable! *(Il le fait passer à sa droite.)*

MADAME DE PRÉVANNES, *à un domestique.* — Baptiste, faites disparaître les traces de cette mauvaise plaisanterie... *(Le domestique enlève le guéridon sur lequel est le chaudron et le replace à droite. Beauregard a mis la poêle sur le chaudron.)* C'est insupportable!... *(Aux invités.)* Mesdames... messieurs... rentrons dans le bal. *(Ritournelle de l'air suivant.)*

BEAUREGARD, *sévèrement, à Plantin.* — Mon neveu, je vous défends de me quitter.

BIGARO, *à Florentine et l'invitant.* — Madame, voulez-vous me faire l'honneur...

FLORENTINE. — Non, je ne danse pas... conduisez-moi.

BIGARO. — Où ça?

FLORENTINE. — Au buffet!

CHŒUR

Finale de *Paris qui dort.*

MADAME DE PRÉVANNES

D'une telle folie
Déshonorer mon bal!
Cependant je l'oublie,
C'est jour de carnaval.

LES AUTRES

D'une telle folie
Déshonorer son bal!
Pourtant elle l'oublie,
C'est jour de carnaval.

Tout le monde sort par le fond, et rentre dans le bal; les trois portes restent ouvertes.

SCÈNE XVII

DUBOUQUET, *seul.*

Il entre avec précaution par la droite; il a remplacé son habit par un manteau espagnol et a sur la tête une toque à plumes; il porte une guitare en bandoulière.

Coucou!.:. tiens, ils ne sont plus là... je me suis déguisé en Espagnol, moi! ah! ah! ah! (*Il rit en faisant un mouvement brusque, s'arrêtant.*) Qui est-ce qui me frappe dans le dos ? Ah! c'est ma guitare!... Je crois que ça les fera rire... mon entrée sera bonne... la Saint-Léon sera contente. En outre, j'ai acheté des pois fulminants pour semer dans le bal... A Grasse, ça se fait toujours... on jette ça sur le plancher... (*il en jette un*) et en mettant le pied dessus... (*il marche dessus, le pois ne part pas.*) Tiens!... (*Il en met un second, même jeu.*) Rien!... (*Il en prend plusieurs qu'il jette violemment à terre, aucun ne part.*) Ah! cet épicier a abusé de ma confiance... ses pois fulminants ne fulminent pas... Gredin! (*Mouvement violent, il se retourne.*) Qui est-ce qui me... ah! c'est toujours ma... guitare... Ce n'est pas tout! j'ai imaginé quelque chose... je crois que ça fera de l'effet... (*Il va prendre en dehors de la porte à droite un transparent, sur lequel on voit écrit :* « ON DIRA DES BÊTISES. ») Un transparent... voilà... on dira des bêtises!... Ces gens sont d'une gaieté flasque... je les rappelle au programme... J'en ai accroché un tout pareil à la porte d'entrée, dans le grand escalier... Celui-ci est pour l'intérieur... où vais-je l'accrocher ?... J'aperçois un clou au-dessus de cette porte... c'est mon affaire... Va-t-on rire, mon Dieu! va-t-on rire! (*Se retournant.*) Mais qui est-ce qui me frappe ? Ah! c'est ma guitare. (*Il monte sur une chaise et accroche le transparent à un clou, au haut de la porte du milieu, au fond.*) Il faut qu'on s'amuse! il n'y a pas à dire, il faut qu'on s'amuse!

SCÈNE XVIII

DUBOUQUET, TOINETTE

TOINETTE, *venant par le fond, à droite. A part.* — Quel vacarme ils font là-haut!... La police vient d'y monter... elle a saisi la cagnotte... Et les invités de madame de Saint-Léon!... ils se sauvent de tous les côtés... l'escalier est plein de Pierrots et de débardeurs. (*Dubouquet, descendu de sa chaise, l'a replacée entre la porte du fond, à gauche, et celle du milieu; il remonte dessus et allume son cigare à une girandole.*)

DUBOUQUET, *regardant le transparent.* — Là!... ça fait

très bien. *(Il descend de la chaise, son cigare allumé à la bouche.)*

Toinette. — Comment! vous fumez ici, vous ?

Dubouquet. — Tiens! je vais me gêner, peut-être... *(Un grand bruit et des cris se font entendre.)*

Toinette, *à part.* — Les invités de madame de Saint-Léon!... Je m'ensauve!... *(Elle sort par la droite, premier plan.)*

SCÈNE XIX

Dubouquet, Pierrots, Pierrettes, Débardeurs

Un Pierrot, *entrant le premier dans le couloir. (Il vient de la droite.)* — Par ici! par ici! *(Une foule de Pierrots, de Pierrettes et de Débardeurs se précipitent dans le couloir par le fond, à droite, en poussant des cris.)*

Dubouquet, *à part.* — Tiens! Ils sont déguisés, ceux-là! Les farceurs m'ont pris mon idée. *(Haut.)* Entrrrez! entrrrez! Messieurs, mesdames, prrrenez vos places. *(Les Pierrots, Pierrettes et Débardeurs entrent dans le salon, en criant.)*

Le Pierrot, *aux autres.* — C'est le maître de la maison... nous sommes sauvés!

Dubouquet, *criant très fort.* — Ah! ah! ah! *(Se retournant.)* Qui est-ce qui me frappe donc dans le dos? *(Ramenant sa guitare devant lui.)* Ah! je plains les Espagnols.

Le Pierrot. — Une guitare! Dansons!

Tous. — Dansons!

Dubouquet. — A la bonne heure! ça s'émoustille... Je ferai l'orchestre. *(Un Pierrot va chercher la table qui est dans le couloir, et la place au fond devant la porte du milieu. Dubouquet monte dessus.)*

Tous. — En place! en place!

Dubouquet. — Attention! *(Il s'accompagne sur sa guitare.)*

AIR de *Paris au bal.*

Bande joyeuse,
Troupe rieuse,

Ne craignez pas un tapage infernal!
Et que personne,
Quand je le donne,
Ne reste sourd à mon bruyant signal.

CHŒUR, *en dansant.*

Bande joyeuse,
Troupe rieuse,
Ne craignons pas un tapage infernal!
Et que personne,
Quand il le donne,
Ne reste sourd à son bruyant signal.

DUBOUQUET

En carnaval oublions la morale,
Que le plaisir règne ici sans retard :
De l'Opéra figurez-vous la salle...
Regardez-moi... je suis M. Musard.
De cette chambre
Que l'odeur d'ambre
Cède la place à des parfums plus doux.

Fouillant dans sa poche.

Pour la Pierrette
La cigarette,
Pour le Pierrot le cigare à deux sous.

Il leur lance des cigares et des cigarettes.

TOUS

Bravo! bravo!

DUBOUQUET

Bande joyeuse, etc.

CHŒUR

Bande joyeuse, etc.

Pendant la reprise les Pierrots et les Pierrettes allument leurs cigares et leurs cigarettes, puis pendant le chœur, ils dansent tous en fumant et en faisant un rond autour de la table; Dubouquet les excite par des cris et frappe à tour de bras sur sa guitare.

SCÈNE XX

LES MÊMES, PAUL ; *puis* BIGARO ;
puis PLANTIN ; *puis* TOINETTE

PAUL, *entrant par le fond, à droite, et rompant le rond.*
— Quel tumulte ! quel... Ciel ! mon oncle ! *(Il va à lui.)*

DUBOUQUET, *toujours sur la table.* — Arrive ici, mon garçon... tu en es !

PAUL. — Sur cette table... dans ce costume !...

DUBOUQUET, *aux danseurs qui se sont arrêtés, et frappant sur sa guitare.* — Allez donc toujours !... allez donc !

PAUL. — Vous n'y songez pas... que va dire madame de Prévannes ?

DUBOUQUET, *interdit.* — Madame de...

PAUL. — Madame de Prévannes !...

DUBOUQUET. — Madame de Prévannes !...

PAUL. — Vous êtes chez elle !

DUBOUQUET, *debout sur la table, terrifié.* — Hein ? quoi ?... comment ?...

PAUL. — Où donc pensiez-vous être ?

DUBOUQUET, *très ému.* — Attends que je descende... soutiens-moi... Je me croyais chez madame de Saint Léon. *(Il descend. Un Pierrot reporte la table dans le couloir.)*

PAUL. — C'est l'étage au-dessus. *(Tous les masques rient.)*

DUBOUQUET, *avec colère, arrachant la cigarette à une Pierrette.* — On ne fume pas ici, petite malheureuse !... Ah ! mon Dieu ! et ce costume !... Si cette dame me voyait...

PAUL. — Elle qui vous cherche pour vous présenter à l'ami du secrétaire du ministre.

DUBOUQUET. — En Castillan !... jamais !...

PAUL. — Mais... votre habit ?

DUBOUQUET. — Sapristi ! Le costumier l'a emporté.

BIGARO, *entrant par le fond-milieu.* — Monsieur Dubouquet !... vous ne savez pas ?

DUBOUQUET. — Bigaro ! c'est le ciel qui me l'envoie. *(Cherchant à lui enlever son habit.)* Merci !... aidez-moi, vous autres !... *(On s'empresse autour de Bigaro.)*

BIGARO. — Dites donc! dites donc! vous me déshabillez... ah! mais! *(On enlève l'habit de Bigaro.)*

DUBOUQUET, *lui jetant le manteau et le pourpoint sur les épaules.* — Te voilà en Almaviva!... ne te plains pas!... *(Lui mettant sa toque sur la tête.)* Tu appartiens à l'ancien répertoire... *(Il passe l'habit de Bigaro.)*

PLANTIN, *arrivant vivement par le fond, à gauche.* — Madame de Prévannes demande M. Dubouquet.

DUBOUQUET, *achevant de s'habiller.* — Il était temps.

BIGARO, *à Plantin.* — Ah! votre habit! votre habit! *(Aux masques.)* Aidez-moi!... *(On entoure Plantin, et on lui enlève son habit.)*

PLANTIN. — Messieurs, je proteste... je gèle! je grelotte.

BIGARO, *lui jetant le manteau et le pourpoint sur les épaules.* — Fourrez-vous là-dessous, l'Espagne est un pays chaud.

TOINETTE, *accourant par le fond, à droite.* — Voici Madame! *(Elle reste au fond.)*

DUBOUQUET, *aux masques.* — Vite! cachez-vous! sauvez-vous!...

LES MASQUES, *courant de côté et d'autre.* — Par où? *(Ils se bousculent.)*

DUBOUQUET, *perdant la tête.* — Je ne sais pas... par ici!... *(Il pousse deux Pierrots dans la chambre à gauche, au premier plan.)*

PAUL, *à d'autres masques.* — Sur ce balcon!... *(Il les fait entrer sur le balcon et ferme la fenêtre. Les autres masques s'échappent par la porte à droite.)*

DUBOUQUET, *après avoir fermé la porte à gauche, se retournant et se trouvant en face de Plantin, qui ne sait où se fourrer.* — Eh bien?... et vous?... qu'est-ce que vous faites là, en Espagnol?... C'est indécent, monsieur!... on ne se présente pas comme ça!...

PLANTIN. — Cependant...

DUBOUQUET, *désignant la gauche et le poussant.* — Vite... entrez là!... *(Il le fait entrer dans la chambre à gauche, dont il referme la porte.)*

PAUL, *courant à Dubouquet.* — Mais, mon oncle... c'est la chambre à coucher!...

DUBOUQUET. — Mâtin!... *(Passant au milieu.)* Dieu!... quelle odeur!...

TOINETTE. — C'est vos cigares!...

DUBOUQUET. — Vite!... les mouchoirs!... les mou-

choirs!... *(Ils tirent tous leurs mouchoirs, excepté Bigaro.)*
Allons donc, Bigaro!

BIGARO, *tirant son mouchoir.* — Voilà!... voilà!...

TOINETTE. — C'est ça... chassons la mauvaise air!...
*(Chaque personnage agite son mouchoir, pour chasser la
fumée.)*

SCÈNE XXI

BEAUREGARD, PAUL, FANNY, MADAME DE PRÉVANNES,
DUBOUQUET, BIGARO, INVITÉS

*Tous les nouveaux venus arrivent par les trois portes du
fond.*

MADAME DE PRÉVANNES. — Ah! pouah!...

DUBOUQUET, PAUL, BIGARO et TOINETTE. — Oh!...
*(Ils cessent d'agiter leurs mouchoirs et s'essuient le front.
Toinette s'esquive par le fond.)*

MADAME DE PRÉVANNES. — On dirait qu'on a fumé!...

DUBOUQUET. — C'est... c'est un quinquet! *(Bas à
Bigaro.)* Ton habit me gêne...

BIGARO, *bas.* — Celui de l'autre me coupe!

MADAME DE PRÉVANNES. — Ah! monsieur Dubouquet...

DUBOUQUET, *embarrassé.* — Oui... madame... enchanté... *(A part.)* Pauvre femme! si elle savait qu'elle a
deux Pierrots et un Espagnol dans sa chambre à coucher!
cher!... *(On entend éternuer très fort dans la chambre à
gauche.)*

MADAME DE PRÉVANNES. — Quel est ce bruit?

DUBOUQUET, *dans la plus grande agitation.* — Rien...
c'est... c'est moi... la chaleur... ma botte qui craque!

MADAME DE PRÉVANNES. — Vous pâlissez!... *(Aux
autres.)* Ouvrez la fenêtre!...

DUBOUQUET, *vivement.* — Non!... pas la fenêtre!...

MADAME DE PRÉVANNES. — Fanny... un flacon... dans
ma chambre!...

DUBOUQUET, *passant vivement à gauche.* — Non, pas
de flacon!... pas la chambre!... *(Mme de Prévannes
passe près de Dubouquet.)* Ça va mieux!... ça va bien!...

BEAUREGARD, *remontant et apercevant le transparent.* —
Ah!... qu'est-ce que c'est que ça?...

TOUS, *regardant.* — Oh!...

DUBOUQUET, *à part.* — Mon transparent!... je l'avais oublié!...

BEAUREGARD, *lisant.* — « On dira des bêtises!... »

MADAME DE PRÉVANNES. — C'est incroyable!... Que veut dire!... (*Interrogeant tout le monde du regard.*) Messieurs?... (*Beauregard redescend à gauche.*)

DUBOUQUET. — Je ne sais... je... Ah! c'est de bien mauvais goût... (*On entend éternuer plus fort dans la chambre à gauche. Etonnement général.*)

BEAUREGARD. — Il y a quelqu'un dans cette chambre!...

DUBOUQUET, *à part.* — L'animal!...

BEAUREGARD, *ouvrant la porte de gauche.* — Que vois-je?... (*Il attire Plantin suivi des deux Pierrots.*) Plantin!... (*Paul passe près de Fanny.*)

SCÈNE XXII

LES MÊMES, PLANTIN, DEUX PIERROTS

TOUS. — Monsieur Plantin!...

PLANTIN, *éternuant.* — Atchi!...

MADAME DE PRÉVANNES. — Que signifie cette mascarade?...

BEAUREGARD, *montrant Plantin.* — Monsieur va sans doute nous expliquer...

DUBOUQUET. — Evidemment... il n'y a que Monsieur qui soit en état... (*Il marche sur un pois fulminant qui part.*) Oh!...

TOUS. — Qu'est-ce que c'est que ça?...

DUBOUQUET, *à part.* — Ils partent maintenant!... Canaille d'épicier!...

PLANTIN, *désignant Dubouquet.* — Mais c'est Monsieur qui... (*Il écrase deux pois fulminants qui partent aussi.*) Oh!... oh!...

MADAME DE PRÉVANNES. — Encore, monsieur Plantin!

TOUS. — Oh!...

PLANTIN, *criant.* — Mais non!...

BEAUREGARD, *furieux, interrompant Plantin.* — Assez!... pas d'explication!... Vous êtes un goujat!...

DUBOUQUET. — A la porte!...

TOUS. — A la porte!... à la porte!... (*On pousse Plantin*

*et les deux Pierrots dehors par le fond, à droite. Beauregard
les suit et sort avec eux. Dans ce mouvement, Bigaro passe
à gauche.)*

SCÈNE XXIII

BIGARO, DUBOUQUET, MADAME DE PRÉVANNES,
FANNY, PAUL; *puis* FLORENTINE

MADAME DE PRÉVANNES, *à Dubouquet*. — Une pareille
conduite! c'est inconcevable!...

DUBOUQUET, *avec aplomb*. — Ah! madame... il y a
des gens qui n'ont aucun sentiment des convenances!

MADAME DE PRÉVANNES, *se tournant vers Paul*. — Ah!...
Paul... avez-vous remercié votre oncle ?... Il consent à
tout... à l'emprunt... au mariage...

DUBOUQUET, *à part*. — La carotte!...

PAUL. — Comment ?

DUBOUQUET, *vivement*. — Oui... oui... à tout!...

PAUL, *prenant la main de Fanny*. — Quel bonheur!

*Florentine, qui vient d'entrer par le fond à droite, frappe
avec son éventail sur l'épaule de Paul. Celui-ci quitte la
main de Fanny et se retourne vers Florentine. Mme de
Prévannes remonte avec sa nièce et Dubouquet jusqu'au
fond, près des invités.*

FLORENTINE, *bas à Paul*. — Il est minuit moins cinq...
Dans cinq minutes, j'éclate!...

PAUL. — Dieu!

DUBOUQUET, *redescendant vivement et effrayé près de
Paul*. — Hein ? encore un Pierrot!...

*Mme de Prévannes et Fanny restent au fond. Florentine
remonte à droite, au deuxième plan, et cause avec un
invité.*

PAUL, *bas à son oncle, en lui désignant Florentine*. —
Non... c'est Madame... d'un mot elle peut faire manquer
mon mariage, et la protection de madame de Prévannes
en dépend...

DUBOUQUET, *bas*. — Bigre!... qu'est-ce qu'elle demande ?...

PAUL, *bas*. — Un mari... dans cinq minutes...

DUBOUQUET, *bas*. — J'ai son affaire... occupe ces dames.

*(Paul remonte causer avec Mme de Prévannes et Fanny.
— Appelant.)* Bigaro!...

BIGARO, *s'approchant.* — Mon ami ?...

DUBOUQUET, *lui montrant Florentine, qui cause toujours
avec l'invité.* — Tu vois bien cette femme ravissante...

BIGARO. — C'est une baronne! je l'ai conduite trois fois
au buffet...

DUBOUQUET. — Bigaro... je l'aime!...

BIGARO, *à part, mettant la main sur son cœur.* — Ah!...
c'est singulier... je ne sais ce que j'éprouve!...

DUBOUQUET, *à part.* — Remarquez que je ne lui dis
rien. *(Haut.)* Dans cinq minutes... je la demande en
mariage...

BIGARO, *à part.* — Mâtin!... je n'ai pas de temps à
perdre... *(Il passe à droite.)*

DUBOUQUET, *à part.* — Remarquez que je ne lui dis
rien.

BIGARO, *à Florentine.* — Baronne... *(Florentine quitte
l'invité, qui remonte vers un autre groupe, et se rapproche
de Bigaro.)* J'ai trente-six ans... un organe agréable... de
la poésie plein le cœur... et trois fermes... si l'offre de ma
main...

FLORENTINE. — Jeune homme... je ne dis pas non...
nous recauserons de cela... au buffet...

Paul descend tout doucement, à droite, près de Florentine.

DUBOUQUET, *qui observait, à part.* — C'est fait!...

BIGARO, *à part, avec joie.* — Soufflé!...

PAUL, *bas à Florentine.* — Eh bien ?...

FLORENTINE, *bas.* — Voici vos lettres. *(Elle lui donne
un paquet de lettres.)*

PAUL, *à part, le mettant dans sa poche.* — Enfin!...

*Il retourne près de Fanny, qui redescend avec sa tante;
Dubouquet passe près de Mme de Prévannes.*

MADAME DE PRÉVANNES, *en redescendant.* — Messieurs,
on nous annonce le souper.

DUBOUQUET. — Nous vous suivons, belle dame... *(A
part, regardant Bigaro.)* Ce pauvre garçon!... je ne peux
pourtant pas lui laisser épouser... *(Appelant.)* Bigaro!...

BIGARO, *s'approchant.* — Mon ami ?

DUBOUQUET, *bas.* — Décidément, je ne me marie
plus.

BIGARO, *stupéfait, bas.* — Ah! bah!... ça m'est égal...
je romprai au dessert.

DUBOUQUET, *bas.* — C'est ça... entre la poire et le fro-
mage... il faut être convenable!... *(Il lui donne une poignée*

de main. — *A part.*) Précieux ami!... je finirai par le faire
empailler! *(Haut.)* A table!...

Tous. — A table!... à table!...

Chœur final

AIR de *La Savonnette impériale.*

> Allons, plus de colère!
> Ce repas souhaité,
> Va nous rendre, j'espère,
> L'entrain et la gaîté!

FIN D'ON DIRA DES BÊTISES

UN NOTAIRE
A MARIER

COMÉDIE-VAUDEVILLE EN TROIS ACTES
PAR MARC-MICHEL, E. LABICHE
ET A. DE BEAUPLAN

*représentée pour la première fois, à Paris,
sur le Théâtre des Variétés, le 19 mars 1853*

ACTE I

Un cabinet de travail dans une étude de notaire. — Porte
au fond. — Portes latérales, à droite et à gauche au
deuxième plan. — Au fond, de chaque côté de la porte,
un grand casier. — A gauche, premier plan, une cheminée avec du feu. — Sur la cheminée, pendule, vases,
une carafe. — Une caisse adossée au mur de droite. —
Un pupitre droit et élevé avec un registre dessus, adossé
au mur de gauche, après la cheminée. — A droite, un
bureau chargé de papiers et dossiers. — Chaises, fauteuils, petit guéridon.

SCÈNE PREMIÈRE

LUCIEN, PLUSIEURS CLERCS; *puis* DESRUEL

*Au lever du rideau, deux clercs jouent aux cartes sur un
petit guéridon au milieu du théâtre. Deux autres les
regardent jouer. Un cinquième est assis devant la cheminée et tient un journal. Lucien, assis sur le bord du
bureau à droite, joue au bilboquet. Musique à l'orchestre
jusqu'au chœur.*

PREMIER JOUEUR. — Je marque le roi.
LUCIEN. — Dépêchez-vous!... Si M. Desruel, le
patron, savait qu'on joue aux cartes dans l'étude...
PREMIER CLERC, *regardant jouer.* — Bah! il n'est pas
encore levé!
DEUXIÈME CLERC, *assis près de la cheminée.* — A
neuf heures!... Il prend du bon temps, le patron!

LUCIEN. — Il ne ressemble pas à son prédécesseur, M. Buzonville...

PREMIER CLERC. — En voilà un qui était toujours sur notre dos !

LUCIEN. — On l'avait surnommé la scie du notariat.

PREMIER JOUEUR, *à l'autre, auquel un clerc désigne une carte à jouer.* — On ne conseille pas, la partie est intéressée...

LUCIEN. — Qu'est-ce que vous jouez ?

DEUXIÈME JOUEUR. — Nous jouons notre déjeuner...

PREMIER JOUEUR. — Deux côtelettes aux cornichons.

TOUS, *se rapprochant avec intérêt.* — Crédié ! *(Lucien et le deuxième clerc se lèvent.)*

PREMIER JOUEUR. — Atout ! roi de cœur ! dame de cœur ! et as de pique !

Il se lève. On range le guéridon dans un coin à gauche, près du pupitre, et on remet les chaises en place.

DEUXIÈME JOUEUR, *se levant.* — Je suis fumé ! *(On rit. — Fouillant à sa poche pour payer.)* Nous disons deux côtelettes... ça fait... treize sous !

Il laisse tomber une pièce de monnaie et se baisse pour la ramasser. Un des clercs lui saute par-dessus le dos et va se baisser à quelques pas plus loin.

TOUS. — A saute-mouton ! à saute-mouton !

> *Une partie de saute-mouton s'engage.*

LUCIEN, *à part ; il a passé à gauche.* — Dire que ceci représente une étude de notaire !

ENSEMBLE, *pendant qu'on saute.*

AIR de *La Corde sensible.*

> Qu'on s'en donne !
> Que personne,
> En l'absence du patron,
> Ne s'esquive
> Et se prive
> De jouer à saute-mouton !

Desruel entre par le fond au milieu de la partie. Il porte un grand manteau qui cache entièrement son costume de paillasse. Il tient son chapeau de paillasse sous son manteau.

DESRUEL. — Eh bien, ne vous gênez pas !

TOUS LES CLERCS, *se relevant.* — Oh! le patron!

DESRUEL. — Ah! c'est comme ça que vous travaillez!

TOUS LES CLERCS. — Mais, patron!...

DESRUEL, *prêchant.* — Silence, messieurs! Sachez-le, ce n'est pas ainsi qu'on arrive!... C'est par un travail assidu, une conduite exemplaire! *(En gesticulant il a entrouvert son manteau et laissé voir son costume de paillasse.)*

LUCIEN, *apercevant le costume.* — Oh!

DESRUEL. — Quoi ? *(Ramenant vivement son manteau.)* Pristi! je crois qu'on l'a vu! *(Haut et vivement aux clercs.)* Rentrez, messieurs!

LUCIEN. — Patron, nous vous attendions pour vous demander...

DESRUEL. — Je n'y suis pas!... je suis en affaires!... mais, rentrez donc!

ENSEMBLE

AIR précédent.

DESRUEL

Se conduire de la sorte!
Un pareil scandale en ces lieux!
Au plus vite que l'on sorte!
Contre vous je suis furieux!

LES CLERCS

Puisque le patron s'emporte!
Laissons-le tout seul en ces lieux,
Gagnons bien vite la porte :
Contre nous il est furieux!

> *Lucien et les clercs rentrent à gauche.*

SCÈNE II

DESRUEL, *ôtant son manteau qu'il jette sur une chaise près du bureau, et paraissant en costume de paillasse.*

(Gaiement.) Les aimables gamins!... Voilà pourtant comme j'étais il y a trois mois... avant d'acheter l'étude du père Buzonville... Mais maintenant, c'est différent...

je suis devenu un homme sérieux! *(Regardant son costume.)* Pas dans ce moment... je rentre du bal masqué... Dieu! l'ai-je aimé le bal masqué!... quand j'étais clerc!... Et ma foi! un notaire qui commence, ça ressemble beaucoup à un clerc qui finit... et je suis en train de finir, voilà! *(Il fait un geste de bal masqué.)* Mais cela ne m'empêche pas d'exercer honorablement ma profession... Je pince de la cravate blanche de huit heures du matin à sept heures du soir, et j'entreprends le contrat de mariage et le testament avec la plus grande propreté... en manchettes! *(Par réflexion.)* Tiens! si j'ôtais mon paillasse... *(Il commence à défaire quelques boutons.)* On parle vaguement de me marier... M. Buzonville surtout, mon prédécesseur... je lui dois ma charge, et il ne serait pas fâché de palper une dot, le vieux cancre!... Quant à moi, je ne suis pas pressé... je la passe assez douce... et puis, quoique notaire, j'ai un sentiment dans le cœur... Lucile, la pupille de madame de Lussang... dix-sept ans... un ange de candeur... malheureusement, elle est encore en pension... mais je l'attendrai! Oh! oui, je l'attendrai... pas en paillasse, par exemple!

> *Voix de Buzonville dans la coulisse à gauche.*

BUZONVILLE, *en dehors.* — C'est un abus! un pillage!

DESRUEL. — Quel est ce bruit?

SCÈNE III

BUZONVILLE, DESRUEL; *puis* LUCIEN

BUZONVILLE, *entrant par la gauche avec une bûche dans chaque main et parlant à la cantonade.* — Oui! c'est un abus! un pillage! *(On entend rire les clercs dans l'étude.)*

DESRUEL, *à part.* — Mon prédécesseur.

BUZONVILLE, *à Desruel.* — Monsieur, savez-vous ce qui se passe?... *(Apercevant le costume de Desruel.)* Que vois-je?... un notaire!... mon successeur!...

DESRUEL. — Excusez-moi... je rentre du bal masqué.

BUZONVILLE, *suffoquant de colère.* — Vous excuser!... Monsieur!... Monsieur! vous êtes la honte du notariat moderne!

DESRUEL, *à part.* — Ah! mais! il m'ennuie!

BUZONVILLE. — Un paillasse! J'ai traité avec un paillasse!... Ah! je ne m'étonne plus si tout va de travers ici.

DESRUEL. — Qu'y a-t-il?

BUZONVILLE. — On vous vole! on vous ruine! on vous
étrangle!

DESRUEL. — Pas possible!

BUZONVILLE. — Monsieur... je viens de compter dix-
neuf bûches dans votre étude!

DESRUEL. — Ah!... c'est extrêmement flatteur pour
mes clercs...

BUZONVILLE, *furieux*. — Je ne ris pas, moi, monsieur!...
Je ne fais pas de calembours! je ne suis pas un paillasse!
J'ai été trente-trois ans notaire et je n'ai jamais fourni
que sept bûches... par jour... excepté en 1829, où l'hiver
a été par trop rigoureux...

DESRUEL. — Oui, vous les avez fait fendre en deux...

BUZONVILLE. — Oui...

DESRUEL. — Pour en avoir quatorze.

BUZONVILLE. — Non!... Eh bien... oui!... Voilà
comme on acquiert trente mille livres de rentes!,.. C'est
comme pour le vin, vous donnez deux bouteilles à vos
clercs... deux bouteilles!

DESRUEL. — Eh bien?

BUZONVILLE. — Mais vous voulez donc enivrer ces
jeunes gens?

DESRUEL, *à part*. — Ils sont douze!

BUZONVILLE. — Eh bien!... tenez, prenez vos deux
bûches... c'est autant de sauvé. *(Il les lui met dans les
mains et remonte à droite.)*

DESRUEL. — Qu'est-ce que vous voulez que j'en fasse?

BUZONVILLE. — Serrez-les... mettez-les...

DESRUEL, *ironiquement*. — Dans ma caisse?

BUZONVILLE, *redescendant à droite*. — Ça ne ferait pas
de mal... Au moins il y aurait quelque chose dedans.

DESREUL, *piqué*. — Monsieur!

BUZONVILLE, *s'arrêtant devant le bureau*. — Et ce
bureau! comme c'est rangé!

DESRUEL, *à part, les deux bûches toujours à la main*. —
Cristi! il m'agace!

BUZONVILLE, *regardant sur le bureau*. — Trois bâtons
de cire à cacheter... entamés! *(A Desruel.)* Et vous voulez inspirer la confiance!

> *Il met deux bâtons dans sa poche.*

DESRUEL. — Qu'est-ce que vous faites donc?

BUZONVILLE. — Je range, monsieur, je range!...

DESRUEL, *à part.* — Ah! mais!... Ah! mais!... il m'ennuie! *(Il passe à droite.)*

BUZONVILLE, *prenant une chaise à droite.* — Et cette chaise, qu'est-ce qu'elle fait là ? *(Il la porte à gauche; puis trouvant une feuille de papier timbré sur le pupitre de gauche.)* Une feuille de papier timbré qui traîne!... On ne doit pas laisser traîner le papier timbré! ça coûte sept sous, monsieur, ça coûte sept sous! *(Il met la feuille de papier dans sa poche. — Reprenant la chaise qu'il a placée à gauche.)* Et cette chaise, qu'est-ce qu'elle fait là ? *(Il la reporte à droite.)*

DESRUEL, *à part.* — Charmant homme!... *(Se contenant à peine. Haut.)* Monsieur Buzonville... prenez garde.

BUZONVILLE. — Quoi!

DESRUEL. — Voilà trois mois que je vous porte sur les épaules... et je vous déclare que ça devient lourd! *(Il met les bûches dans le feu.)*

BUZONVILLE, *le regardant faire.* — Allons! bon!... c'était bien la peine... *(Allant à lui.)* Panier percé, va! *(Il prend une carafe sur la cheminée et verse de l'eau sur le feu.)*

DESRUEL, *impatienté, passant à droite.* — C'est agaçant à la longue d'avoir chez soi une espèce de tire-bouchon qui fourre sa pointe dans toutes vos actions!

BUZONVILLE, *quittant la cheminée après avoir remis la carafe.* — Un tire-bouchon! moi... un tire-bouchon!... Ah! c'est comme ça!... Eh bien! monsieur, soldez-moi!... Votre premier paiement est échu... cent cinquante mille francs... Où sont-ils ?

DESRUEL. — Ne parlons pas de ça!

BUZONVILLE. — Ah! voilà comme vous me recevez!... au moment où je m'occupe de vous, où je viens vous proposer une affaire superbe!...

DESRUEL. — Une affaire!

BUZONVILLE. — Oui... un mariage...

DESRUEL, *à part.* — Ah! nous y voilà!

BUZONVILLE. — Toutes les convenances y sont...

DESRUEL. — Je ne vous dis pas... mais je suis encore trop jeune pour me marier...

BUZONVILLE. — Comment! trop jeune ?... Est-ce que vous n'avez pas une étude à payer ?

DESRUEL. — Oui.

BUZONVILLE. — Alors, vous êtes d'âge... La demoiselle est charmante... je garantis sa beauté...

DESRUEL, *à part*. — Elle doit être grêlée!

BUZONVILLE. — Famille honorable...

DESRUEL, *à part*. — Parbleu! toujours!

BUZONVILLE. — Qui habite Montargis...

DESRUEL, *à part*. — Patrie du chien[1]!

BUZONVILLE. — Deux cent mille francs de dot.

DESRUEL. — Tiens! c'est gentil!

BUZONVILLE. —. J'ai écrit au père et j'attends sa réponse aujourd'hui... On doit me l'adresser ici... Vous paierez le port... bien entendu...

DESRUEL. — Très bien... nous en recauserons... plus tard.

BUZONVILLE. — Oui, mais quand vous serez agréé par la famille, je vous recommande bien une chose...

DESRUEL. — Laquelle ?

BUZONVILLE. — Changez de conduite... ne vous vautrez plus dans les folles orgies du carnaval.

DESRUEL. — Soyez tranquille.

BUZONVILLE, *d'un ton affectueux*. — Et puis, je vous en prie... Ernest, quand vous me parlez, soyez moins cassant...

DESRUEL, *de même*. — Oui, Buzonville...

BUZONVILLE. — Vous m'avez appelé tire-bouchon!

DESRUEL. — Que voulez-vous ?... c'est plus fort que moi! Quand vous êtes là... il me semble que j'ai derrière moi un orgue de Barbarie qui me chante toujours le même air... *(Chantant et ayant l'air de jouer de l'orgue.)* A la grâce de Dieu[2]!... C'est très pénible!...

BUZONVILLE, *avec bonne foi*. — Oui... oui... *(A part.)* Est-ce que je lui ai chanté la grâce de Dieu ? Diable!... on dit que ça paie!...

LUCIEN, *entrant par le fond*. — Monsieur... c'est madame de Lussang qui demande à vous parler.

DESRUEL, *à part*. — La marraine de Lucile! *(Haut.)* Faites entrer!

Lucien disparaît par le fond.

BUZONVILLE. — Une cliente!... en paillasse!

1. *Le Chien de Montargis ou la Forêt de Bondy*, mélodrame en trois actes de Guilbert de Pixérécourt créé sur le théâtre de la Gaîté le 18 juin 1814. Ce fut un des plus longs succès de Pixérécourt.
2. *La Grâce de Dieu* est un mélodrame en cinq actes (1841) d'Adolphe d'Ennery (1811-1899) et Gustave Lemoine (1802-1885). La chanson mise en musique par Loïsa Puget (épouse de Gustave Lemoine) et dont le refrain était *A la grâce de Dieu* fut associée à l'immense succès populaire de la pièce.

DESRUEL. — Ah! sapristi! je l'avais oublié.

BUZONVILLE. — Vite! allez vous habiller! je vais recevoir cette dame...

DESRUEL. — Oui, Buzonville. (*Il reprend son manteau, qu'il a posé près de son bureau.*)

LUCIEN, *reparaissant au fond.* — Entrez, mesdames.

DESRUEL, *disparaissant par la droite.* — Oh!...

SCÈNE IV

LUCILE, MADAME DE LUSSANG, BUZONVILLE

Madame de Lussang entre par le fond suivie de Lucile.

BUZONVILLE, *à part devant la porte de droite.* — Il était temps!

MADAME DE LUSSANG. — M. Buzonville!

BUZONVILLE, *saluant.* — Madame... Mademoiselle...

MADAME DE LUSSANG. — On m'avait dit que M. Desruel était dans son cabinet... (*Elle fait un pas vers la droite.*)

BUZONVILLE, *l'arrêtant.* — Il va venir, madame... il est occupé avec... trois maîtres de forge!... pour un acte d'association.

MADAME DE LUSSANG. — Il travaille donc toujours beaucoup?

BUZONVILLE. — Oh! énormément!... c'est ce que nous appelons un piocheur! (*A part.*) Je le fais mousser! le galopin me doit sa charge! (*Haut.*) Il se tue, il passe les nuits.

LUCILE, *avec intérêt.* — Oh! ce pauvre jeune homme!

BUZONVILLE. — Je lui disais encore à l'instant, là, à cette place... Mon cher Desruel, vous n'êtes pas raisonnable, que diable! ménagez-vous!

LUCILE. — Et vous aviez bien raison!

BUZONVILLE. — Et c'est sage!... rangé!... (*à part, regardant le bureau*) comme son bureau tout à l'heure... (*Haut.*) Jamais de plaisirs, de bals masqués... de soupers... Enfin, je ne crains pas de le dire, Desruel est l'exemple du notariat moderne!

MADAME DE LUSSANG. — Allons, je vois que vous lui portez une vive affection.

BUZONVILLE. — J'ose dire que c'est pour moi un

second fils. *(A part, avec colère.)* Oh! s'il ne me devait pas sa charge!

MADAME DE LUSSANG. — Croyez-vous que nous l'attendions longtemps ?

BUZONVILLE, *s'oubliant.* — Une minute!... le temps d'ôter son paillasse... *(Il va prendre une chaise au fond à droite, l'apporte à madame de Lussang et indique à Lucile celle qui est près du bureau.)*

MADAME DE LUSSANG et LUCILE. — Comment!

BUZONVILLE. — Non!... le temps de prendre ses paperasses! *(Madame de Lussang et Lucile s'assoient.)* Mais, je ne vous ai pas demandé de nouvelles de votre mari, ce cher M. de Lussang ?

MADAME DE LUSSANG. — Ne m'en parlez pas, il est fort inquiet...

BUZONVILLE, *à part, regardant la cheminée.* — Allons, voilà que ça reflambe! *(A compter de ce moment il jette de temps en temps des regards inquiets sur le feu.)*

MADAME DE LUSSANG. — Hier, il était de garde.

BUZONVILLE. — Oui. *(A part.)* Voyez, si ce polisson viendra.

MADAME DE LUSSANG. — Et à l'heure de sa faction, n'a-t-il pas eu la malheureuse idée d'aller se faire couper les cheveux... de façon qu'il a manqué à son service...

LUCILE. — On l'a mis sur le rapport...

BUZONVILLE. — Et il craint d'aller coucher aux Haricots[3]... je connais ça. Mais ce feu ne va pas... je vais le souffler... *(Il va à la cheminée, reprend la carafe et sans être vu, verse de l'eau sur le feu.)*

MADAME DE LUSSANG. — Mon mari a pour sergent-major un homme inflexible sur la discipline... un certain Champignol...

BUZONVILLE, *reposant la carafe et revenant près de madame de Lussang.* — Marchand de volailles... je le connais beaucoup... un homme très riche... mon client... quand j'étais notaire.

MADAME DE LUSSANG. — Comment faire pour l'attendrir ?

BUZONVILLE. — Ce n'est pas facile... Ah! une idée! si vous lui envoyiez une invitation pour votre bal de jeudi...

---

3. Hôtel des haricots : la maison d'arrêt des militaires de la Garde nationale, punis pour infraction à la discipline. Elle était située quai des Bernardins, puis rue de Boulainvilliers (à partir de 1864).

MADAME DE LUSSANG. — C'est que... Quel homme est-ce ?

BUZONVILLE. — Charmant! nous le mettrons dans un coin.

MADAME DE LUSSANG, *se levant ainsi que Lucile.* — Au fait, c'est une bonne idée!... et dès que je serai rentrée... Mais M. Desruel ne revient pas ? *(Buzonville a reporté au fond à droite la chaise de madame de Lussang. Lucile a passé près de sa marraine.)*

BUZONVILLE, *redescendant à droite.* — Tout de suite, madame!... *(A part.)* Le gredin! c'est comme cela qu'il fait ses affaires!

MADAME DE LUSSANG, *passant près de Buzonville.* — J'étais venue pour signer une mainlevée d'hypothèques... je repasserai...

BUZONVILLE. — Par exemple! L'acte doit être prêt... Si vous voulez prendre la peine d'entrer à l'étude...

MADAME DE LUSSANG. — Volontiers...

BUZONVILLE, *à part.* — Il faut que je fasse son métier à présent... ce n'était pas la peine de vendre! *(Offrant la main aux dames.)* Mesdames...

MADAME DE LUSSANG. — Lucile... attendez-nous ici. *(Bas à Buzonville qui fait un mouvement.)* Vous comprenez... à cause des clercs.

BUZONVILLE, *remontant avec madame de Lussang.* — Il n'y a rien à craindre... Tel notaire, tels clercs... ce sont de vraies demoiselles... nous ne les prendrions pas sans cela... Passez donc, madame... nous ne prenons que des demoiselles... *(Buzonville et madame de Lussang entrent à gauche.)*

SCÈNE V

LUCILE; *puis* DESRUEL

LUCILE, *avec un peu d'embarras.* — Eh bien! ma marraine me laisse seule... Si M. Desruel entrait... Oh! ce n'est pas que j'aie peur de lui... quand on a dansé plusieurs fois avec un jeune homme. *(Gaiement.)* C'est vrai, il m'invitait toujours... et il me regardait!... Je crois même qu'un jour... à la fin d'une pastourelle... sa main a serré la mienne! *(Voyant paraître Desruel.)* C'est lui!... *(Elle se retire près de la cheminée.)*

DESRUEL, *entrant par la droite.* — *Habit noir, cravate blanche.* — *Il ne voit pas Lucile.* — *A part.* — Me voici en uniforme de notaire! *(Montrant sa cravate.)* Je crois qu'elle est assez blanche! *(Haut, voyant Lucile.)* Mademoiselle Lucile! *(A part.)* Un peu plus elle me voyait en paillasse!

LUCILE, *interdite, et montrant la gauche.* — Ma marraine est là... avec M. Buzonville... elle va revenir...

DESRUEL. — Je vous demande mille pardons... j'étais en affaire...

LUCILE. — Oui... avec des maîtres de forge.

DESRUEL, *étonné.* — Ah! qui vous a dit ?...

LUCILE. — M. Buzonville!

DESRUEL, *à part.* — Vieux craqueur!

LUCILE. — Mais vous n'êtes pas raisonnable... vous vous tuerez si vous continuez...

DESRUEL. — Moi ? à quoi faire ?

LUCILE. — Oh! nous savons bien comment vous passez les nuits. Fi! monsieur, c'est très mal.

DESRUEL, *à part.* — Buzonville a parlé de mon costume... *(Haut, avec embarras.)* Mademoiselle, je vous jure que c'est la première fois!...

LUCILE. — Non, monsieur! ce n'est pas la première fois.

DESRUEL. — Mettons la seconde...

LUCILE. — Travailler comme vous le faites...

DESRUEL. — Plaît-il ?

LUCILE. — Vous vous ruinerez la santé.

DESRUEL. — Ah! bah!... qui vous a dit ?

LUCILE. — Toujours M. Buzonville!

DESRUEL, *à part.* — Charmant homme. *(Haut.)* Que voulez-vous, le torrent des affaires!

LUCILE. — La première affaire, monsieur, c'est de ne pas se rendre malade... Ménagez-vous... pour vous, pour vos amis.

DESRUEL. — Je n'en ai pas.

LUCILE, *se trahissant.* — Mais si, vous en avez...

DESRUEL, *avec joie.* — Ah! *(Lucile baisse les yeux.* — *A part.)* Est-elle gentille! Aussi, dès qu'elle sera sortie de pension!...

LUCILE. — Nous ferez-vous l'honneur de venir jeudi au bal chez madame de Lussang ?

DESRUEL. — Je ferai mon possible... mais vous n'y serez pas.

LUCILE. — Par exemple!

DESRUEL. — Est-ce que vous avez congé ?

LUCILE. — Mais je ne suis plus en pension... on vient de me retirer aujourd'hui !

DESRUEL, *avec joie.* — Est-il possible ! comment !... *(Il saute.)* Elle n'est plus en pension !

LUCILE, *un peu étonnée.* — Qu'est-ce que vous avez donc ?

DESRUEL, *réprimant son premier mouvement.* — Oh ! pardon ! la joie... l'émotion... et puis, certains projets... *(il remonte et va regarder à la porte de l'étude)* que je nourris depuis longtemps... *(Avec chaleur.)* Ah !... mademoiselle, si vous saviez tout ce que mon cœur... *(A la voix de Buzonville ils se séparent.)*

SCÈNE VI

DESRUEL, BUZONVILLE, MADAME DE LUSSANG, LUCILE

BUZONVILLE, *entrant avec Mme de Lussang par la gauche.* — Oui, madame...

DESRUEL, *s'éloignant de Lucile, à part.* — Que le diable l'emporte.

BUZONVILLE. — Vous êtes parfaitement en règle. *(Voyant Desruel.)* Ah ! mon successeur !

DESRUEL, *saluant Mme de Lussang.* — Madame...

BUZONVILLE. — Un charmant garçon !... que nous songeons à marier...

LUCILE, *à part, avec un peu d'émotion.* — Comment !

DESRUEL, *vivement contrarié.* — Permettez... ça ne presse pas... plus tard...

BUZONVILLE. — Du tout !... le plus tôt possible... quand on a une charge à payer...

LUCILE, *à part.* — Ah ! mon Dieu !

DESRUEL, *à part.* — L'animal !

BUZONVILLE. — Ainsi, madame, si vous avez dans vos connaissances une demoiselle riche... très riche... nous ne tenons pas à la beauté.

DESRUEL, *voulant toujours arrêter Buzonville.* — Cependant...

BUZONVILLE, *bas.* — Taisez-vous donc ! *(Haut.)* Elle serait veuve... que cela ne nous ferait pas reculer !

MADAME DE LUSSANG. — Je verrai... je chercherai...

DESRUEL. — Mais...

BUZONVILLE, *à Desruel*. — Remerciez Madame, qui veut bien s'occuper de vous. *(A Mme de Lussang.)* Nous vous remercions, madame, mon successeur et moi...

DESRUEL, *à part, très agité*. — Oh! il m'ennuie!

MADAME DE LUSSANG, *saluant*. — Messieurs... *(Desruel salue.)*

BUZONVILLE. — Madame... veuillez accepter mon bras jusqu'à votre voiture...

ENSEMBLE

AIR de danse de *L'Enfant prodigue*.

MADAME DE LUSSANG

D'une future,
Oui, je le jure,
Je vous ferai le choix avec plaisir.
C'est très facile,
Soyez docile,
Je vous promets un brillant avenir.

DESRUEL, *à part*.

D'une future,
Riche, mais mûre,
Ce gaillard-là m'ornerait sans rougir.
Ah! l'imbécile!
Devant Lucile,
Parler ainsi... c'est me faire haïr!

BUZONVILLE, *à Mme de Lussang*.

Oui, la future,
Peut être mûre,
Il ne doit pas hésiter et choisir.
Epoux docile,
D'humeur facile,
Mon successeur sera fier d'obéir.

LUCILE, *à part*.

Ah! je le jure,
De cette injure,

Par mon dédain, je saurai le punir!
              Rêve stérile,
              Espoir fragile,
Il n'y faut plus songer à l'avenir.

Buzonville et Mme de Lussang sortent par le fond.

DESRUEL, *saluant Lucile qui s'en va la dernière.* —
Mademoiselle... (*Lucile lui fait une froide révérence et sort
par le fond.*)

SCÈNE VII

DESRUEL, *seul et très agité.*

L'imbécile! de quoi se mêle-t-il? Aller parler de
mariage devant cette jeune fille!... Pourquoi ne me pro-
mène-t-il pas sur la place avec un bouchon de paille...
et un écriteau : Notaire à marier!... Une femme! mais
j'en ai une!... je l'ai trouvée! une femme que j'aime,
Lucile!... Oh! oui, je l'aime! et je n'en épouserai pas
d'autre, c'est décidé!

SCÈNE VIII

DESRUEL, PONT-BICHET

PONT-BICHET, *paraissant au fond.* — Je ne vous
dérange pas ?

DESRUEL. — Monsieur Pont-Bichet! par exemple!
(*A part.*) Un de mes meilleurs clients. (*Haut.*) Donnez-
vous la peine de vous asseoir... (*Il prend la chaise près de
la cheminée, la lui apporte et passe à droite.*)

PONT-BICHET. — J'ai pris rendez-vous ici avec
M. Champignol, l'acquéreur de ma maison.

DESRUEL. — Oui, pour réaliser la vente.

PONT-BICHET. — C'est lui, maintenant qui va être
votre propriétaire...

DESRUEL. — Je m'en console en songeant qu'il me
reste un bon client. (*Il lui serre la main.*)

PONT-BICHET. — Ce cher ami!... (*A part.*) Ma femme

m'a recommandé d'attaquer délicatement la question. *(Il s'assied.)*

DESRUEL, *prenant la chaise qui est contre le bureau et s'asseyant près de Pont-Bichet.* — Et que comptez-vous faire de vos capitaux ?

PONT-BICHET. — Mais... *(A part.)* Tiens, c'est un joint. *(Haut et avec intention.)* Je compte en consacrer une partie à la dot de ma fille.

DESRUEL. — Ah!

PONT-BICHET, *lui frappant sur les genoux.* — Cent cinquante mille francs... c'est assez gentil, n'est-ce pas ?

DESRUEL. — Certainement.

PONT-BICHET. — La connaissez-vous, ma fille ?

DESRUEL. — Parfaitement... J'ai eu l'honneur de danser avec elle...

PONT-BICHET, *avec franchise.* — Eh bien ?

DESRUEL, *qui ne comprend pas.* — Quoi ?

PONT-BICHET. — Comment la trouvez-vous, ma fille ?...

DESRUEL. — Charmante! *(A part.)* Elle a les cheveux orange! *(Montrant ceux de Pont-Bichet.)* Conformes à l'échantillon.

PONT-BICHET, *d'un air engageant.* — Eh bien ?

DESRUEL, *toujours sans comprendre.* — Quoi ?

PONT-BICHET, *se levant et remettant sa chaise près de la cheminée.* — Tenez, moi, je ne sais pas finasser; je ne suis pas comme ma femme, j'aborde carrément les questions...

DESRUEL, *à part, inquiet et se levant.* — Diable! est-ce que!... *(Il reporte sa chaise contre le bureau.)*

PONT-BICHET. — Desruel!... je cherche un notaire pour ma fille!

DESRUEL, *à part.* — Ça y est!... *(Haut et embarrassé.)* C'est... c'est une heureuse idée! *(A part.)* Encore une femme! Ah çà! c'est donc jour de marché aujourd'hui!

PONT-BICHET. — Voyons, répondez-moi... carrément!

DESRUEL. — Eh bien! carrément... ça ne se peut pas!

PONT-BICHET, *avec bonhomie.* — J'ajouterai le trousseau!

DESRUEL. — Certainement, mademoiselle Pont-Bichet est ravissante... avec le trousseau...

PONT-BICHET. — Et ses cheveux!

DESRUEL. — Oui, ses cheveux... j'y pensais! *(A part, le regardant.)* Conformes à l'échantillon... *(Haut.)* Mais, voyez-vous, j'ai un autre mariage en train...

PONT-BICHET, *sans se fâcher.* — Ah!

DESRUEL. — Oui... quelque chose de très avancé.

PONT-BICHET. — C'est différent... n'en parlons plus!...
Vous ne connaîtriez pas un autre notaire... vacant ?

DESRUEL. — Non, dans ce moment... *(A part.)* Il a
la bosse du notaire... *(Il va près du bureau.)*

PONT-BICHET, *remontant.* — Ah çà! mais... ce Champignol n'arrive pas... On le dit riche. *(Il redescend.)*

DESRUEL. — Il gagne beaucoup d'argent.

PONT-BICHET. — A quoi ?

DESRUEL. — Vous ne devineriez jamais... A vendre
des bouquets de persil, des salades, du beurre, des poulets... C'est un des plus forts négociants de la halle...

PONT-BICHET. — Il n'a pas de fils à marier ?

DESRUEL. — Non!... Je ne lui connais qu'une fille, et
elle n'est pas notaire!

PONT-BICHET, *de très bonne foi.* — Fâcheux! fâcheux!...
Vous avez préparé la quittance ?

DESRUEL. — Elle doit être dans mon cabinet... Vous
permettez ?

PONT-BICHET. — Allez, allez!

Desruel entre à droite.

SCÈNE IX

PONT-BICHET; *puis* CHAMPIGNOL, CANUCHE

PONT-BICHET, *avec un peu de regret.* — Charmant
garçon! charmant garçon!

CHAMPIGNOL, *entrant par le fond et s'adressant à
Canuche qui le suit et qui porte sur l'épaule une grande
sacoche pleine de monnaie.* — Holà! doucement! Biquet,
doucement!

PONT-BICHET. — Ah! monsieur Champignol!

CHAMPIGNOL. — Tiens! c'est mon vendeur... J'apporte
les noyaux. *(A Canuche.)* Débarrasse-toi, Biquet!

CANUCHE, *gardant sa sacoche et restant au deuxième
plan.* — Faites pas attention, patron! *(A part.)* Qué joli
vieillard que ce père Champignol... et sa fille donc! *(Il
pousse un soupir.)* Heu!

CHAMPIGNOL, *à Pont-Bichet.* — Dites donc, père
Chose... elle est *gentille* votre immeuble... Je viens de la
regarder dans la rue... ça fait un beau tas de pierres!

PONT-BICHET. — Mais oui.

CANUCHE, *à part.* — Comme il s'exprime... et sa fille donc! *(Il pousse un soupir.)* Heu!

CHAMPIGNOL. — Par exemple! j'ai vu une crevasse dans l'escalier... Pas vrai, Biquet ?

CANUCHE, *descendant un peu la scène.* — *Deusse,* patron, *deusse !*

CHAMPIGNOL, *à Pont-Bichet.* — Biquet en a vu *deusse.* *(Il remonte.)*

PONT-BICHET. — Je ferai observer à M. Biquet...

CANUCHE, *offensé.* — Qui ça, Biquet ? Je m'appelle Canuche, entendez-vous ?

PONT-BICHET. — Oh! pardon!...

CANUCHE. — Biquet est un nom d'agrément pour le patron tout seul... et pour sa fille *tout seul.*

CHAMPIGNOL, *redescendant.* — Allons ne vas-tu pas te fâcher, grand cornichon! Qu'est-ce que tu fais là avec ta sacoche ?

CANUCHE. — Patron, c'est que...

CHAMPIGNOL. — Allons, tais-toi!

CANUCHE. — Oui, patron... *(A part.)* Est-y imposant... et sa fille, donc!

SCÈNE X

CANUCHE, CHAMPIGNOL
DESRUEL, PONT-BICHET

DESRUEL, *entrant un papier à la main.* — Pardon de vous avoir fait attendre...

CHAMPIGNOL, *ôtant vivement son chapeau.* — Oh! M. le notaire! Salue, Biquet.

Canuche ôte son chapeau.

DESRUEL, *donnant le papier à Pont-Bichet.* — Voici la quittance... *(A Champignol.)* Vous avez les fonds ?

CHAMPIGNOL, *tirant de sa poche un vieux portefeuille.* — Présent!

DESRUEL, *à Pont-Bichet, se mettant à son bureau.* — Veuillez signer... *(Pont-Bichet s'approche du bureau et signe.)*

CANUCHE, *regardant Champignol qui compte ses billets de banque.* — *A part.* — On jurerait sa fille... quand elle épluche de l'oseille! *(Envoyant un baiser à Champignol.)* Ravissante créature!

CHAMPIGNOL. — C'est bien le compte... *(Remettant des billets à Pont-Bichet.)* Voici d'abord les billets!... ensuite les espèces... *(A Canuche.)* Approche, Biquet. *(Canuche s'approche avec sa sacoche.)* Tourne. *(Il tourne le dos du côté de Pont-Bichet.)*

PONT-BICHET, *regardant la sacoche.* — Qu'est-ce que c'est que ça ?

CHAMPIGNOL. — C'est l'appoint, cinq cents francs en gros sous!

DESRUEL. — Hein ?

PONT-BICHET. — Comment, en gros sous!

CHAMPIGNOL. — Nous en recevons *normément* à la halle!

CANUCHE. — *Normément...*

PONT-BICHET. — Permettez...

CHAMPIGNOL, *passant près de Pont-Bichet.* — Si des fois vous en trouviez des mauvais, vous auriez l'obligeance de les mettre de côté... Biquet se charge de les repasser dans mon commerce... C'est sa partie. *(Il passe près du bureau.)*

CANUCHE, *gaiement.* — Oui, je suis t'unique pour faufiler les mauvais sous! *(Offrant son dos à Pont-Bichet.)* Si Monsieur veut prendre son appoint ?

PONT-BICHET, *avec impatience.* — Eh! qu'est-ce que vous voulez que je fasse de ça ?

CANUCHE. — Eh bien! et moi! Je n'ai pas envie de vieillir avec ça sur le dos! Du moment que c'est plus au patron... je lâche tout.

DESRUEL. — Posez ça dans un coin.

CHAMPIGNOL, *allant à Canuche avec empressement.* — Ecoute M. le notaire!... Tout de suite, monsieur le notaire! *(Desruel remonte et passe à la droite de Pont-Bichet.)*

CHAMPIGNOL, *aidant Canuche à se débarrasser de sa sacoche qu'il pose dans un coin à gauche.* — Là! voilà ce que c'est!

PONT-BICHET, *à Desruel.* — Il va me falloir une voiture de déménagement!

DESRUEL, *bas.* — Laissez-moi ça. Il est mon propriétaire... Au terme je lui paie sa quittance avec!

PONT-BICHET. — Superbe idée... Je me sauve!

DESRUEL, *lui donnant la main.* — Adieu! Mes hommages à Madame.

PONT-BICHET, *allant à Champignol.* — Monsieur, je vous présente mes respects.

CHAMPIGNOL. — C'est pas de refus.

ENSEMBLE

AIR : *Quel repas délectable (Val d'Andorre).*

> C'est une affaire faite :
> C'est décidé,
> Signé, soldé!...
> Il est } de { son } emplette,
> Je suis } { mon }
> Heureux, satisfait;
> Pour moi } c'est un marché parfait.
> Pour lui }

*Pont-Bichet sort par le fond. Desruel l'accompagne et dispa-
raît un moment. Canuche passe à droite.*

SCÈNE XI

CHAMPIGNOL, CANUCHE; *puis* DESRUEL

CHAMPIGNOL, *à Canuche*. — Repose-toi mon garçon;
t'es chez moi! t'es dans ma maison. *(Il s'assied près de la
cheminée.)*
CANUCHE, *s'asseyant près du bureau*. — C'est vrai! nous
v'là *cheux* nous!
CHAMPIGNOL. — Ah! ça fait du bien de s'*assire* dans
ses immeubles!
DESRUEL, *rentrant par le fond*. — Eh bien! les voilà
installés!
CHAMPIGNOL. — Dites donc, monsieur le notaire...
quand est-ce que finit votre bail ?
DESRUEL. — Dans un an; pourquoi ?
CHAMPIGNOL. — J'ai ma petite idée... j'ai envie de
flanquer tout ça par terre!
DESRUEL. — Comment ?
CHAMPIGNOL. — Ici, je ferai une cuisine.
DESRUEL. — Dans mon étude!
CANUCHE, *avec autorité*. — Puisque la maison est à lui!
CHAMPIGNOL. — Ensuite j'ôterai les parquets et je
mettrai des carreaux partout...
DESRUEL, *ironiquement*. — Oui, ce sera plus chaud.

CANUCHE. — Et plus propre... on peut arroser.

CHAMPIGNOL, *se levant, ainsi que Canuche.* — Allons, Biquet! ne flânons pas... Retourne à la boutique... moi, je monte au-dessus visiter les autres *locals.* (*Arrachant un chambranle de la cheminée.*) Tiens! c'te cheminée!... ça ne tient pas! (*Il met le chambranle sous son bras.*) J'vas l'emporter.

DESRUEL. — Mais, monsieur!

CANUCHE. — Puisque la maison est à lui!

ENSEMBLE

AIR de *L'Amour* (L. Nargeot).

CHAMPIGNOL, *passant au milieu.*

Je sais faire
Mon affaire :
N' vous tourmentez pas du tout.
Je suis l'maître,
Et j'veux r'mettre
Votr' local dans l' meilleur goût.

CANUCHE

Il sait faire
Son affaire :
N'vous tourmentez pas du tout;
Il est l'maître
De remettre
Votr' local dans l' meilleur goût.

DESRUEL

C'est trop faire
D'arbitraire :
C'est pour me pousser à bout.
Je veux être
Seul le maître;
Ce local est à mon goût.

Champignol et Canuche sortent par le fond.

SCÈNE XII

Desruel; *puis* Buzonville

DESRUEL. — En voilà un auquel je donnerai congé!

BUZONVILLE, *entrant vivement par la gauche, une lettre à la main.* — Ah! mon ami... je vous cherchais... votre concierge vient de me remettre la réponse de Montargis...

DESRUEL. — De Montargis ?... qu'est-ce que c'est que ça ?...

BUZONVILLE. — Vous savez bien... cette demoiselle...

DESRUEL. — Ah! oui! *(A part.)* Nous y revenons!

BUZONVILLE, *décachetant la lettre.* — La voici! je ne l'ai pas encore décachetée... Ecoutez... c'est cinq sous... vous savez... Oh! vous ne les regretterez pas... *(Lisant.)* « Mon cher Buzonville, la demoiselle dont vous me « demandez la main est un garçon... je l'ai mis dans la « marine. »

DESRUEL, *gaiement.* — Un matelot!

BUZONVILLE. — Ah! sacrebleu!... Dame! ils m'ont envoyé une lettre de faire-part il y a dix-huit ans... j'avais oublié le sexe!...

DESRUEL, *riant.* — Ah! ah! ah!... Allons! c'est drôle!

BUZONVILLE. — Vous riez, monsieur! quand un mariage superbe nous craque dans les mains!

DESRUEL. — Voyons... ne vous fâchez pas, père Buzonville, j'en ai un autre.

BUZONVILLE. — Ah bah! *(D'un ton très aimable.)* Ce cher Desruel!...

DESRUEL. — D'abord, elle est brune...

BUZONVILLE. — Ça, ça m'est égal.

DESRUEL. — Des yeux d'une douceur!...

BUZONVILLE. — Oui, oui, après ?

DESRUEL. — Et un teint... de lys!

BUZONVILLE. — Oui, oui, après ?

DESRUEL. — Enfin, mon cher Buzonville, vous qui êtes pour moi un ami, presque un père... *(Le prenant par-dessous le bras.)* Je viens vous prier de faire la demande...

BUZONVILLE. — Volontiers... où demeure-t-elle ?

DESRUEL. — Mais, c'est Lucile!

BUZONVILLE. — Qui ça, Lucile ?... ça n'est pas une adresse.

DESRUEL., *lui tenant toujours amicalement le bras.* — La filleule de madame de Lussang...

BUZONVILLE, *le repoussant brusquement.* — Hein?... voulez-vous me lâcher!

DESRUEL. — Quoi donc?

BUZONVILLE, *avec éclat.* — Mais elle n'a pas le sou... votre Lucile!!!

DESRUEL. — Comment!

BUZONVILLE. — Parbleu! c'est moi qui ai fait son inventaire... et après avoir payé les dettes de la succession, il lui restait juste quarante-neuf francs... pas de rente!...

DESRUEL, *avec cœur.* — Ah! pauvre enfant! Eh bien! tant mieux! je serai pour elle un appui, un soutien...

BUZONVILLE. — Plaît-il?

DESRUEL, *passant à gauche, et avec enthousiasme.* — Elle me devra sa fortune... je travaillerai pour elle, pour ma femme!...

BUZONVILLE. — Eh bien! et moi?... qui est-ce qui me paiera? Je le trouve superbe!

DESRUEL. — Plus tard... vous m'accorderez du temps...

BUZONVILLE. — Mais non, monsieur! que diable! Quand on doit sa charge, on n'épouse pas des demoiselles de quarante-neuf francs! c'est stupide!

DESRUEL. — Mais je l'aime! je l'aime!

BUZONVILLE. — Un mariage d'amour! Monsieur, vous êtes la honte du notariat moderne!

DESRUEL. — Voyons, monsieur Buzonville... vous avez aimé dans votre temps...

BUZONVILLE. — J'ai aimé... j'ai aimé deux cent cinquante mille francs, monsieur, en bons du Trésor!... c'est ma seule passion!

DESRUEL. — Permettez...

BUZONVILLE, *furieux.* — Non, monsieur, je ne permets pas! Quarante-neuf francs! pour en payer cinq cent mille!... voilà un acompte!... Je vous le déclare tout net, je refuse mon consentement à ce mariage!...

DESRUEL, *impatienté.* — Eh! monsieur!

BUZONVILLE. — Quoi!

DESRUEL. — Eh bien!... je m'en passerai de votre consentement!

BUZONVILLE, *nez à nez avec Desruel.* — Non, monsieur!

DESRUEL. — Si, monsieur!

BUZONVILLE. — Non, monsieur!...

DESRUEL, *impatienté.* — Si monsieur!... Je suis bien libre, peut-être...

BUZONVILLE, *éclatant.* — Non, monsieur, vous n'êtes pas libre!... Ça serait trop commode! On achèterait une charge, on prendrait des engagements, et un beau jour on se dirait : Tiens! si j'épousais Lucile!... Allons donc! allons donc!

DESRUEL, *à part.* — Mon Dieu! Mon Dieu! *(Il va s'asseoir près de la cheminée.)*

BUZONVILLE. — Je vous en avertis, monsieur, si vous donnez suite à ce projet... je vous force à vendre...

DESRUEL, *retournant la tête vers Buzonville.* — Hein?...

BUZONVILLE. — Je vous fais exproprier!...

DESRUEL, *se levant vivement.* — M'exproprier!

BUZONVILLE, *furieux.* — Par voie d'huissier!... voilà mon ultimatum! *(Il remonte.)* Une demoiselle de quarante-neuf francs!... oh! oh! oh!... *(Il sort par le fond.)*

SCÈNE XIII

DESRUEL; *puis* LUCIEN

DESRUEL, *seul, se promenant avec agitation.* — Vieux parchemin! Il n'y a pas à dire, je suis dans ses griffes!... Après tout, il a raison, j'ai pris des engagements... il faut les remplir!... je ne m'appartiens pas, je suis une chose, une échéance!... Quel sot métier! j'aimerais mieux être porteur d'eau! Au moins, les Auvergnats... ils épousent des Auvergnates qui leur plaisent... et ils mangent tous des choux ensemble! C'est mauvais! mais c'est moins lourd sur l'estomac qu'un Buzonville sur les épaules!... *(Avec amour.)* Pauvre Lucile! Je t'aurais pourtant bien aimée!... *(Avec rage.)* Mais je suis notaire! Voyons, où y a-t-il une femme? n'importe laquelle! pourvu qu'elle soit riche!

LUCIEN, *entrant par la porte de gauche avec des papiers.* — Monsieur?

DESRUEL. — Je n'y suis pas!

LUCIEN. — Vos lettres à signer...

DESRUEL, *s'asseyant à son bureau.* — C'est bien... donnez. *(A lui-même avec rage et prenant les lettres.)* Oui, je me marierai... j'épouserai une bossue! elle sera encore plus

riche. *(Ecrivant sur les lettres avec rage.)* « Post-Scrip-
« tum. Trouvez-moi donc une bossue!... » *(A mesure qu'il
a écrit sur une lettre, il la jette devant lui à terre. Lucien la
ramasse.)*

LUCIEN, *étonné.* — Hein!

DESRUEL, *écrivant.* — « Trouvre-moi donc une ban-
« cale! »

LUCIEN. — Ah! mon Dieu!...

DESRUEL, *écrivant.* — « Trouvez-moi donc une
« femme! »

LUCIEN. — Que faites-vous donc, monsieur?

DESRUEL, *avec colère.* — Quoi? je veux me marier... je
mets l'écriteau!

LUCIEN, *à part, ramassant la dernière lettre.* — Qu'est-ce
qu'il a donc?... je l'aimais mieux en paillasse! *(Il sort par
la gauche en emportant les lettres.)*

SCÈNE XIV

CHAMPIGNOL, DESRUEL *toujours à son bureau.*

CHAMPIGNOL, *paraissant au fond, avec une moitié de
fenêtre sur l'épaule et son chambranle de cheminée dans
l'autre main.* — *Il parle à la cantonade.* — Puisqu'on
vous dit que c'est pour la faire arranger!

DESRUEL. — Qu'est-ce?

CHAMPIGNOL, *entrant.* — C'est un locataire... il a un
châssis en mauvais état... Alors je l'emporte... il prétend
qu'il va s'enrhumer...

DESRUEL, *sans le regarder.* — Dame!... si vous emportez
les fenêtres...

CHAMPIGNOL. — Allons donc! des mauviettes!... Avez-
vous mes titres?

DESRUEL, *tout en rangeant ses papiers avec colère.* —
Demain... l'acte de vente n'est pas enregistré.

CHAMPIGNOL. — Adieu, monsieur le notaire.

DESRUEL. — Bonjour! *(Champignol disparaît par le
fond.)* *(Courant après lui.)* A propos... *(Appelant.)* Eh!
monsieur! monsieur!...

CHAMPIGNOL, *en dehors.* — Quoi?

DESRUEL. — Trouvez-moi donc une femme! *(Redescendant.)* Tant pis!...

CHAMPIGNOL, *reparaissant avec sa fenêtre sur l'épaule et son chambranle à la main*. — Une femme ?... pour qui ?

DESRUEL. — Pour moi.

CHAMPIGNOL, *entrant*. — Attendez donc... j'ai peut-être votre affaire... mais vous ne voudrez pas... un notaire !

DESRUEL, *vivement*. — Combien de dot ?

CHAMPIGNOL. — Deux cent mille francs...

DESRUEL, *avec certitude*. — Elle est bossue !

CHAMPIGNOL. — Bossue !... ma fille !

DESRUEL. — Oh ! pardon ! je l'épouse... Marchons. (*Il veut remonter.*)

CHAMPIGNOL, *l'arrêtant*. — Attendez donc ! Vous ne la connaissez seulement pas... Dans une heure, venez à la boutique sous un prétexte ingénieux !...

DESRUEL. — Oui.

CHAMPIGNOL. — Vous demanderez... des anchois.

DESRUEL. — Oui, c'est très ingénieux !

CHAMPIGNOL, *à part*. — Si le mariage manque, ça sera toujours ça de vendu. (*Haut.*) Vous verrez Madeleine, Madeleine vous verra... et si vous lui plaisez, comme je le crois, un notaire !... l'affaire est faite... Nous ferons cuire un bœuf !

DESRUEL. — C'est trop !...

CHAMPIGNOL. — Nous serons vingt-deux !

DESRUEL. — Non ! trop de bonté !... m'accorder votre fille...

CHAMPIGNOL. — Tiens, un notaire !... Ainsi, dans une heure, c'est convenu... vous demanderez des anchois. (*Il remonte. Musique à l'orchestre jusqu'au baisser du rideau.*)

DESRUEL, *passant à gauche*. — Oui... des anchois !

CHAMPIGNOL, *arrivé au fond, se retournant*. — Des anchois !... (*Il disparaît par le fond.*)

DESRUEL, *resté seul, tombe sur une chaise et sanglote en disant :* — Oh ! Lucile !... Lucile !

Le rideau baisse.

ACTE II

Intérieur d'une boutique de marchand verdurier. — Au fond, sur la rue, la devanture vitrée garnie de marchandises, avec porte au milieu. — Deux portes à droite ; deux autres à gauche. — Comptoir à droite entre les deux

portes. — Une falourde et un grand panier à mettre des
œufs, au fond à droite. — Un petit panier au fond à
gauche. — Sur le devant à gauche, un mortier avec son
pilon. — A droite, sur le devant, une grande pancarte
clouée au mur. — Balances et registre sur le comptoir. —
Lapins et volailles suspendus au vitrage du fond. —
Chaises de paille. — Plumes et encre sur le comptoir.

SCÈNE PREMIÈRE

CANUCHE, *à gauche sur le devant, tamisant du poivre au-dessus du mortier;* MADELEINE, *dans le comptoir, écrivant sur les livres de commerce.*

MADELEINE, *calculant.* — 7 et 8 font 15... et 9, 24... et 3... 27.

CANUCHE, *tamisant et la regardant avec amour.* — Qu'elle est belle quand elle *calcule!... (Il commence un soupir et finit par un éternuement.)* Heu! atchou!... cré poivre! j'ai moulu trop fin!

MADELEINE. — 27 et 8... 35... pose 5... et retiens 3.

CANUCHE, *à part.* — Qu'elle est belle quand elle pose 5 et retiens 3! *(Il soupire et éternue.)* Heu!... atchou!...

MADELEINE. — Tiens! vous avez du rhume, mon pauvre Canuche ?

CANUCHE, *se rapprochant un peu d'elle.* — Du rhume... si ça vous fait plaisir, mam'zelle Madeleine... Mais non... c'est du poivre... *(à part)* tamisé avec de l'amour!...

MADELEINE, *les coudes sur le comptoir.* — Quand vous vous reposeriez un peu... c'est pas le poivre qui ira le dire à papa.

CANUCHE, *riant.* — Oh! non! c'est pas le poivre! *(A part.)* A-t-elle des reparties, mon Dieu!... *(Haut.)* Mais si il rentrait, le père Champignol, et qu'il me trouve les bras dans mes poches... il me donnerait une *touille*.

MADELEINE, *se levant et quittant le comptoir.* — Puisque vous l'avez laissé dans sa nouvelle maison avec son notaire.

CANUCHE, *posant son tamis dans le coin à gauche et venant près de Madeleine.* — Oui! et ben heureux, le pauvre cher homme!... il embrasse les murs... c'est drôle qu'on embrasse les murs!

MADELEINE. — Dame! il est veuf, lui!

CANUCHE. — C'est vrai!... chaque âge a ses plaisirs...

Il aime la bâtisse, cet homme... Moi, j'aime mieux rêver dans la prairie... comme ce dimanche que nous fûmes, nous trois votre père, passer la journée à la campagne... à Pantin... Vous en souvenez-vous ?

MADELEINE. — Nous étions partis pour aller déjeuner sur l'herbe...

CANUCHE. — Mais ne y avait pas d'herbe... alors, nous nous *asseyâmes* sur un tas de cailloux au bord de la grande route.

MADELEINE. — Et vous me *prêtîtes* votre eustache pour ouvrir mes noix...

CANUCHE, *avec amour*. — Même que vous me *l'ébréchûtes* du bout!... Oh! jamais on ne le rémoulera de mon vivant! C'est de ce jour-là, Madeleine, que je fus mordu pour vous...

MADELEINE. — Vous étrenniez votre pantalon de nankin.

CANUCHE. — Même que je m'y fis un accroc sur les cailloux pointus... Non! jamais on ne le raccommodera de mon vivant!... *(Avec passion.)* O mam'zelle Madeleine!

MADELEINE, *tendrement*. — Monsieur Canuche!... Mais pourquoi que vous ne parlez pas à papa ?...

CANUCHE. — Est-ce que j'ose ? J'ose pas... voilà!

MADELEINE. — Comment!

CANUCHE. — Il est si imposant, votre papa!

MADELEINE. — Lui!

CANUCHE. — J'ai essayé dix fois de lui entamer la chose... mais y me regarde... alors, je lui demande... quelle heure qu'il est!...

MADELEINE. — Qu'est-ce qu'il vous répond ?

CANUCHE. — Y me répond : Huit heures... ou dix heures.

MADELEINE. — Parbleu! avec une montre vous en sauriez autant... Quand on aime bien, monsieur Canuche... on ne lantiponne [4] pas comme ça. *(Elle va se remettre dans le comptoir.)*

CANUCHE. — Je lantiponne! je ne vous aime pas!... moi!... c'est-à-dire que ce matin, je me suis surpris plumant un lapin... c'est-y de l'amour ça!... Et vous me dites des mots pénibles!... Eh ben!... vous allez voir!... *(Il met vivement son habit qu'il prend à un clou à gauche.)*

---

4. Lantiponner (populaire et vieux) : tenir des discours frivoles, inutiles et importuns (Littré).

MADELEINE. — Qu'est-ce que vous faites ?

CANUCHE. — Je passe mon habit, mam'zelle... et quand votre papa rentrera...

MADELEINE. — A la bonne heure ! *(Champignol chantant en dehors.)* Ah !... tenez... le voici.

CANUCHE, *résolu.* — Bon !... vous allez voir !... vous allez voir si je lantiponne !

SCÈNE II

CANUCHE, CHAMPIGNOL, MADELEINE

CHAMPIGNOL, *il porte toujours sa fenêtre sur l'épaule et son chambranle à la main.* — Mâtin ! c'est lourd !... et dire que j'en ai vingt-*deusse* comme ça dans ma maison !

CANUCHE. — Patron ?

CHAMPIGNOL. — Tiens, Biquet... prends-moi ça... ça me coupe l'épaule... *(Madeleine sort du comptoir.)*

CANUCHE. — Oui, patron. *(Champignol lui charge la fenêtre sur l'épaule. — A part.)* Est-il imposant ! *(Champignol a passé à gauche et lui met le chambranle sous le bras.)*

MADELEINE, *bas à Canuche.* — Allez donc !

CANUCHE. — Oui... *(Il s'approche de Champignol avec la fenêtre sur l'épaule et le chambranle sous le bras.)* Patron !...

CHAMPIGNOL, *le regardant en face.* — Quoi ?... quoi ?

CANUCHE, *après un moment d'embarras.* — Quelle heure qu'il est ?

CHAMPIGNOL, *tirant sa montre.* — Quatre heures et demie... *(Il remonte.)*

CANUCHE. — Merci, patron.

MADELEINE, *bas à Canuche.* — Poule mouillée !

CANUCHE, *à part, passant à gauche.* — Cristi ! *(Haut, avec résolution.)* Patron, depuis longtemps je couve...

CHAMPIGNOL. — Tu couves ? alors, va me chercher des œufs... il n'y en a plus ! *(Il va prendre le panier à œufs.)*

CANUCHE, *posant vivement sa fenêtre et son chambranle au fond, à gauche.* — Tout de suite, patron ! *(A Madeleine.)* C'est pas ma faute !... y a plus d'œufs ! *(Il ôte son habit et le raccroche à gauche.)*

CHAMPIGNOL, *apportant le panier.* — Eh bien ! tu n'es pas parti ?

CANUCHE. — Voilà, patron ! *(A part.)* J'ai encore lantiponné !... je lui ferai ma demande au retour.

CHAMPIGNOL, *lui mettant le panier dans les mains.* — Eh bien ?... quand tu voudras...

CANUCHE. — Voilà, patron. *(Il remonte et rencontre Madeleine au fond. — Bas.)* J'ai encore lantiponné... je suis un *lantiponneur.* *(Il sort par le fond avec le panier. Madeleine le regarde un instant s'éloigner et redescend à gauche.)*

SCÈNE III

MADELEINE, CHAMPIGNOL

CHAMPIGNOL, *à part, passant à droite.* — Enfin ! nous voilà seuls ! S'agit de la préparer finement à la visite du notaire. *(Il donne une tape sur le dos de Madeleine.)* Eh ! eh !... bonjour, fi-fille !

MADELEINE. — Bonjour, p'pa. *(A part.)* Il est de bonne humeur... Si j'y parlais de Canuche ?

CHAMPIGNOL, *passant le bras de sa fille dans le sien et s'apprêtant à parler.* — Fi-fille !...

MADELEINE. — Papa... j'aurais quelque chose à vous dire.

CHAMPIGNOL. — Moi z'aussi... *(En confidence.)* Devine ce que je t'ai rapporté de ma maison ?... Un cadeau !

MADELEINE, *vivement.* — La fenêtre !...

CHAMPIGNOL. — Non ! *(Avec intention.)* Qu'est-ce que les demoiselles désirent le plus... pour se promener avec... le dimanche ? hein ?

MADELEINE, *vivement.* — Ah !... des souliers neufs !

CHAMPIGNOL. — Mais non !... *(Avec joie.)* Un prétendu !

MADELEINE, *saisie.* — Comment !

CHAMPIGNOL. — Oh ! mais... dans le grand !... un homme bien... qui met des gants pour sortir ! Il va venir...

MADELEINE, *à part, avec émotion.* — Ah ! mon Dieu !

CHAMPIGNOL. — Sous un prétexte délicat... Il demandera des anchois... tu le verras...

MADELEINE, *très embarrassée.* — Mais, papa, je ne suis pas pressée de me marier.

CHAMPIGNOL, *lui prenant le menton.* — Connu !...

connu!... c'est comme les ivrognes... qui n'aiment pas le vin! *(Haut.)* Je vas donner un œil aux épinards. *(Il remonte à droite.)*

MADELEINE, *le suivant.* — Papa ?

CHAMPIGNOL, *revenant à elle.* — Ah! oui!... t'avais quelque chose à me dire ? Quoi ?...

MADELEINE, *très embarrassée.* — C'est que je voulais vous demander... *(Vivement après un moment d'embarras.)* Quelle heure qu'il est ?

CHAMPIGNOL, *tirant sa montre.* — Quatre heures trente-cinq.

MADELEINE. — Merci, papa.

CHAMPIGNOL. — Ainsi, te v'là prévenue!... Si un homme bien... qui met des gants pour sortir... te demande des anchois... méfie-toi! *(Il remonte en riant, puis s'arrête et se retourne.)* Méfie-toi!... *(Il sort en riant par la deuxième porte à droite.)*

SCÈNE IV

MADELEINE; *puis* CANUCHE

MADELEINE. — Un prétendu!... Ce pauvre Canuche!

CANUCHE, *entrant par le fond avec un panier d'œufs.* — V'là les œufs! *(Posant le panier au fond à gauche.)* J'ai composé une phrase! Vite! que je repasse mon habit! *(Il va pour le prendre.)*

MADELEINE, *avec chagrin.* — C'est pas la peine; il n'est plus temps! Papa va me marier à un autre.

CANUCHE, *abasourdi.* — Un autre!

MADELEINE, *pleurant.* — Que je ne connais pas... un homme bien, qui met des gants pour sortir... Il va venir.

CANUCHE, *d'un ton menaçant.* — Ici ? *(Il retrousse ses manches.)*

MADELEINE. — Sous prétexte de demander des anchois.

CANUCHE. — Des anchois!... Très bien... qu'il y vienne!

SCÈNE V

Canuche, M. de Lussang, Madeleine

Lussang, *entrant par le fond et s'adressant très poliment à Madeleine.* — Pardon, mademoiselle, je désirerais un petit bocal d'anchois.

Canuche, *à part.* — C'est lui !

Madeleine. — Il a des gants !...

Canuche. — Pour sortir !

Madeleine, *à part.* — Dieu qu'il est vieux ! *(Elle se sauve par la première porte à droite.)*

Lussang. — Elle ne m'a pas entendu... *(Se tournant vers Canuche.)* Pardon, monsieur, je désirerais un petit bocal d'anchois.

Canuche, *allant au fond et prenant un des morceaux de la falourde.* — Tout de suite, monsieur, tout de suite...

Lussang, *à part, passant à gauche.* — On est très gracieux dans cette maison... très gracieux...

Canuche, *revenant près de Lussang, son bâton à la main.* — Vous voyez bien ceci...

Lussang, *après avoir regardé le bâton avec son lorgnon.* — Pardon... je désirerais...

Canuche, *avec une rage sourde.* — Des anchois... de Nantes ou de Lorient ?... On va vous en servir... Entrez donc, monsieur, entrez donc ! *(Il lui indique la deuxième porte à gauche.)*

Lussang, *à part, et marchant à reculons.* — Qu'est-ce qu'il a donc, ce garçon ?

Canuche, *agitant son bâton.* — Entrez donc, monsieur, entrez donc !!! *(Il le pousse vers la gauche.)*

Lussang. — Mais, monsieur !... *(Il sort à reculons par la deuxième porte à gauche; Canuche le suit.)*

SCÈNE VI

Desruel, *seul.*

Desruel, *paraissant au fond, en dehors, en lorgnant l'enseigne.* — Je ne me trompe pas... c'est bien ici !... *(Entrant.)*

Enfin, me voici dans le sanctuaire!... La demoiselle n'y
est pas... Je suis sûr que je vais voir une petite horreur!

CANUCHE, *en dehors.* — De Nantes ou de Lorient?...

LUSSANG, *en dehors.* — Mais, monsieur!... monsieur!...

DESRUEL. — Qu'est-ce que c'est que ça? *(Appelant.)*
A la boutique! *(Regardant autour de lui.)* Pristi! que c'est
mal meublé! des chaises de paille! *(En montrant une qui
est à moitié dépaillée.)* Noble et touchante simplicité!...
c'est pourtant en s'asseyant trente ans là-dessus qu'on
arrive à acheter des maisons... *(Il s'y assoit près du comptoir et ôte ses gants.)* J'aime cet intérieur modeste... ces
choux, ces carottes... tout cela répand un vague parfum
de verdure... on se croirait à la campagne... *(Il lorgne,
ses yeux s'arrêtent sur la pancarte qui est collée au mur à
droite.)* Une pancarte! *(Se levant.)* Quelque naïve
romance, sans doute!... Fualdès... *(S'approchant.)* Non!
le tableau comparatif des poids et mesures... *(Il lit tout
bas.)*

SCÈNE VII

LUSSANG, CANUCHE, DESRUEL

Desruel, contre le mur de droite lisant. — *Canuche et Lussang sortent du cabinet à gauche. Lussang rajuste son
habit. Canuche tient son bâton sous son bras et redresse
le chapeau de Lussang qui est tout défoncé.*

CANUCHE, *faisant des excuses à Lussang.* — Pardon,
monsieur, c'est une erreur... la tripotée était pour un
autre. *(Il lui rend son chapeau.)*

LUSSANG, *gagnant la porte du fond.* — On fait attention, monsieur, c'est très désagréable.

CANUCHE, *le reconduisant.* — Monsieur n'a pas besoin
d'autre chose?

LUSSANG. — Merci... j'en ai assez! *(Il sort vivement
par le fond.)*

SCÈNE VIII

CANUCHE, DESRUEL; *puis* MADELEINE

DESRUEL, *lisant le tableau.* — Décalitres... décilitres...
c'est trop instructif. *(Il quitte le tableau.)*

CANUCHE, *l'apercevant.* — Encore un! (*Il s'approche, son bâton à la main.*) Que demande Monsieur ?

DESRUEL. — Je voudrais... (*A part.*) Qu'est-ce que le beau-père m'a donc dit de demander ? (*Se rappelant.*) Ah! (*Haut.*) Je voudrais... des sardines!...

CANUCHE, *d'un ton très aimable.* — Des sardines ?... (*Il lui offre une chaise.*) Monsieur, donnez-vous donc la peine de vous asseoir... (*Il va déposer son bâton au fond.*)

DESRUEL, *à part, passant à gauche.* — Le garçon est prévenu... il me fait des politesses.

CANUCHE, *appelant.* — Mam'zelle Madeleine !... mam' zelle Madeleine!

MADELEINE, *entrant par la première porte à droite.* — Voilà! voilà!

DESRUEL, *à part, très étonné et avec plaisir.* — Tiens! elle n'est pas bossue!

CANUCHE. — C'est Monsieur qui demande... (*Mouvement à Madeleine.*) Non!... n'ayez pas peur!... des sardines!... Monsieur n'a pas de gants. (*Il passe à gauche.*)

MADELEINE, *allant se mettre au comptoir.* — Ah! (*Très aimable et avec le babil d'une marchande.*) Monsieur, veut-il des sardines de Nantes ou de Lorient... Celles de Nantes sont plus estimées, plus recherchées, c'est de la crème!

DESRUEL, *qui s'est approché du comptoir, à part.* — Vous a-t-elle un petit bagout!... Avec une robe de satin rose, elle sera très bien!

CANUCHE. — De Nantes ou de Lorient ?

DESRUEL, *s'éloignant du comptoir.* — Va pour celles de Nantes! (*A part.*) Quelle singulière entrevue!... Amour et sardines!

SCÈNE IX

LES MÊMES, CHAMPIGNOL

CHAMPIGNOL, *entrant par la deuxième porte à droite et appelant.* — Canuche!... (*Voyant Desruel.*) Ah! c'est Monsieur qui demande des anchois...

CANUCHE et MADELEINE, *saisis.* — Hein ? (*Madeleine sort du comptoir.*)

DESRUEL. — Ah! oui!... pas de sardines!... des anchois!

CANUCHE. — Tout de suite, monsieur. (*Il va reprendre son bâton.*)

CHAMPIGNOL, *avançant une chaise à Desruel.* — Donnez-vous donc la peine...

CANUCHE, *retirant sa chaise, bas à Desruel.* — Monsieur, vous m'avez trompé! *(Il passe à la droite de Desruel.)*

DESRUEL, *sans comprendre.* — Plaît-il ?

CANUCHE, *bas à Desruel.* — Quand un honnête homme veut des anchois, il ne demande pas de sardines!!! Prenez-le comme vous voudrez!...

DESRUEL. — Vous dites ?

CHAMPIGNOL. — Biquet!

CANUCHE. — Patron ?

CHAMPIGNOL, *allant à Canuche.* — Qu'est-ce que tu fais là, avec ton cotret ?...

CANUCHE, *brandissant son bâton.* — C'est pour moudre du poivre...

CHAMPIGNOL, *à part.* — Il nous gêne. *(Haut.)* Vat'en!

CANUCHE, *d'un ton résolu.* — Non.

CHAMPIGNOL. — Hein ?

CANUCHE, *avec rage.* — Faut que je *moude* du poivre...

CHAMPIGNOL. — Plus tard... tu vas porter une andouillette de Troyes chez le garçon chapelier.

CANUCHE, *révolté.* — Rue de Cléry ?... un quart de lieue pour trois sous!

CHAMPIGNOL. — Un demi-omnibus!... que tu ne prendras pas!... *(Canuche pose à gauche son bâton et redescend entre Desruel et Madeleine.)* Faut être aussi poli pour une commande de quinze centimes que pour une de cinq cents francs... c'est la devise des Champignol!

DESRUEL. — Elle est sage! très sage! *(A part.)* Il est fort bien, mon beau-père!

CANUCHE, *bas à Desruel et d'un ton menaçant.* — Il ne demande pas de sardines!!! Prenez-le comme vous voudrez! *(Madeleine lui donne l'andouillette enveloppée.)*

DESRUEL, *à part.* — Qu'est-ce qu'il me veut, celui-là ?

AIR : *Ah! quel plaisir délicieux.*
(Valse de *La Poupée.* Adam.)

CHAMPIGNOL, *allant à Canuche.*

Dépêche-toi, file, va-t'en!
Et ne lambine donc pas tant!

Passant près de Madeleine.

C'est un notaire! quel honneur!
V'là, j'espère, un mari flatteur!

ENSEMBLE

MADELEINE, *à part.*

Pauvre garçon, voilà pourtant
Ce qu'on gagne en lantiponnant!
Je me pass'rais bien de l'honneur
Que veut me faire ce monsieur!

DESRUEL, *à part.*

A la fille de ce marchand,
Tâchons de plaire, c'est urgent,
Puisque le sort, dans sa rigueur
Me défend d'écouter mon cœur.

CANUCHE, *à part.*

Tout est perdu! Voilà pourtant
Ce qu'on gagne en lantiponnant.
Ah! si j'écoutais ma fureur,
J' tap'rais-t-y sur ce beau monsieur!

CHAMPIGNOL

Dépêche-toi, file, va-t'en, etc.

Canuche sort par le fond, en jetant des regards irrités sur Desruel. Madeleine remonte et passe à gauche.

SCÈNE X

MADELEINE, DESRUEL, CHAMPIGNOL

CHAMPIGNOL, *bas à Desruel.* — Nous v'là seuls... j'ai préparé ma fille... Allez! faites votre étalage!

DESRUEL. — Comment! mon étalage?

CHAMPIGNOL. — Eh ben! oui... déployez vos grâces... faites votre jabot... et vivement! faut que je renvoie Madeleine aux épinards, parce que quand on a des épinards sur le feu... faut avoir l'œil...

DESRUEL. — Oui... *(A part.)* Les épinards avant tout!

CHAMPIGNOL, *passant près de Madeleine.* — Madeleine?...

MADELEINE. — Papa ?...

CHAMPIGNOL. — Écoute ce que Monsieur va te dire...
(bas) et soigne ta conversation, c'est un notaire. *(A Desruel.)* Allez-y!... je vous donne sept minutes... *(Passant à la droite de Madeleine et la poussant d'un coup d'épaule vers Desruel.)* Vas-y!...

DESRUEL, *à part.* — Sapristi! en voilà une présentation!... *(Saluant.)* Mademoiselle...

MADELEINE, *saluant.* — Monsieur...

DESRUEL, *à part.* — O Lucile! mes rêves!

CHAMPIGNOL, *à part.* — Les v'là lancés... je vas mirer mes œufs! *(Il remonte au fond, s'assied et mire ses œufs.)*

DESRUEL, *à part.* — Je ne sais que lui dire... *(Il fait danser son lorgnon.)*

MADELEINE, *à part.* — Fait-y de l'embarras avec *sa binoque.*

DESRUEL, *saluant.* — Mademoiselle...

MADELEINE, *saluant.* — Monsieur...

CHAMPIGNOL, *au fond, mirant ses œufs.* — Allons, bon!... en v'là un de *coué!* *(Il le met à part dans un petit panier.)*

DESRUEL. — M. votre père vous a sans doute fait part des espérances qu'il m'a permis de concevoir ?...

MADELEINE, *après un temps.* — Dame!

DESRUEL. — Espérances flatteuses... que je dois bien plus à sa bienveillance qu'à mon mérite...

MADELEINE, *même jeu.* — Dame!

DESRUEL. — Plaît-il ?

MADELEINE. — J' dis rien!

DESRUEL, *à part.* — Pauvre enfant! je l'intimide! *(Haut.)* Ne craignez rien, mademoiselle, et ne veuillez voir en moi... *(Il lui prend la main.)*

MADELEINE, *lui donnant une vigoureuse tape sur la main.* — N'touchez pas!

DESRUEL, *à part, secouant la main.* — Bigre!

CHAMPIGNOL, *au fond.* — Deux de *coués!* *(Il met l'œuf à part.)*

DESRUEL. — Vous me paraissez, mademoiselle, jouir d'une vigoureuse santé...

MADELEINE. — Moi!... j'ai jamais vu le médecin qu'une fois...

DESRUEL, *feignant un vif intérêt.* — Ah! vous avez été malade ?

MADELEINE. — Quand on m'a vaccinée... Et vous ?... êtes-vous vacciné ?

DESRUEL, *étonné.* — Moi ?... mais oui... certainement... *(A part.)* Quelle drôle de conversation! Amour et vaccine!

MADELEINE. — Une autre fois, papa m'a amené l'arracheur de dents...

DESRUEL. — Le dentiste...

MADELEINE. — Oui... l'arracheur de dents...

DESRUEL. — Eh bien ?

MADELEINE. — J'étais sortie... alors, il s'est *rentourné.*

DESRUEL, *un peu désappointé.* — Ah!... il s'est *rentourné ? (A part.)* Elle manque de grammaire!

CHAMPIGNOL, *mirant un œuf.* — Trois de *coués! (Il le met à part.)*

DESRUEL. — Etes-vous musicienne ?

MADELEINE. — A cause ?

DESRUEL. — Vous touchez sans doute du piano ?

MADELEINE. — Ah ouiche!... si papa m'entendait!... il trouve le piano *t*'agaçant.

DESRUEL, *étonné.* — Plaît-il ?

MADELEINE, *plus haut.* — Il trouve le piano *t*'agaçant...

DESRUEL, *à part.* — Ça y est!... c'est un cuir! *(Haut, avec politesse.)* Pardon... je crois que piano ne prend pas de t...

MADELEINE. — Moi non plus!... j' l'aime pas!

DESRUEL, *à part.* — Cristi!!!

CHAMPIGNOL, *à part.* — Ça chauffe là-bas... *(Mirant un œuf.)* Quatre de *coués! (Il le met à part.)*

MADELEINE. — Monsieur ?

DESRUEL. — Mademoiselle ?

MADELEINE. — Et vous êtes *t*'entré au *Muséon* c't' année ?

DESRUEL, *à part.* — *T*'entré!... ça fait deux... *(Haut.)* Non, mademoiselle... *(Avec intention.)* Je n'y suis point *z*'entré.

MADELEINE. — Mon portrait y est...

DESRUEL. — Ah!

MADELEINE. — Peint *z*'à l'huile.

DESRUEL, *à part, avec résignation.* — Trois!

MADELEINE. — C'est bête comme tout... Je tiens *t*'un livre à la main...

DESRUEL, *de même.* — Quatre!

MADELEINE. — Je regarde le ciel...

DESRUEL, *machinalement.* — Cinq! *(Se reprenant.)* Non, quatre!... Donnons-lui son poids!...

MADELEINE. — Et j'ai les cheveux t'épars... *(Champignol se lève.)*

DESRUEL, *à part.* — Allons donc!... cinq!... Il s'est fait prier celui-là!...

CHAMPIGNOL, *redescendant près de Desruel, sa montre à la main.* — Monsieur, les sept minutes sont mangées...

DESRUEL, *ne comprenant pas d'abord.* — Quoi ?

CHAMPIGNOL. — Ma fille vous demande la permission de vaquer à ses épinards...

DESRUEL. — Comment donc!... les épinards avant tout... *(Saluant Madeleine.)* Mademoiselle... je suis enchanté... ravi... de l'honneur... *(A part.)* Toi, je t'épouserai... quand tu seras bachelier ès lettres.

CHAMPIGNOL, *bas à sa fille.* — Comment le trouves-tu ?

MADELEINE, *bas.* — Fadasse!

CHAMPIGNOL, *froissé, bas.* — Fadasse!... Un notaire!... fais-y la révérence!

MADELEINE, *passant près de Desruel et le saluant.* — Monsieur...

DESRUEL, *saluant.* — Mademoiselle...

> *Madeleine sort par la deuxième porte à droite.*

SCÈNE XI

DESRUEL, CHAMPIGNOL

CHAMPIGNOL, *à part, remontant à droite.* — Fadasse! un notaire!

DESRUEL, *à part, passant à gauche.* — Décidément, cette femme-là n'est pas possible... Si j'étais tailleur de pierre... je ne dis pas... Il s'agit de me tirer de là poliment. *(Haut.)* Mon cher monsieur Champignol...

CHAMPIGNOL. — Non... appelez-moi beau-père!

DESRUEL. — Certainement... ce serait pour moi une faveur... mais je ne sais pas si mademoiselle votre fille...

CHAMPIGNOL. — Elle vous trouve superbe!... elle vous trouve bel homme!

DESRUEL. — Je suis extrêmement flatté...

CHAMPIGNOL, *avec bonhomie.* — N'est-ce pas qu'elle est gentille ?

DESRUEL. — Qui ça ?

CHAMPIGNOL. — Ma Madeleine!... et instruite, mon-

sieur!... Voulez-vous voir son écriture ? C'est magnifique!

CHAMPIGNOL. — Je le crois, mais l'écriture ne fait pas le
bonheur.

CHAMPIGNOL, *gaiement*. — Vous soupirez!

DESRUEL, *vivement*. — Non!

CHAMPIGNOL. — Si! vous avez soupiré!... (*Il lui donne
une forte tape sur l'épaule.*)

DESRUEL, *à part, se frottant l'épaule*. — Bigre! comme
sa fille!...

CHAMPIGNOL. — Allez!... faites-moi votre demande.

DESRUEL, *à part*. — Diable! *(Haut.)* Dans un autre
moment.

CHAMPIGNOL. — Tout de suite!... ou je me fâche...

DESRUEL, *à part*. — Sapristi!... un client!

CHAMPIGNOL. — Eh bien ?

DESRUEL. — Voilà!... *(A part.)* Comment me dépêtrer
de là ?

CHAMPIGNOL, *allant au comptoir*. — Pendant que j'y
pense, je vas prendre en note mes œufs *coués*.

DESRUEL. — C'est ça... ne vous gênez pas... je reviendrai.

CHAMPIGNOL, *écrivant en lui tournant le dos*. — Non!...
allez toujours!... je vous écoute.

DESRUEL, *à part*. — Cristi!... en voilà une position!...
Si je pouvais lui écrire un mot... c'est moins brutal...
(Regardant dans la première pièce à gauche.) Du papier!...
de l'encre!... je tiens mon affaire... (*Il se dirige à pas de
loup vers le cabinet de gauche, premier plan.*)

CHAMPIGNOL. — Eh bien ?

DESRUEL. — Voilà!... voilà!... (*Il sort vivement par la
première porte à gauche.*)

SCÈNE XII

CHAMPIGNOL; *puis* CANUCHE

CHAMPIGNOL, *tournant toujours le dos et écrivant*. —
Nous disons quatre œufs de *coués*... Ce pauvre garçon!...
il est ému... y met ses gants...

CANUCHE, *venant du fond, à part*. — L'andouillette est
portée! *(Apercevant Champignol.)* Le patron!... seul!...
je me risque! *(Il va prendre son habit et le met.)*

CHAMPIGNOL. — Allons, jeune homme, faites-moi votre demande.

CANUCHE, *se posant derrière lui et d'une voix émue, après avoir mis sa casquette par terre.* — Ma demande ?... Monsieur... j'ai l'honneur de vous demander la main de mademoiselle votre fille...

CHAMPIGNOL. — Monsieur... vous me voyez pénétré de l'honneur... *(L'apercevant.)* Canuche !... tu me demandes la main... *(Lui donnant un coup de pied au moment où il ramasse sa casquette.)* Tiens ! la voilà !...

CANUCHE, *calme.* — Allez !... vous êtes son père !

CHAMPIGNOL. — A-t-on jamais vu !... un commis à dix-huit francs par mois et pas blanchi !...

CANUCHE, *avec élan.* — Si vous saviez comme je l'aime, patron !

CHAMPIGNOL, *éclatant.* — Tu m'ennuies !... Moi, j'aime la femme du Grand Turc, et je ne lui demande pas sa main, animal !

CANUCHE. — Oui, mais elle ne vous aime pas, tandis que Madeleine...

CHAMPIGNOL, *furieux.* — Hein ?... Madeleine !...

CANUCHE. — C'est pas pour me vanter... elle me fait des petits yeux comme ça... *(Il regarde Champignol en coulisse.)*

CHAMPIGNOL. — Attends !... je vais t'en donner des petits yeux ! Ah ! gredin ! *(Il lui donne un coup de pied qui le fait passer à droite.)*

CANUCHE, *avec calme.* — Allez ! vous êtes son père !

CHAMPIGNOL. — Va-t'en ! je te chasse !

CANUCHE. — Moi !... d'où ça ?

CHAMPIGNOL. — D'ici !... de chez moi !

CANUCHE, *très ému.* — Ah !... patron !... c'est pas possible !... moi !... votre Biquet !...

CHAMPIGNOL. — File !

CANUCHE. — Je m'éteindrai... je ne lui dirai plus rien à votre fille... je me contenterai de la regarder en silence... comme un oignon regarde le soleil !

CHAMPIGNOL. — Ah ! mais tu me crispes !... tu m'agaces !... Si tu ne sors pas, j'vas t'assommer !... *(Il prend le pilon du mortier et vient sur lui en le menaçant.)*

CANUCHE, *exaspéré, reculant à gauche.* — Ah ! c'est comme ça !... eh ben, oui... je m'en vais... mais je reviendrai !...

CHAMPIGNOL. — Je te le défends !

CANUCHE. — Je reviendrai tous les jours... vous acheter un sou de raisin sec!

CHAMPIGNOL. — Essaie!

CANUCHE. — J'ai trente-six francs... et je vous ferai pas mal de visites... à un sou pièce! vous *voirez!*... vous *voirez!* (*Il se dirige vers la deuxième porte à gauche.*)

CHAMPIGNOL. — Où vas-tu?

CANUCHE, *avec dignité*. — Prendre ma malle... dans mes appartements! elle est à moi, ma malle!... (*Se dirigeant à gauche.*) Vous *voirez!*... vous *voirez!* (*Il sort par la deuxième porte à gauche.*)

SCÈNE XIII

CHAMPIGNOL; *puis* LUCIEN

CHAMPIGNOL, *seul, donnant un coup du pilon sur la porte que Canuche referme.* — Ah! gredin!... viens-y, va! je t'en donnerai du raisin sec... pour tes trente-six francs! (*Remettant le pilon dans le mortier, et se retournant.*) Ah! çà... et mon gendre... le notaire?... Il sera allé rejoindre Madeleine, le gaillard!... Voyez-vous ça! ces coquinets de notaires... sont-ils ardents!... sont-ils ardents! (*Il va pour rejoindre Madeleine à droite.*)

LUCIEN, *entrant par le fond.* — Pardon, monsieur... M. Desruel? on m'a dit qu'il était ici.

CHAMPIGNOL. — Oui, monsieur.

LUCIEN. — Je suis son principal clerc... c'est très pressé...

CHAMPIGNOL. — Son commis. (*A part.*) Il a des commis avec des gants! (*Haut.*) Tout de suite, jeune homme! je vas vous l'envoyer... il est aux épinards... (*Il sort par la deuxième porte à droite.*)

SCÈNE XIV

LUCIEN; *puis* DESRUEL

LUCIEN. — Aux épinards!... un notaire! (*Il remonte vers la deuxième porte, à droite.*)

DESRUEL, *entrant par la première porte, à gauche, une*

lettre à la main, à part. — J'ai trouvé une excellente excuse... je lui dis que j'ai la poitrine délicate... on me défend le mariage et on me recommande le lait d'ânesse. *(Haut, en voyant Lucien.)* Tiens!... Lucien ici!...

LUCIEN, *l'apercevant.* — Ah! enfin! je vous trouve! *(Venant à lui.)* Je vous cherche depuis deux heures.

DESRUEL. — Qu'y a-t-il ?

LUCIEN, *très vivement.* — Un événement épouvantable... que tout le monde ignore encore... heureusement!

DESRUEL, *inquiet.* — Parle, parle donc!

LUCIEN. — M. Buzonville a trouvé pour son fils, qui est à l'école de Saumur, un parti superbe!

DESRUEL. — Eh bien! qu'est-ce que ça me fait ?

LUCIEN. — Il lui a écrit de venir tout de suite, tout de suite!

DESRUEL. — Ah! ça, qu'est-ce que tu me chantes ?

LUCIEN. — Vous ne comprenez pas que pour doter son fils, il exige son remboursement immédiatement.

DESRUEL. — Ah! diable!... Bah! je le calmerai, je lui ferai prendre patience...

LUCIEN. — Il est trop tard!... il a envoyé du papier timbré...

DESRUEL. — Comment!

LUCIEN. — Le voici! *(Il lui remet un papier timbré et remonte.)*

DESRUEL, *le prenant et lisant.* — Sommation d'avoir à payer dans les vingt-quatre heures!... Mais c'est impossible! *(Il passe à droite.)*

LUCIEN, *le pressant.* — Continuez...

DESRUEL, *parcourant le papier.* — Sinon, je serai dépossédé de mon étude... Vingt-quatre heures!

LUCIEN. — Eh bien ?... que m'ordonnez-vous ?

DESRUEL. — Rien!... plus tard... Rentre à l'étude...

LUCIEN. — Oui, patron... oui, patron... *(Il sort par le fond.)*

SCÈNE XV

DESRUEL, *seul; puis* CHAMPIGNOL; *puis* MADELEINE;
puis UN DOMESTIQUE; *puis* CANUCHE

DESRUEL, *seul.* — Me déposséder! me chasser!... un pareil scandale!... Je suis perdu! déshonoré aux yeux de

mes confrères! Que faire?... il n'y a qu'un moyen...
(*Déchirant sa lettre.*) Je renonce au lait d'ânesse!

CHAMPIGNOL, *entrant par la deuxième porte à droite.* —
Ah! vous voilà, mon gendre!... Ah! çà, vous dînez avec
nous!...

DESRUEL, *embarrassé.* — Comment donc!...

CHAMPIGNOL, *lui frappant avec force dans la main.* —
A la bonne heure!... Très bien!...

DESRUEL, *à part.* — Ça y est! me voilà dans les cuirs!

CHAMPIGNOL, *remontant et appelant.* — Fi-fille!...

MADELEINE, *en dehors.* — Voilà, papa!...

CHAMPIGNOL, *criant.* — Vite, un couvert de plus!...
ton futur nous fait l'honneur de dîner avec nous!

MADELEINE, *en dehors.* — Oui, papa! (*Champignol sort
un moment par la première porte à droite.*)

DESRUEL, *seul.* — Fi-fille!... Le lendemain de la noce,
j'envoie fi-fille en demi-pension avec sa bonne et un petit
panier sous le bras.

*Champignol rentre par la première porte à droite avec
Madeleine. Ils apportent une table toute servie pour trois
personnes : il y a une soupière sur cette table, qu'ils placent
au milieu du théâtre.*

CHAMPIGNOL. — Voilà la table!...

UN DOMESTIQUE, *en grande livrée, entrant par le fond.*
— Une lettre pour M. de Champignol! (*Il donne la lettre
à Champignol et s'éloigne par le fond.*)

CHAMPIGNOL, *ouvrant la lettre.* — Une commande,
sans doute... (*Ne trouvant pas ses lunettes.*) Je n'ai pas
mes yeux... Voyez, mon gendre... (*Il donne la lettre à
Desruel.*)

CANUCHE, *entrant par la deuxième porte à gauche, avec
sa malle sur l'épaule, à part.* — Son gendre! (*Il s'arrête
au fond et écoute.*)

DESRUEL, *lisant.* — « M. et Mme de Lussang... »

CHAMPIGNOL, *à sa fille.* — Mes pratiques du faubourg
Poissonnière.

DESRUEL, *à part.* — Mes clients! (*Lisant.*) « Prient
« M. et Mlle de Champignol de leur faire l'honneur de
« venir passer la soirée chez eux le jeudi 16 février. »

CHAMPIGNOL, *stupéfait.* — Pas possible!

MADELEINE, *avec joie.* — C'est demain!

CANUCHE, *à part.* — De Lussang!... faut que je m'en
fasse inviter. (*Il gagne tout doucement la porte du fond et
sort.*)

CHAMPIGNOL. — Nous vous emmènerons, mon gendre, je vous présenterai.

DESRUEL, *à part.* — Comment donc! *(A part.)* Ça va être gentil!

CHAMPIGNOL. — Madeleine!... tu mettras tes diamants... et tu me savonneras mon gilet!... A table!... *(Il met une chaise pour sa fille et une pour lui.)*

DESRUEL, *à part.* — J'ai bien de la peine à croire que maître Desruel épouse jamais cette femme-là!

CHAMPIGNOL. — Allons, mon gendre, à table! *(Il se met à table, au milieu, face au public, et Madeleine au bout à droite.)*

ENSEMBLE

AIR : *Amis, la table est mise.*
(Roi des drôles. J. Nargeot.)

CHAMPIGNOL

Allons, mon gendre, à table!
Pas de façons chez nous!
Et tâchez d'être aimable
Comme un futur époux.

MADELEINE, *à part.*

La tristesse m'accable!
Ah! Canuche, entre nous,
Etait plus agréable
En m'faisant les yeux doux.

DESRUEL, *à part.*

Allons, à cette table,
Hélas! asseyons-nous!
Tâchons d'être agréable
Et faisons les yeux doux!

Pendant cet ensemble, Desruel va chercher une chaise à gauche, et se dispose, avec quelque répugnance, à se mettre à table en face de Madeleine. — Le rideau baisse.

ACTE III

Un salon riche. Trois portes au fond ouvrant sur un autre salon éclairé par des lustres. Ce salon est lui-même ouvert par une porte au fond sur un troisième salon. — Dans le premier salon, girandoles. — Deux banquettes, l'une à droite, l'autre à gauche. — Deux portes latérales au deuxième plan, à droite et à gauche. — Un petit guéridon avec une sonnette dans un coin à gauche près de la porte. — Fauteuils. — Les banquettes sont recouvertes de housses. — Une sonnette d'appartement se trouve au-dessus de la porte du fond, à droite. — Ce salon est disposé pour une fête. — Les girandoles ne sont pas encore allumées.

SCÈNE PREMIÈRE

LUCILE, MADAME DE LUSSANG,
UN DOMESTIQUE; *puis* LUSSANG

Madame de Lussang entre par le fond avec Lucile, porte du milieu.

MADAME DE LUSSANG, *à un domestique qui pose une banquette à droite.* — Baptiste, vous placerez aussi des banquettes dans le petit salon... on y dansera.

   Le domestique sort par la porte du fond à gauche.

LUSSANG, *en dehors.* — Que personne ne touche au buffet... je me charge du buffet. *(Il entre très effaré par la droite. — A la cantonade.)* Et qu'on me prévienne quand on apportera le pâté de Strasbourg... *(Aux dames.)* Comment! mesdames, pas encore coiffées?... A quoi songez-vous donc?

LUCILE. — Oh! nous avons le temps.

MADAME DE LUSSANG. — Il n'est que huit heures... nous attendons le coiffeur.

LUSSANG. — Ce que je vous recommande, c'est d'être belles... *(Madame de Lussang remonte. — Il passe près de Lucile.)* Toi surtout, mon enfant...

LUCILE. — Moi! pourquoi?

LUSSANG. — Parce que... une demoiselle qui a dix-sept ans... eh! eh! qui sait? au milieu d'un bal... il se trouve souvent un prétendu...

MADAME DE LUSSANG, *redescendant et à demi-voix.* — Mon ami...

LUSSANG. — Oui... c'est vrai... ce n'est pas le moment... nous en recauserons plus tard...

LUCILE, *à part.* — Un prétendu! *(Haut.)* Avez-vous envoyé une invitation à M. Desruel?

LUSSANG. — Mon notaire! parbleu!

MADAME DE LUSSANG. — Je vous annonce aussi un nouvel invité...

LUSSANG. — Qui ça?

MADAME DE LUSSANG. — Votre sergent-major... M. de Champignol...

LUSSANG. — C'est une excellente idée! Je lui raconterai comme quoi m'étant fait couper les cheveux...

MADAME DE LUSSANG. — Je le recommande à toutes vos bonnes grâces.

LUSSANG. — Soyez tranquille! je lui ferai goûter mes foies gras... si toutefois ils arrivent... car rien n'arrive aujourd'hui... ni les pâtés... ni les coiffeurs... C'est très grave!... Et notez que les anchois me manquent aussi!...

MADAME DE LUSSANG. — Les anchois?...

LUSSANG. — Oui... il se passe sur cette salaison quelque chose d'extraordinaire... Vous allez chez un marchand... vous lui demandez des anchois... savez-vous ce qu'il prend?... un cotret!...

LUCILE et MADAME DE LUSSANG, *riant.* — Comment! un cotret?

LUSSANG. — C'est comme j'ai l'honneur de vous le dire.

LE DOMESTIQUE, *rentrant par le fond à gauche.* — Madame... il est arrivé.

LUSSANG, *vivement.* — Mon pâté?

LE DOMESTIQUE. — Non, monsieur. Le coiffeur de Madame. *(Il remonte à droite, et reste au deuxième plan.)*

MADAME DE LUSSANG, *allant à Lucile.* — Allons, Lucile.

LUCILE. — Voilà, ma marraine. *(A part.)* Un prétendu! Serait-ce M. Desruel?

LUSSANG. — Pas de pâté! c'est extrêmement grave, cela!...

MADAME DE LUSSANG. — Baptiste, vous pouvez commencer à allumer.

LE DOMESTIQUE. — Tout de suite, madame... *(Il sort par la droite.)*

ENSEMBLE

AIR : *Voilà du petit trompette (Guillery).*

Allons à notre
Allez à votre } toilette,
En finir;
Car bientôt notre fête
Va s'ouvrir.

> Que nul retard n'entrave
> Notre bal;
> Ce serait vraiment grave
> Et très mal!

Mme de Lussang et Lucile sortent à gauche et Lussang à droite.

SCÈNE II

CHAMPIGNOL, MADELEINE;
puis LE DOMESTIQUE

Champignol entre par le fond à droite, en donnant le bras à Madeleine. Ils sont en grande toilette.

CHAMPIGNOL. — Par ici, fi-fille... v'là un grand salon avec des bancs... ça doit être ici la soirée.

MADELEINE. — Il n'y a personne!... Papa, est-ce que ça serait déjà fini?

CHAMPIGNOL. — Pas possible!... nous nous sommes habillés à midi... nous avons dîné à quatre heures... nous sommes venus à cinq...

MADELEINE. — Oui, pour avoir des places sur le devant. *(Elle remonte en admirant le salon.)*

CHAMPIGNOL. — J'ai demandé : Madame de Lussang, s'il vous plaît? — On m'a répondu : Elle est dans le bain. — Très bien! ne la dérangez pas... Alors, comme j'ai eu la godichonnerie de louer *une* remise pour toute la journée... je *m'ai* dit : Faut lui faire faire quoique chose à c't animal-là... et je me suis fait promener devant ma nouvelle maison.

MADELEINE, *redescendant.* — Ça n'est pas drôle.

CHAMPIGNOL. — Fi-fille, tu ne comprends pas la bâtisse... et puis j'avais envie de monter chez mon futur gendre le notaire... qui, hier au soir, s'est éclipsé juste après le fricandeau... ça m'inquiète!

MADELEINE. — Ah ouiche!

CHAMPIGNOL. — Enfin! tu n'as pas voulu... et à six heures nous sommes revenus ici. — Madame de Lussang, s'il vous plaît? — Elle est dans le bain. — Très bien! ne la dérangez pas!... Une heure de bain!... faut qu'elle *soie* malade, cette femme-là! Alors, je me suis fait repromener devant ma maison.

MADELEINE. — Si c'est pour ça que j'ai mis mes diamants! Papa, ça me gratte le cou!

CHAMPIGNOL. — Touche pas!... C'est comme moi, mes gants... ça m'embête... mais je les garde!... Touche pas!

MADELEINE. — Ça fait-y de l'effet?

CHAMPIGNOL. — Je t'en réponds... C'est que tu en as là... tant sur les oreilles que sur le cou... pour cent soixante-huit francs soixante-quinze! bon poids!... En v'là-t-il de l'argent qui *feignante!*...

MADELEINE, *avec conviction.* — Oh! oui!

CHAMPIGNOL. — Petite, sais-tu combien ça fait de dindons à quatre francs cinquante?

MADELEINE. — Non.

CHAMPIGNOL. — J'ai fait le compte... trente-sept et demi!... tu portes trente-sept dindons et demi... autour du cou!

MADELEINE. — En v'là un de collier!

CHAMPIGNOL, *regardant sa montre.* — Huit heures trois quarts... pas un chat!... Qué drôle de soirée!... (*Le domestique rentre par la droite avec une bougie allumée, monte sur la banquette de droite et allume une girandole.*) Moi qui me couche à neuf heures... faut que j'aille à la halle demain au matin.

MADELEINE, *apercevant le domestique sur la banquette.* — Papa?

CHAMPIGNOL. — Hein?

MADELEINE. — V'là un monsieur.

CHAMPIGNOL. — Habit noir... cravate blanche... c'est un invité.

MADELEINE. — Il allume.

CHAMPIGNOL. — Précisément... je vas lui donner un coup de main...

Le domestique descend de la banquette, monte sur un fauteuil à droite, entre les deux portes du fond, et allume une seconde girandole.

MADELEINE. — Vous, papa!

CHAMPIGNOL. — Faut se rendre utile... faut pas être *feignant*... Justement j'ai pris mon rat pour rentrer ce soir... Dans le grand monde, chacun prend son rat pour rentrer le soir. (*Il prend un rat de cave dans sa poche.*)

MADELEINE. — Moi, papa, j' vas ôter les z'housses...

Madeleine ôte la housse de la banquette de gauche et la met sur son bras. Champignol, son rat de cave à la main,

*s'approche du domestique pour l'allumer à la bougie de
ce dernier.*

CHAMPIGNOL, *au domestique.* — Monsieur, voulez-vous
permettre ?

*Madeleine passe à droite et ôte la housse de la banquette de
ce côté.*

LE DOMESTIQUE, *à part.* — Qu'est-ce que c'est que ces
gens-là ? *(Il descend du fauteuil.)*

CHAMPIGNOL, *allumant son rat.* — Là! reposez-vous,
monsieur... chacun son tour... je me charge de cette
pièce... *(Il monte sur le fauteuil à gauche entre les deux
portes du fond et allume la troisième girandole.)*

LE DOMESTIQUE. — Alors, je vais allumer dans le grand
salon.

MADELEINE, *qui a mis l'autre housse sur son bras.* — Y a
un autre salon plus grand ?

LE DOMESTIQUE. — Certainement.

MADELEINE. — Y a-t-il des *z'*housses ?

LE DOMESTIQUE. — Oui, mademoiselle, il y a des
*z'*housses.

MADELEINE. — Bon! j'y vas... Marchez devant.

CHAMPIGNOL, *allumant.* — Très bien, ma fille... faut
pas être *feignant...*

LE DOMESTIQUE, *sortant par la porte du fond-milieu, à
part.* — Mais qu'est-ce que c'est que ces gens-là ? *(Madeleine suit le domestique. On les voit disparaître par la
gauche.)*

SCÈNE III

CHAMPIGNOL; *puis* LUSSANG

CHAMPIGNOL, *allumant sur le fauteuil et regardant sortir
sa fille.* — Cré moutarde! comme c'est élevé!... Je donnerais quelque chose pour que mon gendre, le notaire, la
voie ôter les *z'*housses dans les salons de la haute aristo-
cratie!... *(Il descend du fauteuil, monte sur la banquette à
gauche et allume la quatrième girandole.)*

LUSSANG, *entrant par la droite.* — C'est très grave!...
pas de nouvelles!... Il faut absolument que j'envoie
quelqu'un. *(Apercevant Champignol.)* Ah! un domestique de louage!... hé! l'ami! *(Il remonte.)*

CHAMPIGNOL, *se retournant.* — Monsieur ? *(A part.)* Habit noir, cravate blanche! c'est un invité, on arrive!

LUSSANG, *redescendant.* — Qu'est-ce que vous faites là ?

CHAMPIGNOL. — J'allume, en attendant...

LUSSANG. — Connaissez-vous le chemin de Strasbourg ?

CHAMPIGNOL. — Plaît-il ?

LUSSANG. — Le chemin de fer de Strasbourg!...

CHAMPIGNOL. — Ah! très bien!... j'y ai des pratiques.

LUSSANG. — Eh bien!... faites-moi le plaisir de courir tout de suite à la gare.

CHAMPIGNOL. — De Strasbourg ?...

LUSSANG. — Oui; vous réclamerez un pâté que j'attends... le pâté de M. de Lussang...

CHAMPIGNOL, *descendant la banquette.* — M. de Lussang!... Ah! c'est vous le bourgeois ?... *(Il souffle, sans intention, son rat de cave dans la figure de Lussang qui recule; puis, le saluant :)* Monsieur... votre soirée est très... choisie... ça doit vous coûter gros.

LUSSANG. — Oui; dépêchez-vous... je suis dans un bien grand embarras.

CHAMPIGNOL, *à part.* — Ah! pauvre cher homme!

LUSSANG. — Je compte sur votre zèle, votre intelligence... Soyez tranquille... je ne vous oublierai pas.

VOIX DANS LA COULISSE, *à droite.* — Monsieur!

LUSSANG. — Quoi ?

LA VOIX. — C'est le glacier!

LUSSANG. — J'y vais. *(A Champignol.)* Allez, mon ami... Je suis heureux de vous avoir rencontré. *(Il sort par la droite.)*

CHAMPIGNOL, *l'accompagnant jusqu'à la porte.* — C'est moi, monsieur, qui suis flatté... *(Seul, redescendant la scène.)* Il est très poli, ce vieux-là!

SCÈNE IV

MADELEINE, CHAMPIGNOL

MADELEINE, *rentrant par le fond à gauche.* — Ah! papa... c'est superbe par là, des fleurs, des tapis!

CHAMPIGNOL. — Je viens de voir le bourgeois, il a eu

la bonté de m'honorer d'une mission de confiance... très loin... Tu vas venir avec moi.

MADELEINE. — Comment! nous sortons!

CHAMPIGNOL. — Ecoute donc! il ne peut pas tout faire, ce brave homme!... Il fournit les écus... c'est bien le moins qu'on l'aide!... Allons, en route!

ENSEMBLE

AIR de *La Filleule à Nicot* (J. Nargeot).

Au chemin de Strasbourg
Allons, sans qu'on nous le r'dise;
Grâce à notre remise,
Nous s'rons bientôt de retour.

Champignol et Madeleine sortent par la porte du fond, à droite, en se donnant le bras.

SCÈNE V

MADAME DE LUSSANG; *puis* UN DEUXIÈME DOMESTIQUE;
puis MONSIEUR ET MADEMOISELLE PONT-BICHET,
INVITÉS DES DEUX SEXES; *puis* CANUCHE; *puis* LUSSANG

MADAME DE LUSSANG, *entrant par la porte, à gauche, et parlant à la cantonade.* — Va m'attendre au salon, mon enfant, je te rejoins... *(Venant en scène et regardant autour d'elle.)* Voyons si tout est en ordre...

LE DEUXIÈME DOMESTIQUE, *paraissant à la porte du fond, à droite, et annonçant.* — M. et Mlle de Pont-Bichet.

Il se retire après l'entrée. Pont-Bichet et sa fille entrent par le fond, à droite. Les autres invités entrent par le fond, au milieu venant de la droite. Mlle Pont-Bichet va rejoindre d'autres dames. Mme de Lussang reçoit et salue sur le chœur suivant.

CHŒUR

AIR DE danse du *Prophète*.

Ah! voyez donc, c'est charmant,
Et la surprise est complète!
Tout a pris un air de fête
Dans ce riche appartement.

LE DOMESTIQUE, *reparaissant au fond, à droite, et annonçant.* — M. de Sainte-Canuche! *(Il disparaît après l'entrée.)*

Canuche entre par le fond, à droite, pantalon de nankin, redingote claire, gants verts. Mme de Lussang fait un pas vers lui et s'arrête étonnée.)

CANUCHE, *à part.* — Enfin! j'y suis!... O amour!

MADAME DE LUSSANG, *bas aux invités.* — Quel est ce monsieur? *(Elle passe au milieu.)*

CANUCHE, *voyant tous les regards fixés sur lui, à part.* — Nom d'un chien! des comtesses! *(Il se met derrière un fauteuil, dans un coin à droite, près de la porte du fond. Il est très intimidé et salue gauchement la société de loin.)*

LUSSANG, *entrant par le fond-milieu.* — Attendez-moi... je reviens! *(Saluant.)* Mesdames... messieurs...

MADAME DE LUSSANG, *bas à son mari, lui indiquant Canuche.* — Mon ami, connaissez-vous ce monsieur?

LUSSANG. — Quel monsieur? *(L'examinant de loin.)* Attendez donc!... j'ai une idée vague de l'avoir aperçu dans une circonstance critique de mon existence. *(Allant à Canuche et le saluant.)* Monsieur...

CANUCHE, *s'approchant timidement et saluant.* — Monsieur... *(A part.)* Pristi! le vieux aux anchois!

LUSSANG. — Il me semble vous reconnaître...

CANUCHE, *très troublé et portant son mouchoir à sa joue.* — Aïe!... le dentiste, s'il vous plaît?

LUSSANG. — C'est plus haut... Je disais aussi... Monsieur n'est pas en tenue de bal...

CANUCHE. — Comment?... je ne suis pas en tenue...

LUSSANG. — Habit noir, pantalon noir.

CANUCHE. — Ah! très bien!... merci, monsieur.

LUSSANG, *lui indiquant la porte de droite.* — Tenez, par ici... la petite porte... le dentiste est au second.

CANUCHE, *à part.* — Habit noir, pantalon noir... *(Haut.)* Merci, monsieur. *(Il sort par la droite.)*

LUSSANG, *aux invités.* — C'est un monsieur qui se trompait.

REPRISE DU CHŒUR

Ah! voyez donc, c'est charmant! etc.

Mme de Lussang, Pont-Bichet et les invités sortent par la porte du fond-milieu et celle du fond à gauche, et disparaissent par la gauche.

LUSSANG. — Ah! voyons si mon pâté... (*Il sort par la droite.*)

SCÈNE VI

BUZONVILLE, THÉODULE *en uniforme d'élève de Saumur; puis* MADAME DE LUSSANG

LE DEUXIÈME DOMESTIQUE, *annonçant par le fond, à droite.* — MM. de Buzonville. (*Il disparaît après l'entrée.*)

BUZONVILLE, *entrant le premier par le fond, à droite, à la cantonade.* — Mais viens donc! qu'est-ce qu'il fait?... (*Théodule entre les mains dans ses poches et en sautant.*) Ah çà! de la tenue, de la distinction, et ôte les mains de tes poches... Tu n'es pas dans ta caserne de cavalerie!

THÉODULE. — Soyez tranquille, papa, on aura du chic!

BUZONVILLE. — Du chic! Il vous a des expressions!... Pristi! mais tu sens le cigare!

THÉODULE. — Oui, j'en ai grillé un en m'habillant!

Il remet les mains dans ses poches.

BUZONVILLE. — Il en a grillé un!... (*Avec colère.*) Mais ôte donc les mains de tes poches!

MADAME DE LUSSANG, *rentrant par le fond à gauche.* — Ah! Monsieur Buzonville! (*Elle salue.*)

BUZONVILLE, *saluant.* — Madame... permettez-moi de vous présenter mon fils Théodule.

MADAME DE LUSSANG. — Soyez le bienvenu, monsieur. (*A part.*) Il n'est pas mal.

BUZONVILLE, *en confidence.* — Il arrive de Saumur tout exprès pour... pour ce que vous savez.

MADAME DE LUSSANG, *finement.* — C'est un empressement dont on vous tiendra compte... j'en suis sûre.

BUZONVILLE, *bas à Mme de Lussang.* — Il ne comprend pas... Il ne sait encore rien.

MADAME DE LUSSANG, *à Théodule.* — Vous êtes danseur?

BUZONVILLE. — Excellent danseur!

THÉODULE, *passant près de Mme de Lussang.* — Oh! excellent! je tricote! voilà tout!

BUZONVILLE, *à part.* — Tricote!

MADAME DE LUSSANG, *riant.* — Ah! vous... M. votre père nous avait vanté...

THÉODULE. — Ah! vous savez, les pères!... ça fait toujours un peu de mousse!

BUZONVILLE, *à part et au supplice.* — Mousse!

MADAME DE LUSSANG. — Vraiment ? *(A part.)* Il a une façon de s'exprimer... *(Haut.)* Pardon... je vais organiser les quadrilles... nous nous reverrons... *(Saluant Théodule et Buzonville.)* Messieurs!... *(Elle remonte à gauche.)*

THÉODULE, *saluant les mains dans ses poches.* — Madame...

BUZONVILLE, *bas, lui faisant signe.* — Hum!... tes mains... tes mains!

THÉODULE. — Ah! oui! *(Il ôte les mains de ses poches et salue.)* Madame... *(Mme de Lussang sort par le fond, à gauche.)*

A compter de ce moment, on voit quelques invités se promener de temps en temps dans le salon du fond.

SCÈNE VII

THÉODULE, BUZONVILLE; *puis* DESRUEL

BUZONVILLE, *à part.* — C'est une éducation à faire!

THÉODULE. — Eh bien! êtes-vous content ?

BUZONVILLE. — Oui, joliment!... *tricote! mousse!...* Tiens! voilà encore que tu remets les mains dans tes poches... *(A lui-même.)* Je serai obligé de les lui faire attacher!

THÉODULE. — Voyons... ne vous fâchez pas!

BUZONVILLE. — Théodule... sais-tu pourquoi je t'ai écrit de venir à Paris incontinent ?

THÉODULE. — Dare-dare!

BUZONVILLE. — Dare-dare! Je t'ai écrit *incontinent!* Je vous prie de ne pas me prêter vos néologismes!

THÉODULE. — C'est bien!... je ne parlerai plus!...

BUZONVILLE. — Encore tes mains!

THÉODULE, *à part, ôtant les mains de ses poches.* — Il est agaçant!

BUZONVILLE. — Je t'ai donc fait venir à Paris pour te marier!

THÉODULE. — Oh! sapristi! encore!

BUZONVILLE. — Comment! encore ?

THÉODULE. — C'est vrai... voilà deux ans de suite que vous me faites voyager pour me présenter des futures... et ça rate toujours!

BUZONVILLE. — On ne dit pas *rate*, on dit *manque*... mais cette fois, si tu veux m'écouter, suivre mes conseils, j'ai tout lieu de croire que ça ne ratera pas.

THÉODULE, *riant*. — Oh!

BUZONVILLE, *se reprenant vivement*. — Que ça ne manquera pas! *(A part.)* Je lui prends ses mots à présent!

THÉODULE. — Ah çà! vous tenez donc beaucoup à me marier?

BUZONVILLE. — Si j'y tiens!

THÉODULE. — Bon! allez! c'est votre toquade!

BUZONVILLE. — Toquade!...

THÉODULE. — Pourvu que la petite soit...

BUZONVILLE. — C'est une créature céleste!

THÉODULE. — Jolie?

BUZONVILLE. — Elle sort de pension...

THÉODULE. — Ce n'est pas une raison!

BUZONVILLE. — Et une fortune... imprévue... c'est toute une histoire... Figure-toi...

THÉODULE. — Pardon... est-elle un peu... étoffée?

BUZONVILLE. — Comment?...

THÉODULE. — Moi, d'abord, je n'aime pas les femmes maigres, ce n'est pas mon genre!

BUZONVILLE, *en colère*. — Parbleu! il faudra te les faire peser!

THÉODULE. — Dame!

BUZONVILLE, *avec indignation*. — Soudard!

DESRUEL, *en dehors*. — M. Pont-Bichet est arrivé... très bien, merci... *(Il entre par la porte du fond, à droite, qui se ferme derrière lui.)*

THÉODULE, *allant à Desruel*. — Eh! c'est Desruel! Bonjour, Desruel!

DESRUEL, *lui donnant la main*. — Théodule! à Paris! *(Apercevant Buzonville.)* Oh! *(Saluant froidement.)* Monsieur...

THÉODULE, *à part, les regardant*. — Qu'est-ce qu'ils ont donc? *(Haut à Desruel.)* Figurez-vous, mon cher, que papa est en train de m'enrégimenter dans l'escadron jonquille des maris.

DESRUEL, *à Buzonville et d'un ton de raillerie*. — Ah! mon compliment, monsieur...

BUZONVILLE, *sèchement*. — Merci, monsieur!

THÉODULE, *à Buzonville*. — Dites donc... Il fera mon contrat !

BUZONVILLE, *avec une intention très marquée*. — Non... j'ai fait choix d'un autre notaire... qui a toute ma confiance.

DESRUEL, *saluant*. — Trop aimable, monsieur !...

THÉODULE. — Ah çà ! décidément, vous avez quelque chose.

DESRUEL. — Oh ! presque rien ! nous nous envoyons du papier timbré.

THÉODULE, *à son père*. — Comment ?

BUZONVILLE, *l'éloignant de la main et le faisant passer à sa droite*. — Je défends mes droits... je défends mes droits. *(Il remonte.)*

DESRUEL, *avec une politesse ironique*. — Pardon, monsieur Buzonville, j'en ai encore une feuille qui traîne sur mon bureau... ça coûte sept sous ! trop heureux de pouvoir vous les épargner !

BUZONVILLE, *redescendant et avec colère*. — Monsieur !

THÉODULE, *bas à son père*. — Papa, je crois qu'il vous blague !

BUZONVILLE, *avec colère*. — On ne dit pas *blague*, on dit *raille !*... Allons, passez devant... je vais vous présenter à votre prétendue. *(A Desruel.)* Je ne vous salue pas, monsieur !

DESRUEL, *avec la plus grande courtoisie*. — Ni moi, monsieur !

BUZONVILLE, *à son fils*. — Mais ôte donc les mains de tes poches !

Buzonville et Théodule sortent par la porte du fond à gauche, qui se referme. Les promenades cessent au fond.

SCÈNE VIII

DESRUEL, *seul*.

Je me moque bien de lui ! j'ai une femme maintenant... Je vous prie de croire que ce n'est pas la petite Champignol... Non !... non ! j'ai dîné avec cette famille, ça me suffit... et quel dîner ! tout à l'oseille !... Le papa m'a avoué qu'il avait une vieille provision de *cette* légume qui commençait à rancir... Bien obligé !... tout ça ne m'allait pas beaucoup... et, ma foi, j'ai clandestinement gagné la porte... Un éclair venait de m'illuminer... j'avais pensé à Pont-Bichet qui le matin même m'avait offert sa fille... je cours chez lui, je fais ma demande, on m'accepte et... c'est noué! J'ai immédiatement écrit à Champignol de ne plus compter sur moi!... que je me remettais au lait d'ânesse... Pauvre Lucile!... elle ne saura jamais combien je l'ai aimée! *(Changeant de ton.)* Mais bah! oublions cela! ce n'est plus un cœur qui palpite là... c'est une étude à payer... O Lucile! Lucile!

SCÈNE IX

DESRUEL, LUCILE; *puis* PONT-BICHET; *puis* LUSSANG

LUCILE, *qui passait au fond, venant de la gauche.* — Mon nom! *(Elle entre par la porte du fond-milieu.)*

DESRUEL. — Vous, mademoiselle...

LUCILE. — Oh! pardon... je vous dérange? *(Fausse sortie.)*

DESRUEL. — Non... restez! restez, mademoiselle! je suis si heureux quand je vous vois! *(Il remonte un peu.)*

LUCILE, *à part.* — Comme il me regarde!... mon tuteur vient encore de me parler d'un prétendu... Bien sûr, c'est lui!

DESRUEL, *redescendant.* — Mademoiselle... vous allez sans doute me trouver bien indiscret, bien fou... mais j'aurais une grâce à vous demander...

LUCILE. — Quoi donc!

DESRUEL. — Une fleur... de ce bouquet.

LUCILE. — Monsieur!

DESRUEL. — Ne me refusez pas! je la garderai toujours... et quoi qu'il arrive, elle ne me quittera jamais... je vous le jure!

LUCILE, *à part.* — Oh! bien sûr! c'est lui! *(Elle détache une fleur du bouquet qu'elle porte.)*

DESRUEL, *avec transport.* — Que vous êtes bonne! *(Au moment où Lucile va lui donner la fleur, Pont-Bichet paraît à la porte du fond-milieu.)*

PONT-BICHET, *au fond, à Desruel.* — Eh bien! qu'est-ce que vous faites là, mon gendre?... *(Il descend en scène.)*

LUCILE, *très surprise.* — Son gendre! Ah!...

DESRUEL, *à part, s'éloignant de Lucile.* — L'animal!...

LUCILE, *très émue.* — Monsieur... va se marier ?

PONT-BICHET. — Avec Arthémise.

DESRUEL, *bas à Pont-Bichet, en passant au milieu.* — Mais taisez-vous donc!

PONT-BICHET. — Avec Arthémise! il lui a envoyé un bouquet charmant!

LUCILE, *brisant avec dépit la fleur qu'elle destinait à Desruel.* — C'est très bien! très bien!... et je vous fais mon compliment sincère, bien sincère!

DESRUEL, *d'un ton suppliant.* — Ah! mademoiselle!

LUCILE. — Adieu, monsieur. *(Prête à pleurer.)* Je vais danser. *(Elle sort par le fond à droite. La porte reste ouverte.)*

DESRUEL, *à part.* — Pauvre enfant!... elle a pleuré! et c'est cet animal!...

PONT-BICHET, *à Desruel.* — Ah çà! mon cher, vous négligez ma fille...

DESRUEL, *brutalement.* — Qu'est-ce que ça vous fait ?... puisque je l'épouse. *(A part.)* Oh! je n'y tiens plus! je vais la rejoindre! *(Il sort vivement par le fond à droite.)*

PONT-BICHET, *seul.* — Charmant garçon!... un peu brusque!... Je vais le rejoindre! *(Il remonte vers la droite et se rencontre avec Lussang qui entre par la porte de côté, à droite.)*

LUSSANG, *à Pont-Bichet.* — Comprenez-vous, mon pâté qui n'arrive pas!

PONT-BICHET. — Charmante soirée! charmante soirée!

> *Il sort par le fond, à droite. La porte se ferme.*

SCÈNE X

LUSSANG; *puis* CANUCHE *et* MADAME
et MADEMOISELLE DE VERTMOËLLON

LUSSANG, *seul.* — Ce domestique de louage qui ne revient pas, c'est très grave!...

Il s'assied sur la banquette de gauche. Canuche entre par le fond-milieu, en donnant le bras à Mme et Mlle de Vert-moëllon. Il est en habit noir, pantalon noir, cravate blanche; il porte les bouquets et les éventails de ces dames.

CANUCHE, *faisant le gracieux*. — Oui, chère dame!...
oui, chère dame!

MADAME DE VERTMOËLLON, *à Canuche*. — Mille
remerciements, monsieur, de votre gracieuse obligeance!

CANUCHE. — Gracieuse vous-même, madame!...

LUSSANG, *se levant et venant aux dames*. — Ah!...
madame de Vertmoëllon!... mademoiselle!... (*Les dames
saluent.*)

CANUCHE, *à part*. — Encore le vieux aux anchois!

LUSSANG, *à part*. — J'ai une idée vague d'avoir aperçu
ce monsieur dans une circonstance critique de mon
existence... (*Haut à Mme de Vertmoëllon.*) Monsieur est
votre cavalier ?

MADAME DE VERTMOËLLON. — Très aimable et très
complaisant, comme vous voyez. (*Elle débarrasse Canuche
des objets qu'il porte; sa fille en fait autant. Canuche passe
à droite.*)

LUSSANG, *offrant la main à Mme de Vertmoëllon*. —
Me ferez-vous l'honneur, belle dame... Buzonville vous
cherche partout...

MADAME DE VERTMOËLLON. — Allons!... (*Elle remonte
à gauche, avec Lussang, puis s'arrête et dit à Canuche :*)
Ah!... serez-vous assez bon, monsieur, pour donner la
main à ma fille!

*Mme de Vertmoëllon et Lussang sortent par la porte du fond,
à gauche, qui reste ouverte.*

MADEMOISELLE DE VERTMOËLLON, *se disposant à prendre
le bras de Canuche*. — Eh bien, monsieur ?...

CANUCHE. — Ma main ?... mademoiselle, je le voudrais,
mais ça ne se *puit*... je suis mordu pour Madeleine... (*Il
s'éloigne d'elle.*)

MADEMOISELLE DE VERTMOËLLON, *à part*. — Eh bien!
il est poli ce monsieur!

Elle sort par la porte du fond, à gauche, qui reste ouverte.

CANUCHE, *seul*. — Ma main ?... je ne les connais pas
moi, ces femmes-là... je les ai trouvées sur le carré...
j'osais pas rentrer à cause du vieux... alors je vois arriver
deux machines avec des plumes, du musc et des éventails... je ne fais ni une ni *deusse*!... je me mets au milieu...
et j'entre avec... comme un âne dans son brancard!
Voilà! (*Lustrant son habit avec sa main.*) J'ose dire que
voilà un habit noir et un pantalon *ibidem* ! J'ai loué tout
ça trente-deux sous l'heure... Mais je n'ai pas encore vu

Madeleine; je vas donner un coup de pied dans les salons.

Il remonte et disparaît par le fond, au milieu, à l'entrée de Desruel.

SCÈNE XI

DESRUEL; *puis* PONT-BICHET; *puis* MADAME DE LUSSANG; *puis* BUZONVILLE; *puis* CHAMPIGNOL et MADELEINE

DESRUEL, *entrant vivement par la porte du fond à gauche.* — Impossible de rejoindre Lucile! le Pont-Bichet s'est accroché à moi... Oh! je sens que je le prends en grippe, lui et sa fille... une quenouille... en robe rose!

PONT-BICHET, *accourant par la porte du fond à gauche et s'arrêtant sur le seuil.* — Où diable courez-vous, mon gendre ? *(Il descend en scène.)*

DESRUEL, *à part.* — Ah! le voilà! deuxième tire-bouchon!...

PONT-BICHET. — Je passe ma soirée à vous poursuivre... Arthémise n'est pas contente...

DESRUEL, *brutalement.* — Puisque je l'épouse! *(Il passe à gauche.)*

PONT-BICHET. — Invitez-la pour la première...

DESRUEL. — Oui!...

PONT-BICHET. — Je vais la prévenir de ne pas s'engager. *(Il sort par le fond à droite.)*

DESRUEL. — Oui!... Il m'embête!...

MADAME DE LUSSANG, *qui est entrée par la gauche et mystérieusement.* — Monsieur Desruel!

DESRUEL, *se retournant.* — Madame ?

MADAME DE LUSSANG. — Je sais que vous voulez vous marier...

DESRUEL. — Permettez...

MADAME DE LUSSANG. — Je vous ai trouvé une jeune personne charmante... *(Elle va au fond à droite.)*

DESRUEL. — Mais, madame...

MADAME DE LUSSANG, *désignant une personne par le fond à droite.* — Tenez... la seconde à gauche... près de la glace.

DESRUEL, *résigné.* — Oui!...

MADAME DE LUSSANG. — Chut! invitez pour la première. *(Elle sort par le fond à droite.)*

DESRUEL. — Oui... *(A part.)* Ça fait deux!

BUZONVILLE, *paraissant à la porte du fond à gauche, s'approchant de Desruel et lui frappant sur l'épaule.* — Je viens de vous trouver une femme!

DESRUEL, *à part.* — Encore!

BUZONVILLE. — Je suis trop bon... j'ai adressé une demande en votre nom à madame de Vertmoëllon...

DESRUEL. — Comment, monsieur... mais je ne vous ai pas prié...

BUZONVILLE. — C'est une belle-mère à surface... la fille est convenable... invitez pour la première!

DESRUEL, *à part.* — Ah! très bien! ça se développe!

BUZONVILLE. — Je vais retrouver mon fils qui se roule dans une foule d'inconvenances!... Il se tient près de la porte et il saute sur tous les verres de punch... je lui en ai déjà arraché cinq... que j'ai été obligé de boire... pour ménager sa tête... Tout à l'heure n'a-t-il pas été dire dans un groupe de dames qu'il avait le *trac!* Le trac! *(Remontant.)* Ce garçon-là me fera blanchir les cheveux! *(Il disparaît par la porte du fond à gauche et dit en dehors :)* Mais ôte donc les mains de tes poches, sacrebleu!...

CHAMPIGNOL, *entrant par le fond à droite, avec Madeleine sous son bras et un pâté sous l'autre.* — Voilà le pâté! *(Apercevant Desruel.)* Tiens! bonjour, mon gendre!

DESRUEL, *à part.* — Pristi! le beau-père à l'oseille!

CHAMPIGNOL. — Vous nous attendiez ?... Voici fi-fille... avec ses diamants.

MADELEINE. — Trente-sept dindons!

CHAMPIGNOL. — Et demi!

DESRUEL. — Vous n'avez donc pas reçu ma lettre ?

CHAMPIGNOL. — Non... *qué* lettre ?

DESRUEL, *à part.* — J'aime autant cela... *(Haut.)* Vous la trouverez en rentrant.

CHAMPIGNOL, *montrant sa fille, bas à Desruel.* — Dites donc!... Chauffez!... invitez pour la première! *(Il remonte à droite.)*

On entend l'orchestre qui exécute une polka.

DESRUEL, *riant presque malgré lui.* — Parbleu! tout de suite! *(A part.)* Quatre femmes!... quatre premières!...

CHAMPIGNOL. — Où est le bourgeois au pâté ?... *(Il regarde au fond à droite.)*

DESRUEL. — L'orchestre!... Laquelle choisir ? *(Regardant Madeleine.)* Quant à fi-fille... je la biffe! reste trois!...

Entrons dans le bal... la musique m'inspirera! *(Il entre vivement dans le bal par le fond à gauche.)*

SCÈNE XII

MADELEINE, CHAMPIGNOL; *puis* TROIS DAMES; *puis* DEUX DANSEURS; *puis* THÉODULE; *puis* CANUCHE et MADAME DE VERTMOËLLON; *puis* LUSSANG

MADELEINE. — Papa! papa!

CHAMPIGNOL, *se retournant.* — Eh bien ? *(Il va à elle.)*

MADELEINE. — Il s'est ensauvé!

CHAMPIGNOL. — Mais non, il va revenir!

MADELEINE, *regardant au fond à gauche.* — Joliment! Tenez... regardez... il en invite une autre... *(Deux dames paraissent au fond, venant du troisième salon.)*

CHAMPIGNOL, *regardant.* — C'est ma foi vrai!... C'est probablement une cliente... laisse-lui faire son commerce à ce notaire!

Il redescend avec sa fille. Les deux dames entrent dans le salon et sont rejointes par une troisième dame qui vient du fond à droite.

MADELEINE. — Ah! c'est pas que j'y tienne, au moins!...

CHAMPIGNOL. — Sois tranquille!... tu ne manqueras pas de danseurs...

Pendant ce commencement de scène, les trois dames sont descendues en causant et sont venues s'asseoir sur la banquette de droite. Un invité entre par le fond-milieu, venant de la droite.

MADELEINE, *vivement.* — Papa, en v'là un!...

CHAMPIGNOL, *s'asseyant avec sa fille sur la banquette de gauche, et posant son pâté sur le petit guéridon.* — Il vient t'inviter, baisse les yeux!

Le danseur, qui a paru hésiter un moment, se décide à inviter une des trois dames qui sont sur la banquette de droite et sort avec elle par le fond à gauche. Un autre invité arrive par le fond à droite.

CHAMPIGNOL. — Il s'est trompé... il a la vue basse... En voici un autre... baisse les yeux!

Le danseur, après un moment d'hésitation, invite la deuxième dame et sort avec elle par le fond à gauche.

CHAMPIGNOL. — Pristi! c'est la place qui est mauvaise! Si nous passions de l'autre côté... (*Ils se lèvent et vont s'asseoir sur la banquette à droite. A la dame qui est restée assise.*) Pardon, ma petite mère... y a place pour trois...

La dame étonnée se recule d'abord et finit par se lever. Elle remonte et rencontre au fond d'autres dames qui traversaient le second salon; elle cause un instant avec elles, puis, après l'entrée de Théodule, redescend en scène et va s'asseoir sur la banquette de gauche.

MADELEINE, *assise à côté de son père du côté le plus près du public.* — Papa! vous verrez qu'on ne m'invitera pas!

CHAMPIGNOL. — Sois donc tranquille... une jolie fille comme toi!... avec des diamants!... Fais-les voir! fais-les voir!

THÉODULE, *en dehors, au fond à gauche.* — Papa, finissez donc!...

BUZONVILLE, *de même.* — Laisse faire!... c'est pour ton bien!...

THÉODULE, *entrant par le fond à gauche, et descendant la scène.* — Pour mon bien!... Il me boit tous mes verres de punch!... Il va se pocharder!...

CHAMPIGNOL, *bas à sa fille.* — Voici le bon!... un militaire!... baisse les... non, lève les yeux...

THÉODULE, *mettant les mains dans ses poches, sans voir Champignol et Madeleine.* — Voilà ce que j'appelle un bal pas drôle... un bal mouche!... Et ma prétendue! elle fait la moue! (*Ici, Champignol tousse pour attirer son attention, puis il se lève.*)

CHAMPIGNOL. — Psitt! psitt!...

Théodule se retourne et regarde Champignol; celui-ci le salue; Théodule lui rend son salut, puis Champignol lui montre Madeleine; Théodule, qui ne remarque pas ce mouvement, pirouette sur ses talons, se retourne et aperçoit la dame assise sur la banquette de gauche.

THÉODULE, *à lui-même.* — Tiens! une dame qui pose!... Elle est étoffée!... (*Haut et s'approchant de la dame.*) Madame, voulez-vous me faire l'honneur?... (*La dame accepte et se lève. Ils sortent par le fond à gauche. Champignol reste interdit, ainsi que Madeleine.*)

MADELEINE, *toujours assise.* — Chou blanc!

CHAMPIGNOL, *debout.* — Mâtin! mâtin! mâtin!

MADELEINE. — Eh bien! papa ?

CHAMPIGNOL, *résolument et invitant sa fille.* — Mademoiselle de Champignol, voulez-vous me faire l'honneur ?...

MADELEINE, *se levant.* — Ah ben! avec vous, ça n'est pas drôle!

CANUCHE, *entre en polkant avec madame de Vertmoëllon.* — *Ils entrent par la porte du fond, au milieu, venant du troisième salon.* — Je me suis rattelé à mon brancard! *(Apercevant Madeleine.)* Dieu! elle! *(Il s'arrête court.)*

MADAME DE VERTMOËLLON, *voulant continuer.* — Eh bien! monsieur!... allez donc!...

CANUCHE. — Pardon!... je dételle! *(Il la quitte et la fait asseoir sur la banquette de gauche.)*

MADAME DE VERTMOËLLON, *assise.* — Comment!

MADELEINE. — Ah! papa!... Canuche!

CHAMPIGNOL. — En habit noir, cravate blanche!...

MADELEINE, *joyeuse.* — Papa, c'est un danseur!

CHAMPIGNOL. — C'est vrai! Galopin... *(Il lui donne un coup de pied.)*

CANUCHE, *passant près de Madeleine, et avec résignation.* — Allez... vous êtes son père!...

CHAMPIGNOL. — Je t'ordonne d'inviter ma fille!

CANUCHE. — Avec plaisir.

CHAMPIGNOL. — Mais je te défends de lui parler!

CANUCHE, *polkant et emmenant Madeleine.* — Je l'ai loué à l'heure... trente-deux sous... *(Il disparaît avec elle par le fond à gauche, en sortant par la porte du milieu.)*

CHAMPIGNOL, *criant.* — Je te défends de lui parler, entends-tu ?...

MADAME DE VERTMOËLLON, *se levant.* — Le manant!

CHAMPIGNOL, *galamment à Mme de Vertmoëllon.* — Madame... puisqu'il vous a plantée là... si j'étais susceptible de prendre sa suite ?...

Deux dames paraissent au fond à gauche, où elles s'arrêtent à causer.

MADAME DE VERTMOËLLON, *sèchement.* — Merci, monsieur! je ne danse pas avec tout le monde! *(Elle rejoint les deux dames et cause avec elles.)*

LUSSANG, *entrant par la droite à lui-même.* — Ce domestique de louage ne revient pas... *(Voyant Champignol qui allait suivre Mme de Vertmoëllon, le prenant par le bras et le ramenant en scène.)* Eh bien! qu'est-ce que vous faites donc là ? *(La musique a cessé à l'entrée de Lussang.)*

CHAMPIGNOL. — Vous voyez, je...

LUSSANG. — Vous êtes trop familier... on ne broute pas comme ça dans la main des gens! Où est mon pâté ?

CHAMPIGNOL, *le prenant sur le guéridon.* — Le voici! *(Il le lui donne.)*

LUSSANG. — Enfin! Ah! à propos, savez-vous ouvrir les huîtres ?

CHAMPIGNOL. — Pardi! c'est mon état!

LUSSANG. — Eh bien! venez par là... Je suis enchanté de vous avoir rencontré... *(Il va vers la droite.)*

CHAMPIGNOL, *le suivant.* — Vous êtes ben honnête! *(A part.)* Voilà un vieux qu'est poli!

LUSSANG, *lui montrant la porte à droite.* — Passez donc! passez donc!...

CHAMPIGNOL, *faisant des façons.* — Non... après vous! *(A part.)* Ah! voilà un vieux qu'est poli. *(Lussang, impatienté, sort le premier, Champignol le suit.)*

SCÈNE XIII

MADAME DE VERTMOËLLON, PONT-BICHET; *puis* DESRUEL

PONT-BICHET, *venant par le fond, milieu du troisième salon.* — Je suis indigné! je suis outré! c'est le comble!

MADAME DE VERTMOËLLON, *quittant les deux dames qui s'éloignent à gauche et rentrant dans le salon. (La porte du fond, à gauche, se ferme.)* — Monsieur de Pont-Bichet! qu'avez-vous donc ?

PONT-BICHET. — Comprenez-vous M. Desruel... ce petit notaire... qui laisse ma fille sur sa banquette.

MADAME DE VERTMOËLLON. — Excusez-le... il avait invité la mienne...

PONT-BICHET. — Mais pas du tout! il danse avec je ne sais qui!

MADAME DE VERTMOËLLON. — Ah! par exemple! c'est trop fort!

PONT-BICHET. — Lui! que je me plaisais déjà à nommer mon gendre!

MADAME DE VERTMOËLLON, *très étonnée.* — Comment! votre gendre ? Le mien!

PONT-BICHET. — Le mien!

MADAME DE VERTMOËLLON. — Le mien!

PONT-BICHET. — Ah! bah! deux prétendues!

MADAME DE VERTMOËLLON. — Il faut qu'il s'explique!

PONT-BICHET. — Carrément!

DESRUEL, *en dehors.* — Mille remerciements, mademoiselle. *(Il paraît au fond au milieu.)*

PONT-BICHET et MADAME DE VERTMOËLLON. — Ah! le voici. *(Allant le chercher.)* A nous trois, monsieur!...

DESRUEL, *à part, descendant entre Pont-Bichet et Mme de Vertmoëllon.* — La société des Pont-Bichet réunis! je suis pincé!

MADAME DE VERTMOËLLON. — Voyons, monsieur, expliquez-vous!...

PONT-BICHET. — Oui... de qui êtes-vous le gendre?...

DESRUEL, *souriant.* — Mais... de personne... puisque je suis garçon!

MADAME DE VERTMOËLLON. — Ne plaisantons pas, monsieur!... M'avez-vous fait demander la main de ma fille?

DESRUEL. — Permettez...

PONT-BICHET. — Ainsi qu'à moi, monsieur!

MADAME DE VERTMOËLLON, *furieuse.* — Deux femmes! comme les Turcs!... Vous n'êtes qu'un sauteur!

DESRUEL. — Madame!

MADAME DE VERTMOËLLON. — Et je vous refuse!

PONT-BICHET. — Moi aussi... carrément!

DESRUEL, *impatienté.* — Allez au diable, carrément!

AIR : *Ah! c'est une infamie!*
(5ᵉ acte de *Boccace*.)

MADAME DE VERTMOËLLON et PONT-BICHET

C'est affreux, sur mon âme!
Cette conduite infâme
Est celle d'un bigame,
D'un Turc, d'un mécréant!
Entre nous, cette offense
Brise toute alliance...
Je tirerai vengeance
D'un affront si sanglant!

DESRUEL, *à part.*

Le courroux les enflamme!
Je conçois, sur mon âme,

> Ce qu'un gendre bigame
> A de peu séduisant!
> Rompez!... j'en ris d'avance :
> Cet éclat me dispense
> D'une double alliance
> Qui faisait mon tourment.

Pont-Bichet et Mme de Vertmoëllon sortent avec colère par le fond-milieu.

SCÈNE XIV

DESRUEL; *puis* MADAME DE LUSSANG

DESRUEL, *seul*. — Tiens! je n'ai plus qu'une femme!... je choisis celle-là!... Tout à l'heure, j'en avais quatre!... Allons, ma position s'éclaircit... la protégée de madame de Lussang est présentable... d'abord, elle se coiffe comme Lucile... c'est ce qu'elle a de mieux dans la figure... C'est fini, me voilà marié. *(Il s'assied sur la banquette de gauche.)*

MADAME DE LUSSANG, *entrant par le fond à droite*. — Ah! monsieur Desruel... je vous cherchais...

DESRUEL, *se levant*. — Moi aussi, madame...

MADAME DE LUSSANG. — Eh bien! comment la trouvez-vous ?

DESRUEL. — Délicieuse... sa coiffure surtout!... un air de candeur...

MADAME DE LUSSANG. — Et instruite!

DESRUEL, *s'oubliant*. — Oui, pas le moindre cuir...

MADAME DE LUSSANG. — Comment ?

DESRUEL. — Oh! pardon!... un souvenir!

MADAME DE LUSSANG. — S'il faut vous le dire en confidence... je crois que vous n'avez pas déplu.

DESRUEL, *résolument*. — Allons faire la demande.

MADAME DE LUSSANG. — Oh! pas si vite!... mais venez, je vais vous présenter à son tuteur...

DESRUEL, *remontant*. — Tout de suite! *(S'arrêtant.)* Ah! pardon! un détail minime... que j'ai oublié de vous demander... *(Avec un peu de retenue.)* Sa fortune ?

MADAME DE LUSSANG. — Elle est orpheline.

DESRUEL. — Tant mieux! *(Mouvement de madame de Lussang.)* Pas de beau-père!...

MADAME DE LUSSANG. — C'est la fille d'un vieux militaire... élevée à Saint-Denis.

DESRUEL. — Ah! pauvre enfant!... mais... sa fortune ?

MADAME DE LUSSANG. — Elle n'a rien.

DESRUEL, *foudroyé.* — Rien!

MADAME DE LUSSANG. — Elle a son éducation, ses vertus!

DESRUEL. — Sapristi! que ça ? et vous m'avez fait rompre trois mariages superbes!

MADAME DE LUSSANG, *piquée.* — J'avais pensé, monsieur, que les qualités du cœur...

DESRUEL, *éclatant.* — Eh! madame!... est-ce qu'on paie une étude de notaire avec les qualités du cœur!

MADAME DE LUSSANG. — C'est bien, monsieur, n'en parlons plus... Il n'y a rien de fait!... *(Elle sort vivement par la porte de gauche.)*

SCÈNE XV

DESRUEL; *puis* CHAMPIGNOL *et* LUSSANG

DESRUEL, *seul.* — Eh bien! me voilà gentil!... plus rien!... zéro!... Et Buzonville qui m'avait donné vingt-quatre heures... par voie d'huissier! *(Tirant sa montre.)* J'ai encore dix minutes! *(De Lussang entrant par la droite, suivi de Champignol qui porte un plateau.)*

LUSSANG. — Par ici, mon ami... faites circuler les rafraîchissements... aux dames, d'abord...

CHAMPIGNOL. — Oui... honneur au sexe! *(Lussang remonte au fond à droite dans le deuxième salon.)*

DESRUEL, *à part.* — Champignol!... Quel commerce fait-il là ?

CHAMPIGNOL, *apercevant Desruel et allant à lui.* — Tiens! mon gendre!... Peut-on vous offrir quelque chose ?

DESRUEL. — Merci! *(A part.)* Si je pouvais renouer...

CHAMPIGNOL. — Avez-vous fait danser fi-fille ?

DESRUEL. — Pas encore... j'y songeais.

CHAMPIGNOL. — *Feignant!*

LUSSANG, *revenant près de Champignol.* — Eh bien! vous êtes encore là ? mais allez donc! mon garçon, allez donc! *(Il le prend par le bras et le pousse vers le fond.)*

CHAMPIGNOL. — Oui, bon ami... oui, bon ami...

LUSSANG, *le conduisant dans le salon du fond.* — Que diable! on ne fait pas comme ça la conversation... vous broutez trop dans la main des gens!

CHAMPIGNOL. — Oui, bon ami... oui, bon ami...

Lussang et Champignol sortent par le fond au milieu; la porte se ferme sur eux.

SCÈNE XVI

DESRUEL; *puis* BUZONVILLE *et* CANUCHE

DESRUEL, *les regardant sortir.* — Ah çà! pour qui le prend-il donc ?...

BUZONVILLE, *entrant par le fond à gauche dont la porte se ferme.* — Il a deux verres de punch à la main; il est légèrement gris. A la cantonade. — Puisque c'est pour ton bien!...

DESRUEL, *à part.* — Buzonville! voilà le bouquet!...

BUZONVILLE, *très gai.* — Ah! vous voilà, mon bon ami ?... mon cher success... success... success...

DESRUEL, *achevant le mot.* — Seur!...

BUZONVILLE. — Merci!... voilà un mot difficile!...

DESRUEL, *à part.* — Qu'est-ce qu'il a donc ?

BUZONVILLE. — D'abord, avez-vous pris du punch ?...

DESRUEL, *étonné.* — Non.

BUZONVILLE. — Ah! bon!... vous n'êtes pas comme Théodule!... voilà onze verres que je lui bois!... ça l'a mis en gaieté!... *(Il fredonne.)* Larifla, fla, fla...

Il va poser ses deux verres sur le petit guéridon qu'il apporte au tiers du théâtre.

DESRUEL, *à part, avec joie.* — Ah! mon Dieu!... il est paf!... je suis sauvé!...

BUZONVILLE, *ses deux verres à la main, tendrement.* — Ernest, je vous aime!...

DESRUEL. — Moi aussi, Buzonville!...

BUZONVILLE. — Vous ne refuserez pas de trinquer avec votre prédécess... prédécess... prédécess...

DESRUEL, *achevant le mot.* — Seur!...

BUZONVILLE. — Allons donc!... j'ai cru que je ne pourrais pas le dire... *(Il va à gauche du guéridon.)*

DESRUEL, *prenant un des verres que Buzonville lui offre,*
à part. — Il a le punch caressant.

BUZONVILLE, *s'apprêtant à trinquer.* — Y êtes-vous ?...

DESRUEL. — Allez!...

BUZONVILLE, *s'arrêtant.* — Un instant!... il faut boire
à quelque chose... A quoi allons-nous boire ?...

DESRUEL. — Dame!... à l'agriculture!

BUZONVILLE. — Oh!... pourquoi à l'agriculture ?...
Non... buvons à l'école de Saumur!...

DESRUEL. — Je veux bien.

BUZONVILLE. — Et aux demoiselles qui ont la bonté
de s'y intéresser!

DESRUEL, *riant.* — Cristi!... vous me faites avaler de
travers!

BUZONVILLE. — Car vous ne savez pas... j'en ai trouvé
une pour mon fils... une demoiselle!... le mariage est
décidé!... *(Ils quittent le guéridon, leur verre à la
main.)*

DESRUEL. — Ah! tant mieux!... ce brave Théodule!...

BUZONVILLE, *très gaiement.* — Je viens de le présenter... il avait les mains dans ses poches... et moi aussi...
et la demoiselle aussi!... Mais bah!... à la campagne!...

DESRUEL, *à part.* — Il se croit à la campagne, à présent!... Tout à l'heure, nous allons le coucher.

BUZONVILLE. — Ah çà! et vous ?... vos quatre
femmes ?... *(Il met son verre dans sa poche.)*

DESRUEL, *à part.* — Ma foi!... il a l'air de bonne
humeur!... je peux me risquer. *(Haut.)* Buzonville,
promettez-moi de ne pas vous fâcher... *(Il lui donne son
verre, que Buzonville met aussi dans sa poche.)*

BUZONVILLE. — Moi ? par exemple!... *(Fredonnant
tout bas.)* Larifla, fla, fla.

DESRUEL, *riant.* — Larifla, fla, fla... eh bien! c'est...
manqué!

BUZONVILLE. — Raté!... comme Théodule!... ah! ah!
ah! petit vaurien!...

DESRUEL, *à part.* — Il est délicieux!... je passerai ma
vie à lui payer du punch! je le paierai comme ça.

BUZONVILLE. — Ah!... c'est raté ?...

DESRUEL. — Mais soyez tranquille... j'ai autre chose
en vue.

BUZONVILLE. — Oh! ça m'est égal maintenant... ne
vous pressez pas, allez!

DESRUEL, *à part.* — Il est charmant!

BUZONVILLE. — Je vais trouver un des syndics de la

chambre des notaires, qui fait son whist... là, au fond...
(Il se dirige vers le fond.)

DESRUEL. — Qu'est-ce que vous lui voulez ?

BUZONVILLE, *revenant à lui, et d'un air aimable.* — Je
veux lui déposer ma plainte contre vous... *(Il va pour
remonter.)*

DESRUEL, *l'arrêtant.* — Par exemple!... Monsieur
Buzonville!... vous ne ferez pas ça!...

BUZONVILLE. — Ernest, je vous aime!...

DESRUEL. — Moi aussi, Buzonville!...

BUZONVILLE, *appuyant.* — Mais j'ai promis une dot
pour Théodule... Où sont vos capitaux ?... Voyons ces
petits capitaux...

DESRUEL. — Accordez-moi quinze jours...

BUZONVILLE. — Non! non!

DESRUEL, *suppliant.* — Huit ?...

BUZONVILLE. — Des navets!...

DESRUEL. — Comment!... des navets ?...

BUZONVILLE. — Ou du flan!... les deux peuvent se
dire... demandez à Théodule.

CANUCHE, *paraissant au fond à droite, une glace à la
main, et apercevant Desruel.* — Oh! mon rival!... *(Il
s'arrête sur le seuil de la porte et mange sa glace en écoutant.)*

DESRUEL. — Voyons, père Buzonville!...

BUZONVILLE, *à Desruel.* — Tenez, voulez-vous que je
vous dise ?... vous manquez d'initiative... Savez-vous
comment j'ai épousé madame... *(Il cherche le nom et ne
le trouve pas.)* Ma femme... moi, qui vous parle ?...

DESRUEL. — Non.

BUZONVILLE. — Inutile de dire que je l'aimais comme
un notaire insensé!... Elle avait tant de qualités!... Deux
cent cinquante mille!

DESRUEL. — Oui, en bons du Trésor.

BUZONVILLE. — Son père me *les* refusait... *(Se reprenant.)* Me *la* refusait... non... je disais bien, me *les*
refusait... Un beau jour, dans un bal... j'avais bu onze
verres de punch... absolument comme Théodule aujour-
d'hui... je me trouvai seul avec elle dans un salon écarté,
comme celui-ci... et, ma foi...

DESRUEL. — Quoi ?...

BUZONVILLE, *avec animation.* — Je me jetai à ses
genoux!...

DESRUEL. — Vous ?

BUZONVILLE. — Comme un mousquetaire... gris!...
près d'une table, où il y avait une sonnette...

DESRUEL. — Une sonnette!...

BUZONVILLE. — Et comme personne ne venait, je me mis à sonner, à carillonner...

DESRUEL, *à part.* — Tiens!...

BUZONVILLE. — Comme deux, comme trois mousquetaires!... On accourut... scandale!... éclat!... et, quand je me relevai, on exigea de moi une réparation...

DESRUEL. — Eh bien ?

BUZONVILLE. — Je la donnai loyalement!... voilà comme nous étions en 1820, mille carabines!...

DESRUEL, *à part.* — Vieux brigand!...

CANUCHE, *à part.* — Ah! les gredins!... ils conspirent contre Madeleine!... mais nous allons voir! *(Il sort vivement par le fond à droite. La porte se ferme.)*

BUZONVILLE, *montrant le guéridon.* — Dites donc... en voilà une table... avec une sonnette dessus!...

DESRUEL. — Eh bien!

BUZONVILLE. — Voulez-vous que j'envoie par ici la petite Pont-Bichet!

DESRUEL, *se révoltant.* — Non! un pareil moyen!

BUZONVILLE, *montant vers la porte du fond.* — Alors je vais trouver le syndic.

DESRUEL, *le retenant.* — Un instant!

BUZONVILLE, *allant vers la porte de gauche.* — Alors, la petite Pont-Bichet ?... *(Il se dirige vers la porte à gauche.)*

DESRUEL, *passant à sa droite et l'arrêtant.* — Permettez...

BUZONVILLE. — Alors, le syndic... *(Il se dirige vers le fond.)*

DESRUEL, *à part, redescendant à droite.* — Ah!... il a le punch monotone!...

BUZONVILLE, *redescendant et montrant la porte à gauche.* — Elle est là, dans le petit salon... *(Lui mettant la sonnette dans la main.)* N'oubliez pas la sonnette... je serai là, aux aguets, pour faire entrer le monde... Allons, ferme!... et du *zing!*... comme dit mon polisson de fils!... *(A part.)* Je commence à croire qu'il aura sa dot!... *(Il sort par la porte à gauche, en chantant.)* Larifla fla fla!...

SCÈNE XVII

DESRUEL; *puis* LUCILE

DESRUEL, *seul, la sonnette à la main.* — Puisqu'il n'y a que ce moyen de payer ma charge... allons!... *(Résolument et posant la sonnette sur le guéridon.)* Eh bien! non!... je ne ferai pas cela!... une demoiselle que je n'aime pas! que je ne connais pas! la compromettre froidement, par calcul... ça serait infâme!... D'ailleurs, je suis las de me promener sur le marché comme un cheval borgne dont personne ne veut!... c'est honteux pour un homme de cœur!... Eh bien! je ne serai plus notaire!... je ne le suis plus!... voilà tout! Ah! je respire! je me sens libre, enfin!... et Lucile! je pourrai l'épouser... elle n'a rien... moi, non plus! nous mettrons le tout ensemble, et nous en ferons peut-être du bonheur! Ah! que c'est donc bon de ne plus être notaire!... Quant à mademoiselle Pont-Bichet, si elle veut venir... voilà comme je la reçois!... le verrou! *(Il pousse le verrou de la porte de gauche.)* Et allez donc!...

Lucile, sans voir Desruel, entre par la porte du fond-milieu qui se ferme sur elle et se dirige vers la droite.

DESRUEL, *apercevant Lucile.* — Lucile!...

LUCILE, *s'arrêtant.* — Monsieur Ernest!...

DESRUEL, *courant à elle.* — Ah! mademoiselle! venez!... je ne suis plus notaire... je suis pauvre, je puis vous aimer, vous épouser!

LUCILE. — Mais, monsieur!

DESRUEL. — Vous n'avez rien! je le sais! tant mieux! je vous épouse sans dot! à bas les dots!

LUCILE. — Mais, monsieur, ça ne se peut plus... j'ai un prétendu!

DESRUEL. — Comment ?

LUCILE. — C'est votre faute aussi! vous demandez tout le monde en mariage, excepté moi!

DESRUEL. — Mais ce prétendu... vous ne l'aimez pas ?

LUCILE. — Dame! je ne crois pas... mais M. de Lussang, à qui je dois tout, veut absolument faire ce mariage.

DESRUEL. — Mais je ne le veux pas, moi! je le casse, je le brise! car je vous aime, Lucile. *(Il veut lui prendre la main, elle s'échappe et il la suit.)*

LUCILE, *passant du côté du guéridon*. — Taisez-vous, monsieur...

DESRUEL. — Je n'aime que toi! je t'ai toujours aimée!

LUCILE, *mettant la main sur la sonnette*. — Finissez, monsieur, ou je vais sonner!

DESRUEL, *à part*. — Tiens! c'est une idée... l'idée de Buzonville! *(A Lucile.)* Passez-moi la sonnette! *(Il la prend, se jette à ses genoux, lui embrasse les mains et sonne de toutes ses forces.)* Comme un mousquetaire!...

LUCILE, *se débattant*. — Monsieur! monsieur!... mais il est fou!

La porte du fond, à gauche, et celle du fond au milieu s'ouvrent. Tout le monde entre.

SCÈNE XVIII

DESRUEL, LUCILE, BUZONVILLE, MONSIEUR et MADAME DE LUSSANG, THÉODULE, CHAMPIGNOL, *avec le plateau*, TOUS LES INVITÉS; *puis* CANUCHE et MADELEINE

TOUS, *guidés par Buzonville et apercevant Desruel qui sonne toujours aux pieds de Lucile*. — Oh!...

CHŒUR

AIR final du 4ᵉ acte de *Paris qui dort* (J. Nargeot).

Voyez, voyez, en ces lieux quel scandale!
Oser tenir cette conduite-là!
Ah! c'est manquer aux lois de la morale!...
L'hymen devra réparer tout cela.

Desruel s'est relevé.

BUZONVILLE, *descendant avec tout le monde*. — M. Desruel!... aux pieds d'une jeune fille! Il faut une réparation, il faut... *(Bas à Desruel.)* C'est très bien!... *(Haut et apercevant Lucile.)* Lucile!... la prétendue de mon fils!...

THÉODULE, *gaiement*. — Patatras! *(Il remet le guéridon dans le coin, à gauche.)*

DESRUEL. — Ah! bah!

Buzonville passe près de son fils.

LUSSANG, *à Desruel*. — Vous comprenez, monsieur, qu'après un pareil scandale...

BUZONVILLE, *à part, désappointé.* — Juste! mon effet! *(Haut à Théodule, avec colère.)* Ote donc les mains!... oh! tu peux les laisser, à présent!...

DESRUEL, *à Lussang.* — Je connais mon devoir, monsieur, et j'ai l'honneur de vous demander la main de mademoiselle Lucile...

CHAMPIGNOL, *qui tient toujours le plateau.* — A la bonne heure! il le doit!

DESRUEL, *continuant.* — Elle n'a pas de fortune, je le sais...

DE LUSSANG. — Pas de fortune! mais nous venons de l'adopter!

BUZONVILLE. — Cent mille écus de dot!

DESRUEL. — Comment ?

BUZONVILLE. — Parbleu! sans ça!

DESRUEL, *à Lucile.* — Oh! pardon, mademoiselle... sur l'honneur! je vous jure que je l'ignorais.

LUSSANG, *sérieusement.* — J'espère, monsieur, que cela ne change pas votre résolution...

DESRUEL. — Oh! non!... M. Buzonville ne me le pardonnerait pas...

THÉODULE, *bas à Buzonville.* — Papa... je crois qu'il vous reblague!...

BUZONVILLE, *avec colère.* — On ne dit pas *blague!* oh! tu peux le dire, à présent!...

CHAMPIGNOL, *à Lussang.* — Dites donc, vieux, comme ça, faut que je cherche un autre mari pour Madeleine ?

LUSSANG. — Mais de quoi me parlez-vous ? Offrez donc des rafraîchissements.

La sonnette qui est au-dessus de la porte du fond à droite s'agite violemment et sans discontinuer.

TOUS, *remontant. (Le côté droit se trouve entièrement dégagé.)* — Qu'est-ce que c'est ?

La porte s'ouvre et on aperçoit Canuche à genoux qui embrasse les mains de Madeleine et tire de toutes ses forces un cordon de sonnette.

TOUS. — Grand Dieu!...

CHAMPIGNOL. — Canuche aux pieds de Madeleine! *(Donnant le plateau à M. de Lussang.)* Tenez-moi ça!

LUSSANG. — Comment!

CHAMPIGNOL, *allant à Canuche qui entre avec Madeleine. (Tout le monde redescend.)* — Ah! galopin!

CANUCHE. — Père Champignol... je suis prêt à réparer... comme un mousquetaire...

BUZONVILLE, *à part.* — Encore mon effet!

CHAMPIGNOL, *à Canuche.* — Oui, tu épouseras Madeleine!

CANUCHE. — O bonheur!

CHAMPIGNOL. — Mais je te ficherai une danse en rentrant!

CANUCHE. — Allez, vous êtes son père!...

CHAMPIGNOL, *reprenant le plateau à Lussang.* — Pardon, monsieur...

MADAME DE LUSSANG, *bas à son mari.* — Que faites-vous ? votre sergent-major!

LUSSANG. — Comment! et moi qui lui ai fait ouvrir des huîtres! *(Voulant reprendre le plateau.)* Permettez, monsieur...

CHAMPIGNOL. — Non! non!... Canuche va le porter.

(Il repasse le plateau à Canuche qui offre des glaces à Madeleine.)

LUSSANG, *reconnaissant Canuche.* — Ah! j'y suis!... l'homme aux anchois!...

CANUCHE. — Oh! *(Il passe à la gauche de Madeleine...)*

THÉODULE. — Dites donc, papa!

BUZONVILLE. — Quoi ?

THÉODULE. — C'est encore raté!

BUZONVILLE, *à part.* — Raté! *(Avec colère.)* Monsieur, vous repartirez demain pour Saumur!

THÉODULE, *à Buzonville.* — Cependant...

BUZONVILLE. — Taisez-vous! vous sentez la liqueur!

MADELEINE, *à Champignol.* — Papa, mes diamants me grattent!

CHAMPIGNOL. — Moi, mes gants m'embêtent... allons les ôter.

DESRUEL. — L'étude me reste... et j'épouse la femme que j'aime!... On en parlera!

CHŒUR

AIR final des *Souvenirs de jeunesse* (J. Nargeot).

> Venez, messieurs, l'on vous en prie,
> Amis ou non du célibat,
> Du notaire qui se marie,
> Chaque soir, signer le contrat.

FIN D'UN NOTAIRE À MARIER

TABLE DES MATIÈRES

GF – TEXTE INTÉGRAL – GF

94/04/M3928-V-1994 – Impr. MAURY Eurolivres SA, 45300 Manchecourt.
N° d'édition 15249. – Novembre 1990. – Printed in France.